QUÍMICA DA CERVEJA
UMA ABORDAGEM QUÍMICA E BIOQUÍMICA DAS
MATÉRIAS-PRIMAS, PROCESSO DE PRODUÇÃO E DA
COMPOSIÇÃO DOS COMPOSTOS DE SABORES DA CERVEJA

Editora Appris Ltda.
1.ª Edição - Copyright© 2022 dos autores
Direitos de Edição Reservados à Editora Appris Ltda.

Nenhuma parte desta obra poderá ser utilizada indevidamente, sem estar de acordo com a Lei nº 9.610/98. Se incorreções forem encontradas, serão de exclusiva responsabilidade de seus organizadores. Foi realizado o Depósito Legal na Fundação Biblioteca Nacional, de acordo com as Leis nos 10.994, de 14/12/2004, e 12.192, de 14/01/2010.

Catalogação na Fonte
Elaborada por: Josefina A. S. Guedes
Bibliotecária CRB 9/870

M993q
2022
	Muxel, Alfredo Alberto
	   Química da cerveja: uma abordagem química e bioquímica das matérias-primas, processo de produção e da composição dos compostos de sabores da cerveja / Alfredo Alberto Muxel. - 1. ed. - Curitiba: Appris, 2022.
	   351 p. ; 23 cm. - (Ensino de Ciências).
	
	   Inclui bibliografia.
	   ISBN 978-65-250-2105-8
	
	   1. Cerveja - Indústria. 2. Cerveja – Sabor e aroma. I. Título. II. Série.
	
	   CDD – 338.47

Livro de acordo com a normalização técnica da ABNT

Editora e Livraria Appris Ltda.
Av. Manoel Ribas, 2265 – Mercês
Curitiba/PR – CEP: 80810-002
Tel. (41) 3156 - 4731
www.editoraappris.com.br

Printed in Brazil
Impresso no Brasil

Alfredo Alberto Muxel

QUÍMICA DA CERVEJA
UMA ABORDAGEM QUÍMICA E BIOQUÍMICA DAS MATÉRIAS-PRIMAS, PROCESSO DE PRODUÇÃO E DA COMPOSIÇÃO DOS COMPOSTOS DE SABORES DA CERVEJA

FICHA TÉCNICA

EDITORIAL	Augusto V. de A. Coelho
	Marli Caetano
	Sara C. de Andrade Coelho
COMITÊ EDITORIAL	Andréa Barbosa Gouveia - UFPR
	Edmeire C. Pereira - UFPR
	Iraneide da Silva - UFC
	Jacques de Lima Ferreira - UP
ASSESSORIA EDITORIAL	João Simino
REVISÃO	Bruna Fernanda Martins
PRODUÇÃO EDITORIAL	Romão Matheus
DIAGRAMAÇÃO	Jhonny Alves dos Reis
CAPA	Eneo Lage
COMUNICAÇÃO	Carlos Eduardo Pereira
	Débora Nazário
	Karla Pipolo Olegário
LIVRARIAS E EVENTOS	Estevão Misael
GERÊNCIA DE FINANÇAS	Selma Maria Fernandes do Valle

COMITÊ CIENTÍFICO DA COLEÇÃO ENSINO DE CIÊNCIAS

DIREÇÃO CIENTÍFICA Roque Ismael da Costa Güllich (UFFS)

CONSULTORES
- Acácio Pagan (UFS)
- Gilberto Souto Caramão (Setrem)
- Ione Slongo (UFFS)
- Leandro Belinaso Guimarães (Ufsc)
- Lenice Heloísa de Arruda Silva (UFGD)
- Lenir Basso Zanon (Unijuí)
- Maria Cristina Pansera de Araújo (Unijuí)
- Marsílvio Pereira (UFPB)
- Neusa Maria Jhon Scheid (URI)
- Noemi Boer (Unifra)
- Joseana Stecca Farezim Knapp (UFGD)
- Marcos Barros (UFRPE)
- Sandro Rogério Vargas Ustra (UFU)
- Silvia Nogueira Chaves (UFPA)
- Juliana Rezende Torres (UFSCar)
- Marlécio Maknamara da Silva Cunha (UFRN)
- Claudia Christina Bravo e Sá Carneiro (UFC)
- Marco Antonio Leandro Barzano (Uefs)

APRESENTAÇÃO

A cerveja é uma bebida que dispensa maiores apresentações!

É a mais popular, a mais democrática e a bebida alcoólica mais consumida do mundo. E não é de hoje. Ao analisar a história da cerveja, percebemos que ela é tão antiga quanto a própria história. Os estudos de restos arqueológicos indicam que a cerveja era produzida e consumida desde a pré-história e que desde os primórdios da civilização a cultura cervejeira já era muito bem estabelecida. Prova disso são os primeiros registros escritos que mencionam a cerveja, encontrados na região da antiga Mesopotâmia (agora Iraque e Kuwait), em que, entre os mais antigos, estão os escritos há 5 mil anos sobre a produção e o consumo de cerveja, e registram uma cultura de fabricação já madura, mostrando que a cerveja era antiga quando a escrita ainda era nova.

Com tanto tempo de história, o tema "cerveja" pode ser discutido a partir de abordagens históricas, filosóficas, religiosas, políticas, econômicas, sensoriais, científicas, entre outras, mas também pode ser a bebida para acompanhar todas essas discussões ou simplesmente ser consumida de forma despretensiosa. A cerveja é tema para reunir milhares de pessoas como na tradicional Oktoberfest de Munique na Alemanha e a sua congênere que ocorre em Blumenau, no estado de Santa Catarina, considerada a maior festa da cerveja das Américas e a segunda maior do mundo.

Se por um lado a bebida é popular e acessível a todas as classes de consumidores, por outro lado, alguém precisa produzi-la. O Brasil é o terceiro maior produtor de cerveja do mundo, perdendo apenas para China e EUA, e praticamente toda nossa produção está concentrada em grandes conglomerados multinacionais. Felizmente, nos últimos 10 anos, novas cervejarias artesanais (ou microcervejarias) que se estabelecem próximo ao seu público consumidor estão crescendo em número exponencial distribuídas por todo o país.

Na contramão de um mercado em constante evolução e com perspectiva de crescimento nos próximos anos, vemos a produção de material técnico-científico nacional sobre cerveja estagnado e muito aquém das necessidades por conhecimento dos nossos confrades. Nesse sentido, *Química da cerveja* foi escrito para oferecer a esse segmento literatura com conteúdo técnico-científico e com linguagem acessível, motivado pela minha paixão, assim como a do leitor, pelo conhecimento e pela cerveja.

Na primeira parte, o livro é dedicado aos ingredientes utilizados na produção de cerveja, abordando as características da cevada, da produção do malte e dos adjuntos que podem substituir a cevada maltada; na sequência, é feita uma profunda abordagem da química dos componentes do lúpulo e da influência da composição da água no processo produtivo; e finalizando essa primeira parte é apresentada a levedura.

A segunda parte dá sequência às leveduras, avançando para os processos bioquímicos associados ao seu metabolismo celular, em que todo o capítulo é dedicado a apresentar ao leitor as principais vias metabólicas de absorção de nutrientes, os seus produtos de excreção, bem como as influências desses metabólitos no produto final. Esse capítulo é finalizado com o processo bioquímico envolvido na floculação das leveduras.

A terceira parte descreve o processo de produção e a composição química do mosto. São descritos os processos unitários de produção de mosto, as técnicas de produção, processos de degradação enzimáticos, parâmetros empregados na produção até a etapa de fervura do mosto. Na sequência foca-se no entendimento da sua composição química e a sua influência na qualidade final da cerveja.

A quarta parte é dedicada ao processo de fermentação do mosto e maturação da cerveja. A partir do recebimento do mosto no fermentador, parte-se para uma revisão do processo de fermentação, com ênfase nas práticas de manejo que viabilizam o crescimento celular e a fermentação, de forma que favoreçam a obtenção do produto final desejado. Ao final, são apresentados os principais problemas que podem afetar a fermentação e como o cervejeiro, de forma técnica, pode minimizar os possíveis impactos no sabor da cerveja. A maturação tem foco nos compostos químicos voláteis e não voláteis da cerveja e em como essas substâncias tendem a evoluir durante esse período no qual ficam armazenadas a baixas temperaturas.

Finalmente, a quinta e última parte é focada na composição química da cerveja e os sabores associados a esses compostos, e, para fechar o capítulo, destaca-se a estabilidade dos sabores, em que trata-se das mudanças físicas e químicas que contribuem para o envelhecimento da cerveja e as características de sabor associadas a esses processos, bem como as técnicas e principais compostos que permitem prevenir o envelhecimento precoce da cerveja.

Por fim, ofereço aos leitores um texto rico de informações, e leitura obrigatória para quem busca uma compreensão aprofundada da química da cerveja.

Boa leitura!

O autor

SUMÁRIO

PARTE I
MATÉRIAS-PRIMAS

1
MALTE DE CEVADA E ADJUNTOS 17
1.1 A cevada (*Hordeum vulgare*) 18
    1.1.1 Estrutura da cevada 19
    1.1.2 Embrião 20
    1.1.3 Camada de aleurona 21
    1.1.4 Endosperma amiláceo 22
    1.1.5 Amido 23
    1.1.6 Proteína 26
    1.1.7 Parede celular 28
    1.1.8 Cascas 29
    1.1.9 Pericarpo e Testa 32
1.2 Produção de malte de cevada 33
    1.2.1 Princípios da malteação 33
    1.2.2 Reações de Maillard 39
    1.2.3 Reações de caramelização 42
    1.2.4 Precursores de DMS 44
1.3 Adjuntos 46
    1.3.1 Adjuntos sólidos 47
    1.3.2 Adjuntos líquidos 48

2
LÚPULO 51
2.1 Breve retrospectiva histórica 52
2.2 Composição química do lúpulo 55
    2.2.1 Os α-ácidos e β-ácidos 55
    2.2.2 Óleos essenciais 60
        2.2.2.1 Hidrocarbonetos 61
        2.2.2.2 Compostos oxigenados 65
        2.2.2.3 Compostos de enxofre 70
2.3 Compostos fenólicos 71

2.3.1 Flavonóis...72
2.3.2 Flavan-3-óis..74
2.3.3 Ácidos fenólicos...76
2.3.4 Outros compostos polifenólicos...78
2.4 Atividades antimicrobianas...80
2.5 A química dos "off-flavor" do lúpulo...83
2.5.1 Lúpulo velho...83
2.5.2 Fotodegradação de iso-humulonas..84

3
ÁGUA 87
3.1 Breve contexto histórico...90
3.2 Fonte de íons na cerveja...91
3.3 Efeito dos íons no mosto e na cerveja..94
3.3.1 Efeitos diretos dos íons no sabor da cerveja...............................94
3.3.2 Efeitos indiretos dos íons no sabor da cerveja.............................99
3.3.2.1 Efeitos indiretos nas leveduras..100
3.3.2.2 Efeitos indiretos nas enzimas do malte.................................102
3.3.2.3 Efeitos indiretos sobre a estabilidade de sistemas coloidais...........102
3.3.2.4 Reações que controlam o pH...104
3.4 Tratamento da água..107
3.4.1 Filtragem...107
3.4.2 Remoção de íons ferro...108
3.4.3 Osmose reversa..109
3.4.4 Resina de troca iônica..110
3.4.5 Filtro de carvão ativo..110
3.4.6 Remoção de oxigênio da água...111
3.5 Ajustes da água cervejeira..112
3.6 Técnicas de desinfecção de água...113
3.6.1 Cloração..113
3.6.2 Dióxido de cloro..115
3.6.3 Ozonização..115
3.6.4 Luz Ultravioleta (UV)...116

4
LEVEDURAS..117
4.1 Breve contexto histórico..117
4.2 Taxonomia...120

4.3 Estrutura celular da levedura 123
    4.3.1 Parede celular 125
    4.3.2 Periplasma 126
    4.3.3 Membrana celular 127
    4.3.4 Citoplasma 129
    4.3.5 Mitocôndrias 130

PARTE II
BIOQUÍMICA DA LEVEDURA

5
BIOQUÍMICA DA LEVEDURA 133
5.1 Absorção de nutrientes e metabolismo celular 133
    5.1.1 Oxigênio 133
    5.1.2 Preferência na absorção de carboidratos 136
    5.1.3 Metabolismo de carboidratos para crescimento celular e geração de energia 139
    5.1.4 Absorção de nitrogênio 141
    5.1.5 Metais e elementos traços 145
    5.1.6 Vitaminas e outros fatores de crescimento 146
5.2 Produtos de excreção de leveduras 147
    5.2.1 Formação de álcoois superiores 148
    5.2.2 Formação de ésteres 151
    5.2.3 Formação de compostos de enxofre 153
    5.2.4 Formação de compostos carbonílicos 156
    5.2.5 Formação de compostos fenólicos voláteis 160
5.3 Floculação 162

PARTE III
PROCESSO DE PRODUÇÃO E COMPOSIÇÃO QUÍMICA DO MOSTO

6
PRODUÇÃO DO MOSTO 167
6.1 Breve contexto das etapas de produção do mosto 167
6.2 Moagem do malte 170
6.3 Mostura 171
    6.3.1 Processos de degradação enzimáticos 171
        6.3.1.1 Degradação de amido 174

    6.3.1.2 Degradação de proteínas 175
    6.3.1.3 Degradação da parede celular..175
  6.3.2 Parâmetros de mostura...176
    6.3.2.1 Método de decocção 176
    6.3.2.2 Método de infusão..178
6.4 Mash-out...181
6.5 Filtragem do mosto..182
  6.5.1 Tina de clarificação..183
  6.5.2 Filtro prensa 186
6.6 Fervura do mosto..187
  6.6.1 Extração e isomerização de componentes de lúpulo.......................188
  6.6.2 Remoção de proteínas coaguladas...192
  6.6.3 Esterilização do mosto e inativação de enzimas 193
  6.6.4 Reações de Maillard...193
  6.6.5 Formação de substâncias de cor..194
  6.6.6 Remoção de voláteis indesejáveis...194
  6.6.7 Acidificação do mosto...195
  6.6.8 Evaporação de água 196
  6.6.9 Formação e remoção dos particulados ("*hot break*")......................196

7
COMPOSIÇÃO QUÍMICA DO MOSTO 197
7.1 Breve contexto 197
7.2 Carboidratos 199
7.3 Componentes nitrogenados 202
7.4 Polifenóis..206
7.5 Lipídios 210
7.6 Compostos de enxofre..212
7.7 Conteúdo mineral...214
7.8 Outros componentes 215

PARTE IV
FERMENTAÇÃO E MATURAÇÃO

8
FERMENTAÇÃO 219
8.1 Breve contexto 219
8.2 Recepção do mosto no fermentador..221

    8.2.1 Remoção de sólidos – *"trub"*...222
    8.2.2 Resfriamento do mosto 223
    8.2.3 Aeração do mosto 224
8.3 Dosagem de levedura e crescimento celular 227
8.4 Fermentação com levedura lager 231
    8.4.1 Processo de fermentação..233
8.5 Fermentação com levedura ale 236
8.6 Fatores que afetam a fermentação 237
    8.6.1 Cepa de levedura e condições do fermento................................237
    8.6.2 Concentração de inóculo e crescimento de leveduras 241
    8.6.3 Temperatura de fermentação..242
    8.6.4 Oxigênio..243
    8.6.5 Zinco...243
    8.6.6 Partículas de *"trub"* na fermentação..................................243
8.7 Fermentações emperradas ou arrastadas 244
    8.7.1 Causas possíveis..245
    8.7.2 Deficiências nutricionais do mosto......................................245
    8.7.3 Alterações na levedura 246
    8.7.4 Tratamentos..247

9
MATURAÇÃO 249
9.1 Breve contexto 249
9.2 Princípios da maturação...250
9.3 Maturação de compostos voláteis 251
    9.2.1 Diacetil e 2,3-pentanodiona..251
    9.2.2 Compostos de enxofre 254
    9.2.3 Acetaldeído...256
9.4 Maturação de compostos não voláteis......................................256
9.5 Autólise de leveduras 258

PARTE V
COMPOSIÇÃO QUÍMICA DA CERVEJA E ESTABILIDADE DE SABORES

10
COMPOSIÇÃO QUÍMICA *VERSUS* SABORES DA CERVEJA 261
10.1 Compostos nitrogenados 262
10.2 Lipídios 263

10.3 Carboidratos 263
10.4 Vitaminas 265
10.5 Etanol 266
10.6 Álcoois superiores 267
10.7 Dióxido de carbono (CO_2) 269
10.8 Ácidos orgânicos 269
10.9 Compostos fenólicos 271
10.10 Ésteres 273
10.11 Aldeídos 275
10.12 Cetonas 276
10.13 Compostos de enxofre 277
10.14 Resinas do Lúpulo 280
10.15 Óleos essenciais 282
10.16 Valor calórico da cerveja 283

11
ESTABILIDADE DOS SABORES 285
11.1 Breve contexto 285
11.2 Mudanças físicas 285
11.3 Mudanças Químicas 286
   11.3.1 Degradação de álcoois 288
   11.3.2 Formação do trans-2-nonenal (t2N) 290
   11.3.3 Degradação dos ácidos amargos do lúpulo 293
   11.3.4 Compostos sulfurados 294
   11.3.5 Evolução dos ésteres 294
11.4 Efeito da temperatura 296
11.5 Cervejas ale x lager 298
11.6 Compostos antioxidantes *versus* pró-oxidantes 298

REFERÊNCIAS 303

APÊNDICE I
AÇÚCAR INVERTIDO 341

APÊNDICE II
FORMAÇÃO DE ESPÉCIES REATIVAS DE OXIGÊNIO (EROS) 343

ÍNDICE REMISSIVO 345

PARTE I

MATÉRIAS-PRIMAS

1

MALTE DE CEVADA E ADJUNTOS

Mais de 90% da cerveja fabricada em todo o mundo utiliza como principal fonte de carboidratos o malte de cevada. É verdade que em conjunto com o malte podem ser utilizados outros cereais, como o trigo maltado na produção das weissbiers, tradicionais cervejas da Alemanha, outras podem ser produzidas sem a presença dele, como as cervejas Kafir consumidas na África do Sul, que utilizam somente o sorgo em sua produção. No entanto a cevada maltada continua sendo a base da maioria das cervejas e raramente corresponde a menos de 50% do chamado *"girst"*, palavra inglesa comumente utilizada para se referir ao conjunto de maltes utilizados para a produção de uma cerveja.

Muitas vezes o malte de cevada pode ser substituído por outros cereais por uma razão de custo, ou também por contribuírem com características desejáveis à cerveja. A prova disso são as cervejas lagers de massa produzidas pelos grandes grupos cervejeiros, em que parte do malte costuma ser substituído por algum adjunto, como xarope de milho ou de arroz, produzindo uma cerveja clara, leve e brilhante, sem muitos atributos sensoriais, com uma alta drinkabilidade, e a um custo consideravelmente menor do que as cervejas produzidas a partir de "puro malte".

O malte de cevada, além de contribuir como fontes de carboidratos, também contribui com outros elementos indispensáveis para a produção da cerveja, como as cascas (como elemento filtrante), enzimas, aminoácidos, ácidos graxos, minerais, vitaminas, ou seja, todos os nutrientes necessários para que as leveduras tenham um ambiente propício ao seu crescimento e possam realizar a fermentação com vitalidade.

A cor da cerveja é derivada, na maioria dos casos, exclusivamente do malte de cevada, assim como muitos elementos de aroma e sabor presentes no líquido serão derivados desse cereal. Para a produção eficiente de um produto de alta qualidade é indispensável uma cevada de qualidade adequada, que foi transformada em malte por meio de um processo rigorosamente controlado de maltagem. Este capítulo descreve em detalhes a cevada, a produção de malte e os adjuntos substitutos.

1.1 A cevada (*Hordeum vulgare*)

A cevada (*Hordeum vulgare*) é um cereal pertencente à família das gramíneas (*Gramineae*), uma planta bem adaptada a regiões de clima temperado e que ocupa a quinta posição em ordem de importância econômica no mundo, sendo muito utilizada comercialmente para alimentação animal como forragem verde e na fabricação de ração, para aplicações em alimentos humanos como farinhas para pães e massas, na produção de sementes e para se fabricar o malte utilizado na produção de cerveja.

A Rússia é o principal país produtor de cevada no mundo, segundo dados do Departamento de Agricultura dos Estados Unidos (USDA, 2020a); com uma produção de 20 milhões de toneladas em 2019, representa 21,42% da produção mundial de cevada, e junto aos outros cinco principais países produtores (Canadá, Ucrânia, Austrália e Turquia) são responsáveis por 59,98% da produção mundial estimada em 93,369 milhões de toneladas em 2019. A Tabela 1.1 apresenta a produção de cevada dos últimos seis anos dos maiores produtores desse cereal. O Brasil ocupa a 25.ª posição no ranking dos principais produtores alcançando 417 mil toneladas produzidas em 2019.

Tabela 1.1 – Quantidade de cevada produzida por país (expresso em mil toneladas)

	2019	2018	2017	2016	2015	2014
1.Rússia	20000	16737	20211	17547	17083	20026
2.Canadá	10400	8380	7891	8839	8257	7117
3.Ucrânia	9500	7604	8695	9874	8751	9450
4.Austrália	8200	8310	9254	13506	8993	8646
5.Turquia	7900	7000	6400	4750	7400	4000
25.Brasil	417	354	282	375	263	305

Fonte: adaptado de USDA (2020a)

O contexto histórico desse cereal advém da pré-história, comprovado por restos arqueológicos de grãos de cevada datados de aproximadamente 8.000 a.C., que foram encontradas em vários locais do crescente fértil, região localizada entre o oriente médio (vales dos rios Tigre e Eufrates) e nordeste da África (vale do rio Nilo), indicando que essa região pode ser considerada o principal centro de origem e domesticação da cevada. Mais antiga ainda, a cevada silvestre (*Hordeum spontaneum*), que atualmente ainda pode ser encontrada na região do crescente fértil, leste da Ásia Central e no Planalto Tibetano, é possuidora do mesmo genoma da cevada cultivada *Hordeum vulgare*, podendo ser considerada a sua progenitora (BADR; M; SCH; RABEY *et al.*, 2000; DAI; ZHANG, 2016).

Duas variedades de cevada são mais comuns para produção de malte: a de duas fileiras (*2-row*), classificada como dística, e a de seis fileiras (*6-row*), classificada como hexástica (GROVER, 2014). Em cevadas dísticas, duas fileiras de grãos se desenvolvem, uma em cada lado da espiga (Figura 1.1a); e em cevadas hexásticas três fileiras de grãos crescem em cada lado da espiga (Figura 1.1b). Os grãos de cevada dística são geralmente maiores, mais uniformes, apresentam uma casca mais fina, e um conteúdo maior de carboidratos úteis à produção do malte e da cerveja, apresentando ainda quantidades menores de compostos fenólicos que estão diretamente envolvidos na turvação a frio da cerveja. Devido à morfologia da espiga, os grãos de cevada hexástica apresentam tamanhos e formatos menos uniformes.

Figura 1.1 – Variedades de cevadas

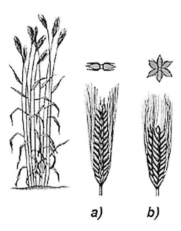

(a) dística, (b) hexástica
Fonte: Grover (2014)

1.1.1 Estrutura da cevada

A estrutura da semente da cevada pode ser dividida em três partes: (1) o embrião, do qual nascem a plúmula, o caulículo e as radículas; (2) o endosperma amiláceo, que tem função de reserva alimentar para o desenvolvimento do embrião, e (3) os revestimentos do grão constituídos por: testa, pericarpo e duas camadas de casca (Figura 1.2). A camada de aleuroma que reveste o endosperma amiláceo consiste em uma camada de células ricas em proteínas nas quais se encontram depositadas gorduras, polifenóis e substâncias corantes. Em termos do peso seco total do grão de cevada, as cascas representam entre 10 a 12%, o pericarpo testa 2 a 3%, a camada de aleuroma 4 a 5%, o endosperma amiláceo 77 a 82%, e o embrião de 2 a 3% (STEWART; PRIEST, 2006).

Figura 1.2 – Grão de cevada em corte transversal longitudinal

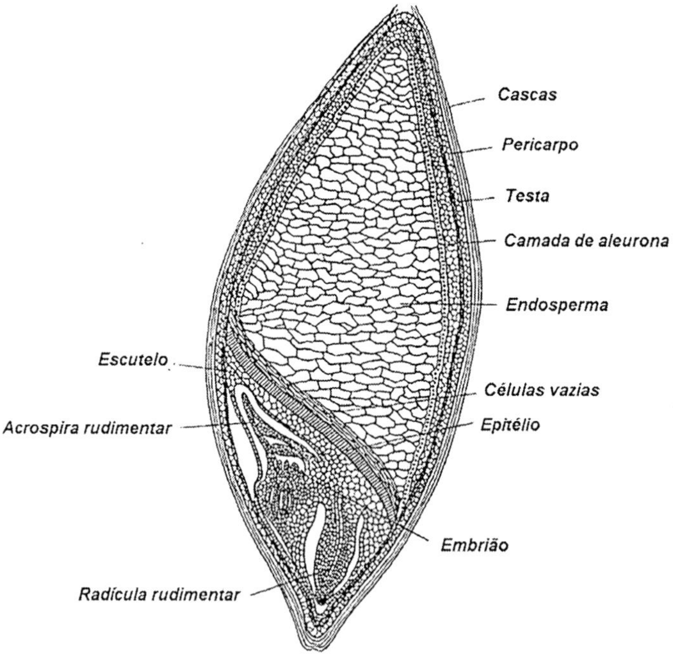

Fonte: adaptado de Kunze, Pratt e Manger (2004)

1.1.2 Embrião

O embrião é composto pela acrospira rudimentar (ápice do eixo do embrião com os nós de crescimento, do qual se originam o caule e as primeiras folhas propriamente ditas); radícula rudimentar, correspondendo à base do eixo do embrião, que dá origem ao sistema radicular; escutelo (ou cotilédone), que transfere nutrientes para as células embrionárias em desenvolvimento. A cevada é uma semente monocotiledônea. A camada do escutelo juntamente às células epiteliais (uma fina camada de células tipo paliçada com paredes muito finas) separam o embrião do endosperma (KUNZE; PRATT; MANGER, 2004).

Na cevada, o embrião é composto de aproximadamente 10% de proteínas, 25% de lipídeos, 10% de sacarose e 5% de minerais. Quando submetido a maceração, pode absorver grandes quantidades de água, por exemplo, um grão de cevada com teor de umidade de 45% possuirá um embrião com cerca de 60% de umidade (FOX, 2010).

Quando há um baixo teor de água nos tecidos, o embrião entra em um estado fisiológico de baixa atividade metabólica (quiescência). Quando hidratado o metabolismo do grão é acelerado, e sinais hormonais (por meio do ácido giberélico) são enviados à camada de aleuroma, que estimulam a produção de uma série de enzimas que irão hidrolisar o endosperma. A hidrólise enzimática é uma reação que ocorre obrigatoriamente em meio aquoso e é dependente de uma enzima que atua como o catalisador da reação, promovendo a quebra da molécula original e gerando produtos de hidrólise específicos. Os produtos de hidrólise migram até o embrião e então são metabolizados como nutrientes, promovendo o seu crescimento.

Como a produção do ácido giberélico está ligada ao processo germinativo, o potencial de germinação é um índice muito importante da qualidade da cevada. No entanto, se a germinação for eficiente, mas a produção e o transporte de giberelinas para a camada de aleurona forem limitados, o seu desempenho na etapa da maltagem ficará abaixo do ideal.

1.1.3 Camada de aleuroma

A camada de aleurona possui cerca de duas a três células de espessura e recobre todo o endosperma amiláceo (Figura 1.2), estendendo-se sobre o embrião como uma única camada celular. Durante a germinação da cevada, o ácido giberélico produzido pelo embrião induz as células aleuronas a produzirem enzimas que degradam o endosperma, como a α-amilase, endo-β-1,3 e 1,4-glucanases, endoproteases e dextrinases limite.

Uma vez produzido o ácido giberélico no embrião, este deve ser transportado para a extremidade distal do grão para que a produção de enzimas hidrolíticas ocorra de forma homogênea por toda a extensão da camada do aleuroma. Esse processo de transporte do ácido entre as células ocorre por meio dos plasmodesmos. Os plasmodesmos são canais de membrana plasmática que atravessam a parede celular, com função de comunicação simplástica entre células vegetais, facilitando o transporte intercelular via difusão de fotoassimilados, íons, reguladores de crescimento e macromoléculas de xenobióticos de características similares (ROBARDS, 1976).

As camadas de aleurona têm paredes celulares compostas principalmente por pentosanos (cerca de 60%) e β-glucanos (cerca de 30%), que durante o processo de germinação são degradadas em áreas especificas, liberando as enzimas produzidas sobre o endosperma amiláceo promovendo a sua hidrólise. No processo de maltagem, em que a germinação é controlada, a extensão dessa degradação determinará o grau de modificação do malte, além de tornar o malte de cevada mais friável em relação à sua semente.

Na composição da camada de aleurona também são encontrados altos níveis de lipídios, proteínas e quantidades consideráveis de ácido fítico. O papel fisiológico do ácido fítico nas plantas consiste em reservar fósforo e energia, além de atuar como um imobilizador de cátions multivalentes que serão utilizados em vários processos celulares e, por fim, como regulador dos níveis de fosfatos inorgânicos da célula (QUIRRENBACH; KANUMFRE; ROSSO et al., 2009). A hidrólise do ácido fítico pelas enzimas fitases na própria camada de aleuroma durante a germinação controlada da cevada durante a maltagem produzirá desde fitatos de diferentes graus de fosforilação até ânions fosfatos (fosfato, PO_4^{3-} e hidrogenofosfato, HPO_4^{2-}). Estes, quando submetidos ao processo de mostura, reagirão com íons cálcio (Ca^{2+}) presentes no meio, formando substâncias que atuam em sistemas tamponantes e que regularão o pH do mosto próximo ao valor de 5,2. A vitamina B e a sacarose (açúcar não redutor) também estão presentes na camada de aleurona.

1.1.4 Endosperma amiláceo

O endosperma amiláceo é a principal reserva de nutrientes do grão, sendo formada basicamente por grânulos de amido embebido em uma matriz proteica e todo esse conjunto revestido por uma fina parede celular (Figura 1.3). O amido é o componente mais abundante do endosperma, compreendendo cerca de 60% do peso total do grão (FOX, 2010). A maior concentração de proteínas (cerca de 10-12%) da cevada encontra-se no endosperma compondo uma matriz proteica cuja quantidade e consistência variam de acordo com as condições ambientais e de cultivo da cevada (SHEWRY, 1993). As paredes celulares correspondem ao terceiro maior componente do endosperma, possuindo cerca de 2 μm de espessura e compostas por cerca de 20% de arabinoxilanas (denominados pentosanas), 75% de (1→3, 1→4)-β-D-glucanos e cerca de 5% de proteínas (PALMER, 1989).

Figura 1.3 – Representação esquemática de uma célula no endosperma amiláceo da cevada

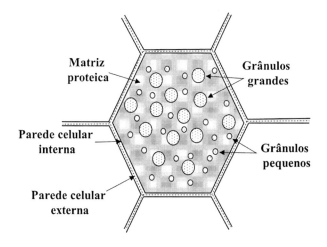

Fonte: o autor

1.1.5 Amido

O amido consiste em dois polímeros, homopolissacarídeos: amilose e amilopectina, ambos constituídos de unidades de α-D-glucose unidos por ligações glicosídicas. A amilose consiste em ligações do tipo α-1,4, originando uma cadeia linear (Figura 1.4A), e a amilopectina é formada por ligações do tipo α-1,4 e α-1,6 (Figura 1.4B), formando uma estrutura ramificada, sendo que a proporção de amilopectina para amilose é de cerca de 3:1 (WENWEN; TAO; GIDLEY *et al.*, 2019).

Figura 1.4 – Estrutura química do amido

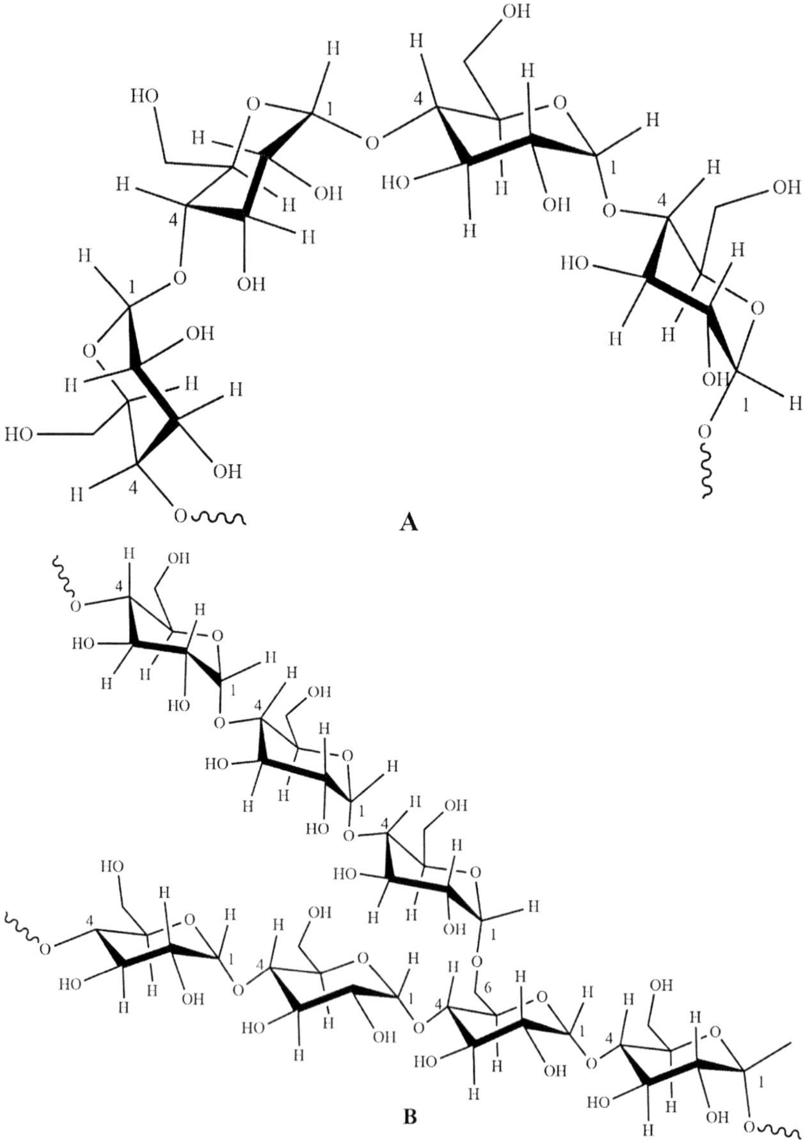

(A) estrutura da amilose e (B) estrutura da amilopectina
Fonte: adaptado de Denardin e Silva (2009)

O amido encontra-se distribuído no endosperma amiláceo da cevada na forma de grânulos grandes (tipo A) e pequenos (tipo B). Os grânulos de amido tipo A contêm cerca de 70 a 80% de amilopectina, possuem forma arredondada com diâmetros na faixa de 10 a 25 μm, e massa relativa nove vezes maior que os grânulos do tipo B, que contêm entre 40-80% de amilose, possuindo forma esférica de diâmetros entre 1 a 10 μm e que compõem aproximadamente 90% da quantidade total dos grânulos (EVERS; BLAKENEY; O'BRIEN, 1999).

O amido em contato com água à temperatura ambiente (cerca de 25° C) pode absorvê-la por difusão, sendo possível detectar um pequeno aumento no diâmetro dos grânulos de cerca de 10 a 20%. Esse inchaço é reversível pela secagem, sendo que o umedecimento e secagem podem ser alternados repetidamente sem alterações significativas da sua estrutura original (DENARDIN; SILVA, 2009).

Se a temperatura de uma suspensão de grânulos de amido for aquecida em excesso de água, eles incham irreversivelmente num processo chamado de gelatinização, em que ocorre perda da organização estrutural (detectada como perda de birrefringência e cristalinidade). Quando a estrutura cristalina é rompida, os grupos hidroxil da amilose e amilopectina ficam mais expostos e, consequentemente, mais propensos a formar ligações de hidrogênio com as moléculas de água do meio, causando um aumento no inchaço e na solubilidade do grânulo (SINGH; SINGH; KAUR et al., 2003). A temperatura na qual a gelatinização do amido da cevada ocorre varia entre 55 e 65° C e esse processo de gelatinização é definido como completo quando o total das moléculas do amido forem solubilizadas no meio (MACGREGOR; BAZIN; IZYDORCZYK, 2002).

Durante o processo de maltagem da cevada, ocorre uma degradação limitada do amido, produzido pela liberação de enzimas durante o seu processo de germinação. As principais enzimas amilolíticas são a α-amilase que cliva as ligações α-(1→4) dos dois polímeros, e a β-amilase, que degrada os finais redutores do amido, liberando maltose (GEORG-KRAEMER; MUNDSTOCK; CAVALLI-MOLINA, 2001). A β-amilase já se encontra presente no grão e sua concentração aumenta apenas algumas vezes durante a germinação, sendo que a sua liberação ocorre sempre ligada a um átomo de nitrogênio de uma proteína. A α-amilase é ausente no grão e precisa ser sintetizada durante a germinação, sendo que dessa forma sua atividade aumenta progressivamente várias centenas de vezes à medida que a germinação prossegue (EVERS; BLAKENEY; O'BRIEN, 1999).

O amido é completamente degradado durante o processo de mostura pelas enzimas hidrolíticas α-amilase, β-amilase, α-glicosidase e dextrinases limite. Temperaturas mais altas de mostura promovem a rápida solubilização do amido, o que o torna mais favorável à atuação das enzimas, porém limita a atividade das enzimas termolábeis como a α-glicosidase e β-amilase.

1.1.6 Proteína

No grão da cevada, as proteínas estão presentes de várias formas e são responsáveis por algumas atividades metabólicas, funções estruturais e fornecimento de nitrogênio para o embrião em desenvolvimento durante a fase de germinação. As proteínas ocupam a segunda colocação como composto de função de armazenamento do endosperma amiláceo, e podem ser divididas em quatro grupos diferentes, conforme a sua solubilidade. A matriz proteica que envolve os grânulos de amido é composta por cerca de: 40% de hordeína (fração solúvel em álcool), 30% de glutelinas (fração solúvel em álcalis), 20% de albuminas (fração solúvel em água) e 10% de globulinas (fração solúvel em solução de cloreto de sódio) (ARENDT; ZANNINI, 2013; STEWART; PRIEST, 2006).

Enzimas como as β-amilases e as carboxipeptidases são proteínas constituintes das frações da albumina e globulina do grão da cevada. A hordeína e glutelina são estruturalmente similares e possuem altos níveis de concentração dos aminoácidos prolina e glutamina em sua constituição. A mistura das glutelinas e hordeínas (prolaminas) consiste no glúten da cevada, sendo tóxica para celíacos. A doença celíaca é caracterizada pela síndrome de má absorção de nutrientes e por lesões na membrana da mucosa do duodeno. Aos portadores da doença há uma permanente intolerância ao glúten, apresentando sintomas como: diarreia crônica, distensão, desnutrição, falta de apetite e vômitos (STERN; CICLITIRA; ECKERT *et al.*, 2001; TIGHE; CICLITIRA, 1995).

Durante a produção do malte de cevada, as frações de proteínas são extensivamente hidrolisadas pelas proteases para produzir as proteínas solúveis do malte que durante o processo de mostura serão extraídas para o mosto na forma de polipetídeos, peptídeos e aminoácidos. As proteínas da cevada são inicialmente solubilizadas pelas endopeptidases e depois degradadas pelas exopeptidases. Endopeptidases são enzimas proteolíticas (ou peptidases) que clivam as ligações peptídicas de uma cadeia proteica (polipeptídica) em ligações de aminoácidos do interior da cadeia (não terminais). Dessa forma, não podendo formar aminoácidos livres. Exopeptidases clivam as ligações peptídicas do final da cadeia proteica a partir do amino-terminal

(N-terminal) da cadeia, liberando aminoácidos ou dipeptídeos. As enzimas que degradam proteínas serão tratadas em mais detalhes na seção 6.3.1.2.

As proteases podem conter grupos que auxiliam na clivagem das proteínas, formando metaloenzimas (ver mais sobre metaloenzimas na seção 3.3.2.1). Podem atuar também conjuntamente com outras enzimas hidrolíticas, como, por exemplo, as carboxipeptidases, que em combinação com a endo-β-D-glucanase podem iniciar a degradação das paredes celulares do endosperma amiláceo liberando β-glucanos. A razão entre proteína solúvel total e proteína total do malte é denominada de índice de Kolbach, e indica a quantidade total de proteína na forma solúvel do malte, refletindo a sua atividade proteolítica, e é um importante parâmetro de qualidade por fornecer informações da modificação da proteína (decomposição) que ocorreu no processo de maltagem. Os valores de Kolbach devem estar em torno de 39 a 45, embora alguns fabricantes de cerveja possam requerer níveis fora desse intervalo, dependendo do tipo de cerveja a ser produzida (FOX, 2010).

As hordeínas da cevada são divididas em cinco grupos com base em suas mobilidades eletroforéticas, massa molecular e composições de aminoácidos. Hordeínas do tipo B (massa molar entre 30 a 45 kDa) são as mais abundantes, correspondendo a cerca de 70 a 80% da fração total de hordeínas seguida das tipo B (massa molar entre 45 a75 kDa) com proporção entre 10 a 20%. As do tipo D e Z (massa molar de cerca de 100 kDa) correspondem a menos de 5% da fração total de hordeínas. As tipo A são compostas de peptídeos menores, de baixa massa molecular (< 20 kDa), incluindo as albuminas ou globulinas solúveis em álcool ou subprodutos de decomposição de hordeínas de massa molecular maiores (SHEWRY; ULLRICH, 2014). A massa molar em Da (Dalton) é comumente utilizada para expressar a massa molar de macromoléculas biológicas, como as proteínas, onde 1 Da = 1,0 g/mol e o k refere-se a um fator de multiplicação de 1000, assim, 1 kDa = 1,0 kg/mol.

Hordeínas do tipo B também podem ser subdivididas nos subtipos B1, B2 e B3 (SKERRITT; JANES, 1992). Além disso, pode ser feita uma distinção entre as frações de hordeínas ricas em enxofre (tipo B), pobres em enxofre (tipo C) e de alta massa molecular (tipo D). Por fim as hordeínas tipo C aparecem como monômeros, enquanto a maioria das hordeínas B e D encontram-se ligadas por ligações de dissulfeto (SHEWRY; ULLRICH, 2014). Alguns estudos mostram que as subunidades do tibo B (baixa massa molar) ligadas às do tipo D (alta massa molar) por ligações de disulfeto têm capacidade de formar um agregado semelhante a um gel e exercem a maior influência na qualidade do malte (LEIPER; STEWART; MCKEOWN, 2003).

A proteína Z, LTP1 (proteína de transferência lipídica) e outras proteínas como os tipos D e B, presentes na cerveja, estão associadas à formação e à estabilização da espuma (EVANS; SHEEHAN, 2002; PERROCHEAU; ROGNIAUX; BOIVIN *et al.*, 2005). A proteína Z mantém-se praticamente inalterada ao longo do processo de produção da cerveja por possuir características termoestáveis e de resistência à proteólise devido às suas propriedades inibidoras das proteases. A proteína Z também está associada aos compostos turvadores da cerveja (*haze*) (SILVA; FERREIRA; TEIXEIRA, 2006).

1.1.7 Parede celular

Os principais constituintes da parede celular do endosperma dos grãos de cevada são arabinoxilanos (AX) (ou também chamado de pentosanos) e (1→3), (1→4)-β-D-glucanos (também chamados de β-D-glucanos ou simplesmente β-glucanos). As paredes celulares do endosperma amiláceo contêm cerca de 75% de β-glucanos e 20% de arabinoxilano, enquanto as paredes celulares da aleurona contêm cerca de 26% de β-glucanos e 71% de arabinoxilano. Os β-glucanos possuem cerca de 70% de ligações β-1,4 e 30% de ligações β-1,3 (STEWART; FREEMAN; EVANS, 2000; STEWART; PRIEST, 2006).

A parece celular forma uma barreira para proteger os grânulos de amido e as proteínas da ação das enzimas hidrolíticas, portanto durante a germinação da cevada para produção do malte, e depois, no processo de mostura, a parede celular precisa ser extensivamente degradada. As enzimas evolvidas na degradação da parede celular são as β-glucano solubilase (degrada a ligação dos β-glucanos com as proteínas), endo-β-1,3-glucanase (formada durante a germinação), endo-β-1,4-glucanase (ativada durante a germinação), exo-β-glucanases, arabinosidases e xilanases, produzindo principalmente glicose, celulose, laminaribiose e pequenas quantidades de arabinose, xilose e pequenos fragmentos de arabinoxilanos solúveis (PALMER, 1989).

Caso essa degradação não seja satisfatória, a concentração do extrato obtido será menor, uma vez que as proteínas e o amido não serão solubilizados adequadamente, restringindo, assim, a ação enzimática. Além disso, os β-glucanos possuem uma tendência à formação de géis em determinadas circunstâncias, sendo a sua não degradação prejudicial à filtração do mosto, considerando que o aumento da viscosidade da solução acaba diminuindo o extrato recuperado (KUNZE; PRATT; MANGER, 2004).

Nos estudos relacionados à parede celular do endosperma, os β-glucanos são mais explorados do que os AX, embora uma degradação insuficiente deste último também contribua em problemas de produção, como na baixa filtrabilidade do mosto, baixo rendimento de extrato e pela contribuição com compostos formadores de turbidez na cerveja (CYRAN; IZYDORCZYK; MACGREGOR, 2002). Durante a maltagem, os AX são solubilizados da parede celular do endosperma amiláceo, porém, como podem formar dímeros com o ácido ferúlico, podem não ser suficientemente degradados pelas enzimas endógenas. Esses problemas na fabricação de cerveja são mais pronunciados quando se utiliza o malte de trigo, uma vez que possui maior conteúdo e maior peso molecular do AX (IZYDORCZYK; BILIADERIS; BUSHUK, 1991; VORAGEN; SCHOLS; MARIJS et al., 1987). A adição de enzimas comerciais durante a mostura que atuam na degradação dos AX, como, por exemplo, as endoxilanases, promove a redução da viscosidade do mosto, e os seus produtos de degradação contribuem positivamente na composição do perfil sensorial da cerveja e na estabilidade da espuma (IZYDORCZYK; BILIADERIS; BUSHUK, 1991; KANAUCHI; ISHIKURA; BAMFORTH, 2011).

As concentrações de AX em cervejas comerciais podem variar na faixa de 790 a 1000 mg/L em cervejas lager produzidas somente com malte de cevada, até a faixa de 1271 a 1951 mg/L em cervejas de trigo alemãs. O nível médio de AX nas cervejas de trigo foi de 1491 ± 184 mg/l, quase o dobro do das cervejas de malte de cevada (865 ± 78 mg/l). As concentração dos AX são bem maiores do que as de β-glucano em todas as cervejas analisadas, variando entre 26 e 99 mg/L nas cervejas de trigo, sendo menor do que nas cervejas lagers de malte de cevada (106 a 190 mg/l) devido a um maior teor de β-glucano presente nesse malte em relação ao malte de trigo (LI; DU; ZHENG, 2020). Essas concentrações demonstram a importância dos AX na produção e na qualidade final da cerveja.

1.1.8 Cascas

A casca é o revestimento mais externo do grão de cevada, responsável pela proteção das estruturas internas, especialmente o embrião. É composta de duas estruturas foliares, onde a face dorsal (que cobre o lado do vinco) é denominada lema; e a face ventral (lado oposto ao vinco), pálea. A composição química da casca consiste principalmente (em valores aproximados) em celulose (28%), hemicelulose (33%), pectina (1,0%), lignina (23%), cinzas (5%), proteínas (2,5%) e outros (7,6%) (OLKKU; KOTAVIITA; SALMENKALLIO-MARTTILA et al., 2005). Uma camada de cimentação secretada pela epiderme do pericarpo preenche a interface entre o pericarpo e a casca. As cascas de cevada variam em espessura e em sua aderência ao cariopse (GAINES; BECHTEL; POMERANZ, 1985).

Nas operações de colheita e pós-colheita, a casca protege os grãos, mas principalmente o embrião contra danos mecânicos, aumentando assim a preservação da capacidade de germinação. Durante todo o processo de maltagem a casca protege o crescimento da acrospira e o conteúdo do grão contra danos mecânicos e perda de umidade durante a germinação. Na fabricação da cerveja, a casca atua como elemento filtrante na separação do mosto em tina filtro. Na classificação visual do malte, a cevada poderá ser rejeitada para o processo de maltagem caso os danos da casca estiverem aquém dos requisitos mínimos de qualidade exigidos na maltaria.

A casca também pode carregar diferentes quantidades de microrganismos como fungos e bactérias, que podem ter se proliferado nos grãos ainda no campo (por exemplo, Alternaria, Cladosporium e Fusarium) ou durante o armazenamento (Aspergillus, Penicillium e Rhizopus). Embora a atividade desses microrganismos possa ser elevada no campo e no malte úmido, o processo de retirada de água no grão da cevada ou na etapa de secagem do malte provoca significativa redução dos níveis desses microrganismos.

As micotoxinas liberadas por alguns fungos caso cheguem a contaminar a cerveja podem causar problemas para o consumidor, como, por exemplo, as do gênero *Fusarium*, que produzem os tricotecenos (como desoxinivalenol) e a zearalenona (micotoxina com efeitos estrogênicos). O desoxinivalenol (DON) quando presente na cerveja em quantidades excessivas (>2 a 4 ppb) pode causar o efeito de espumamento excessivo da cerveja (*gushing*). Humanos que se contaminam com DON frequentemente demonstram sintomas como náusea, febre, dores de cabeça e vômitos. Os fungos do gênero *Aspergillus* produzem aflatoxinas, relatadas como hepatotóxicas, mutagênicas, imunossupressoras e neoplásicas, e também as ocratoxinas, com propriedades carcinogênicas, nefrotóxicas, teratogênicas, imunotóxicas e neurotóxicas.

Os níveis de fungos nocivos na cevada maltada são normalmente muito baixos e não são prejudiciais aos consumidores de cerveja, porém se as sacas de grãos maltados forem mal acondicionadas na cervejaria, principalmente em locais úmidos, pode haver o desenvolvimento de fungos. Em geral, grãos maltados visualmente contaminados não devem ser utilizados na produção de cerveja, nem na indústria, nem por cervejeiros caseiros.

Após a mostura, o bagaço dos grãos de malte retirados da tina filtro é composto por celulose (16,8% – 20,6%), hemicelulose (18,4% – 28,4%), lignina (9,9% – 27,8%) e cinzas (2,7% – 4,6%), o que indica que a casca do malte sofre pouca modificação durante o processo produtivo. O bagaço do malte também tem alto teor de umidade, além de absorver quantidades significativas de proteínas (15,3% – 26,6%) e açúcares (5,2% – 5,8%) (MUSSATTO; DRAGONE; ROBERTO, 2006; QIN; JOHANSEN; MUSSATTO, 2018; WILKINSON; SMART; COOK, 2014). Esse bagaço é o resíduo mais abundante gerado na cervejaria, correspondendo a cerca de 85% de todos os resíduos gerados. Estudos mostram que em média, para cada 100 litros de cerveja produzidos, são gerados 20 kg de resíduo de bagaço com cerca de 70 a 80% de umidade (KUNZE; PRATT; MANGER, 2004).

A maior parte desse resíduo pode ser aproveitada na alimentação animal (bovinos, suínos, aves, caprinos e peixes), por apresentar vantagem nutricional para esse fim (PIRES FILHO, 2017). Entretanto o uso indiscriminado desse material na dieta de ruminantes tem sido relatado como responsável por casos de acidose ruminal e laminite. Além de que o bagaço úmido mal armazenado se torna propício à contaminação por fungos (principalmente *Aspergillus clavatus*) e por suas micotoxinas, que podem causar a bovinos e ovinos síndromes tremogênicas (BRUST; ARAGÃO; BEZERRA JR. et al., 2015).

Vários estudos vêm buscando a possibilidade de transformar o bagaço de malte em produtos de maior valor agregado. Entre as aplicações em potencial são citados: a produção de etanol a partir de biomassa lignocelulósica, também chamado de etanol de segunda geração, a produção de biocarvões e de ácidos orgânicos por carbonização hidrotérmica de 5-hidroximetilfurfural (HMF), obtenção do ácido lático e também, na composição de suplementos que podem ser utilizados na nutrição humana (MASSARDI; MASSINI; SILVA, 2020).

A lignina presente na casca do malte pode ser classificada como um polifenol, constituído por polímeros complexos, formados por unidades de fenilpropano, e que pode conter grupos hidroxila e metoxila como substituintes no grupo fenil. Essas unidades de fenilpropano são derivadas dos álcoois: coniferílico, sinapílico e ρ-cumarílico (Figura 1.5). Durante o processo de maltagem e mais adiante no processo de mostura as substâncias fenólicas são extraídas da casca para o meio, esses residuais fenólicos podem ser desde ácidos fenólicos simples (por exemplo, ácido ferúlico e ácido ρ-cumárico) a fenóis mais complexos, como os oligômeros prodelfinidina B3 e proantocianidina B3. Os polifenóis de massa molar mais elevadas (entre 500 a 3000 Da) são denominados taninos, e podem complexar com proteínas para formar compostos turvadores da cerveja (*Haze*). Os polifenóis também podem contribuir para a cor da cerveja, em parte devido à sua oxidação durante a mostura e a fervura do mosto. Além disso, a adstringência da cerveja pode ter origem dos taninos extraídos da casca do malte de cevada durante o processo de produção (EASTMOND; GARDNER, 1974).

Figura 1.5 – Unidades fenilpropano da lignina

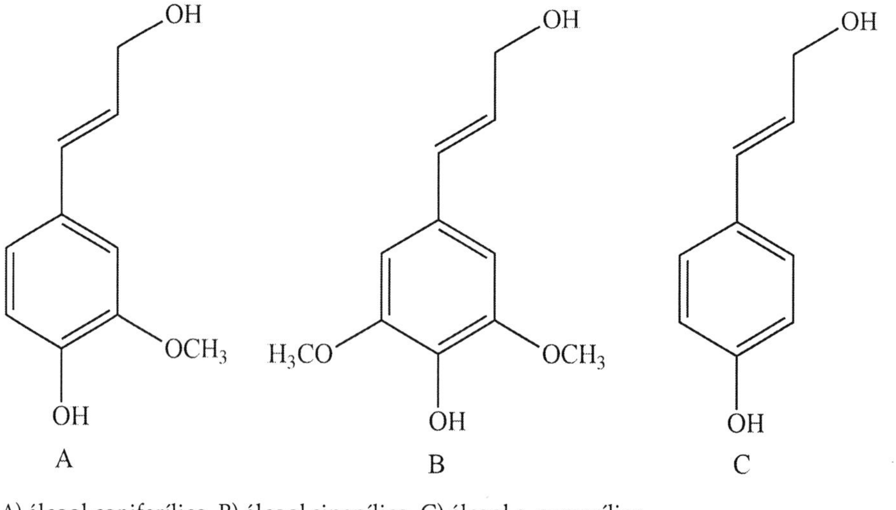

A) álcool coniferílico, B) álcool sinapílico, C) álcool ρ-cumarílico
Fonte: o autor

1.1.9 Pericarpo e Testa

Em botânica, pericarpo refere-se à camada externa do fruto das angiospermas que envolve as sementes, portanto os grãos da cevada são frutos secos, denominados cariopse. A cevada apresenta cariopse revestida pela casca. O pericarpo, por sua vez, recobre a testa, uma estrutura composta por duas camadas lipídicas que cobre intimamente a camada de aleuroma e envolve todo o grão. As duas camadas estão fortemente aderidas (a remoção da casca à mão não remove o pericarpo e a testa no grão) e possuem permeabilidades diferentes.

O pericarpo é semipermeável, por exemplo, a água permeia, porém o ácido giberélico não, enquanto a testa é permeável aos dois solventes. Dessa forma, tanto o embrião quanto o endosperma podem absorver água, o que facilita o processo de germinação e hidrólise do endosperma, porém o ácido giberélico fica contido dentro do grão, podendo acessar diretamente a camada de aleuroma, percorrendo toda a sua extensão, melhorando assim a eficiência na produção das enzimas hidrolíticas e consequentemente a degradação do endosperma (PALMER, 1989).

Num grão sólido, a testa protege o endosperma de um ataque microbiano. Os danos à casca ou ao pericarpo não afetam o endosperma enquanto a camada cuticular entre a testa e o pericarpo permanecer intacta. Depois que a testa é danificada, o endosperma é exposto e os micróbios podem penetrá-lo (OLKKU; KOTAVIITA; SALMENKALLIO-MARTTILA *et al.*, 2005).

1.2 Produção de malte de cevada

1.2.1 Princípios da malteação

Para que a semente da cevada seja utilizada na produção de cerveja, ela precisa passar antes por um processo de malteação (ou maltagem), obtendo-se assim o malte de cevada. A malteação tem início com a umidificação dos grãos da cevada, denominada maceração, seguida de uma etapa controlada de germinação, em que o sistema enzimático do grão é ativado para produzir energia para o desenvolvimento do embrião por meio da degradação das reservas de amido. Quando a germinação atinge um certo ponto, o processo é então cessado, mediante a secagem dos grãos. Um diagrama esquemático com as etapas de produção do malte é apresentado na Figura 1.6 – Diagrama esquemático da produção de malte de cevada.

Figura 1.6 – Diagrama esquemático da produção de malte de cevada

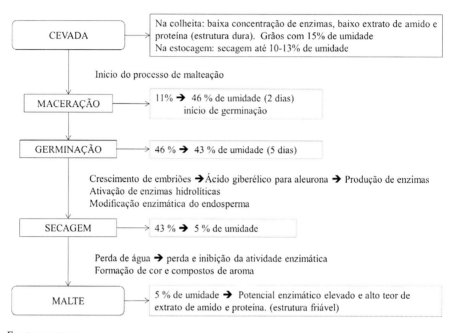

Fonte: o autor

O processo de malteação tem como objetivo converter ou modificar a estrutura física do grão de cevada e permitir a síntese ou ativação de uma série de enzimas, de modo que o produto final, o malte, seja mais facilmente aproveitado nas etapas subsequentes da fabricação de cerveja (MACLEOD; EVANS, 2016).

Um requisito de fundamental importância na produção do malte é que as paredes celulares sofram um processo de degradação significativa a ponto de levar a um amolecimento do grão, tornando-o mais friável. Isso facilitará a sua moagem e evitará a quebra excessiva das cascas, que servirá de elemento filtrante no processo de filtração do mosto. Além de que grãos mais macios permitirão uma melhor extração dos seus compostos na etapa de produção. Um segundo ponto importante a se considerar é que haja uma quebra substancial de proteínas, para eliminar os componentes que potencialmente possam promover a turvação da cerveja e liberar polipeptídeos, que ajudarão na formação da espuma da cerveja, mas principalmente produzir aminoácidos, que a levedura exigirá como blocos de construção para produzir suas próprias proteínas e, portanto, crescer. O que não se deseja na produção do malte é uma degradação significativa do amido, pois é essa a principal matéria-prima que será utilizada na cervejaria para produzir açúcares fermentáveis.

A liberação de enzimas e a quebra do endosperma estão sob controle do embrião, afinal essa é a sua reserva alimentar, e o seu desenvolvimento inicial utilizará o amido armazenado como fonte de energia. O próprio embrião é capaz de realizar alguma síntese enzimática na região do escutelo, porém a produção principal de enzimas ocorre na aleurona, o tecido que recobre o endosperma amiláceo. O embrião produz uma série de hormônios que migram para a aleurona e que fazem o controle da ativação e desativação da síntese enzimática. Os hormônios chamados giberelinas estimulam a produção e liberação de enzimas, e o ácido abscísico é o hormônio responsável pela inibição da produção enzimática. O equilíbrio entre esses dois hormônios é quem regula a extensão em que as enzimas serão produzidas (BAMFORTH, 2003).

Para que o embrião possa entrar em ação e produzir esses hormônios é preciso dar as condições ideais para o início da germinação. Pra isso o teor de umidade da cevada deve aumentar. Na maltaria, os grãos de cevada são estocados com teor de umidade entre 10 a 13%, estes então precisam entrar em processo de maceração, em que o teor de umidade aumente para cerca de 42 a 46%. Isso desencadeia a síntese e migração de enzimas através do endosperma hidratado. As primeiras enzimas produzidas são aquelas que degradam a parede celular seguida das enzimas proteolíticas que degradam a matriz proteica onde estão imersos os grânulos de amido. As últimas enzimas a serem produzidas são as amilases, que agora possuem caminho livre para a degradação do amido.

A etapa de germinação da cevada, portanto, deve ser realizada por um tempo suficiente para degradar as paredes celulares e as proteínas, e para que as enzimas que degradam o amido sejam sintetizadas, mas não o suficiente para levar ao crescimento excessivo do embrião para não causar a hidrólise excessiva do amido. A extensão com que essas degradações ocorrem é que determina o chamado grau de modificação do grão.

Uma vez alcançado o grau de modificação desejado, ocorre a transferência do malte para a secagem, nessa etapa o malte com teor de umidade próximo a 40% (chamado de malte "verde") é seco para que o teor fique na faixa de 4 a 5%, o que geralmente demora um período de 24h. Essa secagem, além de cessar o processo de germinação e impedir que o amido continue sendo degradado, torna o produto estável para o armazenamento e transporte, mantém preservadas as enzimas, porém inibe sua atividade, além de que nessa etapa é desenvolvida e estabilizada a cor, o aroma e o sabor do malte. O malte seco pode ser armazenado por até 12 meses sem perda significativa de qualidade.

É durante o processo de secagem que são produzidos os diferentes tipos de malte, influenciados principalmente pela umidade, tempo e temperatura de secagem (ou torrefação), sendo que à medida que a temperatura aumenta, mais sabor e cor se desenvolvem no malte. A maioria do malte produzido compreende maltes claros como o malte Pilsen e Pale Ale, denominados maltes base, que são produzidos com uma secagem mais branda em estufa do malte "verde", e sua característica é um elevado potencial enzimático (denominado poder diastático), e quando usados em uma proporção de 100% do *"grist"* produzem cervejas de cor amarelo-dourada com presença de sabores que remetem a cereais, com notas adocicadas e de nozes.

A cor do malte (e também do mosto e da cerveja) pode ser medida por diversas formas em que o resultado será expresso com unidades próprias, porém que poderão ser convertidas entre si. Um dos métodos mais antigos de padronizar uma escala de cor foi proposto por Joseph William Lovibond (1833-1918) em 1883, que deu origem ao termo graus Lovibond (abreviado como °L), sendo baseado em uma escala de amostras de cores (colorímetro) utilizada como padrão de comparação visual com uma amostra de mosto ou de cerveja. Esse padrão classifica um mosto ou cerveja clara com um valor muito baixo em °L (por exemplo, 2 a 4 °L para uma lager clara), enquanto para uma cerveja escura, um valor alto em °L (por exemplo, 70 a 100 °L para uma porter), com várias cores intermediarias entre esses dois extremos. A escala em graus Lovibond ainda é utilizada por maltarias para classificar a cor que o malte transmite ao mosto.

Se o malte é rotulado com 12 °L, isso significa que um mosto produzido por um método padronizado (mosto congresso), com malte finamente moído, terá uma cor de 12 °L. Ressaltando que mosto congresso é preparado utilizando-se 50 gramas de malte moído, com a adição de água suficiente para totalizar em um conteúdo final de 450g de mosto (MUXEL, 2016).

Há também outros dois métodos mais modernos de medir a cor do malte (pela cor do mosto congresso), do mosto e da cerveja em uso atualmente, ambos baseados em métodos espectrofométricos. A primeira é referente à escala SRM (*"Standard Reference Method"*), adotada em 1958 pela ASC (*"American Society of Brewing"*) e baseada na espectrofotometria, sendo que a cor refere-se à quantidade absorvida de luz num comprimento de onda de 430 nm (comprimento de onda que corresponde à luz azul, região que a cerveja mais absorve luz), que incide na amostra de mosto ou cerveja (livre de turbidez), acondicionada em uma cubeta de meia polegada de comprimento (DANIELS, 1995).

A segunda, a escala EBC (*"European Brewery Convention"*), é adepta do sistema métrico, que também mede a absorção de luz pela amostra em comprimento de onda de 430 nm, porém a medida é realizada em cubeta de 1,0 centímetro, sendo este o método aceito pela legislação brasileira para definir cor da cerveja (BRASIL, 2009).

Métodos analíticos modernos mostram que os valores referentes à escala SRM são equiparáveis aos da escala Lovibond para cores mais claras, porém divergem para cores mais escuras. Por exemplo, para um mosto de cor clara com valor de 10 °L equivale a 12,7 na escala SRM, já para um mosto escuro de 40 °L a equivalência em SRM é de 53,4. Assim, os valores em °L podem ser convertidos em SRM utilizando-se como fator de conversão a equação abaixo:

$$SRM = 1,3546 \times °L - 0,76$$

Como as escalas em °L e SRM possuem essa divergência apenas para cores mais escuras é muito comum encontrar na literatura ou na descrição das cores dos maltes as duas escalas sendo tratadas com igualdade.

Para a conversão dos valores da escala SRM para a escala em EBC (ou vice-versa), a conversão é dada pelas seguintes equações:

$$SRM = EBC \times 0,508$$
$$EBC = SRM \times 1,97$$

Por exemplo, segundo a equação acima, um mosto de cor 4,5 SRM teria um valor EBC = 8,86. Assim, a escala em EBC é aproximadamente duas vezes a escala SRM, sendo essa relação válida tanto para cores claras quanto para cores escuras.

Maltes especiais, comercializados com os nomes de *caramalt*, *cristal*, âmbar, chocolate e *black*, possuem cor que varia entre cerca de 35 até 1500 EBC, são produzidos a partir de diferentes graus de torra, em tambores de torrefação especializados, e, quanto maior for o tempo e temperatura de torra do malte, menor será a quantidade de enzimas disponíveis. Os maltes *black* e chocolate, por exemplo, não possuem poder diastático e são usados em pequenas porcentagens para fornecer seus sabores característicos e consequentemente contribuir para a cor da cerveja. A Tabela 1.2 mostra os produtos que podem ser obtidos a partir da secagem e torrefação do malte "verde", do malte seco e dos grãos de cevada não maltada.

Tabela 1.2 – Tipos de maltes especiais produzidos de acordo com a matéria-prima utilizada

Matéria-prima	Tipo de malte	Cor (EBC)	Descrição de sabor
Malte "verde" seco	Pilsen	2-5	Aromas maltados e adocicados com sutis notas de mel.
	Pale Ale	4-8	Notas de pão, frutas secas e mel.
	Vienna	7-10	Notas adocicadas de malte, notas suaves de mel e de nozes (amêndoas e avelã).
	Munich	15-25	Rico aroma de malte com notas suaves de caramelo, mel e pão.
Malte "verde" torrado	Caramalt	30-60	Sabor doce de malte com notas suaves de caramelo.
	Cristal	60-350	Sabor de frutas secas, nozes e caramelo.
Malte seco torrado	Amber	40-60	Notas de toffee, caramelo e pão.
	Brown	20-120	Sabores torrados suaves.
	Chocolate	500-700	Fornece aroma e sabor de café torrado e chocolate escuro.
	Black	800-1600	Aroma suave de torrado, notas de café, cacau e chocolate escuro.
Grãos de cevada torrada	Cevada torrada	1000-1300	Sabor torrado limpo e profundo com notas de café e cacau.

Fonte: adaptado de Macleod e Evans (2016)

Alterar as condições de secagem ou de torra produz maltes únicos em termos de cor, de aroma e sabor, que posteriormente vão permitir a produção de cervejas com características sensoriais distintas. Por exemplo, o malte *cristal* confere ao perfil de malte da cerveja notas de caramelo, uva-passa, ameixas secas e também pode conferir notas doces ou que remetam a mel. A cor fornecida por esse malte pode ser entre tons âmbar a marrons. Os maltes que passam por um processo de torra mais intensa apresentam cor escura e são utilizados para fazer o ajuste de cor da cerveja bem como conferir sabor e aromas, no caso do malte *black*, notas de café, cacau, chocolate amargo e um intenso torrado; já o malte chocolate, que é menos amargo e é mais claro que o malte *black* por ser torrado por um período menor de tempo e com temperaturas finais não tão altas, produz um sabor de nozes torradas.

O ponto de controle mais importante para a produção de sabores e aromas é o estágio de secagem do malte, à medida que a temperatura aumenta, ocorrem reações de escurecimento não enzimático, como reações de Maillard, caramelização e pirólise (PARKER, 2012). Esse grau de escurecimento é determinante na qualidade do malte, pois envolve não apenas a formação de cor, mas também a geração de antioxidantes e compostos voláteis com sabor ativo (COGHE; GHEERAERT; MICHIELS *et al.*, 2006).

1.2.2 Reações de Maillard

A reação de Maillard fez sua estreia na literatura científica cerca de um século atrás, graças ao trabalho do médico e químico francês Louis Camille Maillard (1878-1936), sendo caracterizada pela produção de um "escurecimento" nos alimentos, como quando se faz pão torrado ou carne grelhada, e são as reações mais importantes para se entender como o malte adquire cor, aroma e sabor. São reações muito complexas e podem ocorrer em condições bastante amenas (por exemplo, temperaturas próximas de 50° C), e ocorrem no interior do malte durante o seu processo de secagem.

O primeiro passo da reação consiste na condensação de um açúcar redutor (como maltose ou glicose) com um aminoácido para formar uma base de Schiff intermediária. Na sequência, essa base sofre um rearranjamento de Amadori, formando como produto o 1-amino, 1-deoxi, 2-cetose N-substituída, que é a forma ceto (cetoseamina), mais estável e fundamental para as reações de escurecimento. A Figura 1.7 mostra o esquema de formação da cetoseamina a partir de seus precursores.

Figura 1.7 – Esquema da primeira etapa da reação de Maillard entre um açúcar redutor e uma amina resultando em uma cetoseamina

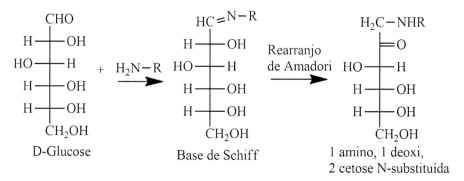

Fonte: o autor

Essa molécula de cetoseamina, em uma segunda etapa da reação, pode ser clivada para formar moléculas menores (de menor massa molecular) (Figura 1.8), sendo que as frações dos produtos de Maillard formados são altamente dependentes do grau de modificação sofrida pelo malte durante a malteação e das suas respectivas proporções de nitrogênio, carboidrato e enxofre. Entretanto é importante frisar que os produtos da reação de Maillard formados a partir da cetoseamina passam por uma série de reações cujos mecanismos ainda não foram completamente elucidados.

De maneira geral, os principais compostos de sabor presentes desde os maltes base mais claros, até os maltes especiais mais escuros, como o chocolate e *black*, que sofreram reações de Maillard durante a secagem ou torra, são furanos, como o furanol (dulçor, e notas de nozes e pão); os piranos, como maltol (maltado, casca de pão e torrado). As redutonas, que também são formadas na reação, constituem o grupamento mais reativo que se forma na reação de Maillard, possuem aroma de caramelo e têm alto poder redutor, sendo fonte de escurecimento na forma de dehidrorredutona, um escurecimento oxidativo (MUXEL, 2016).

Os produtos da reação, quando possuem átomos de nitrogênio (N) incorporado, permitem a formação de pirróis (dulçor, nozes e alcaçuz), piridinas (pipoca) e pirazinas (cacau, nozes torradas, manteiga de amendoim, caramelo, café), sendo essas as principais notas de sabor das cervejas mais escuras. A incorporação de enxofre (por exemplo, metionina, cisteína) forma produtos como tiofenos e tiazóis (nozes, notas verdes como broto de feijão) (PARKER, 2012).

Figura 1.8 – Alguns dos subprodutos da clivagem da cetoseamina em moléculas menores

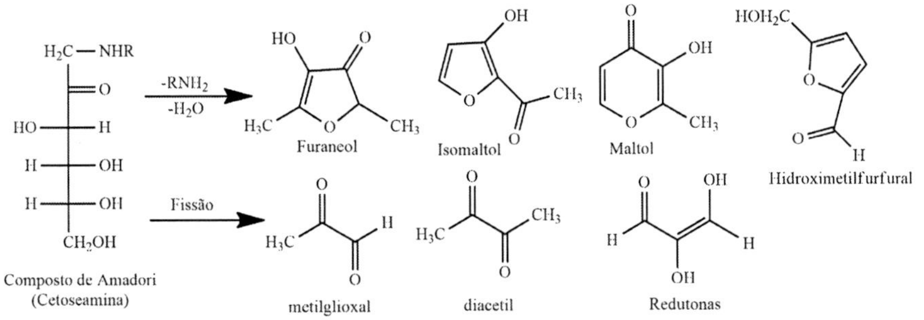

Fonte: Muxel (2016)

Os intermediários e subprodutos da reação de Maillard podem ainda participar de reações para formar polímeros altamente coloridos, denominados melanoidinas, e que são responsáveis pelo escurecimento característico dessa reação. Na Figura 1.9 é apresentada a estrutura química de uma melanoidina. Apesar de a formação desses compostos não ser completamente compreendida, atualmente, existem três propostas para a estruturação desses polímeros: 1) as melanoidinas podem ser formadas pela ligação de várias unidades de moléculas dos produtos da reação de Maillard, como furanos, pirróis ou ambos; 2) também podem ser formados a partir de produtos de degradação de açúcares nos estágios iniciais da reação de Maillard; ou 3) podem ser formados pela ligação cruzada entre cromóforos de baixa massa molecular (como o hidroximetilfurfural, por exemplo) com proteínas incolores de alta massa molecular (COGHE; ADRIAENSSENS; LEONARD et al., 2004).

Figura 1.9 – Estrutura química de uma melanoidina

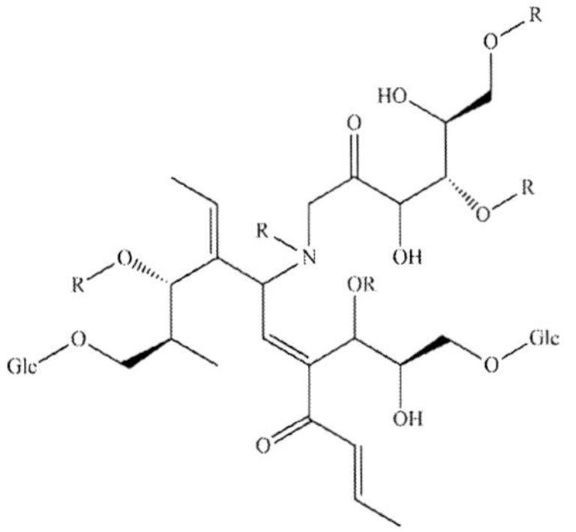

Glc = Glicina e R = H, proteína, aminoácido ou Glicina
Fonte: adaptado de Kunze, Pratt e Manger (2004)

1.2.3 Reações de caramelização

A caramelização é uma decomposição termoquímica sem a presença de oxigênio, em que o açúcar redutor é aquecido até ele se fundir. O endosperma do malte "verde" contém efetivamente uma solução concentrada de açúcares redutores (glicose, frutose, galactose, maltose e lactose). Ao se fundir, os açúcares perdem água, e se transformam nos seus respectivos produtos de desidratação. O esquema de reação mostrada na Figura 1.10 representa a formação de um dos produtos de degradação da glicose, o hidroxi metil-furfural (HMF).

Figura 1.10 – Etapas da decomposição termoquímica da glicose

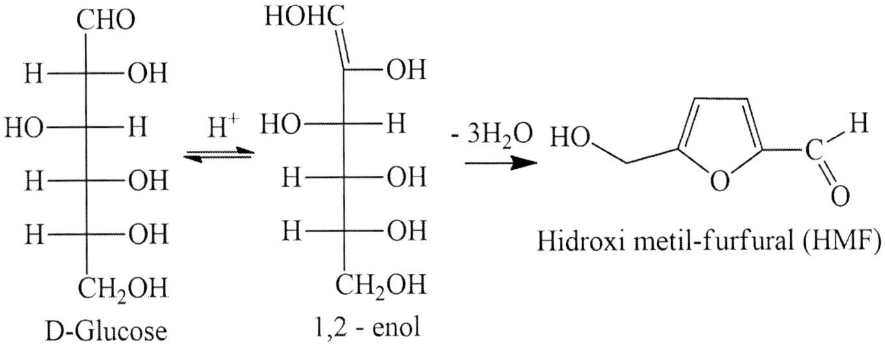

Fonte: o autor

A reação de caramelização se inicia a temperaturas acima de 129° C e é autocatalisada, pois a água liberada no processo acelera a reação. À medida que os grãos vão sendo aquecidos, ocorrem reações de desidratações e hidrólises, levando à formação de compostos ácidos, como o ácido acético e o ácido fórmico, de aldeídos como o formaldeído e o hidroximetilfurfural (HMF), diacetil, carbonilas e grupos enólicos. A Figura 1.11 mostra alguns dos compostos formados durante a reação de caramelização da glicose.

Figura 1.11 – Alguns produtos de caramelização da glicose

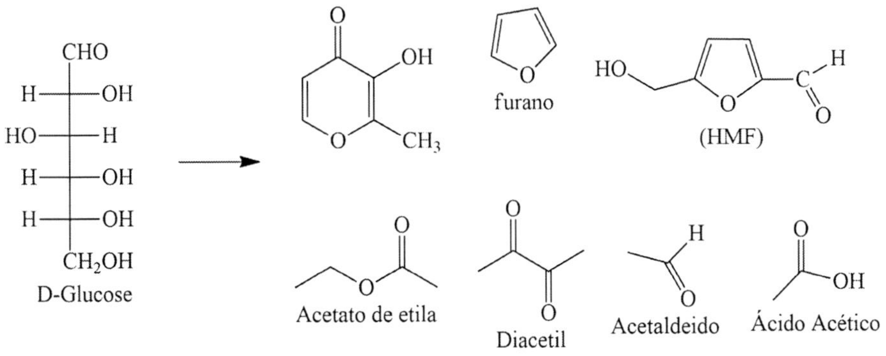

Nota: a molécula de glicose de seis carbonos desproporciona para criar uma grande variedade de compostos aromáticos
Fonte: Muxel (2016)

A formação de furanos, furanonas e piranonas (maltol e isomaltol) durante a caramelização, que possuem sabores adocicados, frutados e de caramelo, é característica presente nos maltes classificados como *cristal*. À medida que as temperaturas aumentam (acima de 250° C), a pirólise das moléculas de açúcar resulta na produção de sabores que remetem a queimado, a cinzas e uma adstringência. Essas características podem ser associadas a maltes torrados, como chocolate, *balck* e a própria semente de cevada torrada. Aroma de queimado ou até mesmo de cinzas é um atributo negativo na maioria dos estilos de cerveja, porém é aceitável em alguns estilos de cervejas produzidos com esses maltes, como, por exemplo, em uma "American Stout", e que aromas queimados ou de carvão são aceitáveis em níveis baixos. Uma pirólise muito intensa também pode produzir fenóis como subprodutos, que possuem sabores indesejáveis na cerveja, geralmente associados a defumado e medicinal.

É possível notar a semelhança de alguns dos produtos de caramelização com os da reação de Maillard, indicando, dessa forma, que muitos dos aromas e sabores podem estar igualmente presentes em maltes produzidos pelos diferentes processos. Os compostos de cor também são compartilhados entre os dois processos, uma vez que os subprodutos da caramelização podem reagir formando o polímero melanoidina.

1.2.4 Precursores de DMS

O dimetil sulfeto, de fórmula química $(CH_3)_2S$, abreviado como DMS, pode ser considerado um aroma e sabor desejável da cerveja lager em concentrações acima do seu limiar de percepção de sabor, de cerca de 30 µg/l, até um limite de 100 µg/l. Quando presente em quantidades acima de 100 µg/l, o DMS confere um sabor que é geralmente descrito como "milho cozido" e se torna indesejado na cerveja. Os precursores conhecidos do DMS na cerveja são S-metilmetionina (SMM) e dimetilsulfóxido (DMSO), ambos originários do malte (Figura 1.12).

Figura 1.12 – Estruturas das moléculas A) S-metilmetionina (SMM); B) dimetil sulfeto (DMS); C) dimetilsulfóxido (DMSO)

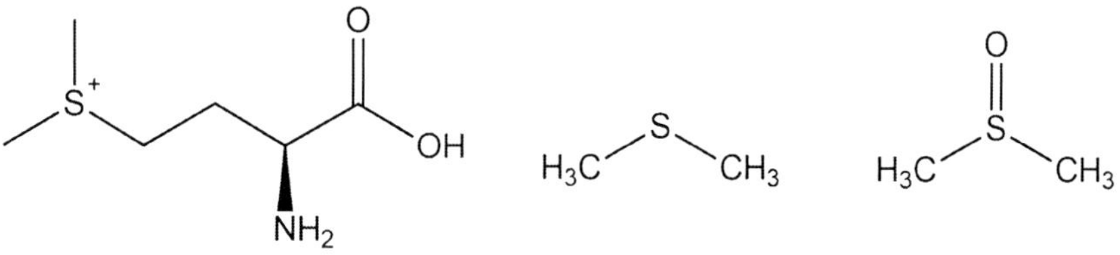

Fonte: o autor

O SMM está ausente na semente da cevada, mas os níveis aumentam constantemente durante a germinação. As enzimas envolvidas nessa síntese ainda não foram completamente elucidadas, embora pareça provável que o SMM seja formado a partir de S-adenosilmetionina (SAM), um cofator enzimático envolvido na transferência de grupos metil, e o aminoácido metionina, por um mecanismo semelhante ao que ocorre no germe de trigo (WHITE; WAINWRIGHT, 1976).

O SMM no malte "verde" é a fonte de todo o DMS encontrado na cerveja. Estudos mostram que os níveis de SMM no malte que germinaram durante 5 dias a 16° C têm potencial para gerar 30 µg de DMS por grama do peso seco do malte, sendo essa quantidade influenciada, possivelmente, pela variedade de cevada, e certamente pelas condições de maltagem (WHITE; WAINWRIGHT, 1976). Durante a etapa de secagem do malte o SMM se decompõe, liberando o DMS, que em sua maioria é perdido com os gases liberados. A decomposição do SMM se inicia a 65° C e ocorre durante o período de secagem sendo que aproximadamente 40% do DMS liberado nesse estágio fica retido no malte. Além disso, parte do DMS produzido pode ser oxidado a DMSO (ANNESS; BAMFORTH, 1982).

Todo o malte irá conter quantidade de DMS, DMSO e SMM. Os principais fatores que influenciam os níveis desses três compostos são a quantidade de SMM no malte "verde" e o tipo de secagem ou tora empregado. O SMM é pouco degradado quando o malte passa por um processo de secagem a temperaturas mais baixas, por exemplo, quando o teor de umidade do malte "verde" é reduzido para cerca de 4% por meio de secagem em temperaturas brandas antes de avançar à temperatura de 65° C, o malte resultante preservará o SMM e produzirá quantidades significativas de DMSO. Se, no entanto, o malte "verde" for seco a temperaturas mais altas desde o início, a produção de DMSO será significativamente reduzida. Por fim, quando o malte passa por um período maior de tempo em temperaturas mais altas, entre 80 a 85° C, ocorre uma severa degradação do SMM, aumentando as concentrações do conteúdo de DMS e DMSO presentes no malte (ANNESS; BAMFORTH, 1982).

O design dos fornos também tem influência na degradação do SMM. Em fornos ou torrefadores onde a camada de grãos formada para secagem é mais espessa observa-se uma maior degradação do SMM presente no malte, enquanto um aumento do fluxo de ar através dos grãos (facilitado por uma camada mais fina de malte no forno) tem efeito oposto (HYDE; BROOKES, 1978).

O DMS presente no malte terá pouco impacto nas quantidades finas de DMS na cerveja, pois esse DMS será solubilizado na água da mostura e perdido durante o processo de produção e nos estágios iniciais da fervura do mosto (SCHEUREN; SOMMER; DILLENBURGER, 2015). A contribuição mais relevante do DMS na cerveja será advinda dos seus precursores não degradados (SMM e DMSO).

O principal responsável pela presença do DMS na cerveja será a decomposição térmica do SMM durante a fervura do mosto. Essa decomposição é uma reação de primeira ordem em relação ao SMM, com tempo de meia-vida de cerca de 35 minutos a pH 4,0-5,0 (DICKENSON, 1979). É possível controlar os níveis de DMS realizando a sua evaporação na medida em que ele vai sendo formado, mediante fervura vigorosa do mosto em tina de fervura aberta, para que os vapores produzidos possam ser expelidos.

O DMSO é muito solúvel em água e, portanto, é facilmente extraído durante a mostura. Além disso, é estável ao calor e não volátil, com temperatura de ebulição de 189° C e, portanto, não é perdido durante a ebulição do mosto. Durante o processo de fermentação estima-se que cerca de menos de 25% do DMSO seja convertido em DMS pelas leveduras, embora a extensão precisa da redução dependa de muitos fatores como: a cepa da levedura, a temperatura da fermentação, o pH, a composição do meio e a natureza do tanque de fermentação (ANNESS; BAMFORTH, 1982). Veja mais sobre a conversão do DMSO pela levedura na seção 5.2.3.

1.3 Adjuntos

Adjunto é a denominação de todo material que pode substituir parte do malte de cevada na produção de cerveja. Atualmente cerca de 85 a 90% da cerveja fabricada no mundo é produzida com algum tipo de adjunto, que pode variar muito de acordo com o continente onde ela é fabricada, nos países europeus, entre 10 a 30% do malte é substituído por cereais não maltados, como a cevada e o milho, nos Estados Unidos e Austrália de 40% a 50% (ou até mais) do malte pode ser substituído por milho; na África, entre 50 e 70% por sorgo; e na Ásia, o arroz é o cereal substituinte (ANNEMÜLLER; MANGER, 2013; ZHU; MA; LI et al., 2015). No Brasil, são permitidos até 45% de adjuntos na composição do "grist" para elaboração do mosto cervejeiro, sendo o mais comum o uso do milho na forma de xarope (MINISTÉRIO DA AGRICULTURA, 2019).

A substituição do malte de cevada por adjuntos pode ser por fatores econômicos, climáticos ou mesmo sensoriais. Os cereais cultivados em um país, por exemplo, podem ser uma alternativa mais barata em relação ao malte de cevada importado, sendo uma maneira de baratear a produção de cerveja pela redução dos custos. O uso de adjunto também pode influenciar o preço final do produto devido a regulamentações tributárias, como no Japão, onde o imposto sobre a cerveja é calculado de acordo com a quantidade de malte utilizado (GOODE; ARENDT, 2006). Na África, as condições climáticas não são adequadas à produção de cevada, porém o sorgo é um cereal bem adaptado, sendo, portanto, o principal adjunto substituto (TAYLOR; DLAMINI; KRUGER, 2013). Por fim, a inclusão de adjuntos na composição do "grist" pode alterar as propriedades sensoriais da cerveja, podendo até ser possível produzir um novo produto (novo sabor e aroma) sem precisar modificar a planta de produção da cervejaria. Na sequência serão apresentados os tipos de adjuntos sólidos e líquidos mais comuns utilizados na cervejaria.

1.3.1 Adjuntos sólidos

Os adjuntos sólidos mais comuns empregados na produção de cerveja são os cereais não maltados, como: cevada, milho e arroz. Os menos comuns são trigo, aveia, sorgo, centeio e triticale, juntamente a pseudocereais não maltados, como o trigo sarraceno, amaranto e quinoa. Raízes tuberosas, como, por exemplo, a mandioca, também podem ser utilizadas, além de açúcares na sua forma sólida, por exemplo, a sacarose (BOGDAN; KORDIALIK-BOGACKA, 2017). Os cereais utilizados como adjuntos precisam passar por um processo de cocção em tina separada (cozedor de cereais) para produzir a gelatinização do amido, e, dessa forma, tornar-se solúvel antes de entrarem no processo de mostura junto ao malte ou serem hidrolisados separadamente por meio da adição de enzimas exógenas. Os açúcares na forma sólida como a sacarose, por constituir-se de fonte de carboidrato solúvel e prontamente assimilável pela levedura, podem ser adicionados na etapa de fervura do mosto. Na Tabela 1.3 são apresentadas as temperaturas de gelatinização dos cereais mais utilizados como adjuntos.

Tabela 1.3 – Faixas de temperatura de gelatinização dos principais cereais não maltados utilizados como adjuntos

Cereal	Temperatura de gelatinização (° C)
Gritz de milho*	62 a 74 [1]
Gritz de arroz*	64 a 78 [1]
Cevada	63 a 64 [1]
Sorgo	68 a 72 [2]

(*) Gritz refere-se ao grão do cereal que teve removido o invólucro mais externo que reveste o endosperma amiláceo bem como o gérmen rico em óleos
Fonte: adaptado de [1]Stewart e Priest (2006) e [2]Taylor (2003)

Alguns cuidados devem ser tomados quando se utiliza os adjuntos sólidos juntamente ao malte de cevada no processo de mostura, principalmente quando os cereais utilizados como adjuntos não possuírem casca, como o milho, arroz e o trigo. Isso limitará a quantidade de cereal que poderá ser adicionado ao "grist" em cervejarias que utilizam tina filtro como equipamento de filtração do mosto, onde as cascas servirão como elemento filtrante durante a separação e sua falta pode ocasionar sérios problemas nessa etapa do processo. Para cereais como o trigo, que também aumentam a viscosidade do mosto por ser rico em pentosanos, recomenda-se a sua utilização com uma moagem mais grossa para evitar os problemas de filtração do mosto.

1.3.2 Adjuntos líquidos

Adjuntos líquidos incluem os xaropes à base de sacarose derivados de cana-de-açúcar ou beterraba, xaropes de amido hidrolisado, extratos de malte e xaropes obtidos de cereais hidrolisados. Esses xaropes e extratos podem ter diferentes composições de açúcares fermentáveis (glicose, maltose, maltotriose) e não fermentáveis (maltotetraose e oligossacarídeos), dependendo do grau de hidrólise do amido a que foram submetidos. Na Tabela 1.4 são apresentadas as concentrações médias de açúcares presentes em alguns extratos frequentemente utilizados em cervejarias. A dextrose, sacarose e açúcar invertido são totalmente fermentáveis; xarope de milho e *high* maltose além de contribuírem com açúcares fermentáveis também contribuem com não fermentáveis (maltodextinas), o que influenciará em outros atributos organolépticos da cerveja, como, por exemplo, um aumento do corpo da cerveja.

Tabela 1.4 – Composição percentual média de açúcares de adjuntos utilizados na produção de cerveja

	% glicose	% maltose	% maltotriose	% dextrina	Outros
Dextrose	100	-	-	-	-
Xarope de milho	45	38	3	14	-
High maltose	10	60	-	30	-
Maltodextrina	0	1,5	3,5	95	-
Sacarose	0	0	0	0	100% sacarose
Açúcar invertido	50	0	0	0	50% frutose

Fonte: adaptado de Goode e Arendt (2006)

Os xaropes ricos em maltose são preferíveis aos concentrados de glicose, uma vez que a preferência da levedura é de absorver a glicose em relação aos outros açúcares do mosto, dessa forma, uma alta concentração deste no meio pode inibir a absorção da maltose e a maltotriose, o que pode causar diversos problemas na fermentação, entre eles fermentações arrastadas ou emperradas. A sacarose pode ser usada nas formas líquida ou sólida, como dissacarídeo ou (preparo de) açúcar invertido após a hidrólise (uma mistura de glicose e frutose). No entanto, as soluções concentradas de açúcar tendem a cristalizar, o que pode requerer manuseio e armazenamento entre 40 e 50° C (BOGDAN; KORDIALIK-BOGACKA, 2017). Veja mais sobre preferência de absorção dos açúcares do mosto na seção 5.1.2 e sobre açúcar invertido no Apêndice I.

As vantagens de utilizar os adjuntos líquidos está em uma maior precisão quando há necessidade de ajustar a composição do mosto, garantindo a homogeneidade da produção na cervejaria, também reduzem o espaço necessário para o armazenamento de matérias-primas, podem proporcionar economia em termos de energia e materiais, além de poderem ser usados para produzir mosto de alta densidade, aumentando a capacidade de produção da cervejaria. Ainda, uma vantagem da utilização dos adjuntos líquidos em relação aos sólidos é a possibilidade de adicioná-los no processo de fervura do mosto dispensando o uso dos cozedores de cereais.

O mosto produzido a partir de malte de cevada tem composição complexa e é ideal para garantir um crescimento eficaz de leveduras, sendo que alterações significativas ou mesmo a falta de macro ou micronutrientes podem provocar alterações indesejáveis no perfil sensorial da cerveja. A composição dos carboidratos é cerca de 90% do total de sólidos dissolvidos no mosto, sendo, entre os açúcares fermentáveis, a maltose o mais abundante (entre 43 a 45%), seguido da maltotriose (entre 11 a 13%), monossacarídeos (entre 7 a 9%) e sacarose (entre 3 a 4%). Entre os carboidratos não fermentáveis, o mais abundante são dextrinas (entre 20 a 30%) e em menores proporções arabinose, xilose, ribose, isomaltose, panose e iso-panose. Os compostos nitrogenados representam cerca de 5% dos sólidos totais do mosto distribuídos entre proteínas, peptídeos, aminoácidos e nitrogênio amino livre (FAN). Outros compostos como íons inorgânicos, fosfatos, lipídios, ácidos orgânicos, polifenóis, vitaminas, derivados de ácidos nucleicos também entram na composição (KUNZ; LEE; SEEWALD *et al.*, 2011; STEWART; PRIEST, 2006). A composição química do mosto é discutida no Capítulo 7.

A substituição do malte de cevada por uma grande quantidade de adjuntos sem a observação dos requerimentos nutricionais contidos no mosto tradicional pode trazer problemas significativamente negativos. Por exemplo, a adição de grandes quantidades de adjuntos como milho, após sua gelatinização em cozedor de cereais, na mostura juntamente ao malte, poderá acarretar a falta de enzimas suficientes para realizar a sacarificação do amido ou degradar hemicelulose, causando problemas de filtração e um excesso de compostos turvadores da cerveja. Também pode haver quantidades insuficientes de enzimas para quebrar proteínas e garantir um nível adequado de polipeptídios (essenciais para formação e persistência da espuma na cerveja) e de FAN (nitrogenados assimiláveis disponíveis para a levedura), o que influencia negativamente na fermentação da cerveja. A maioria dos problemas relacionados à quebra ineficaz de polímeros (como o amido e proteínas) pode ser superada, no entanto, pela aplicação de enzimas exógenas disponíveis comercialmente (BOGDAN; KORDIALIK-BOGACKA, 2017).

O uso de adjuntos de forma assertiva pode produzir cervejas com estabilidade coloidal melhorada, atribuível a um menor nível de proteínas, geralmente partindo de cereais com baixo teor proteico, como milho e arroz. A substituição de malte por adjuntos também pode reduzir o conteúdo de polifenóis no mosto, o que também favorece uma melhora na estabilidade coloidal. Além disso, substituir o malte pode ser uma alternativa para produzir cervejas mais leves, com menos corpo, e mais suaves em relação ao aroma e sabor maltado, como as populares cervejas lagers de massa muito consumidas em todo o mundo. Estilos clássicos de cervejas, como algumas Belgas, podem utilizar até 20% de sacarose como adjunto na forma de "*candy sugar*" claro, como nas "Belgian Tripel" ou escuro, como nas "Belgian Dark Strong Ale", para alcançar perfil sensorial característico do estilo (BJCP, 2015).

Por fim, a substituição do malte de cevada por cereais alternativos para a produção de cervejas sem glúten pode proporcionar uma maior variedade de produtos para pessoas com doença celíaca. A produção de cervejas "*glúten free*" e que atendam aos gostos dos consumidores está em constante desenvolvimento assim como as novas tecnologias de fabricação (PHIARAIS; ARENDT, 2008).

2

LÚPULO

O lúpulo (*Humulus lupulus Linnaeus*) é uma planta dioica e perene, pertencente à ordem Rosales e à família *Cannabaceae*, à qual são atribuídos apenas dois gêneros, Cannabis e Humulus. O gênero Humulus provavelmente se originou na China, de onde migrou para as vastas áreas das zonas climáticas moderadas dos hemisférios norte e sul (ZANOLI; ZAVATTI, 2008). Embora o lúpulo e a Cannabis Sativa (mais conhecida como maconha ou haxixe) sejam pertencentes à mesma família, as resinas secretadas por ambas as plantas têm estruturas e características químicas distintas, enquanto o lúpulo possui resinas de gosto amargo (Figura 2.1A), as resinas da cannabis produzem efeitos alucinógenos (Figura 2.1B).

Figura 2.1 – Estrutura química das resinas do lúpulo e da Cannabis

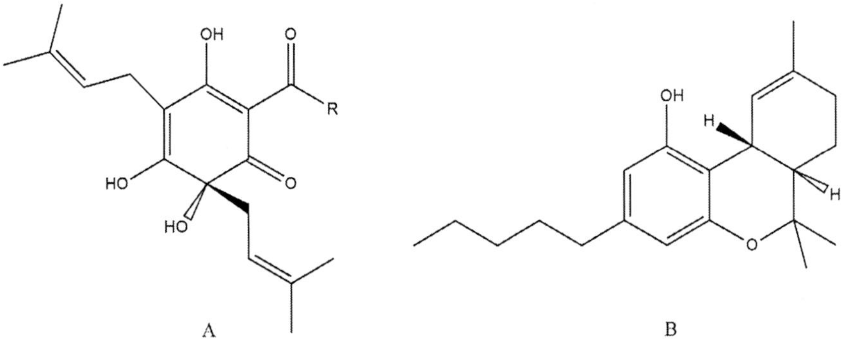

(A) resina do lúpulo (α-ácidos) e (B) resina da cannabis (Tetra-hidrocanabinol, THC)
Fonte: o autor

Embora existam trabalhos descrevendo o uso do lúpulo na área da saúde (devido às suas propriedades antimicrobianas, anti-inflamatórias, fitoestrogênicas e calmantes), seu uso mais comum é na indústria cervejeira (KARABÍN; HUDCOVÁ; JELÍNEK et al., 2016). Cerca de 97% de todo o lúpulo produzido mundialmente é destinado à produção de cerveja (DURELLO; SILVA; BOGUSZ JR., 2019).

Os Estados Unidos (EUA) foram o maior produtor de lúpulo no mundo no ano de 2018, segundo dados da USDA (USDA, 2020b). A sua produção ultrapassou 48 mil toneladas, representando 32,49% da produção mundial. A Etiópia e a Alemanha vêm ao longo dos anos dividindo essa liderança na produção com os EUA. Os cinco principais países produtores foram responsáveis por 88,89% da produção mundial de lúpulo em 2018 estimada em mais de 149 mil toneladas. A Tabela 2.1 apresenta a produção de lúpulo dos últimos cinco anos dos maiores produtores.

Tabela 2.1 – Produção de lúpulo dos cinco maiores produtores mundiais em toneladas

	2018	2017	2016	2015	2014
EUA	48.492	47.909	39.526	35.764	32.203
Etiópia	38.111	38.555	40.074	40.964	32.271
Alemanha	32.527	32.504	32.053	28.350	38.487
China	8.407	8.448	8.498	8.554	7.983
Rep. Checa	5.126	6.797	7.712	4.843	6.202

Fonte: adaptado de USDA (2020a)

O Brasil não tem produção significativa de lúpulo, importando dos países produtores toda essa matéria-prima utilizada na produção de cerveja do país. Recentemente, após diversas tentativas, alguns pequenos produtores brasileiros têm obtido êxito no cultivo do lúpulo em algumas áreas concentradas nas regiões sul e sudeste do Brasil, sendo que algumas pesquisas relacionadas à adaptação das plantas e à caracterização química das amostras produzidas estão em desenvolvimento (BURANELLI SOARES; TEIXEIRA FIRMO, 2018; MAGALHÃES DE ARRUDA; PENTEADO DE FREITAS; TEODORO LIMA CUNHA, 2019; PINTO, 2018; SILVA, 2019). Em recentes estudos, uma nova variedade de lúpulo adaptada ao clima brasileiro foi desenvolvida e nomeada de Mantiqueira (SPOSITO; ISMAEL; MORAIS DE ALCÂNTARA BARBOSA *et al.*, 2019).

2.1 Breve retrospectiva histórica

O uso do lúpulo remonta a antiguidade. No século I, nos livros da "Naturalis Historia", o escritor romano Plínio (ano 24-79) deu à planta o nome de lupus salictarius (lobo dos salgueiros), devido à sua característica trepadeira e por crescer sobre salgueiros e em outras árvores em seu habitat natural. Plínio também descreveu o lúpulo como uma planta de jardins e hortícola muito popular, usada na culinária da mesma forma que os aspargos. Antes do ano 200, o lúpulo era utilizado na Babilônia na elaboração de bebidas, existindo registros mencionando o seu nome "sicera ex luplis confectam", que significa bebida forte feita de lúpulo. Na antiguidade, os nórdicos bebiam hidromel, uma mistura de água com mel fermentado, que podia levar aditivos como o lúpulo, nesse caso conhecida como Metheglin (SPOSITO; ISMAEL; MORAIS DE ALCÂNTARA BARBOSA et al., 2019).

Os primeiros registos da utilização do lúpulo como planta medicinal datam do século XI, quando o médico árabe Mesue (entre 777 e 857, aproximadamente) descrevia seus efeitos anti-inflamatórios. Ainda, na aplicação do lúpulo para fins terapêuticos, um dos manuscritos científicos mais valiosos do século XV, o *Garden of Health*, descreve o efeito do lúpulo no combate às infecções de ouvido. No século XVI, o botânico alemão Hieronymus Bock (1498 a 1554) documentou a 1.ª aplicação do lúpulo em ginecologia, o médico e toxicologista suíço Paracelsus (1493 a 1541) usou a planta de lúpulo contra a indigestão, e o médico e botânico italiano Matthiolus (1501 a 1577) mencionou seus efeitos diuréticos e de aumento da bile (BIENDL, 2009; KOETTER; BIENDL, 2010). A partir do século XIX, artigos relacionados à fitoterapia relatavam os efeitos do lúpulo contra a insônia pela combinação de extrato de lúpulo e valeriana (*Valeriana officinalis, Valerianaceae*) (DIMPFEL; SUTER, 2008).

Até a primeira metade do século XX, a maioria das culturas de lúpulo era colhida e processada manualmente e as mulheres que trabalhavam nesse processo se queixavam de distúrbios menstruais que apareciam no momento da colheita. Em 1953, Koch e Heim demonstraram fortes propriedades estrogênicas das substâncias do lúpulo (KOCH; HEIM, 1953), substâncias essas responsáveis pelos distúrbios menstruais em mulheres diretamente envolvidas na colheita da planta. Atualmente, o lúpulo ou materiais especiais de lúpulo ricos em fitoestrogênio são componentes comuns de suplementos alimentares comerciais para mulheres com sintomas da menopausa ou distúrbios hormonais.

A primeira referência sobre o lúpulo na fabricação de cerveja foi escrita em um estatuto do abade Adalhard (Adalardo de Corbie, 751 a 827), em um mosteiro beneditino de Weser, em Vestfália, na Alemanha, no ano de 822. Entretanto, esse estatuto não descreve como o lúpulo seria utilizado na cerveja. O primeiro relato histórico da funcionalidade do lúpulo em bebidas data do século XII e foi escrito pela abadessa e botânica alemã, Hildegard Von Bingen (1098 a 1179), em 1158, em seu livro *Physica Sacra*. A abadessa confirmou, indiretamente, as propriedades antimicrobianas do lúpulo, quando recomendou a adição dessa planta a bebidas, com finalidade de prolongar sua vida útil. A abadessa acreditava que o seu amargor detinha a putrefação das bebidas, portanto, a sua adição em bebidas faria com que essas durassem por mais tempo (MOIR, 2000; SPOSITO; ISMAEL; MORAIS DE ALCÂNTARA BARBOSA *et al.*, 2019).

A partir do século XIII, escritos começam a relacionar o uso do lúpulo à fabricação de cerveja. Os monges se dedicavam à produção de cerveja dentro dos mosteiros, uma vez que a cerveja era muito consumida durante os períodos prolongados de jejum, além de servir como fonte de renda aos mosteiros pela sua venda a peregrinos e visitantes. Devido aos monges serem, em sua maioria, letrados, tinham o costume de anotar as receitas e aplicar melhorias a elas, contribuindo sobremaneira à qualidade da cerveja.

Apesar das conhecidas propriedades benéficas do lúpulo na produção de cerveja, os diferentes aromas e sabores da cerveja, durante a idade média, entre os séculos X e XV, eram conferidos pela utilização do "gruit", uma mistura de ervas usada para dar amargor e aroma às cervejas. A tríade de ervas mais comuns na composição do gruit era a mírica (Myrica gale), artemísia (Artemisia vulgaris) e aquileia (Achillea millefolium).

A cerveja à base de gruit fui lentamente sendo substituída pela cerveja lupulada por toda a Europa, sendo que o uso do lúpulo na produção de cerveja tomou força quando na Baviera, Alemanha, em 1516, foi decretada a "Lei da Pureza" (*Reinheitsgebot*), em que apenas o lúpulo poderia ser usado como aditivo para conferir amargor nas cervejas, portanto, sendo proibido o uso do gruit.

O lúpulo quando utilizado na produção de cerveja produzia uma bebida que durava muito mais tempo sem estragar em relação ao gruit, sendo, portanto, as cervejas lupuladas preferíveis para o comercio a longas distâncias. No período das colonizações, somente as cervejas lupuladas conseguiam resistir aos longos dias de viagem, sendo estas, juntamente à cultura do lúpulo, introduzidas nas diversas partes do mundo.

Atualmente, quase toda a cerveja é lupulada e a sua produção consome a maior parte do lúpulo colhido pelas regiões produtoras do mundo todo. A exceção fica a cargo de raros fabricantes que ainda produzirem algumas cervejas históricas à base de guit. O lúpulo como ingrediente da cerveja adiciona aromas e sabores característicos, amargor, estabilidade à espuma e atua como antioxidante e antimicrobiano protegendo a cerveja de processos oxidativos e de contaminações microbiológicas.

2.2 Composição química do lúpulo

A composição química das inflorescências (cone) do lúpulo, que é a parte da planta utilizada na produção de cerveja, consiste principalmente em celulose/lignina, resinas, óleos essências, proteínas, polifenóis, dentre outros metabólitos produzidos pela planta (ALMAGUER; SCHÖNBERGER *et al.*, 2014). A Tabela 2.2 mostra as principais classes dos compostos presente nos cones e suas respectivas quantidades médias.

Tabela 2.2 – Principais compostos do cone do lúpulo com 10% de teor de umidade

Composto	Quantidade (% m/m)
Resinas totais	15-30
Óleos essenciais	0,5-3
Proteínas	15
Monossacarídeos	2
Polifenóis	4
Pectinas	2
Aminoácidos	0,1
Ceras e esteroides	Traços-25
Cinzas	8
Água	10
Celulose/lignina	43

Fonte: Durello, Silva e Bogusz Jr. (2019)

2.2.1 Os α-ácidos e β-ácidos

Os α-ácidos (ou humulonas) e β-ácidos (ou lupulonas) correspondem à fração mais importante das resinas derivadas do lúpulo, denominadas de resinas "macias". Eles são secretados pelas glândulas de lupulina dos cones de lúpulo na forma de um pó amarelo. O teor de α-ácidos no lúpulo é muito dependente da cultivar e, em média, representa de 9-10% da massa do lúpulo em base seca, embora já existam no mercado lúpulos com mais de 20% de α-ácidos (YAKIMA CHIEF, 2020).

Uma mistura de seis análogos de humulona compõe a fração dos α-ácidos, e eles podem ser encontrados em todas as variedades de lúpulo, sendo os principais a humulona (35% a 70% do total de α-ácidos), cohumulona (20% a 55%) e adhumulona (10% a 15%). Os outros três análogos – poshumulone, prehumulona e adprehumulona – são encontrados em pequenas quantidades (BRIGGS; BOULTON; BROOKES *et al.*, 2004). As estruturas químicas dos análogos de humulona do lúpulo estão representadas na Figura 2.2.

Figura 2.2 – Estrutura química dos principais análogos dos α-ácidos do lúpulo

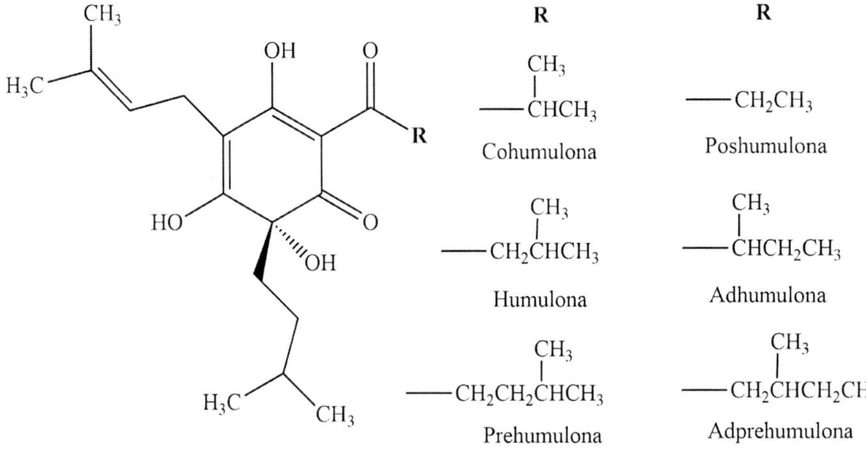

Cohumulona: —CH(CH$_3$)$_2$ (R = CH$_3$, CHCH$_3$)
Poshumulona: —CH$_2$CH$_3$
Humulona: —CH$_2$CH(CH$_3$)$_2$
Adhumulona: —CH(CH$_3$)CH$_2$CH$_3$
Prehumulona: —CH$_2$CH$_2$CH(CH$_3$)$_2$
Adprehumulona: —CH$_2$CH(CH$_3$)CH$_2$CH$_3$

Fonte: adaptado de Karabín *et al.* (2016)

A contribuição mais importante das humulonas no processo de produção de cerveja está relacionada ao amargor que essas substâncias podem proporcionar ao líquido, porém os α-ácidos (pouco solúveis em meio aquoso) precisam sofrer uma reação de isomerização em seus correspondentes iso-α-ácidos para poderem ser solubilizados em água. Essa reação ocorre mais favoravelmente a temperaturas mais altas (100 a 130° C) e pH mais alcalinos (pH 8 a 10) (MALOWICKI; SHELLHAMMER, 2005). Na produção de cerveja, os lúpulos que conferem amargor são adicionados no início da fervura do mosto, em que terão condições de temperatura e tempo que favorecem as reações de isomerização (100° C, 60 a 90 min). Entretanto, a reação de isomerização não é muito eficiente, sendo que somente cerca de 30% do total de α-ácidos serão convertidos em seus isômeros iso-α-ácidos (PALMER, 2017). Veja mais na seção 6.6.1 – Extração e isomerização de componentes de lúpulo.

Durante a reação de isomerização, cada humulona produzirá seus dois diastereoisômeros na forma *cis*-iso-humulona e *trans*-iso-humulona, sendo que os rendimentos de formação do isômero cis são sempre superiores aos de formação do isômero trans (SIMPSON, 1993). O que determinará se o isômero será cis ou trans será a posição espacial do grupo hidroxila (OH) ligado ao carbono C4 em relação ao grupo isoprenil do carbono C5 do anel de cinco membros da molécula. Dos isômeros formados a partir dos α-ácidos (6 análogos produzindo 12 isômeros), somente os de configuração cis são considerados como as principais moléculas ativas no amargor da cerveja, por apresentarem gosto mais amargo que os de configurações trans (DURELLO; SILVA; BOGUSZ JR., 2019; MALOWICKI; SHELLHAMMER, 2005). Na Figura 2.3 é apresentada a reação genérica de isomerização dos α-ácidos do lúpulo, sendo que o grupo R especifica o análogo da humulona que sofre a reação.

Figura 2.3 – Representação da isomerização dos α-ácidos do lúpulo

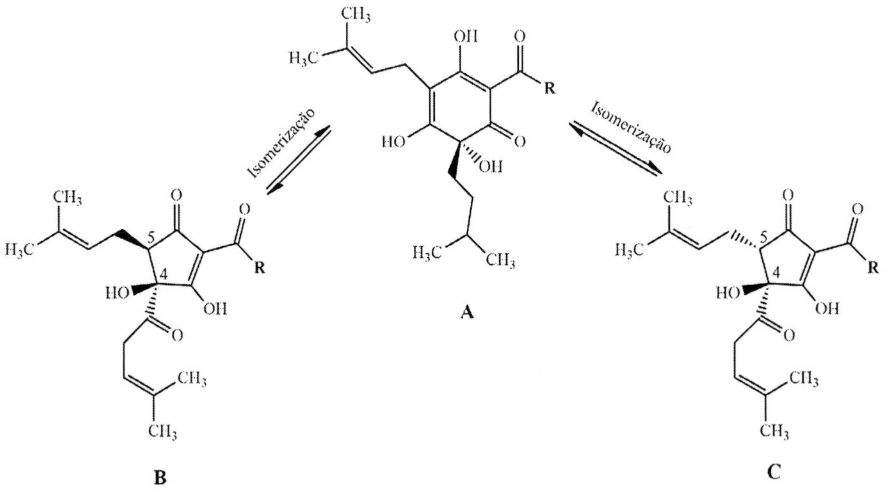

(A) α-ácido, (B) isômero *cis*-iso-α-ácido e (C) isômero *trans*-iso-α-ácido
Fonte: adaptado de Karabín *et al.* (2016)

Os β-ácidos correspondem em média de 3 a 8% do total das resinas macias do lúpulo, sendo que algumas variedades podem conter até mais do que 10% de β-ácidos (VERZELE; KEUKELEIRE, 1991; YAKIMA CHIEF, 2020). A composição dessa fração consiste em uma mistura de cinco análogos de lupulona, sendo em maiores proporções a lupulona (30% a 55% do total de β-ácidos), colupulona (20% a 55%) e adlupulona (5 % a 10%), e em menores proporções prelupulona (1-3%) e poslupulona (quantidade ainda não determinada) (BRIGGS; BOULTON; BROOKES *et al.*, 2004; DURELLO; SILVA; BOGUSZ JR., 2019). A Figura 2.4 mostra a estrutura química dos análogos de lupulonas.

Figura 2.4 – Estrutura química dos β-ácidos

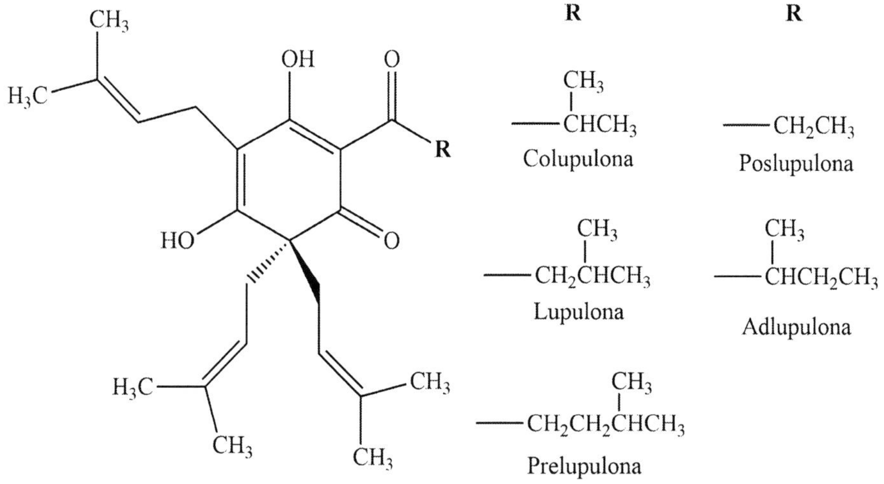

Fonte: adaptado de Karabín *et al.* (2016)

Os β-ácidos são estruturalmente semelhantes aos α-ácidos, porém com a adição de um grupamento lateral prenila (3-metil-but-2-en-1-il) extra no carbono C4 do anel central, o que os torna significativamente mais hidrofóbicos e, portanto, praticamente insolúveis em meio aquoso, consequentemente também insolúveis no mosto (BRIGGS; BOULTON; BROOKES *et al.*, 2004). Diante dessa característica, os β-ácidos poderiam ser considerados praticamente irrelevantes para a indústria cervejeira. Entretanto as frações β do lúpulo podem ser utilizadas como matérias-primas para a produção industrial de compostos amargos, por exemplo, a conversão de β-ácidos em iso-α-ácidos sintéticos; ou pela sua oxidação em hulluponas.

Humulinonas e huluponas são outros dois grupos importantes de compostos amargos presentes no lúpulo, formados pela oxidação de ácidos α e β, respectivamente (Figura 2.5). As humulinonas estão presentes no lúpulo mais comumente numa concentração entre 0,2% a 2% e huluponas com menos de 0,5% em peso (MACHADO; FARIA; FERREIRA, 2019). Embora esses compostos tenham sido descobertos há muito tempo (COOK; HARRIS, 1950; SPETSIG; STENINGER, 1960), somente em estudos recentes tem-se demonstrado que as humulinonas e huluponas possuem um grande potencial de amargor, e, apesar de serem menos amargas que os iso-α-ácidos, são mais polares, portanto mais solúveis na cerveja, apresentando um impacto significativo no amargor do líquido (ALGAZZALI; SHELLHAMMER, 2016; OLADOKUN; TARREGA; JAMES et al., 2016).

Figura 2.5 – Estruturas químicas dos produtos de oxidação de humulonas (α-ácidos) em humulinonas e de lupulonas (β-ácidos) em huluponas

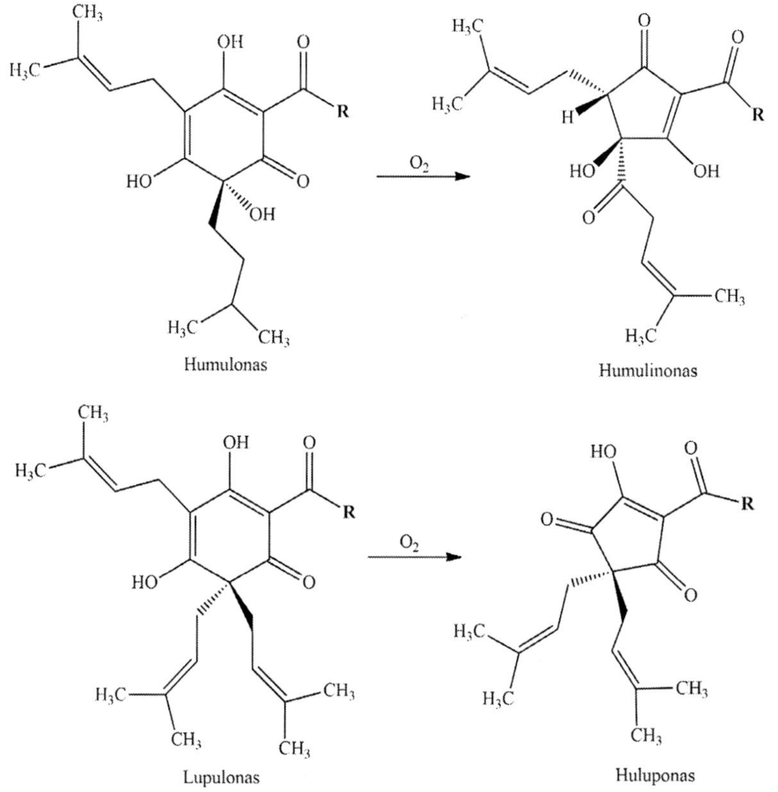

Fonte: adaptado de Almaguer et al. (2014)

Dado o exposto, é fato que os β-ácidos contribuem em menor intensidade de amargor, por meio da solubilização de seus produtos de oxidação como as huluponas, além disso, é bem conhecida também a sua ação bactericida, agindo no transporte de metabólitos na membrana celular de bactérias e alterando o pH intracelular (SIMPSON; SMITH, 1992). Já uma pronunciada ação bacteriostática sobre bactérias Gram-positivas, provavelmente associada a uma interferência do grupo prenil (presente nas cadeias laterais dos β-ácidos), sobre a membrana plasmática das células, inibindo o seu crescimento (DE KEUKELEIRE, 2000). As lupulonas também são estudadas por sua atividade antioxidante, que contribui para estabilidade química e sensorial das cervejas (KARABÍN; HUDCOVÁ; JELÍNEK et al., 2016; TAGASGIRA; WATANABE; UEMITSU, 1995).

2.2.2 Óleos essenciais

Os óleos essenciais de lúpulo são um grupo de várias centenas de compostos com diferentes propriedades físico-químicas, biológicas e organolépticas. Esses compostos são secretados pelas glândulas de lupulina após o desenvolvimento das resinas e continuam sendo sintetizados até o momento da colheita, podendo representar cerca de 0,50 a 3,0% da massa do lúpulo seco (ALMAGUER; SCHÖNBERGER; GASTL et al., 2014; KARABÍN; HUDCOVÁ; JELÍNEK et al., 2016). A grande maioria dos óleos essenciais são pouco solúveis em meio aquoso e muito voláteis, evaporando ao serem aquecidos a altas temperaturas, portanto, para maximizar o aproveitamento dos aromas provenientes dos lúpulos ricos em óleos essenciais, denominados também de lúpulo de aroma, estes deverão ser adicionados no final do processo de fervura do mosto, ou ainda mais tardiamente, na etapa de *"whirlpool"* (lupulagem tardia). Adições de lúpulo de aroma também podem ser feitas a frio, na cerveja em final de fermentação e/ou maturação, técnica conhecida como *"dry hopping"*.

Os aromas produzidos pelos óleos essenciais são os mais diversos e podem conferir à cerveja notas de amadeirado, cítrico, especiarias, floral, frutado, sulfuroso, picante, herbal, resinoso, terroso, entre outros, em que um aroma pode estar mais acentuado, como consequência da concentração de um composto específico, entretanto será o efeito sinérgico entre os vários compostos que determinará o aroma derivado do lúpulo.

Tanto a concentração quanto a composição química dos óleos essenciais no lúpulo são afetados por fatores como: variedade da planta, condições de cultivo, ponto de maturação no momento da colheita, condições de secagem, contato com o oxigênio do ar e condições de armazenamento (ALMAGUER; SCHÖNBERGER; GASTL et al., 2014). Para se identificar e quantificar as substâncias componentes nos óleos essenciais do lúpulo podem ser empregadas diferentes técnicas de análises, sendo mais comumente utilizada a análise em GC-MS (cromatografia gasosa acoplada à espectrometria de massas), que pode ser associada a alguma técnica para extração dos compostos voláteis, como HS-SPME (modo headspace, microextração em fase sólida).

Até o final dos anos 1990 cerca de 200 compostos da fração volátil do lúpulo tinham sido identificados de maneira conclusiva. Com o avanço das técnicas de identificação, no início do século XXI já foram identificados e caracterizados cerca de 440 compostos nos óleos essenciais do lúpulo. Estudos utilizando análises de cromatografia gasosa multidimensional abrangente com detector de ionização em chama (GC×GC-FID) e também com detector espectrométrico de massas por tempo de voo (GC×GC/TOFMS) sugerem, a partir dos dados coletados, que podem haver mais de 1000 compostos diferentes na fração de óleo de lúpulo (ROBERTS; DUFOUR; LEWIS, 2004).

Para simplificar o entendimento sobre os diversos componentes presente nos óleos essenciais, estes foram introduzidos em um sistema de classificação que os separam em três grandes grupos de compostos: 1) hidrocarbonetos (contendo monoterpenos, sesquiterpenos e hidrocarbonetos alifáticos), 2) compostos oxigenados (álcoois, aldeídos, ácidos, cetonas, epóxidos e ésteres) e 3) compostos de enxofre (tioésteres, sulfetos e outros organosulfurados) (SHARPE; LAWS, 1981). Esses três grupos serão abordados nas próximas subseções.

2.2.2.1 Hidrocarbonetos

Hidrocarbonetos são compostos orgânicos formados exclusivamente por carbono e hidrogênio. Os representantes mais abundantes da fração dos hidrocarbonetos no óleo do lúpulo são os monoterpenos e os sesquiterpenos, que somam juntos cerca de 50 a 80% do total de óleo. Os monoterpenos são constituídos por uma mistura de hidrocarbonetos acíclicos (β-mirceno), monocíclicos (limoneno, ρ-cimeno, α-felandreno) e bicíclicos (α e β-pireno). Os sesquiterpenos são uma mistura de hidrocarbonetos acíclicos (α e β-farneseno), monocíclicos (germaceno B, germaceno D e humuleno), bicíclicos (β-cariofileno, β-selineno e cadineno), tricíclicos (muuroleno, α-cubebeno, calameleno e β-elemeno) (BOCQUET; SAHPAZ; HILBERT *et al.*, 2018). As estruturas químicas de alguns dos principais hidrocarbonetos presentes nos óleos essenciais do lúpulo estão representadas na Figura 2.6.

Figura 2.6 – Estruturas químicas das principais frações de hidrocarbonetos dos óleos essenciais de lúpulo

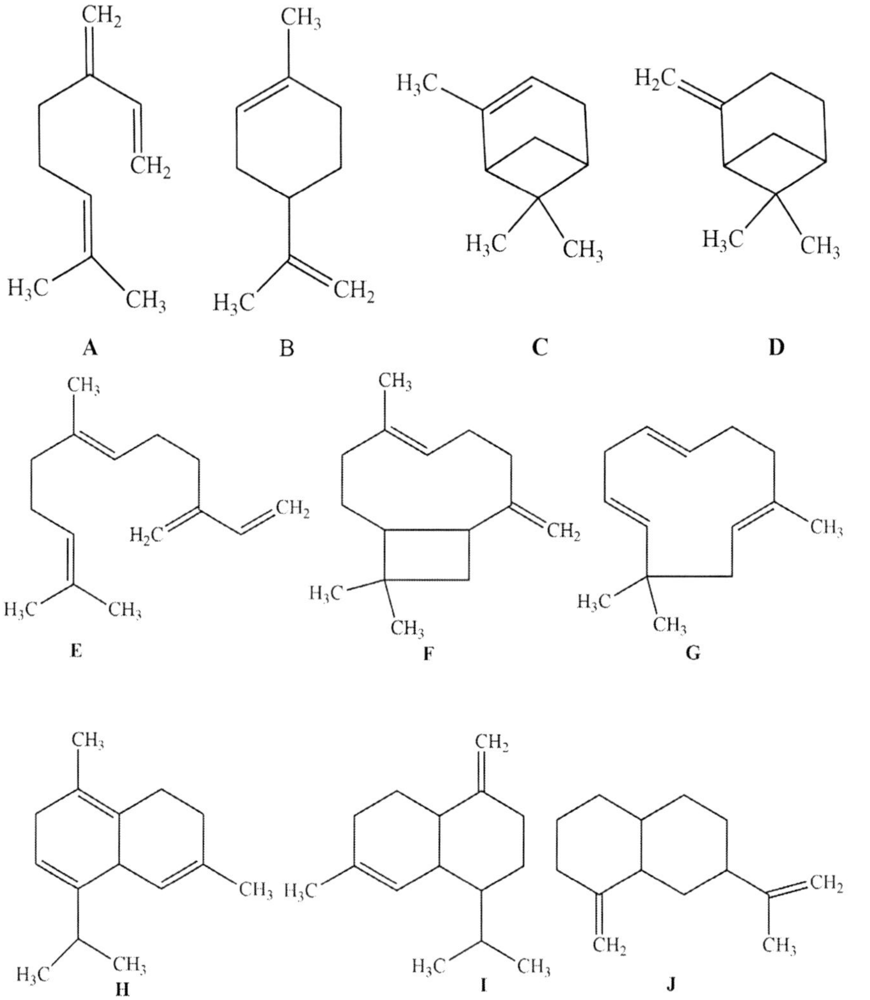

(A) β-mirceno, (B) limoneno, (C) α-pireno, (D) β-pireno; sesquiterpenos: (E) β-farneseno, (F) β-cariofilenno, (G) α-humuleno, (H) muuroleno, (I) γ-cadieno e (J) β-selineno

Fonte: adaptado de Bocquet *et al.* (2018)

Os óleos do lúpulo pertencentes ao grupo dos hidrocarbonetos apresentam baixa temperatura de ebulição e alta volatilidade, além de serem facilmente oxidados ou polimerizados. As suas solubilidades em água, mosto e cerveja são baixas e raramente esses compostos serão encontrados em cervejas que foram lupuladas no final da fervura do mosto ou até mesmo por meio de lupulagem tardia, com adição do lúpulo durante o *whirlpool* (RETTBERG; BIENDL; GARBE, 2018).

Ainda, durante a fermentação da cerveja, ocorrem perdas consideráveis desses compostos pelo arraste de CO_2 e por adsorção na biomassa de leveduras no tanque de fermentação. Dessa forma, os hidrocarbonetos não contribuem para o aroma da cerveja, exceto em cervejas lupuladas pela técnica de *dry hopping* (FRITSCH; SCHIEBERLE, 2005; HALEY; PEPPARD, 1983). No entanto, a oxidação desses óleos durante o armazenamento do lúpulo e a fervura do mosto podem produzir inúmeros derivados oxigenados que podem contribuir com compostos de aroma muito mais ativos que os seus hidrocarbonetos de origem (ver adiante em compostos oxigenados) (HAEFLIGER; JECKELMANN, 2013; KISHIMOTO; WANIKAWA; KONO et al., 2006).

Monoterpenos: β-mirceno

Dentre os hidrocarbonetos, o β-mirceno (Figura 2.6A) é o principal e mais abundante volátil encontrado na maioria das variedades de lúpulo em níveis de concentração que podem variar de 0,3 até 60% do total do óleo essencial, e seu aroma é descrito como: notas resinosas, pinho e herbal. Sua contribuição é significativamente elevada para compor o aroma do lúpulo fresco (NANCE; SETZER, 2011), sendo que a sua concentração diminui progressivamente quando o lúpulo é armazenado exposto ao ar (armazenamento aeróbico) e também durante o processo de fermentação.

Durante a secagem e o armazenamento aeróbico do lúpulo, a maior parte do β-mirceno evapora devido à sua volatilidade e uma menor parte sofre reações de oxidação (na presença do oxigênio do ar) e reações de polimerização. Os produtos da oxidação do β-mirceno são os da reação de ciclização (como, por exemplo, α-pineno, β-pineno, canfeno e ρ-cimeno) e também terpenoídes como o linalol, nerol, geraniol, entre outras dezenas de subprodutos (DIECKMANN; PALAMAND, 1974). Os compostos derivados da oxidação do mirceno são encontrados na cerveja, mas o mirceno em si é efetivamente evaporado durante a fervura do mosto, perdido por arraste de CO_2 ou por adsorção em leveduras durante a fermentação (HAEFLIGER; JECKELMANN, 2013; KAMMHUBER; SEIGNER; LUTZ et al., 2019; KING; DICKINSON, 2003). Obtém-se uma concentração de mirceno na cerveja em uma faixa identificável de sabor (30-100mg/L) somente quando estas são lupuladas pela técnica de "*dry hopping*" (RETTBERG; BIENDL; GARBE, 2018).

Sesquiterpenos: α-humuleno, β-cariofileno e β-farneseno

Os principais sesquiterpenos presentes na fração dos hidrocarbonetos são: α-humuleno (notas amadeiradas) (Figura 2.6G), β-cariofileno (notas amadeiradas e de especiarias) (Figura 2.6F) e β-farneseno (notas madeiradas, cítricas e doces) (Figura 2.6E). Esses três sesquiterpenos juntamente ao β-mirceno (monoterpeno), podem chegar a representar entre 80 a 90% do teor total dos óleos essenciais presentes no lúpulo (ALMAGUER; SCHÖNBERGER; GASTL et al., 2014; DURELLO; SILVA; BOGUSZ JR., 2019).

Esse grupo de sesquiterpenos apresenta pontos de ebulição maiores em relação aos monoterpenos, porém mesmo sendo menos voláteis não contribuem diretamente no perfil de sabor da maioria das cervejas. Assim como o β-mirceno, esses compostos sofrem modificações químicas e funcionais significativas durante o processo de produção da cerveja (evaporação, oxidação, hidrólise ou isomerização), bem como transformações bioquímicas pelas leveduras durante a fermentação (esterificação ou isomerização) (KISHIMOTO; WANIKAWA; KAGAMI et al., 2005). Portanto, para se conferir à cerveja final um perfil rico de sabor e aroma derivado desses compostos é recomendada a utilização da técnica de lupulagem por *dry hopping*.

Os produtos da oxidação do β-cariofileno encontrados na cerveja são diversos, entretanto predomina em maiores concentrações o óxido de cariofileno (aromas com nota de mofado, floral, picante e cedro) (B) e o 14-hidroxi-β-cariofileno (aromas de madeira e cedro) (C) (EYRES; MARRIOTT; DUFOUR, 2007).

Figura 2.7 – Estrutura química dos produtos de oxidação do β-cariofileno

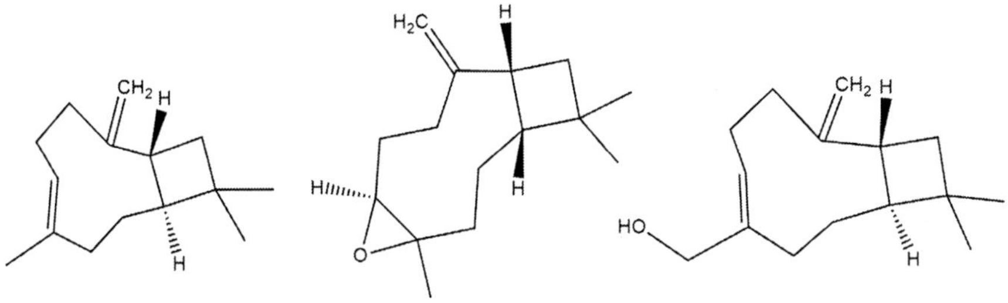

(A) β-cariofileno, (B) óxido de cariofileno e (C) 14-hidroxi-β-cariofileno
Nota: os centros quirais não foram identificados
Fonte: adaptado de Rettberg, Biendl e Garbe (2018)

2.2.2.2 Compostos oxigenados

A fração oxigenada do óleo essencial do lúpulo pode compor até cerca de até 30% da fração total de óleo e é formada durante o amadurecimento do lúpulo. É composta por uma mistura complexa de álcoois (álcoois terpênicos, sesquiterpênicos e alifáticos), aldeídos, ácidos, cetonas, epóxidos e ésteres (ésteres metílicos, terpênicos e metil ramificados). Muitos dos compostos oxigenados presentes no lúpulo podem não ser nativos, mas terem sua origem a partir da oxidação (proposital ou por falhas no processamento e/ou armazenamento) de outros compostos presentes no lúpulo (SHARPE; LAWS, 1981). Os mais extensivamente estudados são: linalol, geraniol, óxido de cariofileno e epóxidos de humuleno.

Linanol

O linalol é um dos álcoois terpênicos mais abundantes no lúpulo, e devido à possibilidade de duas configurações possíveis no carbono C3, o linalol pode ser encontrado na forma de dois estereoisômeros (S, R), cada um com diferentes limiares de percepção e com características distintas de aroma. O 3S (+) linalol extraído da flor do lúpulo possui aroma mais doce e floral com limiar de percepção de aroma de aproximadamente 7 ppb (Figura 2.8A), enquanto o 3R (-) linalol apresenta características de aroma que remetem a madeira, especiarias e lavanda, possuindo limiar de percepção de aroma abaixo de 1ppb (Figura 2.8B). Independentemente da quantidade total de linalol em uma variedade de lúpulo, a proporção desses estereoisômeros em lúpulos frescos parece ser bem consistente, em que cerca de 93% encontra-se na forma (R) (PEACOCK, 2010).

Figura 2.8 – Estrutura química das formas enantioméricas do linalol

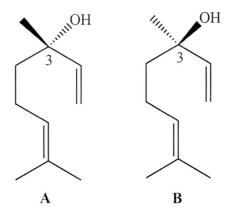

(A) 3S(+) linalol e (B) 3R(-) linalol
Fonte: o autor

A fração de linalol é um dos poucos componentes dos óleos essenciais do lúpulo considerado importante para o aroma da cerveja, uma vez que, devido à característica polar da sua molécula, é solúvel no mosto e na cerveja, contribuindo para o aroma floral e frutado da bebida. Geralmente, o limiar de percepção de aroma do linalol na cerveja pode variar de 10 a 80 ppb (µg L^{-1}), dependendo da composição da cerveja (valor de pH, perfil de açúcares etc.) ((DURELLO; SILVA; BOGUSZ JR., 2019; PEACOCK, 2010).

Algumas variedades de lúpulo destacam-se por serem consideradas ricas em linalol, tais como: Amarillo (0,50-0,80%), Centennial (0,60-0,90%), Citra (0,60-0,90%), Glacier (0,80-1,10%) e Nugget (0,50-0,80%) (DURELLO; SILVA; BOGUSZ JR., 2019).

Geraniol

O geraniol também é um álcool terpênico presente nos óleos do lúpulo. No entanto, apesar de os aromas desse óleo remeterem a notas de gerânio ou de rosas, sua contribuição mais importante na cerveja são os seus produtos de biotransformação durante a fase da fermentação. Na fase inicial da fermentação o geraniol é metabolizado pela levedura e convertido em β-citronelol (aroma de limão e lima). Ainda como subproduto da metabolização do geraniol, pode ser formado, em menores proporções, o linalol. O nerol (estereoisômero do geraniol) (doce, cítrico, rosas) pode ser convertido em linalol e α-terpinerol (gorduroso, anis e menta) (TAKOI; ITOGA; KOIE; KOSUGI *et al.*, 2010). A Figura 2.9 mostra as biotransformações sofridas pelos álcoois monoterpênicos geraniol e nerol.

Figura 2.9 – Mecanismo de biotransformação de álcoois monoterpênicos por leveduras (lager ou ale) durante a fase da fermentação

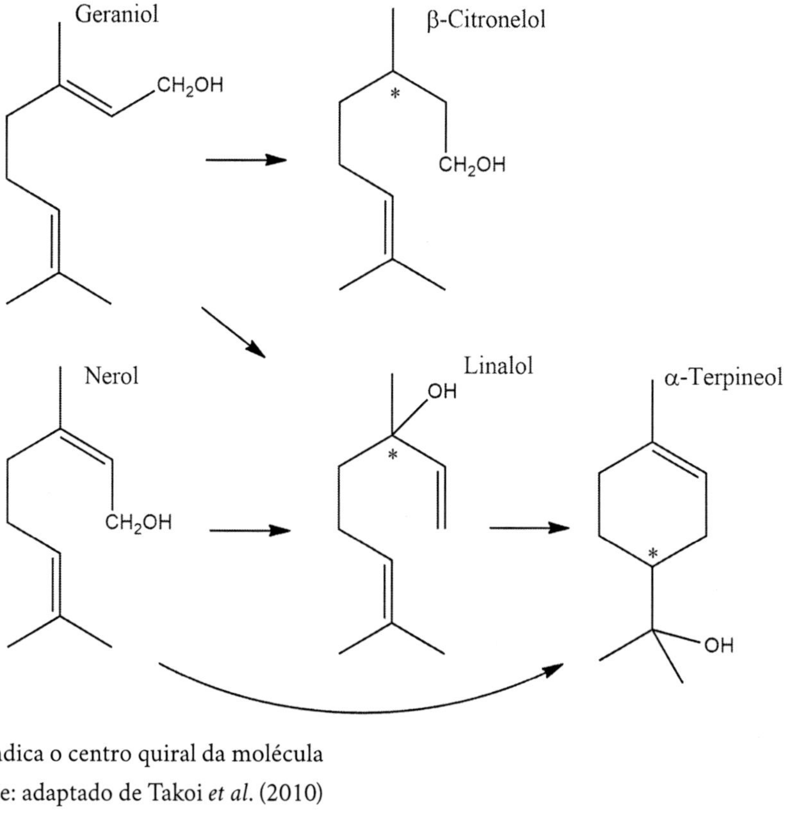

(*) indica o centro quiral da molécula
Fonte: adaptado de Takoi *et al.* (2010)

Estudos mostraram que a presença de álcoois monoterpenos derivados do lúpulo, incluindo geraniol, linalol, α-terpineol, nerol e β-citronelol, contribuiu para os aromas frutados, cítricos e florais nas cervejas (INUI; TSUCHIYA; ISHIMARU *et al.*, 2013). Variedades de lúpulo ricas principalmente em geraniol e linalol, como Cascade ou Triskel, conferem notas cítricas e florais à cerveja.

Algumas variedades de lúpulo apresentam quantidades elevadas de geraniol em seus óleos essenciais, como: Bravo (0,70-0,90%), Citra (0,30-0,50%), Centenial (1,20-1,80%), Chinook (0,70-1,0%) e Mosaic (0,50-0,90%). No entanto, o nível absoluto desse monoterpeno não se traduz necessariamente em cerveja mais floral e frutada, pois seus impactos sensoriais também são influenciados pelas interações complexas entre os compostos de aroma encontrados na cerveja. Por exemplo, a impressão de aroma do excesso de linalol só é percebida como mais frutada e cítrica devido à sua coexistência com o geraniol e o β-citronelol (nos níveis de apenas 5 μg/L), o que mostra que a coexistência dos três álcoois monoterpenicos, de fato, atua em efeito sinérgico (TAKOI; ITOGA; KOIE *et al.*, 2010). Assim, o aroma final que o lúpulo produzirá na cerveja irá depender da concentração final e da proporção dos compostos acima mencionados presentes na cerveja.

Epóxidos de humuleno e óxido de cariofileno

Os estudos sobre a influência dos óleos essenciais do lúpulo na cerveja apontam em um certo consenso sobre a natureza de compostos específicos associados aos aromas florais, frutados e cítricos, como os vistos no tópico acima. Porém, a origem das notas de aromas picantes e herbal na cerveja, derivados do lúpulo, ainda não foi completamente elucidada e sistematizada (OPSTAELE; PRAET; AERTS *et al.*, 2013).

O caráter picante de aroma de lúpulo, que muito se associa ao caráter "nobre" de aroma, é obtido de lúpulos que contenham uma proporção de humuleno para cariofileno superior a 3:1. Esses lúpulos tendem a ser de caráter floral, herbal e picante. Algumas variedades, como Hallertauer Mittelfrüh e U.K. Kent Golding, podem conter mais de 30% de seus óleos essenciais em humuleno, mas, como o humuleno é altamente volátil e hidrofóbico, apenas pequenas quantidades dele podem realmente chegar à cerveja final (SHELLHAMMER, 2013).

Tem-se verificado que os verdadeiros responsáveis que atuam sinergicamente para conferir essa impressão de aroma muito específica e única, denominada como "nobre", são os produtos de oxidação do humuleno e cariofileno (OPSTAELE; PRAET; AERTS *et al.*, 2013). Os principais deles são:

epóxido de humuleno I, epóxido de humuleno II, e epóxido de humuleno III, bem como o óxido de cariofileno, sendo que todos podem conferir quantidades significativas de aroma à cerveja. O epóxido de humuleno III, por exemplo, é um dos compostos de aroma mais potentes da cultivar *Hallertauer Mittelfrüh*, uma variedade de lúpulo rica em humuleno (até 51%), mas relativamente baixa em óleos totais. A oxidação do humuleno pode ser induzida durante seu processamento após a colheita, em que permite-se que esse lúpulo envelheça em fardos por várias semanas antes da paletização, resultando num produto com maiores quantidade de epóxidos de humuleno, além de outros produtos de oxidação de óleos de lúpulo. Essas são técnicas adotadas por alguns fabricantes para aumentar significativamente o potencial aromático desse e de outros lúpulos (SHELLHAMMER, 2013). As estruturas químicas e quantidades médias (em %) de alguns desses compostos oxigenados encontrados nos óleos essenciais do lúpulo são mostradas na Figura 2.10.

Figura 2.10 – Estrutura química e quantidade (%) de alguns compostos oxigenados encontrados nos óleos essenciais do lúpulo

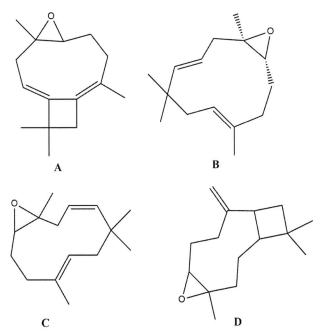

(A) epóxido de humuleno I (1,7-2,9%), (B) epóxido de humuleno II (0,5-19,7%), (C) epóxidos de humuleno III (2,2-6,2%) e (D) óxido de cariofileno (0,3-8,9%)

Fonte: adaptado de Bocquet *et al.* (2018)

2.2.2.3 Compostos de enxofre

A fração dos óleos essenciais contendo enxofre em sua composição representa a menor parte do total de óleos do lúpulo (até 1%), e embora suas quantidades sejam pouco expressivas, a maioria desses compostos é prejudicial à qualidade das cervejas, pois em geral os odores conferidos são descritos como sulfurosos, vegetais cozidos, repolho e cebola (LERMUSIEAU; BULENS; COLLIN, 2001). Em contrapartida, compostos específicos de enxofre, como, por exemplo, alguns tióis (compostos orgânicos contendo um grupamento –SH), podem conferir à cerveja aromas altamente desejáveis quando presentes acima dos seus limiares de odor. O sistema olfativo humano é muito sensível aos compostos de enxofre, conseguindo detectá-los em limiares de percepção da ordem de partes por trilhão (ng/L), porém, como mencionado acima, a contribuição dos compostos de enxofre pelo lúpulo poderá influenciar positivamente ou negativamente na qualidade organoléptica da cerveja (EYRES; DUFOUR, 2009; LERMUSIEAU; COLLIN, 2004). Algumas dessa contribuições são apresentadas abaixo.

Dos compostos de enxofre presentes no óleo do lúpulo podemos destacar o S-metil-2-metil-butanotioato (Figura 2.11A), que juntamente ao S-metil-hexanotioato (Figura 2.11B), ambos com os mesmos limiares de percepção de aroma de 1μg/L (1 ppb), serão os dois tioésteres em maiores concentrações na cerveja quando se faz lupulagem pela técnica de *dry hopping* (LERMUSIEAU; COLLIN, 2004). Acima dos seus limiares de percepção contribuem com aromas de vegetais cozidos e de queijo. Entre os compostos organossulfurados, o dimetil sulfeto (DMS) pode ser gerado por meio da degradação térmica do sulfóxido de metionina presente no lúpulo (KARABÍN; HUDCOVÁ; JELÍNEK *et al.*, 2016; KISHIMOTO; WANIKAWA; KONO *et al.*, 2006).

O composto mais relevante, e exemplo de como os compostos de enxofre podem contribuir positivamente ou negativamente no aroma da cerveja, é o tiól 4-mercapto-4-metilpentan-2-ona (4MMP) (Figura 2.11C), que tem limiar de percepção de odor 1,5 ng/L (KISHIMOTO; KOBAYASHI; YAKO *et al.*, 2008). Foi demonstrado que uma concentração de até 10 ng/L é suficiente para acentuar o aroma fresco e frutado de cerveja lager (VERMEULEN; LEJEUNE; TRAN *et al.*, 2006). Porém, concentrações muito altas de 4MMP podem conferir à cerveja um aroma desagradável de urina de gato.

A cultivar de lúpulo da Nova Zelândia denominado "Nelson Suvin" possui uma grande concentração de um tiól identificado como

3-mercapto-4-metilpentan-1-ol (Figura 2.11D), com limiar de percepção de 70 ng/L, e que confere à cerveja aromas intensos de frutas tropicais, vegetais que remetem a ruibarbo e toranja (TAKOI; DEGUEIL; SHINKARUK *et al.*, 2009). Esse mesmo tiól foi identificado em quantidades significativas nas cultivares Hallertau Blanc e Tomahawk, sendo encontrado em maiores concentrações nas cervejas que utilizam esses lúpulos na forma de *dry hopping* (KANKOLONGO CIBAKA; DECOURRIÈRE; LORENZO-ALONSO *et al.*, 2016). As cervejas produzidas com variedades de lúpulo como Simcoe, Summit, e Casacade, utilizando a mesma técnica de lupulagem, apresentaram altas concentrações do 4MMP (níveis típicos entre 17 a 184 ng/L) (KISHIMOTO; KOBAYASHI; YAKO *et al.*, 2008), e o lúpulo Tomahawk contém o composto 4-mercapto-4-methylpentan-2-one (Figura 2.11E) (GROS; NIZET; COLLIN, 2011), que confere aroma de maracujá à cerveja (ENGEL; TRESSL, 1991; TOMINAGA; DUBOURDIEU, 2000).

Figura 2.11 – Estruturas químicas de alguns compostos de enxofre presentes no óleo de lúpulo

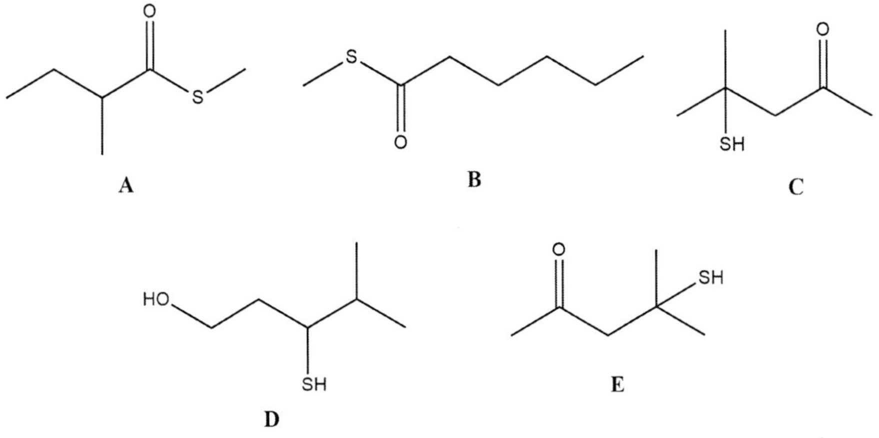

(A) S-metil-2-metil-butanotioato, (B) S-metil-hexanotioato, (C) 4-mercapto-4-metilpentan-2-ona (4MMP), (D) 3-mercapto-4-metilpentan-1-ol e (E) 4-mercapto-4-methylpentan-2-one

Fonte: o autor

2.3 Compostos fenólicos

Os compostos fenólicos do lúpulo compõem um grande grupo de metabólitos secundários biologicamente ativos e que compreendem de 3% a 6%

do peso seco dos cones do lúpulo (MOIR, 2000). A maioria dos compostos fenólicos estão localizados nas pétalas e no eixo central do cone do lúpulo (ou "strig"), com exceção dos compostos fenólicos denominados prenilflavonoides, que são secretados pelas glândulas de lupulina, juntamente aos ácidos amargos e aos óleos essenciais (ALMAGUER; SCHÖNBERGER; GASTL et al., 2014; DURELLO; SILVA; BOGUSZ JR., 2019).

Os compostos fenólicos presentes no lúpulo podem ser agrupados em quatro grupos distintos para um melhor entendimento: flavonóis, flavon-3-ois, ácidos carboxílicos fenólicos (derivados do ácido carboxílico e ácido cinâmico) e outros compostos fenólicos (prenilflavonóis, entre outros) (BIENDL, 2009). A Figura 2.12 mostra alguns dos constituintes de cada fração dos compostos fenólicos do lúpulo.

Figura 2.12 – Constituintes da fração dos compostos fenólicos do lúpulo

```
                    Polifenóis do Lúpulo
          ┌──────────┬──────────┬──────────┐
      Flavonóis  Flavan-3-óis  Ácidos    Outros
                              Fenólicos  polifenólicos
          │          │          │          │
      Quercitina  Catequina   Ácidos:   Prenilfavonóis
      Kaempferol  Epicatequina Ferúlico
                  Dímeros     Cafeico
                  Oligômeros  Sinápico
                  Polímeros   Siríngico
                  (taninos)   Vanílico
                              Gálico
```

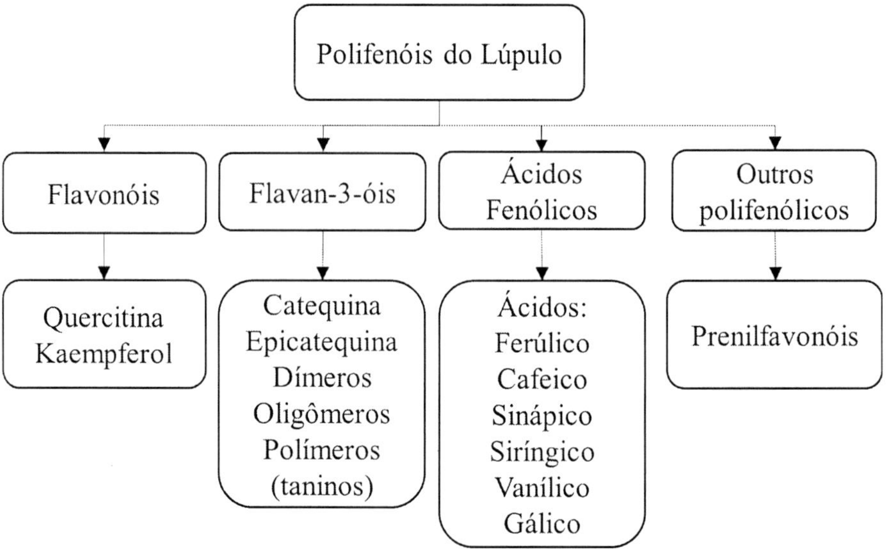

Fonte: adaptado de Biendl (2009)

2.3.1 Flavonóis

Os flavonóis do lúpulo são constituídos principalmente de quercetina (Figura 2.13A) em concentrações na faixa de 0,05 a 0,23% e kaempferol (Figura 2.13B) em concentrações na faixa de 0,02 a 0,24% (ALMAGUER; SCHÖNBERGER; GASTL et al., 2014). Esses dois compostos não são encontrados em suas formas livres no lúpulo, mas apenas na forma de glicosídeos, isto é, ligados a açúcares, em que a D-glicose e L-ramnose são os grupos de açúcares mais frequentes. As formas glicosiladas de kaempferol são mais abundantes em lúpulos de aroma se comparados a lúpulos de amargor (SÄGESSER; DEINZER, 1996).

O efeito da glicolisação proporciona aos flavonóis maior solubilidade em meio aquoso e uma menor reatividade, tornando-os mais estáveis. Quando os resíduos de açúcares são os mesmos, os glicosídeos de quercetina são mais solúveis do que os glicosídeos de kaempferol, muito provavelmente devido a um grupamento hidroxila extra da quercitina (SÄGESSER; DEINZER, 1996).

Figura 2.13 – Estruturas químicas de duas agliconas protonadas

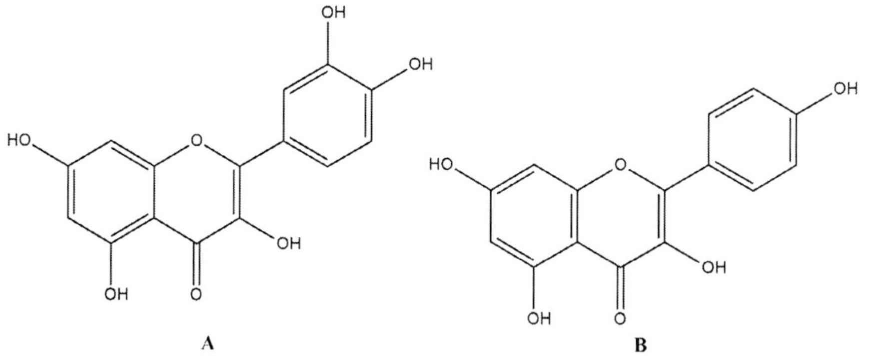

(A) quercitina e (B) kaempferol
Nota: ambas são estruturalmente similares, porém a quercitina possui um grupo hidroxil extra
Fonte: adaptado de Almaguer et al. (2014)

Dos flavonóis conhecidos a quercitina é quem possui o maior potencial antioxidante (ALMAGUER; SCHÖNBERGER; GASTL et al., 2014), dentre outras várias atividades biológicas, como: antialérgica, anti-inflamatória, antiplaquetária, antimicrobiana, antineurodegenerativa, antitumoral e antiviral (BISCHOFF, 2008; HARWOOD; DANIELEWSKA-NIKIEL; BORZELLECA et al., 2007).

A presença desse antioxidante natural no mosto e na cerveja contribui para a diminuição de processos oxidativos, atuando como: sequestrante de radicais livres e quelante de metais de transição envolvidos em processos de oxi-redução, melhorando assim a estabilidade física e do sabor da cerveja (WANNENMACHER; GASTL; BECKER, 2018).

2.3.2 Flavan-3-óis

Os monômeros de flavan-3-óis de maior proporção encontrados no lúpulo são a catequina (Figura 2.14A) e a epicatequina (Figura 2.14A), em concentrações que podem variar de 0,03 a 0,30%. São compostos muito solúveis em meio aquoso e constituem os monômeros que darão origem a dímeros, trímeros e estruturas poliméricas superiores, às vezes, a 20 unidades monoméricas. Os polímeros formados, denominados de proantocianidinas ou taninos condensados, também podem conter em sua composição unidades de galocatecina (Figura 2.14C) e epigalocatequina (Figura 2.14D), porém estes não serão encontrados como subunidades terminais nos polímeros (HOFTE; VAN DER HOEVEN; FUNG et al., 1998).

As moléculas denominadas proantocianidinas são aquelas formadas por até oito unidades de monômeros (oligômeros), e os taninos (polímeros) consistem em um número maior de monômeros, podendo chegar a mais de 20 unidades (Figura 2.14E) (ALMAGUER; SCHÖNBERGER; GASTL et al., 2014). Entretanto, para fins práticos, muitas citações bibliográficas também denominam as proantocianidinas como taninos condensados (BOCQUET; SAHPAZ; HILBERT et al., 2018).

No lúpulo, os taninos condensados mais presentes são aqueles derivados da catequina e da epicatequina, e mesmo que a composição dos oligômeros seja bem semelhante entre diferentes cultivares, a concentração dos monômeros pode variar bastante, enfatizando que a origem geográfica e a natureza das cultivares é capaz de afetar o perfil da proantocianidina do lúpulo (LI; DEINZER, 2006).

Esses taninos (oligômeros e polímeros fenólicos de alta massa molar), solúveis no mosto e na cerveja, podem reagir lentamente com as proteínas presentes na cerveja e formar complexos proteína-polifenóis insolúveis, promovendo a instabilidade coloidal da bebida e, consequentemente, a formação de turbidez do líquido (*haze*), o que pode acabar limitando o prazo de validade de cervejas na embalagem (ALMAGUER; SCHÖNBERGER; GASTL et al., 2014). Em contrapartida, esses compostos possuem propriedades antioxidantes e contribuem positivamente na estabilidade do sabor da cerveja (MARTINEZ-GOMEZ; CABALLERO; BLANCO, 2020; WANNENMACHER; GASTL, 2018), apesar de que um excesso de proantocianidinas e taninos na cerveja pode provocar uma sensação organoléptica de adstringência. Além disso, há um crescente número de evidências que sugerem que sua capacidade de eliminar os radicais livres pode trazer benefícios à saúde, especialmente associada ao consumo moderado de cerveja (KARABÍN; HUDCOVÁ; JELÍNEK *et al.*, 2016).

Figura 2.14 – Estruturas químicas de monômeros e polímeros de flavan-3-óis

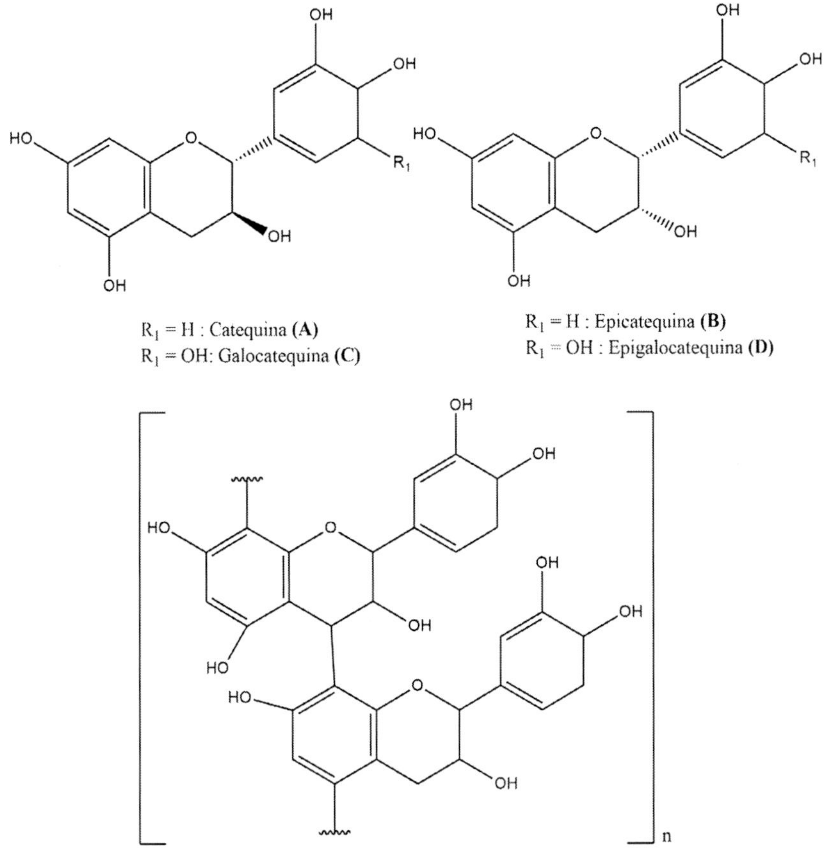

R_1 = H : Catequina **(A)**
R_1 = OH: Galocatequina **(C)**

R_1 = H : Epicatequina **(B)**
R_1 = OH : Epigalocatequina **(D)**

(E)

(A) catequina, (B) epicatequina, (C) galocatequina, (D) epigalocatequina. Estes são flavan-3-óis solúveis em água e constituem os monômeros que se repetem para a construção das redes poliméricas como as (E) proantocianidinas ou os taninos condensados

Fonte: adaptado de Bocquet *et al.* (2018)

2.3.3 Ácidos fenólicos

Os ácidos fenólicos são encontrados em pequenas concentrações no lúpulo (<0,01 – 0,03%) e suas moléculas se caracterizam pela presença de um grupo funcional carboxila e de pelo menos um grupo hidroxila ligado ao anel aromático. Os ácidos fenólicos mais comuns são os derivados do ácido benzoico (Figura 2.15A) ou do ácido cinâmico (Figura 2.15B), chamados respectivamente de ácidos hidroxibenzoicos ou ácidos hidroxicinâmicos, e podem ser encontrados livres, esterificados ou glicolisados (BOCQUET; SAHPAZ; HILBERT et al., 2018).

No lúpulo, os ácidos hidroxicinâmicos mais abundantes são o ácido cafeico (C), ácido p-cumárico (D), ácido ferúlico (E) e ácido sinápico (F). Os ácidos hidroxibenzoicos são representados principalmente pelo ácido gálico (G), ácido siríngico (H) e ácido vanílico (I) (KARABÍN; HUDCOVÁ; JELÍNEK et al., 2016).

Figura 2.15 – Estrutura química dos ácidos fenólicos mais comuns presentes no lúpulo

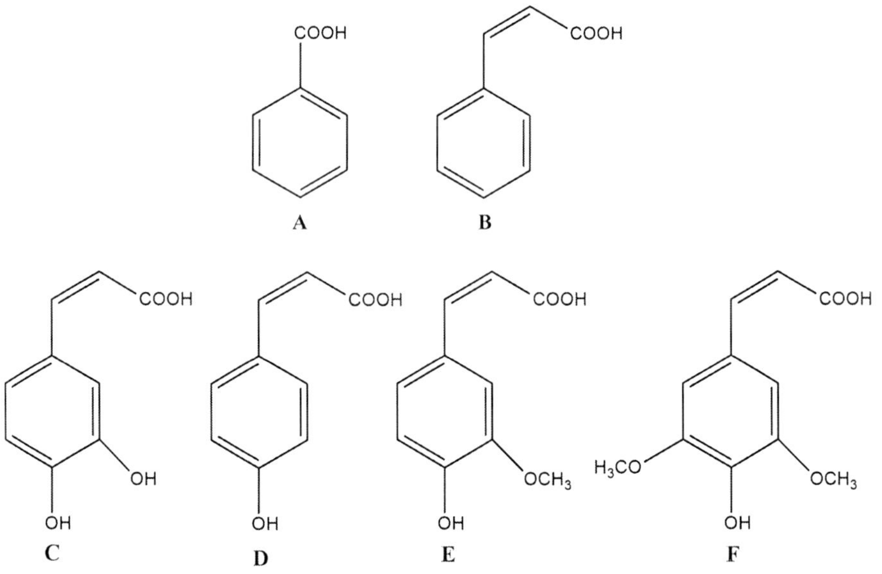

(A) ácido benzoico, (B) ácido cinâmico e de alguns ácidos fenólicos do lúpulo, (C) ácido cafeico, (D) ácido p-cumárico, (E) ácido ferúlico, (F) ácido sinápico, (G) ácido gálico, (H) ácido siríngico, e (I) ácido vanílico

Fonte: adaptado de Bocquet *et al.* (2018)

No mosto e na cerveja, os ácidos hidroxicinâmicos (AHC's) extraídos do lúpulo (e também do malte) em maiores concentrações são os ácidos *p*-cumárico e ferúlico, porém essas concentrações nunca ultrapassam seus limiares de percepção de aroma e sabor, que são de cerca de 500mg/l. Os AHC's podem ser convertidos em alguns de seus derivados voláteis por diversos mecanismos, como, por exemplo, por cepas de leveduras específicas (veja mais na seção 5.2.5 – Formação de compostos fenólicos voláteis), que produzem como principais subprodutos o 4-vinilguaiacol e 4-etilguaiacol (derivados do ácido ferúlico), e 4-vinilfenol e 4-etilfenol (derivados do ácido *p*-cumárico), sendo que estes produtos metabólicos possuirão limiares de percepção muito mais baixos, variando entre cerca de 0,08 a 0,5 mg/L, e, portanto, podem fazer contribuições significativas para o aroma e sabor da cerveja final (LENTZ, 2018).

A Weissbier, tradicional cerveja de trigo alemã, é caracterizada por um aroma e sabor de cravo-da-índia, resultante do 4-vinilguaiacol em concentrações acima do seu limiar de aroma e sabor, e, apesar de ser desejável nesse estilo, na grande maioria dos estilos de cerveja, o caráter fenólico, mesmo trazendo agradáveis notas de especiarias e cravo, é um sabor indesejável (*off-flavor*). Quando em altas concentrações, os fenólicos podem ter forte sabor medicinal, plástico queimado, creosoto, entre outros sabores considerados indesejáveis em qualquer estilo de cerveja (LENTZ, 2018).

2.3.4 Outros compostos polifenólicos

O xanthohumol (XN) é uma chalcona prenilada, sendo desta classe de compostos a mais abundante presente nas glândulas de lupulina, representando cerca de 0,3 a 1,5% do peso seco dos cones do lúpulo, e presente na fração das resinas duras do lúpulo (ALMAGUER; SCHÖNBERGER; GASTL *et al.*, 2014). Muitas das resinas duras nativas são compostas por prenilflavonoides, e, além do XN, destaca-se o desmetilxanthohumol, também presente nessa fração da resina (DURELLO; SILVA; BOGUSZ JR., 2019).

Embora o XN juntamente ao desmetilxanthohumol sejam majoritários nas resinas duras do lúpulo, apenas pequenas concentrações deles são encontradas na cerveja, pois grande parte desses compostos é perdida durante o processo de produção. Durante a etapa da fervura do mosto, ocorre a isomerização térmica das chalconas em flavonas e o xanthohumol é ciclizado em isoxanthohumol (IXN) (Figura 2.16). Já o desmetilxanthohumol produz dois isômeros: o 6-prenilnaringenina (6-PN) e uma mistura racêmica 1:1 de (±) 8-prenilnaringenina (Figura 2.17), sendo essa mistura referida simplesmente como 8-prenilnaringenina (8-PN) (ALMAGUER; SCHÖNBERGER; GASTL *et al.*, 2014).

Figura 2.16 – Reação esquemática de isomerização térmica do xanthohumol à isoxanthohumol

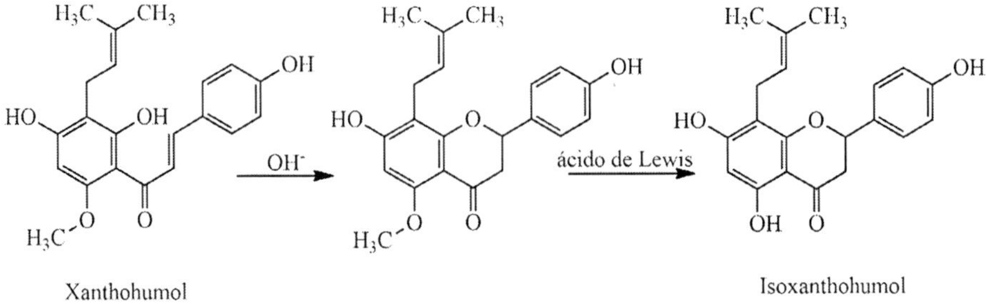

Fonte: adaptado de Durello, Silva e Bogusz Jr. (2019)

Figura 2.17 – Estrutura química do desmetilxanthohumol, 6-prenilnaringenina (6-PN) e 8-prenilnaringenina (8-PN)

Desmetilxanthohumol   6-prenilnaringenina (6-PN)   8-prenilnaringenina (8-PN)

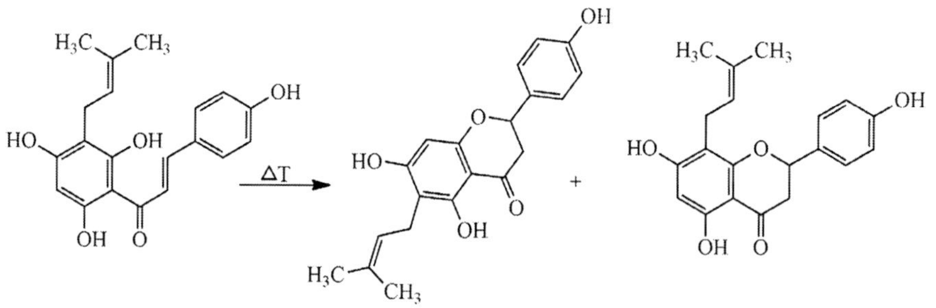

Fonte: adaptado de Almaguer et al. (2014)

Nas últimas décadas, devido à ampla gama de benefícios potenciais à saúde, o XN tem sido fonte de inúmeras pesquisas (GERHÄUSER, 2005a; MAGALHÃES; CARVALHO; CRUZ et al., 2009). Estudos têm mostrado que essa substância tem inúmeros efeitos bioativos, como: antioxidante, anti-inflamatório, antimicrobiano, hipoglicêmico e antiobesidade (LIU; HANSEN; GENZHU et al., 2015; SAMUELS; SHASHIDHARAMURTHY; RAYALAM, 2018). Em particular, esses compostos se mostraram eficazes, in vitro, contra diferentes tipos de câncer (ELROD, 2018), entre os quais: mama e ovário (GERHÄUSER, 2005b), próstata (KŁÓSEK; MERTAS; KRÓL et al., 2016), cólon (LUESCHER; URMANN; BUTTERWECK, 2017) e pâncreas (JIANG; ZHAO; XU et al., 2015), além de ser eficaz contra leucemia (MONTEGHIRFO; TOSETTI; AMBROSINI et al., 2008) e proteção do DNA contra danos oxidativos (FERK; MISIK; NERSESYAN; et al., 2016). O isoxanthohumol também possui propriedades positivas in vitro como substância anticarcinogênica, embora em um nível inferior ao do xanthohumol (GERHÄUSER; ALT; HEISS et al., 2002).

Das prenilnaringeninas, a mais importante é a 8-prenilnaringenina. Esse composto foi relatado como o fitoestrogênio mais ativo (in vitro) conhecido no reino vegetal (MILLIGAN; KALITA; HEYERICK et al., 1999). Os fitoestrógenos são uma forma vegetal do hormônio estrogênio e podem ajudar a prevenir doenças cardiovasculares e câncer (BIENDL, 2009).

A quantidade desses compostos na cerveja dependerá muito do método de lupulagem escolhido. A adição convencional de lúpulos em pallets durante a fervura do mosto fornecerá XN e IXN e 8-PN no mosto, e consequentemente para a cerveja, embora ainda ocorram perdas desses compostos durante a fermentação (MILLIGAN; KALITA; HEYERICK *et al.*, 1999; STEVENS; TAYLOR; CLAWSON *et al.*, 1999; STEVENS; TAYLOR; DEINZER, 1999). O XN é encontrado única e exclusivamente no lúpulo, de modo que sua presença na dieta humana se dá apenas pelo consumo de cerveja. Estudos realizados em cervejas do estilo "German Pilsener" comerciais demostraram quantidades de cerca de 3 ppm de IXN e quantidades menores de XN, embora às vezes se aproximem de 1 ppm. Para os compostos 6-PN e 8-PN na cerveja, foram relatadas concentrações máximas de cerca de 0,5 ppm e 0,2 ppm, respectivamente (PIENDL; BIENDL, 2000; STEVENS; TAYLOR; DEINZER, 1999).

2.4 Atividades antimicrobianas

A cerveja pode ser considerada uma "bebida funcional" por conter benefícios nutricionais, como, por exemplo, faz incluir na dieta carboidratos, minerais, ácidos orgânicos, vitaminas (em destaque as do complexo B), aminoácidos, antioxidantes, entre outros (USDA, 2019). A cerveja não traz em sua composição aditivos de aplicações alimentícias como os conservantes e antioxidantes artificiais, pois a cerveja acabada conterá essas propriedades como sua própria característica. Podemos destacar nesse quesito os componentes que o lúpulo adiciona à cerveja, que, além de conferirem aroma e amargor característico, também proporcionam ação antioxidante e principalmente promovem a inibição de bactérias que deterioram a cerveja (VAN CLEEMPUT; CATTOOR; BOSSCHER *et al.*, 2009; ZANOLI; ZAVATTI, 2008).

As espécies de bactérias gram-positivas como *Lactobacillus, Streptococcus, Estafilococos, Micrococcus, Bacillus* e *Pediococcus* podem deteriorar a cerveja, aumentar a sua turbidez e produzir compostos aromáticos desagradáveis como diacetil (aroma de manteiga) e sulfeto de hidrogênio (H_2S), com aroma de ovo podre ou fosforo queimado (KARABÍN; HUDCOVÁ; JELÍNEK *et al.*, 2016; SAKAMOTO; KONINGS, 2004).

O mecanismo de inibição de células sensíveis às resinas de lúpulo foi explicado pela primeira vez por Simpson (SIMPSON, 1993). Os β-ácidos, α-ácidos e também os iso-α-ácidos se incorporam à membrana celular dos microrganismos onde atuam como ionóforos transportadores móveis (GERHÄUSER, 2005a). Ionóforos são moléculas com propriedades transportadoras de íons, sendo altamente lipofílicos, e permeiam facilmente a bicamada lipídica da membrana celular, atuando como transportadores de íon entre as duas faces da membrana (transportadores móveis). Essas moléculas são capazes de alterar drasticamente o conteúdo de íons dentro da célula, catalisando processos como: o influxo, ou seja, a entrada na célula das resinas do lúpulo em sua forma protonada (Lup-H) (Figura 2.18), uma vez dentro da célula, ocorre a troca do próton (H$^+$) por cátions divalentes presentes no citoplasma, como o Mn^{2+}, ocorrendo a formação de complexos metálicos (Lup-Mn-Lup), que são, então, efluxados da célula. Esse mecanismo gera um acúmulo de prótons (H$^+$) no interior da célula.

Na célula bacteriana, a membrana é o suporte de grande parte da atividade metabólica, e como muitos outros íons, os prótons não são capazes de atravessar diretamente a membrana, pois o interior desta é muito hidrofóbico e, dessa forma, íons H$^+$ só podem permear a membrana com auxílio de uma proteína transmembranar conhecida como ATP sintase (ou na forma abreviada, ATPase, Figura 2.18C), e somente a favor do seu gradiente de concentração (quimiosmose). O fluxo de prótons através dessa proteína fornece a energia necessária para a fosforilação do ADP a ATP.

Esse fluxo de prótons entre os dois lados da membrana causa uma diferença nas cargas positivas (+) e negativas (-) entre o lado interno e externo da membrana, fazendo que os dois lados se tornem diferentes em cargas e pH; formando um potencial eletroquímico através da membrana. Esse potencial, juntamente à diferença de pH, é chamado de força próton-motiva (fpm) e torna a membrana energizada, como acontece em uma bateria. Parte dessa energia é conservada na formação do ATP e parte também pode ser aproveitada para realizar outras formas de trabalho para a célula, como reações de transporte, entre outras reações que demandem energia (MADIGAN; MARTINKO *et al.*, 2016).

No caso das células bacterianas, a alta concentração de prótons (H$^+$) em seu interior, por ação das resinas do lúpulo, produz um efeito de dissipação do gradiente de prótons transmembranar, devido a, agora, o próton estar difuso no citoplasma, ocupando o lugar do cátion metálico que foi efluxado da célula. Esse fenômeno dificulta a geração de energia de força próton-motiva (fpm), impossibilitando a célula de captação e transporte de nutrientes, culminando em sua morte (FERNANDEZ; SIMPSON, 1993; SAKAMOTO; KONINGS, 2004).

Figura 2.18 – Mecanismo dos efeitos antimicrobianos em células sensíveis às resinas do lúpulo e células resistentes às resinas do lúpulo

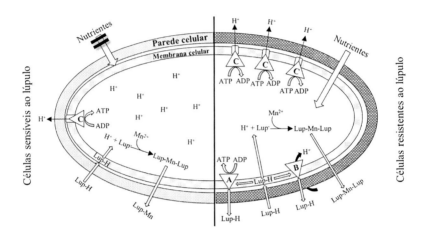

(A) bomba de resistência a múltiplas drogas (MDR), (B) transportador dependente de pmf, e (C) ATPase
Fonte: adaptado de Sakamoto e Konings (2004)

Infelizmente, alguns microrganismos desenvolveram mecanismos para aumentar sua resistência aos efeitos bactericidas das resinas do lúpulo. As membranas celulares de bactérias Gram-negativas, como *Pectinatus cerevisiiphilus*, *Pectinatus frisingensis* e *Megasphera cerevisiae* (SAKAMOTO; KONINGS, 2004), reduzem a permeação de substâncias não polares como os ácidos amargos do lúpulo, o que torna esses micro-organismos anaeróbicos quase imunes aos compostos do lúpulo (CHIHIB; CRÉPIN; DELATTRE et al., 2006). Outras bactérias resistentes ao lúpulo são capazes de efluxar os ácidos de lúpulo que permearam a membrana celular por meio de um mecanismo de resistência, denominado sistema de efluxo multidrogas (MDR) (Figura 2.18A) ou por um transportador dependente de pmf (Figura 2.18B) (SUZUKI; SAMI; KADOKURA et al., 2002), e até mesmo bombear o excesso de prótons para fora da célula através da proteína ATPase (Figura 2.18C). A modificação da composição lipídica da membrana citoplasmática nas bactérias do ácido lático causadoras de deterioração da cerveja também pode resultar em maior resistência às substâncias do lúpulo (YASUI; TAGUCHI; OKAMOTO, 1997).

2.5 A química dos "off-flavor" do lúpulo

2.5.1 Lúpulo velho

Após a colheita, cerca de 60% do lúpulo é processado na forma de pellets devido às vantagens desse produto em relação ao lúpulo bruto, entre estas: uma melhor homogeneização do produto, maior estabilização dos compostos do lúpulo, facilidade na dosagem e maior precisão na lupulagem do mosto ou cerveja, e redução dos custos de transporte e armazenamento.

A análise das impressões visuais e aromáticas dos pellets de lúpulo pode revelar um produto envelhecido e impróprio para o uso na produção de cerveja. Visualmente um lúpulo velho pode aparentar coloração amarelada e/ou marrom, e também apresentar um esfarelamento dos pallets. Aromas com notas relatadas como cheiro de queijo, de chulé, de urina de gato e mofado são indicativos de que o lúpulo foi exposto a umidade ou está velho e não deve ser utilizado. Um extrato com água quente pode ser preparado com os pellets de lúpulo, porém pode ser exalado um excesso de aromas, levando rapidamente à fadiga sensorial do provador e até mesmo provocando dores de cabeça. Uma alternativa é aquecer os pellets esfregando-os nas mãos para que liberem os aromas de forma mais sutil (PARKER, 2012).

A velocidade do envelhecimento do lúpulo é afetada por muitos fatores, entre eles, os mais relevantes são o tempo, a temperatura, exposição ao oxigênio e à luz. A variedade do lúpulo também é outro fator com forte influência. O índice denominado *"hop storage index"* (HSI) é o parâmetro utilizado para determinar o quanto o lúpulo está envelhecido, e consiste em uma análise feita no laboratório para quantificar a concentração de ácido humulínico e huluponas, que são os produtos de oxidação dos α e β-ácidos, respectivamente. Esses produtos de oxidação oriundos do lúpulo envelhecido produzem um efeito marcante no sabor amargo da cerveja. Segundo alguns estudos, a alta concentração do ácido humulínico e huluponas na cerveja pode causar um amargor áspero, desagradável e adstringente (KOWAKA; FUKUOKA; KAWASAKI *et al.*, 1983; ONO; KAKUDO; YAMAMOTO *et al.*, 1985).

Cervejas produzidas com lúpulo velho apresentaram concentrações maiores do 4-metil-3-penten-1-ol, considerado um indicador de notas de aroma herbal na cerveja. Estudos mostraram que quanto maior for o tempo de armazenamento do lúpulo a temperaturas mais elevadas, maior será a concentração desse composto na cerveja (TAKEMURA; KAWASAKI; OGANE et al., 2007).

2.5.2 Fotodegradação de iso-humulonas

A exposição da cerveja à luz produz um conhecido fenômeno de formação de sabor denominado de "light-struck" ou "skunk flavor", ou também comumente chamado de "aroma de gambá". A incidência de luz solar (ou mesmo a luz emitida por lâmpadas fluorescentes) por um curto período de tempo (alguns minutos) pode ser suficiente para produzir na cerveja o "aroma de gambá".

O *light-struck* é conhecido há muito tempo e é considerado um sabor indesejável (off-flavor). Ainda na década de 1960 foi descoberto que o principal constituinte desse sabor desagradável era o 3-metil-2-buteno-1-tiol (MBT) derivado da fotodecomposição de iso-humulonas presentes na cerveja (KUROIWA; HASHIMOTO, 1961; KUROIWA; HASHIMOTO; HASHIMOTO et al., 1963). O MBT é uma das substâncias odoríferas mais poderosas conhecidas (limiar de percepção de cerca de 4 ng por litro de cerveja, 4 ppt) (IRWIN; BORDELEAU; BARKER, 1993), e a origem do termo "aroma de gambá" é devido ao odor se assemelhar ao das secreções liberadas pelas glândulas perianais de gambás (*Mustela vison L.*) quando estes são irritados ou se sentem ameaçados.

Quando a cerveja é exposta à luz na região do espectro visível (350 – 500nm), a reação de degradação fotoquímica das iso-humulonas (Figura 2.19) é iniciada por um componente muito comum na cerveja, a riboflavina (vitamina B2), que atua como um fotossensibilizador, absorvendo energia e funcionando como um ativador da reação. A riboflavina fotossensibilizada (^{3}RF) transfere energia para as iso-humulonas, e então ocorre uma reação de fotoclivagem denominada de Norrish Tipo I (ou clivagem α) nas iso-humulonas excitadas, com a liberação de um radical carbonila (4-metilpenta-3-enol) (Figura 2.19C) seguido de descarbonilação (perda de monóxido de carbono, CO) para formar um radical dimetilalil estabilizado e, finalmente, a sua recombinação com um radical tiol (oriundo geralmente de um radical cisteína), presente na cerveja, produzindo então o MBT (Figura 2.19E) (KUROIWA; HASHIMOTO, 1961; KUROIWA; HASHIMOTO et al., 1963).

Figura 2.19 – Reação de degradação fotoquímica de iso-humolona na cerveja

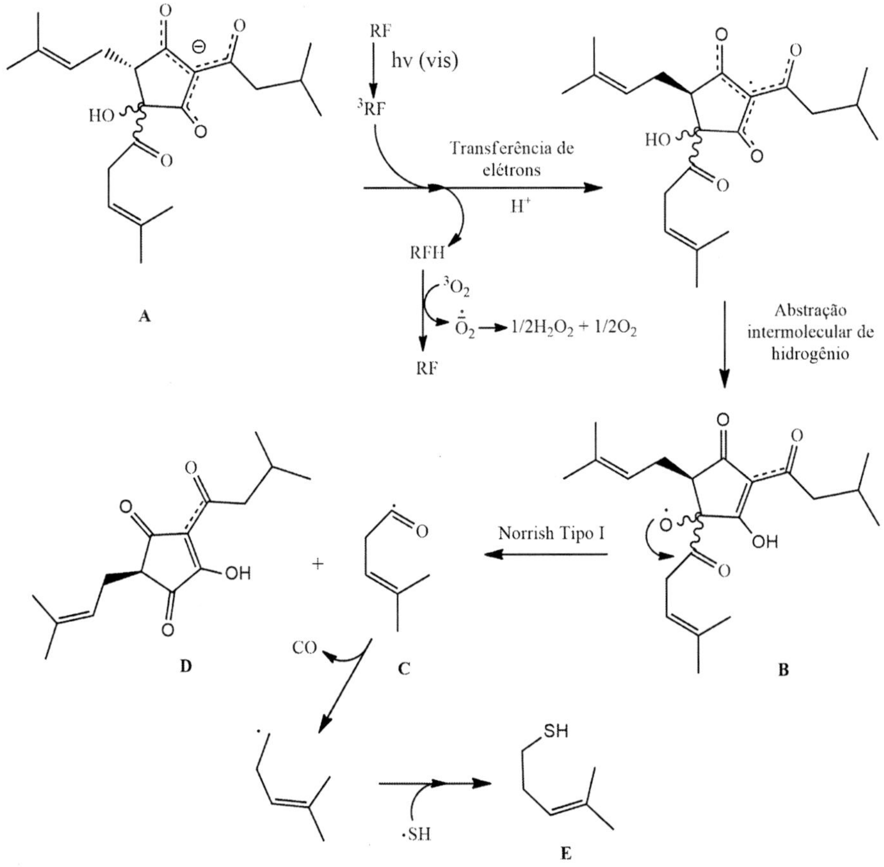

(A) iso-humulona, (B) radical alcoxila, (C) radical 4-metilpenta-3-enol, (D) ácido dihi-drohumulínico e (E) 3-metil-2-buteno-1-tiol (MBT). RF (riboflavina), VIS: Radiação ultravioleta-visível, ^{3}RF (riboflavina no extado excitado – tripleto), $^3O_2$ (oxigênio no estado excitado – tripleto), $O_2^{-\cdot}$ (radical superóxido) e ·SH (radical tiol)

Fonte: adaptada de Durello, Silva, Bogusz Jr. (2019)

É um fato inevitável que, se houver incidência de luz na cerveja, será produzido o MBT. Cervejas escuras absorvem todo o espectro visível, enquanto uma cerveja amarela, pálida, absorve na região da luz azul (sua cor complementar). Para prevenir a degradação das iso-humulonas a cerveja não pode ser exposta à luz, o que ocorre em barris de aço inoxidável, ou para retardar a sua formação, utiliza-se garrafas na cor marrom. O vidro marrom inibe a passagem da luz em torno de 500 nm, protegendo o liquido das radiações mais energéticas. Por outro lado, o vidro verde inibe a passagem da luz em torno de 400 nm, permitindo a passagem da parte mais energética do espectro visível (luz azul), potencializando assim a formação do *off-flavor* (DE KEUKELEIRE; HEYERICK; HUVAERE *et al.*, 2008).

A substituição do lúpulo por alguns produtos tecnológicos desenvolvidos a partir dos iso-α-ácidos pode ser utilizada para tornar a cerveja estável na presença de luz. Técnicas de extração e conversão dos iso-α-ácidos em seus produtos reduzidos produzem três tipos principais de análogos a serem considerados, dependendo da quantidade de hidrogênio incorporado durante a redução, são: di-hidro-iso-humulonas (Figura 2.20B), tetra-hidro-iso-humulonas (Figura 2.20C) e hexa-hidro-iso-humulonas (Figura 2.20D). Por exemplo, a redução do grupo carbonila na cadeia lateral do carbono 4 (C4) da iso-humulona dará origem a di-hidro-iso-humulonas (também conhecidas como rho-iso-humulonas), que são perfeitamente estáveis à luz, uma vez que o grupo acila sensível à luz foi convertido para um diol (B). A substituição de iso-α-ácidos por seus análogos reduzidos permite a fabricação de cervejas estáveis à luz, que podem ser engarrafadas até mesmo em vidros transparentes (DE KEUKELEIRE, 2000; TING; RYDER, 2017).

Figura 2.20 – Estrutura química dos análogos reduzidos da iso-humulona

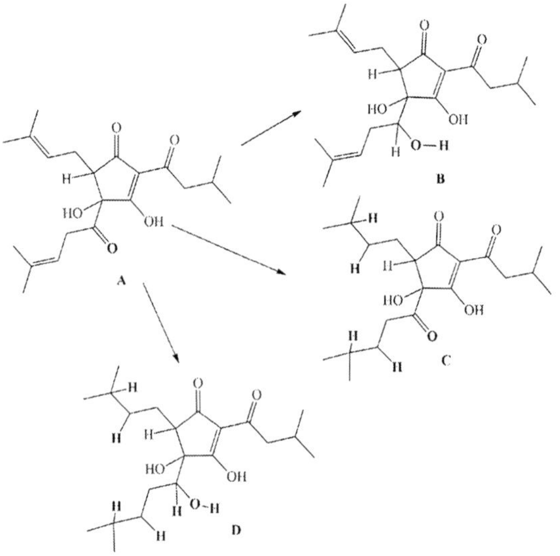

(A) iso-humulona, (B) di-iso-humulona, (C) tetra-hidro-iso-humulona e (D) hexa-hidro-iso-humulona

Fonte: adaptado de Durello, Silva e Bogusz Jr. (2019)

3

ÁGUA

A água é quantitativamente o principal ingrediente da cerveja, com cerca de 90% a 95% da sua composição, e em qualquer estudo relacionado à água utilizada na produção de cerveja há um consenso de que ela terá uma significativa influência na qualidade do produto final (PARKER, 2012; STEWART; PRIEST, 2006; ZHAO, 2011).

O processo de fabricação de cerveja usa substancialmente mais água do que o volume de cerveja produzido, pois são necessárias grandes quantidades para limpeza, geração de vapor para aquecimento e também para o resfriamento, bem como aquela utilizada no próprio processo de fabricação de cerveja. Uma cervejaria gasta em média seis litros de água para produzir um litro de cerveja, sendo que essa proporção depende muito do processo operacional de produção empregado, por exemplo, em uma grande cervejaria gasta-se em média de 3,2 L de água para se produzir 1 L da bebida, já em uma microcervejaria utiliza-se em torno de 10 L de água para a produção de 1 L de cerveja (FILHO, 2019; SALOMÃO, 2016).

Quando consideramos os volumes totais de água gastos na produção de cerveja, desde o cultivo da cevada, é na fase agrícola que se concentram os maiores gastos hídricos. Dependendo da região de cultivo, pode-se gastar até 155 L de água para produzir 1 L de cerveja, e a etapa ligada à agricultura representa 98,3% do total de água consumida em todo o processo de fabricação da cerveja (SABMILLER, 2009).

Uma cervejaria opera com dois tipos diferentes de água na fabricação da cerveja: **água cervejeira**, usada no preparo do malte para a moagem, na produção e na transferência de produtos em elaboração, rinsagem final na lavagem de garrafas, latas e barris, e a **água de serviço**, utilizada em procedimentos, locais e equipamentos que não entram em contato com o produto (ROSA; AFONSO, 2015). Em particular, a água cervejeira deve ser da mais alta qualidade química e microbiológica, atendendo aos requisitos exigidos pelas Leis que regulamentam a utilização desse ingrediente na produção de cerveja.

No Brasil, conforme estabelecido pelo Ministério da Agricultura, Pecuária e Abastecimento, define-se no Art. 13, inciso I da Instrução Normativa N.º 65, de 10 de dezembro de 2019, que a água utilizada na produção de cerveja deve ser potável (MINISTÉRIO DA AGRICULTURA, 2019). Segundo a Portaria de Consolidação N.º 5, de 28 de setembro de 2017, do Ministério da Saúde (SAÚDE, 2017), que dispõe sobre os procedimentos de controle e de vigilância da qualidade da água para consumo humano e seu padrão de potabilidade, a água potável deve seguir alguns parâmetros de qualidade, como:

- pH na faixa de 6,0 a 9,5;
- O teor máximo de cloro residual livre de 2,0 mg/L;
- As concentrações de ferro e manganês não ultrapassem 2,4 e 0,4 mg/L, respectivamente;
- Ausência de coliformes totais (bactérias do grupo coliforme pertence aos gêneros *Escherichia*, *Citrobacter*, *Klebsiella* e *Enterobacter*, embora vários outros gêneros e espécies pertençam ao grupo) e coliformes termotolerantes, entre eles a *Escherichia coli*;
- Ausência de *Escherichia coli*, de origem exclusivamente fecal, sendo considerado o mais específico indicador de contaminação fecal recente e de eventual presença de organismos patogênicos;
- O padrão de turbidez da água recomendável para consumo humano deve ter valores de até 1,0 uT (unidades de turbidez);
- Além de não poder ter odor ou gosto.

A turbidez da água trata-se de um parâmetro que está associado com a ausência de limpidez (insolúveis em água em suspensão). Ela é definida pela presença de material coloidal em suspensão, como, por exemplo, organismos microscópicos, matéria orgânica ou inorgânica, entre outros (argila, sílica, silte, algas). O parâmetro de turbidez não deve ser confundido com o parâmetro de cor da água, que é referido ao material dissolvido no meio, pois uma amostra pode apresentar cor, porém nenhum valor de turbidez. A cor da água não deve ultrapassar 15 Unidades Hazen (mgPt-Co/L). A Tabela 3.1 apresenta os valores máximos permitidos (VMP) aceitos para se enquadrar a água de acordo com o padrão organoléptico de potabilidade (SAÚDE, 2017).

Tabela 3.1 – Padrão organoléptico de potabilidade para consumo humano

Parâmetro	Unidade	VMP [1]
Alumínio	mg/L	0,2
Amônia (como NH$_3$)	mg/L	1,5
Cloreto	mg/L	250
Cor Aparente	uH [2]	15
Dureza total	mg/L	500
Etilbenzeno	mg/L	0,2
Ferro	mg/L	0,3
Manganês	mg/L	0,1
Monoclorobenzeno	mg/L	0,12
Gosto e Odor [3]	intensidade	6
Sódio	mg/L	200
Sólidos dissolvidos totais	mg/L	1000
Sulfato	mg/L	250
Sulfeto de hidrogênio	mg/L	0,1
Surfactantes	mg/L	0,5
Tolueno	mg/L	0,17
Turbidez [4]	uT	5
Zinco	mg/L	5
Xileno	mg/L	0,3

[1] Valor máximo permitido; [2] Unidade Hazen (mgPt-Co/L); [3] Intensidade máxima de percepção para qualquer característica de gosto e odor com exceção do cloro livre, nesse caso por ser uma característica desejável em água tratada; [4] Unidade de turbidez

Fonte: adaptado de Saúde (2017)

Além das exigências de potabilidade, o cervejeiro deve levar em consideração os parâmetros de dureza e o conteúdo mineral da água a ser utilizada na produção de cerveja. As concentrações desses compostos na água cervejeira afetarão diretamente e indiretamente o sabor da cerveja final, e serão abordados ao longo deste capítulo. Dessa forma, se a fonte de água utilizada para a produção de cerveja não atender aos requisitos desejáveis, ela poderá ser ajustada.

3.1 Breve contexto histórico

No surgimento das primeiras cervejarias, estar próximo de um bom suprimento de água era um requisito essencial, e muitas das conhecidas cidades cervejeiras surgiam próximas de fontes de água que as pudessem manter abastecidas. Os suprimentos de água natural contêm sais característicos que têm sua origem nos estratos geológicos pelos quais precisam permear. Uma vez que a concentração desses sais na água produzirá um proeminente efeito no sabor da cerveja produzida, muitos dos estilos clássicos de cerveja que surgiram ao longo dos séculos e tornaram-se famosos foram devidos ao conteúdo de sais minerais presentes na água dos locais onde se produziam essas cervejas.

Uma das mais conhecidas águas históricas utilizadas na produção de cerveja é a de Burton-on-Trent, cidade Inglesa que ficou famosa por suas cervejas de aparência clara e sabor intenso e amargo, que são representadas pelos estilos surgidos desde 1800, como as *"British Bitter"* e as *"English IPA"* (BJCP, 2015). A característica principal da água de Burton é sua elevada dureza, com concentrações elevadas de minerais como o sulfato de cálcio, o que confere à água dureza permanente e altos níveis de íons bicarbonato, o que confere à água dureza temporária.

Para se reproduzir fielmente um estilo de cerveja produzida em Burton, é preciso ajustar a composição da água cervejeira a ser utilizada. Para isso, antes é necessário conhecer o teor de minerais presentes na água de partida e em seguida remover ou adicionar os íons necessários para se fazer o ajuste. Nesse caso específico, essa prática é chamada de *"burtonização"*. A composição química da água de Burton e de outras cidades cervejeiras está apresentada na Tabela 3.2.

Tabela 3.2 – Composição química (mg/L) de suprimentos de águas de algumas cidades cervejeiras*

Parâmetros	Pilsen	Burton-on-Trent	Munich	Dortmund	Vienna
Ca^{2+}	7,1	352	109	237	163
Mg^{2+}	3,4	24	21	26	68
HCO_3^-	14,0	320	171	174	243
SO_4^{2-}	4,8	820	79	318	216
NO_3^-	Traços	18	53	46	Traços
Cl^-	5,0	16	36	53	39

(*) as composições destas ou de quaisquer águas não permanecem constantes ao longo do tempo
Fonte: adaptado de Briggs *et al.* (2004)

Outra cidade famosa por suas águas e seus estilos clássicos de cerveja é Munique, na Alemanha, que possui água pobre em sulfatos (SO_4^{2-}) e cloretos (Cl^-), mas contém elevada concentração de bicarbonatos (HCO_3^-), que não são muito adequados para cervejas claras, mas são ideais para produzir cervejas mais escuras e suaves, como as clássicas Munich Dunkel (BJCP, 2015). Geralmente os altos teores de carbonatos/bicarbonatos aumentam o pH da mostura, o que tenderá a produzir mosto com uma proporção mais alta de dextrinas (produzindo cervejas mais encorpadas) (BUIATTI, 2009).

A água de Viena (Áustria) é mais mineralizada do que a de Munique e é fonte para produção das cervejas conhecidas como Vienna Lager (BJCP, 2015), que possuem como característica um baixo amargor e uma cor entre a cerveja Pilsen e as Munich Dunkel.

A cidade de Plzen (Pilsen em Alemão) na República Tcheca, onde o famoso estilo clássico Pilsner foi produzido pela primeira vez em 1842, possui água muito mole e com um conteúdo de minerais muito pobre, e dela se produz cervejas conhecidas por seu caráter complexo, com um aroma floral de lúpulo e final seco. A água de Dortmund (Alemanha) contém quantidades consideráveis de bicarbonato e cloreto, propícia para a produção de cervejas maltadas, encorpadas e menos aromáticas que uma Pilsner. O clássico estilo German Helles Exportbier, também conhecido como Dortmunder, foi desenvolvido na região industrial de Dortmund em 1870, em resposta ao sucesso da cerveja Pilsner (BJCP, 2015).

3.2 Fonte de íons na cerveja

É fato considerar a água como uma matéria-prima determinante no sabor da cerveja, e que o conteúdo de minerais presentes são os principais responsáveis por conferir tais características ao líquido. No entanto, é preciso considerar que além da contribuição de todos os componentes minerais presentes na água, todos os outros ingredientes utilizados na produção de cerveja também contribuirão na concentração final de íons presentes no mosto e na cerveja final. Portanto, para a manutenção da concentração de certos íons em cada etapa do processo e no produto final, devem ser identificadas todas as suas fontes e a contribuição de cada uma delas na adição ou na remoção de íons. A Tabela 3.3 mostra a concentração de íons analisados em um mosto de densidade 1,040 preparado a partir de água desmineralizada (sem íons – ver água desmineralizada na seção 3.4.4) e na cerveja produzida a partir desse mesmo mosto. Nos dados da tabela é possível perceber a contribuição de cada ingrediente na concentração de íons do mosto e da cerveja acabada.

Tabela 3.3 – Concentração de íons (mg/L) presente no mosto e na cerveja obtidos a partir de água desmineralizada

Íon	Mosto	Cerveja
Na^+	10	12
K^+	380	355
Ca^{2+}	35	33
Mg^{2+}	70	65
Zn^{2+}	0,17	0
Cu^+	0,15	0,12
Fe^{3+}	0,11	0,07
Cl^-	125	130
SO_4^{2-}	5	15
PO_4^{3-} (Livre)	550	389
PO_4^{3-} (Total)	830	604

Fonte: adaptado de Taylor (1981)

Considerando que a concentração inicial de íons presentes na água de mostura seja desprezível, fica evidente, de acordo com os dados da Tabela 3.3, que (1) os maltes contribuem significativamente com íons fosfato (PO_4^{2-}), potássio (K^+), Magnésio (Mg^{2+}) e cloreto (Cl^-); (2) durante a fermentação, alguns íons passam inalterados para a cerveja final, como, por exemplo, o ânion cloreto (Cl^-), entretanto o metabolismo da levedura absorve níveis consideráveis de fosfato (PO_4^{2-}), potássio (K^+), Magnésio (Mg^{2+}) e a totalidade dos íons Zinco (Zn^{2+}) disponíveis.

Além da água, do malte e das leveduras, deve-se considerar que o lúpulo e os adjuntos também irão contribuir na quantidade total dos íons que estarão presentes na cerveja acabada. Dessa forma, as concentrações de íons na cerveja podem ser muito diferentes de um produto para o outro, entretanto existem alguns deles que são sistematicamente encontrados em proporções maiores na cerveja, denominados de íons principais. Há também os íons em proporções menores e a níveis de elementos traços. A título de comparação, pode-se expressar os valores de concentrações dos íons em termos de faixas de concentrações médias. A Tabela 3.4 apresenta todos compostos inorgânicos (na forma de íon ou não) que podem estar contidos na cerveja, juntamente a suas respectivas faixas de concentrações médias.

Tabela 3.4 – Concentrações (mg/L) dos compostos inorgânicos na cerveja

Compostos inorgânicos	Concentração	Compostos inorgânicos	Concentração
Potássio	200-450	Fluoreto	0,08-0,71
Sódio	20-350	Hidrogênio	0,2-0,3
Cálcio	25-120	Ferro	0,01-0,3
Magnésio	50-90	Chumbo	<0,01-0,1
Cloreto	120-500	Manganês	0,03-0,2
Sulfato	100-430	Mercúrio	Traços
Oxalato	5-30	Níquel	0,03-0,2
Fosfato	170-600	Nitrito	0-2
Nitrato	13-43	Nitrogênio	1-14
Alumínio	0,1-2	Oxigênio	0,4-4
Arsênico	0,02-0,05	Fósforo	90-400
Brometo	0,2-0,4	Sílica	10,2-22,4
Cádmio	0,03-0,68	Selênio	Traços
Crômio	<0,04	Estanho	0,01-0,02
Cobalto	0,01-0,11	Vanádio	0,03-0,15
Cobre	0,1-1,55	Zinco	0,01-1,48

Fonte: adaptado de Briggs *et al.* (2004) e Buiatti (2009)

É possível verificar que a cerveja é rica principalmente em potássio, sódio, magnésio, cálcio, cloretos, sulfatos, nitratos e fosfatos, todos com concentrações acima de 10 ppm (íons principais). Em menores proporções (entre 0,01 e 10 ppm) os íons ferro, manganês, cobre, alumínio, zinco e cobalto. Entre os elementos traços (com concentrações abaixo de 0,01 ppm) podem ser incluídos o selênio e mercúrio.

Ressalta-se, ainda, que independentemente da fonte dos íons (água, malte, adjuntos, lúpulo e leveduras), o efeito produzido por eles na qualidade da cerveja poderá ser positivo ou negativo, dependendo da sua concentração. Os íons de ferro podem ser citados como exemplo de que nem todos os íons contribuem positivamente para a cerveja. Em concentrações superiores a 0,3 mg/L, esses íons podem ser prejudiciais à cerveja, pois possuem ação oxidante, acelerando o seu processo de envelhecimento. Além disso, os íons de ferro apresentam limiar de percepção de sabor na ordem de 1 mg/L, e em concentrações acima desse limite podem conferir à cerveja gosto metálico, de tinta ou sangue (BUIATTI, 2009).

3.3 Efeito dos íons no mosto e na cerveja

Para se compreender como os íons influenciam na produção e no sabor da cerveja, é preciso entender como eles se comportam durante o processo até chegar ao produto final, isto é, a cerveja pronta. Estudos mostram que alguns íons são quimicamente **inativos**, e que independentemente da fonte irão passar inalterados para a cerveja pronta, e, mesmo sem reagirem durante o processo, podem influenciar no sabor da cerveja, de forma benéfica ou não. Outros íons podem ser quimicamente **reativos**, e irão influenciar no sabor da cerveja ao reagirem com os componentes do malte durante a mostura ou por serem requeridos pelas leveduras durante a fermentação (KUNZE; PRATT; MANGER, 2004). Contudo, é mais apropriado distinguir o **efeito** produzido por esses íons na qualidade da cerveja, sejam eles inativos ou reativos, e, dessa forma, explorar os efeitos **diretos** e os **indiretos**, específicos de todos os íons (TAYLOR, 1981; ZHAO, 2011).

3.3.1 Efeitos diretos dos íons no sabor da cerveja

Os efeitos diretos são referidos às sensações gustativas que sentimos causadas por uma estimulação direta dos íons nas papilas gustativas localizadas na parte superior da língua e da cavidade bucal. As papilas gustativas são sensíveis aos cinco gostos básicos: doce, salgado, azedo, amargo e umami (BRIGGS; BOULTON; BROOKES *et al.*, 2004; ZENEBON; PASCUET, 2008).

Apesar de alguns íons inorgânicos serem capazes de estimular as papilas gustativas, podendo ser interpretados como um gosto, não são facilmente detectados pelos órgãos olfativos, portanto dificilmente a presença de íons inorgânicos será perceptível como um aroma específico. Vale ressaltar também que, como os efeitos de sabor devido aos íons, muitas vezes podem tender a ser sutis, nos estudos em que se propõe identificar e quantificar esses efeitos, é necessário garantir que todos os outros padrões analíticos estejam idênticos, para que esses efeitos não sejam mascarados por outros sabores.

Sódio (Na⁺)

Os íons sódio contribuirão com sabor salgado se sua concentração estiver entre 150 a 200 mg/L, e em concentrações acima de 250 mg/L o sabor conferido por esses íons será azedo e desagradável, a ponto de o líquido tornar-se intragável (TAYLOR, 1981). Entretanto, em baixas concentrações (de 70 até 150 mg/L), os íons sódio podem produzir um efeito de paladar adocicado, especialmente quando estes estiverem associados aos íons cloretos (STEWART; PRIEST, 2006).

Quando os íons de sódio forem derivados do sulfato de sódio (Na_2SO_4), o efeito combinado deles na cerveja é de aspereza no sabor do líquido, além do sabor salgado. O limite máximo de Na⁺ derivado desse sal não pode ultrapassar 150mg/L (BUIATTI, 2009).

Potássio (K⁺)

Os íons potássio possuem similaridades de sabor aos íons sódio, podendo conferir sabor salgado, porém apenas em concentrações acima de 500 mg/L. Em geral a concentração de íons potássio na cerveja é relativamente elevada, sendo maior que 200 mg/L, no entanto sua concentração raramente é alta o suficiente para afetar o sabor da cerveja (TAYLOR, 1981).

Dessa forma, quando se há necessidade de corrigir as concentrações dos íons cloreto (Cl⁻) na água cervejeira, é preferível que seja na forma de cloreto de potássio (KCl), pois o potássio pode ser adicionado em concentrações maiores que os íons sódio sem produzir os mesmos efeitos de sabor (salgado e azedo). No entanto, quando o cloreto de sódio é adicionado na concentração correta para fazer esse ajuste, o efeito positivo da cerveja no paladar será incomparável (BUIATTI, 2009).

Magnésio (Mg^{2+})

Os íons de magnésio, em quantidades superiores a 70 mg/L, podem contribuir com um sabor amargo e azedo. Em concentrações superiores a 125 mg/L irão conferir ao líquido um efeito laxante e diurético (PALMER; KAMINSKI, 2013; TAYLOR, 1981).

Apesar de o magnésio ser desnecessário na água cervejeira (pois a contribuição de Mg^{2+} derivado do malte é suficiente para o crescimento das leveduras como mostrado na Tabela 3.3), esse íon pode ser adicionado como uma alternativa para aprimorar o caráter de sabor azedo e adstringente da cerveja, embora essas adições diretas de sabor dependam muito do equilíbrio entre os íons Mg^{2+} e Ca^{2+}. Esses efeito podem começar a ser perceptíveis a partir de concentrações acima de 15 mg/L do íon (PALMER; KAMINSKI, 2013; TAYLOR, 1981).

Cálcio (Ca^{2+})

Os íons cálcio não produzem efeitos diretos de sabor, sendo essencialmente neutros aos níveis de concentração que são encontrados na cerveja, com exceção de uma ligeira influência sobre o sabor azedo aumentado se níveis elevados de Mg^{2+} estiverem presentes (TAYLOR, 1981). Os efeitos mais consideráveis desses íons são os de caráter indireto, que serão avaliados adiante (seção 3.3.2).

Íon hidrogênio (H^+)

A concentração dos íons H^+ exerce influência no pH da água e determinará se esta será neutra, ácida ou básica. O pH neutro é dito como igual a 7,0 e, conforme a concentração de H^+ aumenta, menor será o valor do pH, e mais ácida será a água. Da mesma forma, quanto maior for o valor do pH menos ácido estará o líquido, indicando uma substância com caráter básico. O pH da água utilizada na produção de cerveja influenciará indiretamente nas características de sabor do produto final, sendo, portanto, mais importante compreender como o pH influenciará o processo em si do que o sabor diretamente produzido por esses íons, o que será visto na seção 3.3.2.4.

A concentração de H^+ durante o processo de produção do mosto, fermentação e na cerveja final será dependente da forma com que esses íons irão interagir com os outros vários íons inorgânicos e também com os compostos orgânicos presentes em cada etapa do processo. O pH da água de partida exercerá alguma influência no processo produtivo, que por sua vez poderá influenciar o pH da cerveja final, entretanto, independentemente dessa influência, o pH da cerveja sempre terá características ácidas (TAYLOR, 1990). As cervejas ales apresentam valores de pH menores do que as cervejas lagers, isto é, cervejas ale são geralmente mais ácidas, apresentando valores médios de pH entre 3,8 a 4,2, e para as cervejas lagers esse valor fica na faixa de 4,2 a 4,75 (BAMFORTH, 2001).

Estudos com a adição de ácidos inorgânicos na cerveja a fim de analisar o impacto direto no sabor de acordo com o pH mostraram que (STEWART; PRIEST, 2006; TAYLOR, 1990):

- Para cervejas com pH menor que 4,0, estas tendem a apresentar um sabor mais ácido, produzindo também um maior efeito de secagem do paladar e uma tendência para que a percepção do amargor seja aumentada.

- Para valores de pH 3,7 ou ainda mais ácidos, tanto o sabor ácido como os efeitos de secagem do palato e percepção de amargor aumentam em intensidade e, adicionalmente, a percepção de gosto metálico na cerveja é acentuada.

- Acima de pH 4,0, o efeito no palato é referido como um aumento do revestimento da boca, com um aumento da percepção de características de biscoito e torrado derivados do malte.

- Para valores de pH acima de 4,4 os efeitos de revestimento de boca tornam-se cada vez mais acentuados, com desenvolvimento de características de sabão ou até mesmo cáustico.

Quando a contribuição para a concentração de H^+ for derivada de ácidos orgânicos, as percepções de sabor vão além das descritas acima. Além da acidez característica, essas moléculas contribuem com sabores ácidos e azedos muito particulares, como acidez acética (derivada do ácido acético), acidez lática (ácido lático) e acidez cítrica (ácido cítrico) (SIEBERT, 1999). Essas características são desejáveis em cervejas muito específicas como as "Gueuze", "Lambic" e "Catharina Sour".

Ferro (Fe^{2+} ou Fe^{3+})

Os íons ferro podem estar presentes na forma de Fe^{2+} ou Fe^{3+} e independentemente do estado de oxidação do metal o efeito negativo na cerveja é o mesmo. Mesmo para concentrações muito baixas, da ordem de 0,5 a 1,0 mg/L, promovem na cerveja a percepção de sabor metálico e adstringente. O sabor metálico muitas vezes pode remeter a sangue. Para cervejas que contenham concentrações de íons ferro superiores a 0,3 mg/L, a espuma da cerveja é afetada visualmente, ficando com uma coloração acinzentada e brilhante (BUIATTI, 2009).

Cloreto (Cl⁻)

Os íons cloreto ajudam a acentuar o corpo da cerveja e as notas doces provenientes do malte (STEWART; PRIEST, 2006; TAYLOR, 1981), mas concentrações maiores que 250 mg/L, na maioria das cervejas, produzem uma sensação pastosa no palato associada a um sabor salgado. Níveis elevados de cloreto podem levar também a um sabor mineral, quando associados a ânions sulfatos, ou salgado quando combinados com íons sódio (PALMER; KAMINSKI, 2013). Concentrações de cloreto acima de 500 mg/L produzem um efeito de cerveja descarbonatada no paladar (BUIATTI, 2009).

Os íons cloretos não estão relacionados ao cloro residual livre na água, derivado do tratamento de desinfecção como agente bactericida. São compostos diferentes. O cloro residual é derivado do hipoclorito (ClO⁻), que durante o processo de mostura reage com compostos do mosto, formando 2,6-diclorofenol, e produzirá efeitos indiretos na cerveja como aroma e sabor de plástico, antisséptico, esparadrapo e solvente.

Sulfato (SO_4^{2-})

Os íons sulfatos produzem uma sensação de secura e adstringência no paladar. Também aumentam a sensação do amargor, tanto no gosto quanto no sabor residual (ou *aftertaste*), mesmo com níveis constantes de iso-humulona, o que causará uma impressão de que a cerveja tem um gosto mais amargo do que realmente possui. Todos esses efeitos (secura, adstringência e sensação de aumento de amargor) se tornam mais pronunciados conforme aumentam as concentrações de sulfato (entre 200 até 400 mg/L) presentes na cerveja (STEWART; PRIEST, 2006; TAYLOR, 1981).

A utilização de água "burtonizada" para a produção de cerveja introduz no líquido altas concentrações de sulfato, e conferirá ao produto final um perceptível efeito de secura do palato, além de adicionar aroma e sabor mineral ou sulfurado à cerveja (BJCP, 2015).

Balanço entre cloreto (Cl⁻) e sulfato (SO_4^{2-})

A relação do equilíbrio entre o cloreto e sulfato presentes na cerveja é bem difundida na literatura, associando-se o efeito relativo dessa proporção às percepções sensoriais de sabor produzidas na cerveja (STEWART;

PRIEST, 2006; TAYLOR, 1981). Tomando-se como padrão uma relação $Cl^-:SO_4^{2-}$ de 1:1 (em equivalente de mg/L) os efeitos relativos encontrados foram os seguintes:

i. para uma razão $Cl^-:SO_4^{2-}$ de 2:1 percebe-se um efeito de aumento do corpo e da doçura da cerveja, e uma diminuição da sensação de secura no palato, no amargor e do sabor metálico.
ii. para uma razão $Cl^-:SO_4^{2-}$ de 1:2, o maior teor de sulfato contribuiu para uma redução no corpo e doçura da cerveja, e um aumento tanto na percepção do amargor quanto na sensação de secura do palato.

Esses efeitos são reprodutíveis em diferentes concentrações de cloreto e sulfato, desde que mantidas as proporções como discutido acima, e em muitos casos essa razão entre os íons é determinante na influência do sabor, independentemente dos cátions que os acompanham.

Todos os exemplos de íons citados até aqui, dentro das concentrações apresentadas como sendo benéficas à cerveja, provocam efeitos sensoriais muito sutis e, dependendo do caso, praticamente imperceptíveis. Por exemplo, em uma cerveja que tem como características mais corpo e dulçor residual, a influência do aumento de um teor de íons sódio ou cloreto será pouco perceptível, nessas características da cerveja. Porém se a cerveja tiver um corpo leve, sem doçura residual e um leve amargor, a influência dos mesmos íons será bem mais perceptível.

3.3.2 Efeitos indiretos dos íons no sabor da cerveja

Alguns íons produzem efeitos indiretos no sabor da cerveja por participarem, durante todo o processo de produção, de várias reações químicas e enzimáticas, bem como interações físicas com os componentes do mosto e da cerveja, contribuindo de alguma forma para compor o sabor final do líquido. Além disso, deve-se considerar que todos os íons presentes, independentemente da sua origem (dos dissolvidos na água cervejeira, dos sais adicionados para ajuste da água, dos outros ingredientes como malte e lúpulo), se somam para contribuírem com um efeito total (KUNZE; PRATT; MANGER, 2004; TAYLOR, 1981). Para um melhor entendimento o estudo desses efeitos será dividido em quatro grupos: os efeitos indiretos nas leveduras; os efeitos indiretos nas enzimas do malte, os efeitos indiretos sobre a estabilidade de sistemas coloidais e, por fim, as reações que controlam o pH.

3.3.2.1 Efeitos indiretos nas leveduras

As leveduras, para crescerem de forma adequada e, posteriormente, desempenharem seus processos biológicos, como a fermentação, requerem concentrações muito específicas de certos íons inorgânicos. Um desequilíbrio (excesso ou falta) desses íons em momentos específicos do crescimento da levedura provoca alterações metabólicas consideráveis que poderão produzir graves consequências à qualidade da cerveja.

Esse efeito ocorre devido às principais reações para o crescimento e a manutenção da vida das leveduras serem catalisadas por enzimas, sendo que muitas delas (as que necessitam de um íon metálico em sua composição) são metaloenzimas.

Enzimas são considerados biopolímeros formados por sequências de aminoácidos que se organizam de forma a criar microambientes que favoreçam determinadas reações químicas. Para desempenhar suas atividades, algumas enzimas não requerem nenhum outro grupo químico além de seus resíduos de aminoácidos, enquanto outras necessitam de componentes químicos adicionais conhecidos como cofatores, os quais podem ser íons metálicos e/ou moléculas orgânicas (coenzima). Metaloenzimas são, portanto, metalobiomoléculas que contêm no mínimo um íon metálico como cofator em seu sítio ativo (MUXEL; CAMARGO; NEVES, 2014).

Assim, as metaloenzimas são consideradas como complexos metálicos altamente elaborados em que os principais papéis dos íons metálicos nos sistemas biológicos podem ser descritos como estrutural e funcional. No primeiro, o íon metálico ajuda a estabilizar a estrutura da biomolécula, e no último os íons metálicos estão envolvidos na reatividade do sítio ativo (MUXEL; CAMARGO; NEVES, 2014). Os principais íons metálicos de função estrutural são: K^+, Mg^{2+} e Ca^{2+}, que atuam na neutralização de forças eletrostáticas presentes em várias moléculas celulares aniônicas como: DNA, RNA, proteínas e polifosfatos. Os íons inorgânicos que compõem os sítios ativos das metaloenzimas nas leveduras são principalmente: Zn^{2+}, Mg^{2+}, Cu^{2+}, Co^{2+}, K^+ (STEWART; PRIEST, 2006).

De fato, a levedura pra crescer e gerar massa celular, por meio da produção de novas células, requer um suprimento desses íons disponíveis no mosto. Uma vez que uma célula mãe pode gerar diversas células filhas por brotamento, o conteúdo de íons dessa célula geradora será partilhado com as células geradas. Um mosto deficiente de certos íons acaba desencadeando um crescimento de células deficientes em íons para o desenvolvimento adequado das metaloenzimas, resultando assim em um processo de fermentação deficiente, o qual na maioria dos casos será perceptível no aroma e sabor, prejudicando assim a qualidade da cerveja.

Cobre (Cu^{2+})

Íons cobre, em baixas concentrações, são essenciais para leveduras, principalmente atuando como cofator em reações que envolvem trocas de elétrons (reações Redox). No entanto, em concentrações acima de 10 mg/L, se tornam extremamente tóxicos para a levedura, inibindo seu crescimento, pois o cobre em excesso atua no rompimento da membrana plasmática das células de levedura (BRIGGS; BOULTON; BROOKES *et al.*, 2004; STEWART; RUSSELL, 1998).

O íon cobre também pode complexar com o enxofre para formar sulfeto de cobre II insolúvel, auxiliando na diminuição da concentração do H_2S (ácido sulfídrico) produzido durante a fermentação, geralmente associado ao crescimento de leveduras. Quando presente acima do seu limiar de percepção de aroma (4 µg/l), o H_2S pode conferir aroma de ovos podres, fósforo queimado ou enxofre na cerveja (STEWART; PRIEST, 2006).

Zinco (Zn^{2+})

Esses íons desempenham um papel importante no metabolismo da levedura favorecendo o seu crescimento e o processo de fermentação (ver mais em metais e elementos traços na seção 5.15). A concentração de zinco disponível considerada benéfica para a levedura é entre 0,08 e 0,2 mg/L. Um excesso desse metal, com teores maiores que 0,6 mg/L, produz efeitos adversos na fermentação e contribui negativamente para a qualidade da cerveja. Em quantidades ainda maiores (concentrações acima de 1,0 mg/L), o zinco será tóxico para a levedura, inibindo suas funções metabólicas (DE NICOLA; WALKER, 2009; 2011). Além de que, nessa concentração, assim como o íon ferro, o zinco pode conferir sabor metálico à cerveja pronta.

Manganês (Mn^{2+})

O manganês é essencial para o crescimento e metabolismo das leveduras, atuando como um regulador intracelular das principais atividades enzimáticas e também como o centro catalítico de várias enzimas. Assim como o Zn^{2+}, os íons Mn^{2+} podem se acumular nos vacúolos das células da leveduras, quando estas são expostas a um meio com concentrações elevadas desses metais (STEWART; RUSSELL, 1998). As concentrações desse íon no mosto deverão estar na faixa entre 0,1 a 0,2 mg/l, e nunca superior a 0,5 mg/l, pois em concentrações elevadas podem inibir o metabolismo da levedura e também afetar negativamente a estabilidade coloidal da cerveja (BUIATTI, 2009).

Estudos mostraram que existem efeitos sinérgicos entre esses dois íons, enquanto o zinco pode impedir o crescimento da levedura quando presente em concentrações de 0,6 mg/L em um mosto contendo 0,01 mg/L de manganês, em mostos com concentrações de manganês de 0,6 mg/L, o manganês perde seu efeito inibidor do crescimento da levedura (HELIN; SLAUGHTER, 1977; WALKER; DE NICOLA et al., 2006).

Potássio (K⁺)

O potássio é ativamente transportado para dentro das células da levedura em fermentação. Uma vez dentro da célula atuam na neutralização de cargas dos ácidos nucleicos e das proteínas e, ainda, contribuem para a osmorregulação (STEWART; RUSSELL, 1998).

3.3.2.2 Efeitos indiretos nas enzimas do malte

Os íons cálcio (Ca^{2+}) quando presentes na mostura podem atuar estimulando as enzimas proteolíticas e amilolíticas durante a produção do mosto, aumentando o rendimento do extrato. Esses íons também protegem a α-amilase contra a desnaturação pelo calor e dos efeitos inibidores dos íons cobalto, Co^{2+}, que diminuem o rendimento da mostura. Adicionalmente, o Ca^{2+} tem capacidade de promover um efeito de aumento das atividades das endopeptidases sem alterar a atividade das carboxipeptidases, em temperaturas de mosturas mais baixas (PALMER; KAMINSKI, 2013; TAYLOR, 1981).

3.3.2.3 Efeitos indiretos sobre a estabilidade de sistemas coloidais

Alguns íons são fundamentais para promover estabilidade aos sistemas coloidais presentes na cerveja, como:

i. Íons Ca²⁺ induzem a floculação da levedura. A floculação das células de levedura é geralmente observada no final da fermentação da cerveja, seu mecanismo ainda não está completamente compreendido e ainda é objeto de muita controvérsia, porém sabe-se que é um processo complexo que depende de alguns fatores como: a cepa da levedura (genética, estado fisiológico e metabolismo), a composição do mosto e as condições da fermentação (temperatura, agitação e aeração) (DENGIS; NÉLISSEN; ROUXHET, 1995).

A floculação das células pode ser controlada por interações específicas (de reconhecimento molecular) e não específicas (interações eletrostáticas da dupla camada, forças de van der Waals, interações hidrofóbicas, pontes salinas e repulsão estérica). O mecanismo mais aceito é o mediado por lectinas, que reconhecem os receptores de manoproteínas nas células de leveduras adjacentes e requerem a presença de íons cálcio (DENGIS; NÉLISSEN; ROUXHET, 1995; KURIYAMA; UMEDA; KOBAYASHI, 1991; MASY; KOCKEROLS; MESTDAGH, 2011), assim vão reticulando, ganhando massa e, enfim, decantando. Uma concentração de pelo menos 50 mg/L de íons Ca²⁺ presentes no mosto para uma boa floculação da maioria das cepas de leveduras (TAYLOR, 1981). A floculação da levedura será abordada com mais detalhes na seção 5.3.

ii. As interações entre proteínas e polifenóis presentes no mosto são influenciadas pelos íons Mg^{2+}, PO_4^{2-}, mas principalmente pelo íon Ca^{2+}. Essa interação proteína-polifenol influenciada pelos íons é catalisada durante a fervura do mosto, produzindo complexos que tendem a precipitar, melhorando a clarificação da cerveja durante a maturação e promovendo uma melhor estabilidade em relação à turvação a frio da cerveja (STEWART; PRIEST, 2006).

Durante a fervura do mosto também ocorre significativa precipitação de proteínas não somente por causa da desnaturação térmica, mas também pelo efeito neutralizante dos cátions (especialmente Ca²⁺) nos polipeptídios carregados negativamente. Estima-se que é necessário um nível mínimo de 100 mg/L de íons Ca²⁺ para uma boa qualidade de degradação de proteínas (TAYLOR, 1981).

iii. Oxalato derivado do malte é precipitado como oxalato de cálcio, CaC_2O_4 (BRIGGS; BOULTON; BROOKES *et al.*, 2004). Idealmente, isso deve ocorrer durante a produção de mosto, uma vez que a formação de cristais de oxalato de cálcio na cerveja pronta pode levar à formação de um excesso de espuma que ficará jorrando ao abrir a garrafa de cerveja, o chamado *"gushing"*. O oxalato de cálcio pode também ser responsável por causar turvação não biológica na cerveja (WRAY, 2020). Recomenda-se que 70-80 mg/L de íons Ca^{2+} devam estar presentes durante a mostura para eliminar o excesso de oxalato (STEWART; PRIEST, 2006).

3.3.2.4 Reações que controlam o pH

Indiscutivelmente, a influência no pH do mosto e da cerveja é a contribuição mais importante dos íons inorgânicos na qualidade e no sabor da cerveja. Um controle efetivo do pH durante a produção do mosto e fermentação, garantindo condições ótimas das inúmeras reações químicas e enzimáticas que ocorrem durante esses estágios, será determinante na qualidade do produto final. Além de que, o pH da cerveja acabada afeta diretamente no sabor (como visto na seção 3.3.1), na estabilidade física e na estabilidade microbiológica do produto final (BAMFORTH, 2001; TAYLOR, 1990).

O valor do pH em cada etapa será dependente da concentração e natureza dos sistemas tampões presentes no meio, pela concentração absoluta dos íons H^+ e OH^-, pela concentração dos íons reativos e pela temperatura.

As reações que controlam o valor do pH do meio ocorrem entre os íons reativos presentes no mosto, independentemente da origem (água, malte, adjunto e lúpulo), que estão em equilíbrio com as espécies tamponantes presentes no meio. O deslocamento desse equilíbrio pode liberar H^+ no meio (diminuindo o pH) ou diminuir a concentração do H^+ do meio (aumentando o pH). Os íons cálcio são os mais reativos e os mais influentes nesse controle, sendo que o Mg^{2+} também pode contribuir, porém em menor grau. As principais reações de equilíbrio determinantes no controle do pH são representadas nas equações químicas abaixo (BAMFORTH, 2001).

$$\uparrow CO_2 + H_2O \rightleftharpoons H_2CO_3 \overset{H^+}{\rightleftharpoons} HCO_3^- \overset{H^+}{\rightleftharpoons} CO_3^{2-} \overset{Ca^{2+}}{\rightleftharpoons} CaCO_3 \downarrow \quad (3.1)$$

$$3Ca^{2+} + 2HPO_4^{2-} \longrightarrow 2H^+ + Ca_3(PO_4)_2 \downarrow \quad (3.2)$$

$$Ca^{2+} + \text{polipeptídeo-}H_2 \longrightarrow 2H^+ + \text{polipeptídeo-}Ca \downarrow \quad (3.3)$$

A mostura é a etapa que determinará o pH de praticamente todo o processo de produção de cerveja, pois o malte é quem mais contribui com os compostos que exercem efeito tampão, que regularão o pH do mosto e posteriormente influenciarão o pH da cerveja. O *"grist"* dos maltes escolhidos para a mostura determina as concentrações de fosfatos, tanto os inorgânicos (fosfato, PO_4^{3-} e hidrogenofosfato, HPO_4^{2-}) como os orgânicos (especialmente fitatos) e as concentrações de ácidos carboxílicos (especialmente os de cadeias laterais de aspartato e glutamato em proteínas/polipeptídeos/peptídeos/aminoácidos livres), sendo que todos esses compostos são atuantes em sistemas tamponantes (STEWART; PRIEST, 2006).

A água cervejeira utilizada na mostura (e também posteriormente, na lavagem dos grãos na tina filtro) tem um impacto significativo no pH, como mostra a equação 3.1, por meio das reações envolvendo os íons bicarbonato, HCO_3^-, e os íons Ca^{2+}. Os íons bicarbonato tendem a aumentar o pH do meio, quando o equilíbrio é deslocado para a esquerda, retirando H^+ da solução para formar ácido carbônico (H_2CO_3) que depois pode ser decomposto em CO_2 e água. Porém na presença de excesso de cálcio o equilíbrio é deslocado para a precipitação do carbonato de cálcio ($CaCO_3$), liberando assim íons H^+ em solução, diminuindo o pH.

O mesmo efeito dos íons cálcio pode ser observado na equação 3.2, em que ocorre a precipitação de fosfato de cálcio, e na equação 3.3, com a precipitação de proteínas, em ambos os casos, ocorrendo liberação de H^+, diminuindo assim o pH do meio. Os fosfatos envolvidos são tanto resíduos inorgânicos livres como fosfatos orgânicos, tais como fitatos (de diferentes graus de fosforilação). Os complexos de proteínas irão variar consideravelmente em massa molar, partindo de pequenos peptídeos (BAMFORTH, 2001; TAYLOR, 1981; TAYLOR, 1990).

A redução do pH do mosto entre 5,0 e 5,5, segundo vários estudos, é uma etapa fundamental durante a mostura, especialmente para fornecer um pH ótimo de trabalho das enzimas do malte, que necessitam um ambiente mais ácido (ver mais na seção 6.3.1 – Processos de degradação enzimáticos), o que favorece um melhor rendimento do extrato e um aumento no nitrogênio solúvel total e do nitrogênio amino livre (FAN) no mosto. Esse controle de pH é melhor alcançado mantendo-se uma baixa alcalinidade (teor de bicarbonato) na água cervejeira (inferior a 50 mg/L), porém com íons Ca^{2+} suficientes para atingir o nível de pH desejado (não inferior a 100 mg/L) (BRIGGS; BOULTON; BROOKES *et al.*, 2004; KUNZE; PRATT; MANGER, 2004; STEWART; PRIEST, 2006).

A redução do pH também reduz a viscosidade do mosto promovendo uma filtragem mais eficiente e rápida, e promove uma diminuição na extração de polifenóis (taninos) do malte, resultando em cervejas menos adstringentes. Um cuidado que se deve ter com relação ao pH é na hora da lavagem do leito de grãos, pois à medida que se escoa o mosto, as substâncias tamponantes são retiradas do meio e o pH do mosto tende a aumentar (favorecendo dessa forma a extração de taninos e sílica do malte), portanto a água de lavagem dos grão deve conter um nível elevado de íons Ca^{2+} (até 200 mg/L) para assegurar um pH consistente do mosto durante todo o processo de lavagem dos grãos (STEWART; PRIEST, 2006; TAYLOR, 1990).

Durante a fervura do mosto o pH diminui cerca de 0,3 unidade devido à temperatura influenciar no equilíbrio, deslocando a reação no sentido da precipitação de fosfatos e proteínas/poliptídeos com os íons cálcio (TAYLOR, 1981). Além disso, a densidade do mosto durante a fervura terá uma influência significativa no pH, com valores mais baixos alcançados à medida que a densidade aumenta (BAMFORTH, 2001).

Ainda, valores de pH baixo durante a fervura do mosto diminuem a solubilidade dos taninos (agora derivados do lúpulo), evitando o risco de adstringência na cerveja. O aumento da formação de cor durante a fervura também pode ser reduzido por um pH de fervura mais baixo ou pelo aumento da concentração de Ca^{2+} (BRIGGS; BOULTON; BROOKES et al., 2004; TAYLOR, 1990). Um ponto negativo de um pH muito baixo durante a fervura, e que deve ser levado em consideração, é que o meio mais ácido diminui a solubilidade dos α-ácidos do lúpulo (BAMFORTH, 2001).

Durante a fermentação o pH diminui como resultado do consumo dos materiais tamponantes, principalmente nitrogênio amino livre (FAN), liberação de ácidos orgânicos e possivelmente excreção direta de íons H^+ pela levedura (BAMFORTH, 2001; COOTE; KIRSOP, 1976; TAYLOR, 1990).

A velocidade e o valor mínimo alcançado na diminuição do pH durante a fermentação estão relacionados ao equilíbrio entre a capacidade de tamponamento do meio e os fatores que estimulam o crescimento das leveduras. As concentrações de nitrogênio amino livre (FAN) do mosto são responsáveis por melhorar a capacidade tamponante do meio e também são responsáveis por incentivar o crescimento de leveduras, consequentemente baixos níveis de FAN podem levar a um potencial de tamponamento reduzido (o que diminui o pH do meio), mas também podem limitar a extensão do crescimento de leveduras; por outro lado, altos níveis de FAN tendem a aumentar o vigor da levedura (novamente diminuindo pH da cerveja), mas isso pode ser compensado pelo aumento da capacidade tamponante. Evidentemente, outros fatores devem ser levados em consideração, como o teor de oxigênio dissolvido no mosto e os níveis de íons de zinco, cujo aumento estimulará o crescimento de leveduras (levando também a uma diminuição do pH) (BAMFORTH, 2001).

3.4 Tratamento da água

Como visto, a qualidade da água pode influenciar diretamente e indiretamente a qualidade da cerveja e, portanto, a necessidade de controlar todas as características da água cervejeira é de fundamental importância para se obter o produto final desejado. Para controlar os aspectos de qualidade da água, pode ser necessário planejar tratamentos que envolvam vários elementos-chave, como remoção de sólidos em suspensão, ajuste de conteúdo mineral, remoção de compostos orgânicos, esterilização e até mesmo remoção de gases. Alguns dos tratamentos mais importantes relacionados à água cervejeira serão apresentados nesta seção.

3.4.1 Filtragem

A água, quando sai de uma estação de tratamento de água (ETA), precisa atender a vários parâmetros de potabilidade (ver Tabela 3.1) a fim de garantir as propriedades físico-químicas, propriedades organolépticas e assegurar a sua estabilidade microbiológica. À medida que flui através de quilômetros de canos e fica armazenada em caixas d'água, é provável que a água acabe sendo contaminada por partículas de poeira, ferrugem, resíduos de cano, entre outras. Essas partículas podem ser removidas por meio de filtros que possuem poros ou canais que permitem a passagem da água, mas são pequenos demais para as partículas (Figura 3.1).

Figura 3.1 – Representação esquemática do funcionamento de um filtro de água

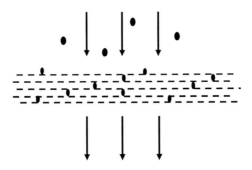

Nota: as setas indicam o fluxo de passagem de água pelo filtro e os círculos pretos são as impurezas que ficam retidas no filtro
Fonte: o autor

Em um filtro, o elemento filtrante pode ser uma camada de areia limpa ou outro mineral, papel ou plástico poroso. Os filtros mais modernos e práticos adotados nas cervejarias possuem como elemento filtrante o polipropileno, um termoplástico que apresenta resistência química, baixo peso e baixo custo de operação, características que o tornam propício para esse fim. O filtro de polipropileno é muito prático para a filtragem final e capaz de reter até três vezes mais partículas e impurezas, quando comparado a outros filtros, podendo ter tamanhos diferentes de poros que podem variar de 0,45 a 120 mícrons.

Cada filtro tem uma capacidade de retenção e pode ficar saturado, quando é preciso realizar a sua limpeza ou substituição. Os filtros removem apenas partículas sólidas da água, não removendo as partículas que estão dissolvidas na água, como, por exemplo, os íons inorgânicos e o cloro.

3.4.2 Remoção de íons ferro

Os íons ferro, mesmo em concentrações muito baixas, são prejudiciais à cerveja, podendo conferir ao líquido sabor metálico, muitas vezes remetendo a sabor de sangue. A provável fonte de ferro na cerveja é a água, sendo necessária a sua remoção. Umas das maneiras de extrair os íons Fe^{2+} (íon ferroso) da água é oxidá-lo a Fe^{3+} (íon férrico) e então decantá-lo na forma do seu hidróxido insolúvel, $Fe(OH)_3$. A água pode ser tratada com oxigênio (O_2) que promove a oxidação do ferro e se reduz a íons óxido (O^{2-}), como mostrado na reação química abaixo (BART, 2013):

$$4Fe^{2+}_{(aq)} + O_{2\,(aq)} \rightarrow 4Fe^{3+}_{(aq)} + 2O^{2-}_{(aq)}$$

O Fe^{3+} forma hidróxido extremamente insolúvel em água, o $Fe(OH)_3$, um composto avermelhado conhecido como um dos componentes da ferrugem. Os íons hidróxido (OH^-) estão presentes na água, e o sólido formado sedimenta e pode ser removido por filtração.

A ozonização também é uma alternativa na remoção dos íons Fe^{2+} do meio, uma vez que o ozônio (O_3) oxida facilmente esse íon, como mostrado na reação abaixo:

$$2Fe^{2+}_{(aq)} + O_{3(aq)} + 5H_2O_{(l)} \rightarrow 2Fe(OH)_{3(s)} + O_{2(aq)} + 4H^+_{(aq)}$$

A aplicação de ozônio também pode ser utilizada na oxidação e remoção do Mn^{2+} na forma do seu dióxido insolúvel, MnO_2, como demonstrado na equação abaixo:

$$Mn^{2+}_{(aq)} + O_{3(aq)} + H_2O_{(l)} \rightarrow MnO_{2(s)} + O_{2(aq)} + 2H^+_{(aq)}$$

Para oxidar o ferro e o manganês a utilização do ozônio é mais vantajosa do que o oxigênio quando esses metais se encontram complexados a ligantes orgânicos, pois o ozônio provoca o desproporcionamento destes por meio da degradação oxidativa dos ligantes, liberando assim o metal no meio, o que favorece a sua oxidação.

Os íons ferro devem ser removidos antes de entrar no processo de produção, pois o ambiente ácido do mosto e da cerveja favorece que os íons, independentemente do estado de oxidação, permaneçam solúveis no meio. E por fim, se a água rica em Fe^{2+} for usada como água de serviço, é provável que a oxidação ocorra em algum lugar inconveniente, e deixará um revestimento viscoso no equipamento.

3.4.3 Osmose reversa

Existem membranas semipermeáveis com poros que permitem a passagem apenas de moléculas de água, porém não permitem a passagem de íons ou organismos microscópicos. O processo de osmose ocorre quando a água pode permear através da membrana do meio menos concentrado para o meio mais concentrado, sem que ocorra para isso gasto de energia. Para purificar a água, é preciso que a água permeie pela membrana do meio mais concentrado, ou seja, do meio que contém as impurezas, para o meio menos concentrado, onde contém somente água purificada. Esse fluxo não espontâneo é chamado de osmose reversa e necessita de pressão para que a água flua pela membrana semipermeável contra um gradiente de concentração.

O processo de osmose reversa remove todos os minerais que estavam solúveis na água, e para ser utilizada na produção de cerveja os minerais precisarão ser novamente adicionados à água, porém agora com a vantagem de se poder adicionar a dosagem específica de minerais para o tipo de cerveja que se deseja produzir.

Atualmente, os equipamentos de osmose reversa podem ser dimensionados para produzir água ultrapura desde as microcervejarias até produções que requerem grandes volumes de água. Os modelos mais compactos podem ser compostos por: colunas de pré-filtro de sedimentos, coluna de polimento, filtro de carvão ativo, membrana de osmose reversa, bomba de alta pressão e lâmpada ultravioleta (UV) para a eliminação de microrganismos e desinfecção da água na saída do equipamento. Para os modelos que produzem grandes volumes de água por dia, podem ser acoplados à saída de água sistemas de dosagem de minerais, com regulagens independentes de cada íon.

3.4.4 Resina de troca iônica

Neste sistema a troca de íons envolve a passagem da água através de uma coluna de resina sólida que absorve íons específicos (geralmente indesejável na água), trocando por outros íons que fazem parte da composição da resina e que são desejáveis ou inofensivos se presentes no líquido. Resinas catiônicas podem ser utilizadas para reter íons positivos como Ca^{2+}, Mg^{2+}, Fe^{2+} e Mn^{2+} e liberam dois íons H^+ (ou Na^+), por exemplo, para manter a mesma carga. Resinas aniônicas podem reter ânions como o SO_4^{2-} e liberar grupos OH^- ou Cl^-. As colunas de troca iônica também podem conter uma mistura de resinas catiônicas e aniônicas, que retêm cátions e ânions e liberam íons H^+ e OH^- sendo chamadas de desmineralizadores ou deionizadores, porque esses íons se combinam para formar água pura.

A desmineralização da água por resinas de troca iônica não envolve gasto de energia e as resinas podem ser recuperadas quando saturadas. A água desmineralizada precisa ter o teor de minerais corrigidos ao final do processo, podendo dessa forma o cervejeiro ajustar a água de forma específica para cada tipo de cerveja que se deseja produzir.

3.4.5 Filtro de carvão ativo

O carvão mineral (como linhito, hulha e antracito) ou materiais derivados de partes de plantas ou animais (como cascas de coco ou caroços de oliva) é aquecido a altas temperaturas na ausência de ar, produzindo um resíduo carbonáceo chamada coque (se for usado carvão vegetal) ou carvão (se forem usadas partes de plantas ou animais). Estes são então aquecidos na presença de alguma substância que reage com o carbono produzindo pequenos poros, processo esse chamado de ativação. Vapor de água, dióxido de carbono (CO_2) e oxigênio (O_2) podem ser usados para ativação (BART, 2013).

O carvão ativado consiste em partículas com uma complexa rede de poros com dimensões de 1 a 3 mm e com uma alta área superficial em relação ao volume. As paredes dos poros absorvem moléculas não carregadas por forças de dispersão (interações entre moléculas apolares) ou por reação química com o próprio carbono. O filtro de carvão ativado é o sistema eficiente para remoção de cloro (Cl_2), cloroamina (NH_2Cl) e da maioria dos contaminantes orgânicos, incluindo os compostos halogenados (STEWART; PRIEST, 2006). O tratamento da água utilizando filtros com carvão ativado também remove partículas de cor e odor presentes na água.

Para instalações em cervejaria, uma mistura de carvões com diferentes tamanhos de poros pode ser a mais apropriada para uma remoção mais eficiente, e a taxa de vazão de água que passa pelo leito de carvão deve ser ajustada para garantir um tempo de contato adequado para a absorção ideal dos contaminantes.

Os filtros de carbono podem ser limpos com água quente com fluxo direto e reverso para regenerar o carbono, que podem ser, ainda, impregnados com prata coloidal, para impedir que qualquer contaminação microbiológica cresça no leito de carbono ou na carcaça onde ele estiver acondicionado. O leito de carvão precisa ser substituído quando perder sua eficiência e não puder ser regenerado, ou de acordo com a recomendação do fabricante.

3.4.6 Remoção de oxigênio da água

Existem várias aplicações para água desoxigenada (ou comumente denominada como desaerada) na cervejaria: a aplicação dos maiores volumes pode ser na diluição de cervejas produzidas com mosto de alta densidade, ou para uma preparação de mosto em condições "anaeróbicas" para reduzir a sua oxidação e prevenir a cerveja contra os fatores que afetam o seu envelhecimento, melhorando assim a estabilidade do sabor. Outros usos incluem: a água de lastro na tina filtro durante a filtração do mosto, água para lavagem da cama de grãos durante a etapa de filtração e na recuperação da cerveja do fundo do tanque de fermentação (BART, 2013; STEWART; PRIEST, 2006).

Várias tecnologias podem ser empregadas para desoxigenação, sendo a mais comum deixando a água escorrer por uma coluna preenchida com um leito de polipropileno, enquanto um gás (nitrogênio ou dióxido de carbono) flui em contracorrente através do leito. A solubilidade de um gás em um líquido depende da concentração desse gás em contato com o líquido. O gás utilizado na remoção que flui no leito em contracorrente tem muito pouco oxigênio (O_2), portanto o O_2 tende a sair da solução arrastado na corrente de gás. Esse processo pode facilmente reduzir os níveis de oxigênio dissolvido na água para menos de 50 µg/l (50 ppb) (KUNZE; PRATT; MANGER, 2004; PALMER; KAMINSKI, 2013).

3.5 Ajustes da água cervejeira

Para adequar a água ao estilo de cerveja que se quer produzir, podem ser adicionados alguns compostos iônicos (sais), que são facilmente encontrados em lojas cervejeiras especializadas e que devem ser de qualidade alimentícia. Os sais comumente usados incluem cloreto de cálcio dihidratado ($CaCl_2.2H_2O$), sulfato de cálcio dihidratado (gesso, $CaSO_4.2H_2O$), carbonato de cálcio (calcário, também chamado giz, $CaCO_3$) e sulfato de magnésio heptahidratado (sal Epsom, $MgSO_4.7H_2O$). Todos os sais que possuem uma ou mais moléculas de água em sua fórmula ($.xH_2O$) são denominados hidratos, em que o x, indica o número de moléculas de água incorporadas ao composto. Dessa forma, quando o composto for pesado, a água entra junto na balança, de modo que a massa das águas de hidratação deverá ser levada em consideração nos cálculos para o uso desses compostos. Alguns dos compostos comercializados na sua forma hidratada também podem ser encontrados comercialmente na fora anidra, porém além de mais caros, eles podem ficar hidratados ao longo do tempo se o frasco do composto for armazenado incorretamente.

A porcentagem em massa, relativa a cada um dos íons contidos em alguns dos compostos mais utilizados na água cervejeira, é listada na Tabela 3.5.

Tabela 3.5 – Conteúdo iônico dos sais

Composto iônico	Fórmula	Íons	
Cloreto de cálcio anidro	$CaCl_2$	Ca^{2+}: 36,1%	Cl^-: 63,9%
Carbonato de cálcio	$CaCO_3$	Ca^{2+}: 40,0%	CO_3^{2-}: 60,0%
Cloreto de cálcio dihidratado	$CaCl_2.2H_2O$	Ca^{2+}: 27,3%	Cl^-: 48,2%
Sulfato de cálcio dihidratado	$CaSO_4.2H_2O$	Ca^{2+}: 23,3%	SO_4^{2-}: 55,8%
Sulfato de magnésio heptahidratado	$MgSO_4.7H_2O$	Mg^{2+}: 9,9%	SO_4^{2-}: 39,0%
Bicarbonato de sódio	$NaHCO_3$	Na^+: 27,4%	HCO_3^-: 72,6%
Cloreto de sódio	$NaCl$	Na^+: 39,3%	Cl^-: 60,7%

Fonte: adaptado de Bart (2013)

3.6 Técnicas de desinfecção de água

Existem muitos processos de desinfeção disponíveis para o tratamento de água para todos os usos em uma cervejaria. Isso inclui processos químicos (por exemplo, adição de cloro, dióxido de cloro, ozônio, peróxido de hidrogênio etc.), métodos físicos (como irradiação ultravioleta, microfiltração etc.) e métodos combinados (O_3 + UV; O_3 + H_2O_2 etc.). A desinfecção não implica, necessariamente, na destruição completa de todas as formas vivas (esterilização), embora muitas vezes o processo de desinfecção seja levado até o ponto de esterilização.

3.6.1 Cloração

A cloração ainda é de longe o sistema mais amplamente utilizado para desinfecção de suprimentos de água potável. Em termos da sequência de tratamentos com água, a cloração é mais efetiva quando realizada com a água filtrada (após o pré-tratamento, como floculação e filtragem de areia), pois a reação do cloro com alguns compostos orgânicos, presentes na água bruta, como ácidos húmicos, leva à formação de trihalometanos (THM). Os THM são considerados maléficos à saúde, e o mais facilmente detectável é o clorofórmio ($CHCl_3$) (MEYER, 1994).

A água chega da rede pública clorada à cervejaria, e o cloro é aceitável como meio de desinfecção da água que fica armazenada antes de entrar no processo de produção. Para ser utilizada na produção de cerveja é necessário realizar a decloração da água, em que a filtragem com carvão ativado é o meio considerado suficiente, tanto para remoção de cloro ativo como para retirada de cloraminas, que também pode ser utilizada para clorar a água.

O cloro ativo se presente na água cervejeira, a que entra na preparação do mosto, reagirá com fenóis presentes no meio para produzir os compostos denominados de clorofenóis, dos quais destaca-se o 2,6-diclorofenol, com limiar de percepção de 5 µg/L e que confere à cerveja final aroma e sabor que remetem a plástico, antisséptico, esparadrapo e solvente (HORNINK; GALEMBECK, 2019). As cloraminas, assim como o 2,6-diclorofenol, também produzem sabor medicinal à cerveja.

A forma mais comum com que o cloro ativo está disponível para o fabricante de cerveja, para desinfecção de água, é em solução aquosa, como hipoclorito de sódio (NaOCl) ou na forma de gás, como gás cloro (Cl_2) (MEYER, 1994).

Quando o gás cloro é misturado com a água, ele hidrolisa para formar o ácido hipocloroso (HOCl), como demonstrado na equação química abaixo:

$$Cl_2 + H_2O \rightarrow HOCl + H^+ + Cl^-$$

O ácido hipocloroso formado se dissocia rapidamente para formar o ânion hipoclorito (OCl^-). Esse ânion é a forma com que o cloro é ativo na água:

$$HOCl \leftrightarrow H^+ + OCl^-$$

Quando se utiliza o hipoclorito de sódio, ao adicioná-lo na água, ele se ioniza, conforme a reação abaixo, para formar o ânion hipoclorito (OCl^-). Geralmente é comercializado em soluções concentradas para serem diluídas no momento da aplicação.

$$NaOCl + H_2O \leftrightarrow Na^+ + OCl^-$$

O cloro ativo é um esterilizante eficaz em virtude do seu elevado potencial oxidante. Oxida rapidamente os constituintes proteicos de bactérias (incluindo esporos), leveduras e vírus e provavelmente atua por comprometimento da função da membrana, impedindo a absorção de nutrientes e a síntese de proteínas. O HOCl na forma não ionizada é 80 vezes mais eficaz como desinfetante do que o íon hipoclorito. Consequentemente, a atividade ideal ocorre em valores de pH mais baixos (por exemplo, pH 5,0). Para um tratamento eficaz, a concentração residual de cloro ativo deve ser de 0,5 a 1,0 mg/l, e um tempo de contato de pelo menos 2 minutos (STEWART; PRIEST, 2006).

3.6.2 Dióxido de cloro

O dióxido de cloro (ClO_2) é um poderoso agente oxidante (possui cerca de 2,5 vezes o poder oxidante do cloro), porém como a sua ação não envolve o átomo de cloro é menos prejudicial, não é corrosivo, é menos tóxico que o gás Cl_2 (quando se usa o gás em nível de uso normal em solução; no entanto, o ClO_2 é cerca de 50 vezes mais tóxico que o monóxido de carbono), não produz trihalometanos (THM) e não forma clorofenóis. É ativo como biocida em uma ampla faixa de pH (3,5 a 11,5) e é eficaz contra uma ampla variedade de microrganismos que deterioram a cerveja, incluindo bactérias, leveduras e bolores (STEWART; PRIEST, 2006).

O dióxido de cloro deve ser gerado in situ, geralmente a partir de clorito de sódio ($NaClO_2$) e ácido clorídrico (HCl), conforme equação química abaixo:

$$5NaClO_2 + 4HCl \rightarrow 4ClO_2 + 5NaCl + 2H_2O$$

O dióxido de cloro possui muitas aplicações na indústria cervejeira, podendo ser utilizado para esterilização em água (até 1,5 mg/L), mas pode ser usado (de 2 a 5 mg/L) para higienização de superfícies e operações de limpeza (CIP). Também pode ser utilizado para controlar formação de biofilmes encontrados aleatoriamente em superfícies de troca de calor, em tubulações, linhas, bombas etc. Na forma de solução por spray, pode ser usado como um agente de desinfecção em operações de embalagem, como enxague de latas, extremidades de latas e garrafas não retornáveis (vidro e PET) e tampas (PINGULI; CANI; MALOLLARI et al., 2018).

3.6.3 Ozonização

O ozônio (O_3) possui algumas vantagens em relação a outros desinfetantes como o cloro e dióxido de cloro, devido ao seu alto potencial de oxidação e à sua rápida taxa de reação a bactérias e compostos orgânicos. É um processo mais caro que a cloração, entretanto sua eficiência não é afetada pelo pH do meio e não promove a formação de subprodutos (como trihalometanos, THM). Sua ação bactericida é devida à oxidação das membranas celulares dos microrganismos (KIM; YOUSEF; DAVE, 1999).

O ozônio é gerado a partir do oxigênio por descarga elétrica de alta tensão em uma corrente de ar limpo, que então é injetada na água para atingir uma concentração de ozônio dissolvido. Para ser efetivo na desinfecção, é necessário alcançar uma concentração de 0,5 mg/L por um tempo de contato de 4 minutos, entretanto, considerando as diversas características dos reatores comercialmente disponíveis, é preciso seguir as recomendações do fabricante.

Na indústria cervejeira o ozônio pode ser usado para alcançar a esterilidade total e a remoção de sabores desagradáveis na água usada para fabricação de cereja, incluindo também o enxague final de latas e garrafas, linhas de engarrafamento, tubulações e tanques (KIM; YOUSEF; DAVE, 1999; TENNEY, 1973).

3.6.4 Luz Ultravioleta (UV)

O uso da irradiação ultravioleta (UV) para desinfetar a água para fabricação de cerveja evita os custos de adição, remoção e descarte de produtos químicos envolvidos nos sistemas de dosagem, além de eliminar qualquer risco de superdosagem e geração de subprodutos associados a muitos dos tratamentos mencionados anteriormente. O sistema é simples e requer a passagem da luz UV (entre 200 e 280 nm) por uma profundidade relativamente pequena da água, que deve ter boa clareza e baixa turbidez. O princípio da ação é a destruição de ácidos nucléicos celulares (DNA e RNA) pela absorção da luz UV a 256 nm (SOBOTKA, 1993). As lâmpadas UV de alta intensidade (construídas com tubos de quartzo) são usadas em unidades compactas de tratamento de água, dimensionadas para que as taxas de fluxo de água possam ser ajustadas para proporcionar um tempo de contato mínimo de 20 a 30 segundos.

As principais vantagens da irradiação UV são não envolver produtos químicos corrosivos, com pouco ou nenhum risco de produção de resíduos ou contaminação, e as unidades são relativamente baratas (implantação e manutenção) e são automonitoradas (os sistemas podem ter alarmes para indicar falha na lâmpada).

A única desvantagem é que não há eficiência residual e o sistema UV deve estar localizado o mais próximo possível do ponto de uso, de modo que várias unidades podem ser necessárias se várias utilizações forem feitas em diversos pontos da cervejaria. As instalações UV podem ser eficazes para todas as aplicações que requerem água esterilizada (por exemplo, água de diluição e enxágue, água para lavagem de leveduras, proteção de filtros de carvão ativado etc.) (STEWART; PRIEST, 2006; WHITBY, 1987).

4

LEVEDURAS

4.1 Breve contexto histórico

A levedura *Saccharomyces cerevisiae* (*S. cerevisiae*) tem sido amplamente utilizada por seres humanos há milhares de anos e é sem dúvida uma das espécies microbianas mais importantes da história da humanidade (CHAMBERS; PRETORIUS, 2010).

A cerveja, presumivelmente, foi descoberta ao acaso. Acredita-se que a cevada foi esquecida no vaso de colheita, foi umedecida provavelmente por água da chuva e a fermentação ocorreu espontaneamente dentro do vaso. Curiosos, os agricultores provaram a bebida alcoólica resultante, gostaram do que provaram e ainda desfrutaram dos efeitos causados pela ingestão do álcool, e, a partir daí, o destino da cerveja foi selado. As leveduras foram as responsáveis pela realização da fermentação desde os primórdios da fabricação de cerveja, há cerca de 7000 a.C., embora a presença desse microrganismo ainda fosse desconhecida.

Esse desconhecimento acompanhou a evolução da produção de cerveja durante milhares de anos. Na idade média, por exemplo, era bem sabido que as melhores cervejas eram produzidas ao lado de padarias. A própria Lei da Pureza da Baviera (Reinheitsgebot), uma das mais antigas legislações sobre alimentos e que regulava a produção de cerveja na Alemanha, em sua primeira edição foi proclamada sem o conhecimento das leveduras pelo duque Guilherme IV da Baviera em 23 de abril de 1516, e instituía que a cerveja só poderia ser produzida utilizando água, malte de cevada e lúpulo. A inclusão da levedura no Reinheitsgebot foi somente em 1906, bastante tempo após seu descobrimento e de ser estabelecida sua importância na fabricação da cerveja.

Os primeiros progressos envolvendo as leveduras foram realizadas a partir do desenvolvimento do microscópio por Antonie van Leeuwenhoek (1652-1725). O Físico e Químico Frances Gay-Lussac estabeleceu a primeira fórmula completa da fermentação do açúcar, em 1810; no entanto, ele ainda acreditava na fermentação como sendo um processo oxidativo (BARNETT, 1998; GAY-LUSSAC, 1810).

Em 1837, o fisiologista alemão Theodor Schwann, em seus estudos microscópicos, encontrou pequenos organismos vivos em proliferação em amostras de suco de uva, denominando-os de fungos açucarados. Meyen, que deu continuidade aos estudos de Schwann, nomeou esses microrganismos de *Saccharomyces* (fungos de açúcar). Embora as evidências para a relação entre levedura e fermentação tenham sido encontradas, os principais químicos da época, como Justus von Liebig e Friedrich Wöhler, ainda refutavam esses resultados (BARNETT, 1998).

Entre 1855 e 1876, Luis Pasteur publicou sua teoria da fermentação e distinguiu entre a utilização aeróbica e anaeróbica de açúcares pelas leveduras (BARNETT, 2000). Em 1860, o próprio Pasteur, quem descobriu que a fermentação, produzia glicerol como subproduto (PASTEUR, 1860). Em 1897, Eduard Buchner descobriu que era possível a fermentação de açúcar utilizando extratos de leveduras isento de células, tornando prático o estudo da bioquímica da fermentação *in vitro* (BARNETT, 2000). Em 1905, Arthur Harden e William Young, realizando experimentos *in vitro*, descobriram que o fosfato inorgânico é necessário para a fermentação da glicose, mais tarde conseguiram isolar a frutose 1,6-bifosfato (hexose difosfato), que é uma das substâncias representantes da glicólise (BARNETT, 2003).

Em 1911, a importância e o destino do ânion piruvato (produto da degradação da glicose) foram examinados por Neubauer, Fromherz e Neuberg (NEUBAUER; FROMHERZ, 1910). Entre 1910 e 1940, houve muito progresso nesse campo, em que vários cientistas, como Embden, Meyerhof, Parnas e Warburg, se dedicaram a descobertas de reações fundamentais da fermentação e o impacto das coenzimas, chegando finalmente à elucidação de todo o caminho da fermentação (BARNETT, 2003).

Em 1929, o efeito Crabtree foi identificado pelo bioquímico inglês Herbert Grace Crabtree. O efeito descreve uma atividade respiratória limitada em leveduras na presença de uma certa concentração de açúcar. Ela afeta quase todo o metabolismo da levedura sob condições de fermentação (CRABTREE, 1929).

Provavelmente, os passos mais importantes na pesquisa de leveduras referentes à indústria cervejeira foram dados por Hansen. Em 1883, ele cultivou as primeiras culturas puras de levedura de cerveja e as implementou em cervejarias. As primeiras culturas cultivadas foram nomeadas "Carlsberg 1" e "Carlsberg 2", por realizar seus estudos nos Laboratórios Carlsberg Brewery na Dinamarca. Ele adaptou os métodos desenvolvidos pelo médico Robert Koch, isolando células únicas em culturas de placas de ágar. Seu trabalho foi o primeiro que permitiu trabalhar com culturas puras, não apenas livres de bactérias, mas também sem leveduras selvagens. Lindner aperfeiçoou o método de Hansen e cultivou células únicas em pequenas gotas de mosto em uma lamínula sob o microscópio. Ele também isolou duas cepas de leveduras de baixa fermentação diferentes em 1930: tipo "Frohberg" (fermentação forte) e tipo "Saatz" (fermentação fraca) (BARNETT, 2004).

Tanto Hansen como Lindner se empenharam em desenvolver dispositivos de propagação de leveduras, a fim de aumentar a sua quantidade antes de serem adicionadas aos tanques de fermentação. Em 1913, Coblitz e Stockhausen introduziram um método de cultivo de leveduras, transferindo-o durante o estágio alto de kräusen, sendo que esse processo ainda é a base da propagação de leveduras atualmente (EßLINGER, 2009). Alto "kräusen" é o termo utilizado para designar a fase de maior formação de espuma na superfície da cerveja quando a atividade das leveduras está em sua etapa de maior atividade (fase logarítmica, ou fase log). A denominação vem do alemão Hochkräusen ou hohe Kräusen, que tem a mesma definição e provavelmente se origina de kräus, um adjetivo que denota "enrugado", "rugoso" ou "crespo". Essa palavra é frequentemente usada em referência a um cabelo encaracolado (seu infinitivo kräuseln significa enrugar, franzir, encaracolar etc.).

A partir dos anos 1950, com a descoberta da estrutura do DNA (ácido desoxirribonucleico), surgiu uma nova ciência, a biologia molecular, que se revelou uma ferramenta útil no campo de pesquisa de leveduras. Com os aperfeiçoamentos da metodologia de PCR (*polimerase chain reaction*; em português, reação em cadeia da polimerase) forneceu informações importantes sobre a célula de levedura (por exemplo, na genômica e na fisiologia da levedura). Além disso, a levedura tornou-se um microrganismo modelo na pesquisa de células e seu genoma (por ser uma célula eucarionte e unicelular), sendo a primeira célula eucariótica a ser ter seu DNA completamente sequenciado.

S. cerevisiae é o organismo com modelo genético mais bem compreendido da atualidade, além de ser o primeiro eucarioto a ter seu genoma completamente sequenciado, o seu genoma ainda é um dos mais adotados para manipulações e análises genéticas (CHERRY; HONG; AMUNDSEN *et al.*, 2012). Grandes projetos estão em processo de desenvolvimento visando à determinação das funções biológicas e interações genéticas de todas as sequencias do genoma, em uma escala sem precedentes em qualquer outro organismo (BOONE, 2014; KELLY; LAMB; KELLY, 2001). *Saccharomyces cerevisiae* tem sido a chave para numerosas descobertas importantes em genética, bioquímica e biologia celular (CHAMBERS; PRETORIUS, 2010).

4.2 Taxonomia

As leveduras são fungos predominantemente unicelulares que se reproduzem vegetativamente por brotação, dando origem a uma nova geração de células, sendo as *Saccharomyces* apenas uma das cerca de 40 leveduras ascosporógenas. As subdivisões taxonômicas (classe, ordem, família, gênero e espécie etc.) são baseadas em vários critérios morfológicos, fisiológicos e genéticos. A classificação taxonômica da *S. cerevisiae* está representada no Quadro 4.1.

Quadro 4.1 – Visão geral da classificação taxonômica de *S. cerevisiae*

Categoria Taxonômica	Classificação
Reino	*Fungui*
Filo	*Eumycota*
Subfilo	*Ascomycotina*
Classe	*Hemiascomycetes*
Ordem	*Endomycetales*
Família	*Saccharomycetaceae*
Subfamília	*Saccharomycetoideae*
Gênero	*Saccharomyces*
Espécie	*Cerevisiae*

Fonte: o autor

Atualmente, as espécies do gênero *Saccharomyces* são divididas em três grupos. O primeiro grupo, *Saccharomyces stricto sensu*, é formado por *S. cerevisiae*, *S. bayanus*, *S. paradoxus* e *S. pastorianus*. O segundo grupo, *Saccharomyces lato sensu*, é composto pelas espécies *S. exíguo*, *S. castelli*, *S. servazzii* e *S. unisporus*. O terceiro grupo inclui apenas a espécie *S. kluveri* (BARNETT, 1992).

Dentre os três grupos, as *Saccharomyces stricto sensu* estão envolvidas na fermentação para produção de bebidas, como, por exemplo, cerveja, vinho e cidra. Na produção da cerveja, as *S. cerevisiae* são classificadas como leveduras ale (ou de fermentação de superfície, ou alta fermentação), enquanto as *S. carlsbergensis* e *S. uvarum* são classificadas como leveduras "lager" (ou fermentação de fundo, ou de baixa fermentação).

Embora as espécies do mesmo grupo estejam intimamente relacionadas, o emprego de técnicas de tipagem molecular revelou várias diferenças genéticas entre leveduras de fermentação ale e lager. Estudos têm evidenciado que leveduras lagers parecem ser o resultado de uma hibridização entre *S. cerevisiae* e outra levedura de *Saccharomyces* (*S. monacensis* ou *S. bayanus*), e é comumente referida como *S. carlsbergensis* (mais estreitamente *S. cerevisiae* var. *carlsbergensis*). Além disso, *S. carlsbergensis* também pode ser usada como sinônimo de *S. pastorianus* (KODAMA; KIELLAND-BRANDT *et al.*, 2006).

Em termos morfológicos, a diferença entre leveduras ale e lagers são pequenas, não sendo possível diferenciá-las nem pela forma e nem pelo tamanho das células. Sob o microscópio, os dois tipos de levedura só podem ser distinguidos por suas características de brotamento. Leveduras lagers se separam logo após o nascimento, e as células mãe e filha brotam novamente, resultando em células únicas ou em pares na imagem do microscópio (Figura 4.1A). As células das leveduras ale ainda permanecem juntas quando brotam novamente, o que resulta em brotação multilateral, formando um pequeno complexo de células (Figura 4.1B). Entretanto, no final da fermentação, a desintegração dos cachos dificulta a distinção por esse parâmetro de diferenciação (EßLINGER, 2009).

Figura 4.1 – Imagem de microscópio de leveduras lager e ale

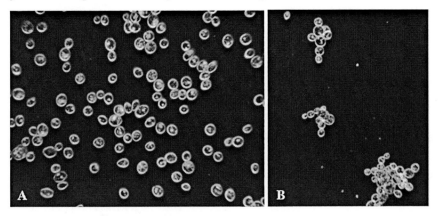

(A) lager e (B) ale, ampliação original 640x
Fonte: adaptado de Eßlinger (2009)

Em termos de aspectos fisiológicos, as características distintivas são mais numerosas, sendo a principal delas a capacidade de metabolizar a rafinose, um trissacarídeo composto de frutose, glicose e galactose. A levedura lager possui capacidade enzimática que a permite separar as ligações glicosídicas entre os monossacarídeos, sendo que os açúcares resultantes poderão ser metabolizados pela levedura. Essa característica se deve à presença do gene MEL, que produz a enzima extracelular α-galactosidase (melibiase) que degrada a rafinose em melibiose (dissacarídeo formado por uma ligação α-1,6 entre a galactose e a glicose) e frutose, sendo que ambos podem ser absorvidos pela célula. Leveduras ale não possuem esse gene e são incapazes de absorver a rafinose (STEWART; ZHENG; RUSSELL, 1995; STEWART; PRIEST, 2006).

A partir dessa condição é possível diferenciar leveduras ale e lager por sua capacidade de metabolizar a rafinose (denominado teste de rafinose), em que soluções desse açúcar são fermentadas e as quantidades formadas de CO_2 avaliadas para cada tipo de levedura. Uma vez que a capacidade da levedura ale é limitada na absorção desse açúcar, consequentemente a produção de CO_2 será proporcional a essa limitação. Esse teste por si só não é completamente preciso, pois algumas leveduras lager, apesar de ser uma condição rara, também não produzem melibiase (EßLINGER, 2009).

Associado ao teste de rafinose, pode-se utilizar a capacidade de esporulação da levedura na diferenciação. O processo de esporulação é desencadeado em resposta à baixa disponibilidade de nitrogênio e glicose, e à presença de fontes de carbono não fermentáveis. Leveduras ale produzem ascósporos após 48 horas, enquanto a levedura lager leva no mínimo 72h para mostrar esporos (NEIMAN, 2005; TAXIS; KELLER; KAVAGIOU et al., 2005). Por fim, outras diferenças fisiológicas associadas a leveduras lagers são uma melhor capacidade na absorção da maltotriose em comparação com algumas leveduras ale e diferenciações nos sistemas de transporte de frutose (STEWART; ZHENG; RUSSELL, 1995).

Em relação ao gerenciamento das condições de fermentação, as leveduras lager são fermentadas a temperaturas entre 5 e 15° C, e, geralmente, no final da fermentação, essas leveduras floculam e são coletadas no fundo do fermentador. Na fermentação com leveduras ale são empregadas temperaturas mais altas, entre 15 e 24° C, com estas tendendo a ser menos floculentas, sendo os grupos soltos de células adsorvidas pelas bolhas de dióxido de carbono e carregadas para a superfície do mosto no fermentador, consequentemente, as leveduras poderão ser coletadas na superfície do mosto. Como as fermentações modernas são realizadas em fermentadores cilíndricos com fundo cônico, as leveduras ale acabam sendo conduzidas e retiradas no fundo do fermentador. Apenas leveduras ale podem tolerar temperaturas altas, sendo ainda capaz de crescerem a temperaturas de cultivo acima de 34° C (veja mais nas seções 8.4, fermentações com leveduras lager, e 8.5, fermentações com leveduras ale).

O perfil sensorial da cerveja produzida a partir de leveduras ale e lager apresenta distinções perceptíveis principalmente em relação ao perfil de compostos voláteis. A fermentação ale produz cervejas que são mais frutadas e esterificadas, enquanto a fermentação lager fornece um perfil de aromas mais limpo (neutro) e parcialmente sulfuroso.

4.3 Estrutura celular da levedura

Levedura apresenta um formato redondo ou oval, porém células parcialmente elípticas ou cilíndricas também podem ser observadas. As células medem cerca de 5 a 10 μm de diâmetro, 3 a 10 μm de largura e 4 a 14 μm de comprimento. Os valores são imprecisos porque o tamanho médio varia de acordo com o estágio do ciclo de crescimento, as condições de fermentação e a idade das células (por exemplo, antes da brotação, as células de levedura podem atingir até 3 vezes o volume das células regulares) (STEWART; PRIEST, 2006). A Figura 4.2 apresenta a célula levedura vista por micrografia eletrônica de varredura.

Figura 4.2 – Célula de levedura vista por micrografia eletrônica de varredura

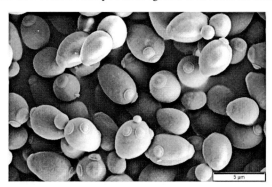

Fonte: Wikimedia Commons (2016)

Licenciado sob CC-BY-SA-3.0, via Wikimedia Commons. Disponível em: https://commons.wikimedia.org/wiki/File:Saccharomyces_cerevisiae_SEM.jpg. Acesso em: 25 mar. 2021

Como outras células vivas, o principal constituinte da levedura é a água. O material celular não aquoso encontra-se em estruturas poliméricas, como: carboidratos, proteínas e ácidos nucleicos. Os principais elementos presentes nessas estruturas são: carbono, hidrogênio, oxigênio, nitrogênio, fósforo e enxofre, além de uma grande variedade de compostos orgânicos de baixo peso molecular e íons inorgânicos (SLAUGHTER, 2003). A Tabela 4.1 mostra a composição química de uma célula de levedura em % de peso seco.

Tabela 4.1 – Composição química da levedura (% peso seco)

Composição	%
Compostos nitrogenados	45-60
Glicogênio	28-43
Carboidratos totais	10-30
Lipídios totais	1,2-12
Cinzas/Compostos não-orgânicos	8-9

Fonte: adaptado de Eßlinger (2009)

A célula de levedura contém organelas típicas de células eucarióticas e a Figura 4.3 ilustra uma seção transversal de uma célula de levedura às mais importantes. Nas seções seguintes serão descritas as características das principais estruturas presente em uma célula de levedura.

Figura 4.3 – Organelas presentes em células de leveduras

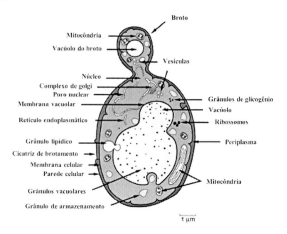

Fonte: adaptado de Eßlinger (2009) e Stewart e Priest (2006)

4.3.1 Parede celular

A parede celular da levedura é uma organela dinâmica que determina a forma e a integridade celular do organismo durante o crescimento e a divisão celular. Ela fornece à célula resistência mecânica para suportar mudanças na pressão osmótica imposta pelo ambiente, protege o citoplasma da célula de tensões mecânicas e do estresse durante o armazenamento entre as fermentações. Assim, a organização molecular da parede celular da levedura é dinâmica e irá evoluir, dependendo das condições de crescimento, desenvolvimento morfológico e como resposta a mudanças de ambiente em que são submetidas.

A composição química básica e os aspectos estruturais da célula de *S. cerevisiae* são bem conhecidos, sendo que a parede celular é construída em uma estrutura de dupla camada, cada qual com características próprias. A camada interna é responsável pela estabilidade e resiliência, composta principalmente por β-glucanos, que estão ligados covalentemente à quitina. A quitina está presente em pequenas quantidades, representando cerca de 1 a 2% da massa da parede celular, sendo composta por um polímero linear de resíduos N-acetil-glucosamina ligados em β-1,4, e se encontra majoritariamente (mas não exclusivamente) na zona de cicatriz do broto (CABIB; ROH; SCHMIDT; CROTTI *et al.*, 2001). Em contraste, a camada externa consiste em manoproteínas glicolisadas densamente compactadas, diminuindo assim a permeabilidade e criando uma barreira física e química para as substâncias do meio onde a levedura está inserida. Além disso, as propriedades hidrofílicas da parede celular são alcançadas pela fosforilação das manoproteínas. A conexão entre a camada interna e externa é constituída de β-1,6-glucano e de proteínas, ambas diretamente ligadas à β-1,3-glucano da rede de quitina da parede interna. Cerca de 50 a 60% da massa total da parede celular são de β-glucanos e cerca de 40 a 50% de manoproteínas (LIPKE; OVALLE, 1998; STEWART, 2017). Uma representação esquemática simplificada da estrutura da membrana celular é mostrada na Figura 4.4.

Figura 4.4 – Esquema simplificado da parede celular da levedura

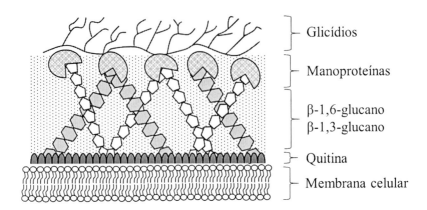

Fonte: o autor

Pode-se considerar também que uma das funções primárias da parece celular da levedura, em uma perspectiva de produção de cerveja (mas não a única), é a floculação (VIDGREN; LONDESBOROUGH, 2011), e a estrutura das manoproteínas estão diretamente relacionadas a essa função (ver seção 5.3 – floculação).

4.3.2 Periplasma

O chamado periplasma não é de fato uma organela, mas sim uma matriz coloidal que preenche o espaço entre a parede e a membrana celular e que contém uma grande quantidade de enzimas ativas. O espaço periplasmático não é contínuo por causa das interrupções causadas por invaginações na membrana plasmática e irregularidades na superfície interna da parede celular. Entre as enzimas contidas no periplasma podem ser incluídas as fosfatases ácidas (que hidrolisam os ésteres de fosfato do meio, e podem ter papel adicional junto a outras enzimas do periplasma), as invertases, uma variedade de proteínas de ligação e transporte e a enzima melibiase (α-galactosidase), esta última encontrada somente em cepas de leveduras lager (STEWART, 2017).

A invertase β-frutofuranosidase (ou também chamada sacarase) é uma enzima capaz de hidrolisar a sacarose em glicose e frutose. Dois tipos de invertase são encontrados em leveduras: (1) uma enzima insolúvel associada ao periplasma e (2) uma enzima solúvel localizada exclusivamente dentro da célula da levedura (LAHIRI; BASU; SENGUPTA *et al.*, 2012). A invertase no espaço periplásmico contém aproximadamente 50% de carboidratos (porções de glicose), 5% de manose e 3% de glucosamina, enquanto a invertase intracelular não é glicosilada (WORKMAN; DAY, 1983). Estudos também mostram que nas células não reprimidas pela alta concentração de sacarose ou de seus produtos a maior parte da invertase será externa (ALI; HAQ, 2007), enquanto que no estado totalmente reprimido, toda a invertase é intracelular (VU; LE, 2008). A reação inicial na utilização da sacarose é a sua clivagem nos monossacarídeos fora da célula pela ação da enzima invertase no periplasma, e então os produtos formados (glicose e frutose) são transportados para dentro da célula por difusão facilitada.

Ainda no periplasma, algumas enzimas estão envolvidas no transporte dos nutrientes essenciais para as proteínas de transporte presentes na membrana plasmática, evitando que se difundam de volta ao meio externo. Por fim, o periplasma também funciona como um sistema de proteção da membrana celular (STEWART, 2017).

4.3.3 Membrana celular

A membrana celular, ou plasmática (citoplasmática ou plasmalema), funciona como uma barreira para separar o meio aquoso interno da célula do meio aquoso externo, atuando ainda na regulação do substrato que entra e sai da célula. Os dois constituintes principais da membrana são fosfolipídios e proteínas, em quantidades praticamente equivalentes. Além desses, os esteróis são componentes importantes da membrana, principalmente ergosterol e zimosterol. As moléculas dos fosfolipídios possuem duas regiões, uma polar, denominada "cabeça", e uma "cauda" de natureza apolar (ácidos graxos), formando uma dupla camada de cerca de 8 a 10 nm de espessura. As cabeças (parte hidrofílica) são orientadas para a superfície e as áreas hidrofóbicas (apolares) das moléculas preenchem o espaço entre as duas camadas, sendo que proteínas estão integradas na construção (STEWART, 2017). Uma representação esquemática simplificada da estrutura da membrana plasmática é apresentada na Figura 4.5.

Figura 4.5 – Figura esquemática da membrana celular da levedura

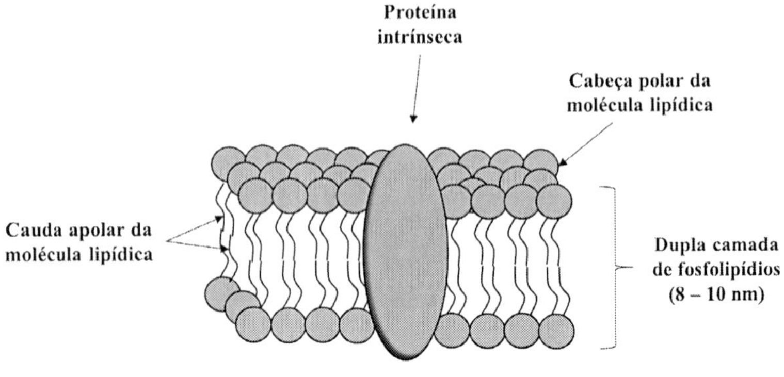

Proteína intrínseca

Cabeça polar da molécula lipídica

Cauda apolar da molécula lipídica

Dupla camada de fosfolipídios (8 – 10 nm)

Fonte: o autor

A estrutura de duas camadas permite uma certa fluidez que muda sob diferentes condições fisiológicas da célula. Manter essa fluidez é essencial para a absorção de nutrientes e troca de substrato. Ao variar a composição de ácidos graxos dos fosfolipídios, a célula pode se adaptar às mudanças de condições por meio da regulação da fluidez da membrana dentro de certos limites. Por exemplo, temperaturas baixas reduzem a fluidez da membrana e a célula reage com a incorporação na membrana de mais ácidos graxos insaturados, resultando em uma recuperação da fluidez (STEWART, 2017; ZINSER; SPERKA-GOTTLIEB; FASCH; KOHLWEIN et al., 1991).

Os fosfolipídios constituintes de membrana variam da camada externa para a interna. Os esfingolipídios são encontrados principalmente no exterior e sua tarefa é dar uma estrutura à membrana. Eles desempenham um papel importante no crescimento e na regulação das células, e influenciam as reações de estresse da célula (ZINSER; SPERKA-GOTTLIEB; FASCH; KOHLWEIN et al., 1991).

As proteínas que são incorporadas à membrana possuem certa mobilidade e estão espalhadas assimetricamente sobre a dupla camada. As proteínas intrínsecas são esticadas através de toda a membrana, enquanto as proteínas extrínsecas só podem ser encontradas na camada interna ou externa. A maioria dessas proteínas são especializadas em diferentes funções, como: estruturação do citoesqueleto, enzimas para síntese e reparo da membrana celular, transferência de sinais e transporte primário e secundário (EßLINGER, 2009; VAN DER REST; KAMMINGA; NAKANO et al., 1995).

Os sistemas de transporte de substrato da célula estão todos localizados na membrana, sendo alguns dependentes de proteínas, outros não (EßLINGER, 2009). Quatro sistemas de transporte podem ser diferenciados:

- A difusão simples: é um tipo de transporte passivo (sem gasto de energia) de migração de substratos a favor de um gradiente de concentração a fim de se estabelecer um equilíbrio. Os solutos lipossolúveis (solúveis em lipídios) migram de uma alta concentração extracelular para uma menor concentração intracelular. Ácidos orgânicos não dissociados e ácidos graxos de cadeia longa entram na célula dessa forma. Etanol e CO_2 migram para o meio extracelular por difusão simples.
- A difusão facilitada também é um transporte passivo, que não gasta energia, em que o soluto segue a favor do gradiente de concentração (do mais concentrado para o menos concentrado), porém é um método mais rápido, pois a difusão é mediada por carreador (geralmente uma proteína transportadora). O transporte de substratos cessa quando se alcança a isotonia. A glicose é transportada para o meio intracelular via difusão facilitada.
- Difusão de íons por canais de proteínas intrínsecas. Os canais de vazamento estão sempre abertos e permitem a difusão contínua do íon quando existe um gradiente de concentração. Os canais controlados abrem ou fecham em resposta a algum tipo de fator controlador. São controlados por substâncias químicas que se ligam ao canal, pela condição elétrica da membrana e por deformação mecânica.
- O transporte ativo é um mecanismo de transporte de substratos através da membrana contra um gradiente de concentração, mediado por proteínas transportadoras e com gasto de energia celular, geralmente resultante da hidrólise de ATP. A maioria dos nutrientes absorvidos pelas células permeia a membrana dessa forma, assim coma excreção de metabólitos pela levedura.

4.3.4 Citoplasma

O citoplasma é o meio aquoso de caráter levemente ácido, que preenche a célula. As principais organelas imersas no citoplasma são: vacúolos, ribossomos, retículo endoplasmático, complexo de Golgi e núcleo. Além disso, proteínas solúveis, partículas lipídicas e glicogênio também podem ser encontrados na constituição do citoplasma. As partículas lipídicas desempenham um importante papel na biossíntese de esteróis e servem como armazenamento lipídico para a síntese da membrana celular. Como carboidratos de armazenamento, os grânulos de glicogênio são acumulados no final da fermentação e são usados como reserva de energia durante o armazenamento, e também como energia inicial para novos ciclos celulares.

O retículo endoplasmático e o complexo de Golgi atuam como uma rede de transporte intracelular, em que principalmente proteínas são movimentadas para a membrana celular, vacúolos ou, até mesmo, para serem excretadas da célula. Os vacúolos são organelas fechadas por sua própria membrana, e têm função de reserva, fornecendo espaço de armazenamento dinâmico de nutrientes (por exemplo, aminoácidos ou fosfato inorgânico). Por fim, no citoplasma também está contido o núcleo da célula onde se localizam os cromossomos (BOULTON; QUAIN, 2008).

4.3.5 Mitocôndrias

A principal contribuição das mitocôndrias para a organização celular é a transformação oxidativa da energia química potencial em formas bioquimicamente úteis. Sob condições de fermentação, essa função não é muito usada porque o efeito Crabtree (repressão do metabolismo respiratório pela glicose e que será abordado com mais detalhes na seção 5.1.3) inibe algumas das enzimas envolvidas. Apesar de parecer que a atuação das mitocôndrias durante a fermentação se torne secundária, estudos mostram o contrário, evidenciando que essa organela está envolvida em funções como a síntese de ácidos graxos insaturados e lipídios da membrana plasmática; síntese do ergosterol pelos citocromos mitocondriais; adaptação fisiológica ao estresse (por exemplo, estresse pela concentração do etanol); modificação da superfície celular (importante para floculação e divisão) e mobilização do glicogênio (MALINA; LARSSON; NIELSEN, 2018; O'CONNOR-COX; LODOLO; AXCELL, 1996).

As mitocôndrias possuem estruturas redondas ou alongadas, compostas por duas membranas distintas, a externa e a interna, sendo que as cristas dentro da mitocôndria são formadas por dobramentos da membrana interna. Essas estruturas são dinâmicas, seu número e estrutura sofrem extensas modificações, dependendo das mudanças no ciclo de vida e no estado fisiológico da levedura. A estrutura mitocondrial pode diferir drasticamente em situações com alta concentração de açúcar e sob condições anaeróbias (MALINA; LARSSON; NIELSEN, 2018; O'CONNOR-COX; LODOLO; AXCELL, 1996).

PARTE II

BIOQUÍMICA DA LEVEDURA

5

BIOQUÍMICA DA LEVEDURA

5.1 Absorção de nutrientes e metabolismo celular

5.1.1 Oxigênio

O oxigênio molecular (O_2) tem papel importante na fisiologia da levedura. Embora a fermentação do mosto para produção de cerveja seja um processo anaeróbico (sem a presença de oxigênio), um suprimento disponível de oxigênio é fundamental quando as leveduras são inoculadas no mosto. O oxigênio requerido pela levedura na fase de crescimento celular será utilizado para sintetizar esteróis e ácidos graxos insaturados, em que o principal representante é o ergosterol, que é um componente importante e específico da membrana celular da levedura (HU; HE; MA; SUN *et al.*, 2017).

Estudos têm mostrado que o ergosterol estabiliza a estrutura da membrana por meio da ligação a fosfolipídios e atua regulando a fluidez, a permeabilidade e as atividades enzimáticas da membrana, bem como o transporte de substâncias (DUPONT; LEMETAIS; FERREIRA; CAYOT *et al.*, 2012). O ergosterol também pode afetar a absorção e utilização de nutrientes, regulando as atividades de ATPases ligadas à membrana celular e a eficiência do transporte de fosfolipases influenciando na mobilidade da membrana celular (ZHANG; GAMARRA; GARCIA-EFFRON; PARK *et al.*, 2010).

O ergosterol também desempenha um papel essencial na adaptação ao estresse durante a fermentação. A capacidade do fermento em tolerar o estresse está intimamente relacionada aos níveis de ergosterol, por exemplo, o teor de ergosterol da levedura que é resistente ao congelamento e às condições de baixo teor de açúcar é superior ao da levedura sem essa resistência, e sob condições de excesso de álcool, *S. cerevisiae* com maior conteúdo de ergosterol na membrana celular pode suprimir os possíveis danos à membrana e manter a permeabilidade normal, tornando-a mais tolerante ao álcool (AGUILERA; PEINADO; MILLAN; ORTEGA *et al.*, 2006).

Grande progresso no entendimento da biossíntese de ergosterol foi alcançado em leveduras, sendo um processo complexo e que envolve a participação de muitas enzimas. A biossíntese do ergosterol consome uma quantidade considerável de energia, por exemplo, a produção de uma molécula de ergosterol requer o consumo de pelo menos 24 moléculas de ATP e 16 moléculas de NADPH (HU; HE; MA; SUN *et al.*, 2017). A rota biossintética do ergosterol em *S. cerevisiae* é mostrada na Figura 5.1. De forma simplificada, o O_2 será o precursor necessário para a ciclização do esqualeno em lanosterol, o que formará como produto final o ergosterol.

Figura 5.1 – A rota biossintética do ergosterol em *S. cerevisiae*

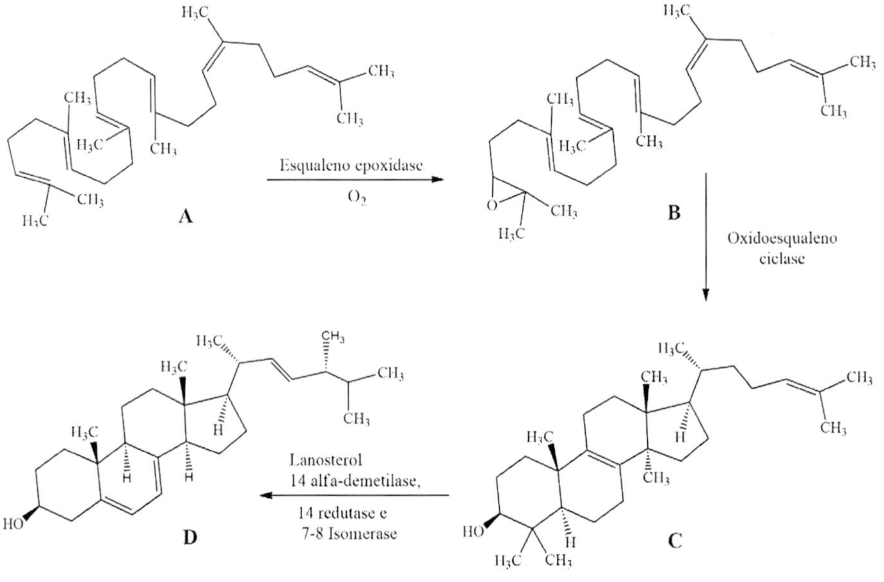

(A) Esqualeno, (B) Epóxido de esqualeno, (C) Lanosterol e (D) Ergosterol
Fonte: adaptado de Sciences (2021)

As células preparadas aerobicamente podem crescer até certo ponto anaerobicamente. Essa limitação dependerá do ergosterol que ficará armazenado em gotículas lipídicas no citoplasma da célula na forma de éster esterílico, e que servirá como uma reserva para manter o equilíbrio dos esteróis intracelulares (CHOUDHARY; SCHNEITER, 2012). O crescimento celular durante a fermentação (fase anaeróbica) dilui a quantidade de esteróis armazenados entre a célula mãe e a filha, durante o processo de brotamento, assim as células podem continuar a se dividir até a disponibilidade de ergosterol limitar essa propagação. Dessa forma, a otimização do oxigênio dissolvido (OD) no mosto para qualquer cepa de levedura é de fundamental importância para uma fermentação adequada e um produto final de alta qualidade. Para tal, uma quantidade de cerca de 7 a 9 mg/L de oxigênio dissolvido é considerada suficiente, mas deve-se mencionar que a demanda de oxigênio da levedura é muito dependente da cepa (EßLINGER, 2009; JAKOBSEN; THORNE, 1980). Os parâmetros de concentração de oxigênio no mosto serão abordados na seção 8.2.3.

O oxigênio dissolvido no mosto permeia a célula via difusão facilitada, sendo consumido em sua totalidade em poucas horas. Quando a concentração de OD no mosto é abaixo do necessário, levará à síntese de uma concentração insuficiente de esteróis, refletindo em um crescimento limitado de levedura, em uma baixa taxa de fermentação e problemas de sabor, como o aumento da produção de ésteres. Por outro lado, uma super aeração resultará em excesso de nutrientes e produção desnecessária de biomassa de levedura, diminuindo assim a eficiência da fermentação e a produção de etanol, e a síntese de ésteres será fortemente inibida (BOULTON; QUAIN, 2008).

Os esteróis e os ácidos graxos insaturados são abundantes no malte, porém o processo de mostura não extrai esses componentes em concentrações suficientes para o crescimento celular. Além disso, estudos têm mostrado que, quando o ergosterol ou um ácido graxo insaturado, como ácido oleico, linoleico e linolênico, é adicionado ao mosto, as leveduras se desenvolvem sem a necessidade da presença de oxigênio. A investigação da adição de ácido linoleico ao mosto ao invés de O_2, antes da adição do inóculo (concentração de células que inicia o processo de fermentação), mostrou que o resultado foi uma alteração na qualidade do sabor devido a um aumento nos ésteres de acetato. Quando a adição do ácido linoleico foi realizada na levedura que estava armazenada a frio em fase estacionária, demostrou que as células podem absorver ácidos graxos insaturados, e quando utilizadas poderiam produzir fermentações normais sem afetar significativamente a concentração dos ésteres de acetato. Esses dados mostraram que, em condições de armazenamento, com a adição de um ácido graxo insaturado, como o ácido linoleico, à levedura é possível obter fermentações com desempenho comparável às produzidas por meio da aeração tradicional do mosto (MOONJAI; VERSTREPEN; SHEN *et al.*, 2003).

A adição de azeite de oliva, como fonte de ácido oleico, em substituição a oxigenação do mosto também foi investigada (HULL, 2008). O azeite de oliva foi adicionado à levedura armazenada cinco horas antes do uso, em uma concentração máxima de 1 mg/67 bilhões de células de inóculo (15 mg de azeite/L de inóculo, assumindo uma contagem de 1 bilhão de células/mL). Os resultados indicaram que as fermentações atenuaram o mosto da mesma forma comparando com um mosto padrão aerado com oxigênio. Além de que a formação de espuma não foi afetada. E, embora tenha ocorrido um aumento da produção de ésteres, a análise sensorial do produto final não foi considerada fora do padrão para o estilo produzido.

A vantagem em não se utilizar o oxigênio no mosto é minimizar o potencial de oxidação no produto final. Pesquisas têm mostrado que a aeração do mosto provoca reações oxidativas, que formam os precursores dos compostos de envelhecimento da cerveja (ver seção 11 – Estabilidade do sabor). É amplamente discutido que minimizar a exposição do mosto e da cerveja ao oxigênio melhorará a resistência do produto acabado à oxidação (HULL, 2008).

5.1.2 Preferência na absorção de carboidratos

A levedura, ao ser inoculada no mosto, encontra um ambiente muito complexo, que consiste em carboidratos (mono, di, trissacarídeos, dextrinas), compostos nitrogenados (aminoácidos, peptídeos, proteínas), íons, ácidos nucleicos, vitaminas, entre outros constituintes. Um mosto padrão produzido na cervejaria contém aproximadamente 90% de carboidratos, que consistem principalmente em sacarose, frutose, glicose, maltose e maltotriose, juntamente às dextrinas. O perfil de açúcares do mosto será dependente dos ingredientes (principalmente malte de cevada), das condições de mostura, além do tipo e da quantidade de adjuntos utilizados (HE; DONG; YIN *et al.*, 2014).

Em condições normais de fermentação, as cepas de *S. cerevisiae* e *S. uvarum* (*carlsbergensis*) utilizam como primeira fonte de açúcar a sacarose, seguida da glicose, frutose, maltose e maltotriose, nessa ordem; embora possa ocorrer algum grau de sobreposição. A maioria das cepas de leveduras não são capazes de utilizar a maltotetraose e outras dextrinas, com exceção da *S. diastaticus,* que é capaz de metabolizar algumas dextrinas presentes no mosto (LAGUNAS, 1993; STEWART; PRIEST, 2006).

A primeira etapa para a utilização dos açúcares do mosto pela levedura é sua absorção, permeando a membrana celular e, uma vez dentro do citoplasma, ele poderá ser metabolizado. Essa passagem pela membrana pode ocorrer com a molécula de açúcar intacta, ou ela poderá ser hidrolisada por uma invertase no periplasma, e então ocorre a entrada na célula de todos ou somente uma parte dos monossacarídeos formados (LAGUNAS, 1993; MENESES; JIRANEK, 2002). Maltose e maltotriose são exemplos de açúcares que passam intactos pela membrana celular, enquanto a sacarose (e dextrina com *S. diastaticus*) é hidrolisada por uma enzima extracelular e os produtos de hidrólise são absorvidos pela célula (Figura 5.2).

Figura 5.2 – Absorção de maltose, maltotriose e sacarose por *Saccharomyces ssp.* e de dextrinas por *S. diastaticus*

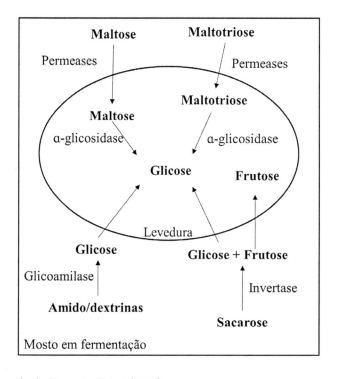

Fonte: adaptado de Stewart e Priest (2006)

A levedura quando entra contato com o mosto possui vários mecanismos para detectar o estado nutricional do meio, e então adaptar a absorção e o metabolismo às condições do ambiente. A maltose e a maltotriose são os açúcares mais abundantes do mosto, entretanto a glicose e sacarose serão os açúcares consumidos primeiro. A sacarose é hidrolisada em glicose e frutose e os monossacarídeos produzidos são absorvidos pela célula por difusão facilitada, em que ambos são permeados pela membrana celular pelo mesmo transportador (REIFENBERGER; BOLES; CIRIACY, 1997). A célula de levedura tem preferência pela glicose ao invés da frutose, e como os dois açúcares são transportados pelo mesmo carregador, essa maior afinidade pela glicose diminui a absorção da frutose. A presença de excesso de sacarose (e consequentemente glicose e frutose) em uma fermentação causa a repressão da glicogênese, do ciclo do carboxilato, da respiração e da absorção de carboidratos menos preferidos, como a maltose e a maltotriose (que são absorvidas por transporte ativo). Além disso, glicose e frutose ativam o crescimento celular, mobilizam compostos de armazenamento e diminuem a resistência da célula ao estresse celular (VERSTREPEN; ISERENTANT; MALCORPS et al., 2004). Outro ponto a ser observado é que, como a levedura consome frutose a uma taxa diferente da glicose, quando grandes quantidades de sacarose são usadas como ajunto para aumentar a densidade do extrato, isso pode resultar em que uma parte da frutose (que é seis vezes mais doce que a glicose) permaneça na cerveja e afete drasticamente o seu perfil do sabor.

Uma fonte importante de carboidratos para a levedura e que não se encontra disponível no mosto é o glicogênio, que serve como reserva nutricional e é gerado na própria célula durante os estágios anaeróbicos mais avançados da fermentação. Quando as células de levedura são inoculadas no mosto, começam a absorver o oxigênio dissolvido no meio e, em poucas horas, todo o O_2 disponível será absorvido pelas células, e, durante esse período, as células dependerão das reservas de glicogênio para sua atividade metabólica, portanto, é essencial que as células adicionadas ao mosto estejam com todas as suas reservas de glicogênio intactas (HULL, 2008; STEWART; PRIEST, 2006).

Para preservar as reservas de glicogênio da levedura no inóculo, ela deverá ser armazenada em baixas temperaturas e não poderá ser aerada durante esse período de guarda, assim será minimizada a atividade metabólica, de modo que as células de levedura terão glicogênio suficiente para permanecerem vitais durante a fase de latência e então iniciar a fermentação (ver mais na seção 8.6.1).

5.1.3 Metabolismo de carboidratos para crescimento celular e geração de energia

A via metabólica dominante da levedura durante a produção de cerveja é a de formação de etanol pelo consumo dos carboidratos presentes no mosto. Em geral, a fermentação alcoólica é uma geradora de energia para a célula em condições anaeróbicas, pela qual a glicose é metabolizada em etanol e CO_2. O ganho energético é de 2 mol de adenosina trifosfato (ATP, nucleotídeo responsável pelo armazenamento de energia em suas ligações químicas) por mol de moléculas de glicose consumida. Nesse processo, o acetaldeído é um intermediário da formação do etanol e tem como papel ser aceitador de hidrogênio. A Figura 5.3 mostra o mecanismo simplificado, em que a glicose é clivada em piruvato via um processo denominado glicólise, o piruvato então sofre ação da enzima piruvato descarboxilase formando como produtos acetaldeído e gás carbônico (CO_2). Na sequência a enzima álcool desidrogenase converte aldeído em etanol (EßLINGER, 2009).

Em condições exclusivamente aeróbicas, as mesmas vias são adotadas na formação do piruvato, mas este é então convertido, dentro da matriz mitocondrial, para acetil-CoA pela enzima piruvato desidrogenase, sendo que o acetil-CoA será usado para gerar energia na forma de ATP para o ciclo do ácido tricarboxílico (ou ciclo de Krebs). Nesse caso o oxigênio é o aceitador de hidrogênio e podem ser obtidos 38 mol de ATP/mol de glicose por essa via (Figura 5.3).

Há um fenômeno regulatório muito importante que pode interferir nesse caminho, o chamado efeito Crabtree (ou repressão do metabolismo respiratório pela glicose), que se refere à ocorrência de fermentação alcoólica (em vez da respiração) da glicose em condições aeróbicas devido a altas concentrações de glicose no meio (POSTMA; VERDUYN; SCHEFFERS; VAN DIJKEN, 1989). Essas concentrações de açúcar são sempre encontradas em condições de fermentação (por exemplo, no mosto). Assim, o efeito Crabtree ocorre constantemente durante a propagação e o início da fermentação (em leveduras que são Crabtree-positivas) e é totalmente independente da aeração.

Sob o efeito Crabtree-positivo, apesar da ausência do metabolismo aeróbico (ausência de respiração), a levedura também gera biomassa nessas condições. Para tal, o acetil-CoA como precursor da produção dessa biomassa é gerado por um desvio da rota metabólica, onde o acetil-CoA é formado através do chamado desvio do piruvato desidrogenase. Aqui, o piruvato é convertido para acetaldeído, que na sequencia reacional é metabolizado em acetato e depois em acetil-CoA por meio de duas enzimas: (i) aldeído desidrogenase e (ii) acetil-CoA sintetase (Figura 5.3) (FLIKWEERT; VAN DER ZANDEN; JANSSEN et al., 1996).

Figura 5.3 – Vias metabólicas anaeróbica e aeróbica da glicose

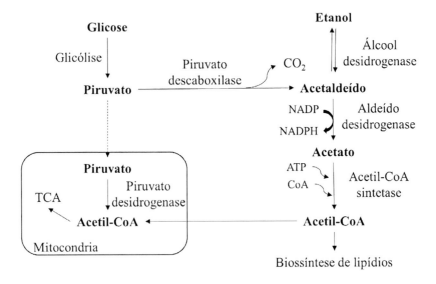

NADP (fosfato de nicotinamida adenina dinucleotídeo), ATP (adenosina trifosfato), CoA (coenzima A) e TCA (ácido tricarboxílico)
Fonte: adaptado de Remize, Andrieu e Dequin (2000)

Em estudos conduzidos com leveduras Crabtree-positivas e Crabtree-negativas, entre as características que as distinguiam, foram encontradas diferenças na cinética de consumo de glicose, nos fluxos glicolíticos e na atividade das enzimas envolvidas no metabolismo do piruvato. Observou-se uma clara correlação positiva entre as taxas de produção de etanol e os níveis da enzima piruvato-descarboxilase, significativamente mais altos nas leveduras Crabtree-positivas. Por outro lado, as leveduras Crabtree-negativas apresentavam níveis mais altos de aldeído desidrogenase e de acetil-CoA sintetase do que as leveduras Crabtree-positivas (DE DEKEN, 1966; VAN URK, 1991).

As razões para a ocorrência de um efeito Crabtree-positivo ainda não foram completamente elucidadas, porém fica evidente que a levedura é capaz de crescer usando vias puramente fermentativas, embora esse seja um método ineficiente para obtenção de energia. Foi sugerido que, quando a glicose é abundante, é produzido etanol, pois pode atuar como um biocida natural, reduzindo a competição de outros organismos menos resistentes. A esse respeito, o etanol também pode ser visto como um estoque temporário de carbono, de modo que, se a glicose se esgotar e o oxigênio estiver disponível, o próprio etanol poderá ser utilizado como fonte de carbono e energia (EßLINGER, 2009).

Porém, no processo de fermentação conduzido na cervejaria, a utilização de etanol não é uma opção, pois o metabolismo é sempre fermentativo. Quando o oxigênio está presente durante a fase aeróbica da fermentação, a presença de altas concentrações de açúcar garante que as células de levedura tenham uma fisiologia reprimida. Quando as concentrações de açúcar caem para níveis não repressores, a anaerobiose impede a respiração. Consequentemente, durante a fase aeróbica da fermentação, a respiração – no seu verdadeiro sentido – da fosforilação oxidativa, usando uma cadeia de transporte de elétrons com oxigênio como aceitador de elétrons terminal, não ocorre.

O efeito limitante do fenômeno Crabtree é neutralizado pela geração dos subprodutos essenciais do metabolismo aeróbico através do desvio do piruvato desidrogenase. A levedura gerencia um aumento suficiente de massa celular por meio de um metabolismo principalmente anaeróbico. O oxigênio ainda é necessário, mas desempenhará um papel como nutriente. A ideia de mudar do metabolismo aeróbico para anaeróbico não é muito precisa, pelo contrário, aparentemente a levedura alterna de estado fisiológico de crescimento ou fermentação quando empregado na cervejaria (REMIZE; ANDRIEU; DEQUIN, 2000).

5.1.4 Absorção de nitrogênio

Os compostos nitrogenados disponíveis no mosto para consumo das leveduras são denominados como nitrogênio assimilável, ou nitrogênio amino livre (FAN), que pode ser definido como a soma dos aminoácidos individuais, íons amônio e pequenos peptídeos presentes no mosto (HE; DONG; YIN; ZHAO et al., 2014; PUGH; MAURER; PRINGLE, 1997). As quantidades relativas desses componentes podem variar, influenciadas pelas diferentes maltagens dos grãos, pela escolha do *"grist"* de maltes, a quantidade de adjuntos e do processo de mostura. O teor de FAN, como uma medida dos nutrientes nitrogenados disponíveis para levedura, tem sido considerado um importante índice para prever a qualidade da fermentação e da cerveja (HASHIMOTO; MARUHASHI; YAMAGUCHI et al., 2012; INOUE; KASHIHARA, 1995).

As características de absorção de nitrogênio assimilável do mosto mudam de acordo com a cepa de levedura utilizada, existindo diferenças entre cepas lager e ale na absorção (INGLEDEW, 1975). Há também linhagens de leveduras que requerem quantidades maiores de nitrogênio, enquanto outras mostram resultados perfeitos de fermentação mesmo com baixas concentrações de nitrogênio. Entretanto, independentemente da linhagem, a limitação do crescimento de levedura devido à falta de compostos nitrogenados afetará o desempenho da fermentação de forma negativa, pois esses compostos são essenciais para a formação de novos aminoácidos, síntese de novas proteínas, tanto estruturais como enzimáticas, e contribuem na viabilidade e vitalidade celular, taxa de fermentação, tolerância ao etanol e absorção de carboidratos do mosto (HE; DONG; YIN et al., 2014; PICKERELL, 1986).

Em um mosto padrão 1,048 produzido a partir de 100% de malte de cevada, a quantidade de compostos nitrogenados considerada adequada é de cerca de 900 a 1200 mg/L em nitrogênio solúvel total e entre 200 a 240 mg/L em nitrogênio amino livre (FAN), e a variação da concentração desses compostos nitrogenados é um fator que pode influenciar no sabor da cerveja (EßLINGER, 2009) (composição de nitrogênio do mosto é vista na seção 7.3 e na cerveja em 10.1). A levedura em um ambiente com alta concentração de FAN, por exemplo, pode produzir como subproduto durante a fermentação concentrações elevadas de ésteres, como acetato de isoamila e álcoois superiores (HASHIMOTO; MARUHASHI; YAMAGUCHI et al., 2012; LEI; ZHENG; WANG et al., 2013).

Não é apenas a quantidade absoluta de nitrogênio assimilável que influencia o sabor e aroma da cerveja, mas também o tipo de aminoácidos presentes e que podem levar a diferentes respostas da levedura, e, finalmente, levando ao perfil de sabor e aroma final da cerveja. Os aminoácidos constituem uma fração importante do mosto e, portanto, sua determinação é de considerável interesse no trabalho experimental e durante a fabricação de cerveja. Como na absorção dos açúcares do mosto, a captação de aminoácidos também segue uma ordem distinta (JONES; PIERCE, 1964).

O mosto contém 19 aminoácidos e, sob condições de fermentação, a levedura os absorve de maneira ordenada, sendo consumidos diferentes aminoácidos em vários pontos do ciclo de fermentação. Existem pelo menos 16 sistemas de transporte de aminoácidos diferentes em leveduras. Além das permeases específicas para aminoácidos individuais, existe uma permease geral de aminoácidos com ampla especificidade desse substrato. Cadeias curtas de aminoácidos na forma de di- ou tripeptídeos também podem ser absorvidas pela célula de levedura. Os padrões de captação são muito complexos, com vários mecanismos regulatórios interagindo (DA CRUZ; BATISTOTE; ERNANDES, 2003; DA CRUZ; CILLI; ERNANDES, 2002). A Figura 5.4 mostra o esquema de absorção de nitrogênio pela levedura.

De acordo com a ordem de consumo de aminoácidos do mosto, vários grupos podem ser diferenciados (por exemplo, grupo A de ingestão imediata; e grupo D, pouco absorvido):

- Grupo A: glutamina, glutamato, arginina, asparaginas, aspartato, serina, treonina, lisina.
- Grupo B (ingestão após A): valina, metionina, leucina, isoleucina, histidina.
- Grupo C (consumo lento): glicina, fenilalanina, tirosina, triptofano, alanina.
- Grupo D: prolina.

Os aminoácidos dos grupos A e B são transportados para a célula por permeases específicas e os aminoácidos do grupo C são transportados por permeases gerais. Uma vez que os aminoácidos e peptídeos são consumidos, eles não são assimilados intactos, mas passam por um sistema de transaminase, que remove o grupo amino. O grupo amino separado pode ser usado para sintetizar novos aminoácidos, de modo que o suprimento necessário de aminoácidos possa ser assegurado independentemente da ingestão (EßLINGER, 2009).

Durante a fermentação, a ordem de ingestão de aminoácidos tem consequências instantâneas. A valina é necessária imediatamente para o crescimento da levedura, mas só pode ser absorvida após o consumo de todos os aminoácidos do grupo A, portanto a célula precisa sintetizá-la. Durante essa síntese de valina, um subproduto é produzido, o acetolactato, que é convertido extracelularmente em diacetil. Portanto, a concentração de diacetil não diminui até que a levedura cesse a síntese e comece a ingerir valina do mosto (STEWART; PRIEST, 2006).

Um desequilíbrio dos aminoácidos do meio também pode influenciar a levedura, tanto na produção de metabólitos como na ordem de absorção dos aminoácidos, por exemplo, a fermentação de um mosto rico em histidina, por leveduras lager, produz um grande impacto no sabor da cerveja, devido à alta produção de álcoois superiores e ésteres (LEI; LI; MO; ZHENG *et al.*, 2013). Quando o mosto é suplementado com leucina, a concentração de acetato de isoamila é aumentada na cerveja. Também pode ocorrer um efeito competitivo entre a absorção de aminoácidos pela levedura, como observado entre a valina e leucina (ambas do grupo B), de forma que, quando a concentração de valina é elevada no mosto, atrasa a absorção da leucina, reduzindo assim a produção de acetato de isoamila pela levedura, e consequentemente pode diminuir a sua concentração na cerveja (HASHIMOTO; MARUHASHI; YAMAGUCHI *et al.*, 2012).

A prolina é o aminoácido mais abundante do mosto, e por muito tempo foi negligenciada em relação à sua função na fermentação, pois sua presença no mosto é considerada sem importância para o desempenho da levedura durante as fermentações do mosto cervejeiro. Somente em estudos mais recentes foi demonstrado que a prolina é absorvida por leveduras durante a fase de crescimento e é excretada no final da fermentação (GIBSON; BOULTON; BOX *et al.*, 2009), e que ao usar mostos com altas concentrações de prolina sintética, induziu as cepas de leveduras lager e ale a produzir maiores concentrações de acetato de etila (PROCOPIO; KRAUSE; HOFMANN *et al.*, 2013), demonstrando que a prolina é potencialmente uma variável importante na influência dos perfis de compostos aromáticos durante a fermentação da cerveja.

A utilização de aminoácidos para a formação de subprodutos da fermentação, como: álcoois superiores, ésteres, dicetonas e ácidos orgânicos, será discutida com mais detalhes na seção 5.2.

Embora a qualidade e a estabilidade da cerveja estejam relacionadas aos níveis de certos aminoácidos presentes no mosto, as deficiências no desempenho da fermentação podem ser causadas não pela falta de um grupo específico de aminoácidos, mas pela deficiência na utilização de nitrogênio (HE; DONG; YIN *et al.*, 2014). Ao se conduzir experimentalmente fermentações com diferentes gerações de leveduras, verificou-se diferenças na assimilação de aminoácidos por leveduras durante as fermentações das gerações 0 e 1 (MILLER; BOX; JENKINS *et al.*, 2013). É comum na cervejaria reutilizar a mesma levedura por várias gerações, e quando houver variação no sabor da cerveja causada por gerações mais velhas uma das causas poderá estar na perda da capacidade dessas leveduras em absorver aminoácidos do mosto (ver mais sobre a reutilização de leveduras na seção 8.6.1).

Figura 5.4 – Absorção de Nitrogênio pela levedura

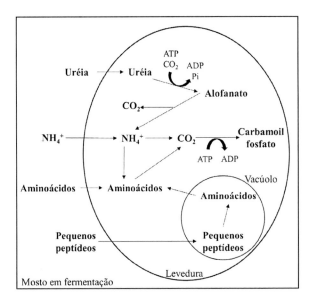

ATP (adenosina trifosfato), ADP (Adenosina difosfato) e Pi (fosfato inorgânico)
Fonte: adaptado de Stewart e Priest (2006)

5.1.5 Metais e elementos traços

Alguns íons metálicos e elementos traços são essenciais para o perfeito funcionamento da célula de leveduras, sua presença auxilia na fisiologia celular, mantendo a integridade estrutural da célula, floculação, expressão gênica, divisão celular, absorção de nutrientes, atividades enzimáticas, entre outros fatores.

Metais como o íon potássio (K^+) atuam como eletrólito essencial para a regulação osmótica da célula, além de atuar como cofator para enzimas envolvidas na fosforilação oxidativa, metabolismo de proteínas e carboidratos. O magnésio (Mg^{2+}) é essencial para o crescimento das células de levedura, e a ausência desse íon impede as células de completarem a divisão celular. Esse metal também é encontrado como um cofator essencial para mais de 300 enzimas que desempenham as mais diversas funções, como, por exemplo, síntese de DNA e enzimas glicolíticas, além de estar envolvido na proteção da célula contra o estresse celular provocado pelo excesso de etanol (WALKER, 2004).

O zinco (Zn^{2+}) é um dos nutrientes que podem ser deficientes mesmo num mosto cuidadosamente preparado, pois esse metal acaba ficando aderido nas cascas do grão após a filtragem do mosto. A concentração desse metal abaixo de 0,12 mg/L no mosto afetará de forma crítica a fisiologia da levedura. A suplementação da levedura com íons Zn^{2+}, durante a sua propagação numa faixa entre 0,08 e 0,2 mg/L, por exemplo, pode fornecer às células uma reserva desse metal, dando condições para que estas fermentem de forma adequada até um mosto deficiente em zinco. O papel desse íon é fundamental no processo fermentativo, sendo essencial para a atividade da enzima álcool desidrogenase, e também estimula a absorção de maltose e maltotriose pela célula. Além de auxiliar na floculação da levedura, juntamente aos íons Ca^{2+} (EßLINGER, 2009; HELIN; SLAUGHTER, 1977).

Elementos traços (com concentrações abaixo de 0,01ppm) que influenciam na fermentação incluem manganês (Mn^{2+}), cobre (Cu^{2+}) e ferro (Fe^{2+}). Estes são necessários para o metabolismo da levedura atuando como cofatores enzimáticos (por exemplo, manganês) e nas vias respiratórias da levedura como componentes de pigmentos redox (ferro e cobre) (WALKER, 2004). Entretanto, esses metais quando em concentrações muito elevadas no mosto serão tóxicos para a levedura, como, por exemplo, o Cu^{2+} que poderá impedir o crescimento celular, ou poderá causar sabores desagradáveis na cerveja final, como os íons ferro, que podem conferir à cerveja gosto metálico, de tinta ou sangue. A fonte dos íons metálicos no mosto e cerveja foi tratada na seção 3.2.

5.1.6 Vitaminas e outros fatores de crescimento

A principal função das vitaminas é permitir que enzimas e coenzimas presentes na levedura funcionem adequadamente. A falta de vitaminas e alguns elementos inorgânicos pode levar a muitos problemas de fermentação devido ao mau funcionamento das atividades metabólicas da levedura.

Algumas das vitaminas requeridas pelas leveduras são: purina, pirimidinas e biotina. Purinas e pirimidinas são usadas para síntese de DNA e RNA; os ácidos graxos são assimilados para construir lipídios e a biotina é uma vitamina hidrossolúvel, que funciona como uma coenzima essencial no metabolismo das purinas e dos carboidratos.

Alguns elementos como o enxofre e o fósforo são essenciais para a levedura. O enxofre participa da síntese de aminoácidos que contêm enxofre, sendo as principais fontes desse elemento a metionina e o enxofre inorgânico. O fósforo é essencial para os fosfolipídios da membrana celular, nas ligações fosfodiéster dos ácidos nucleicos e para as inúmeras fosforilações no metabolismo da levedura. As quantidades de vitaminas exigidas pelas leveduras são muito baixas, assim em um mosto preparado com malte de cevada esses elementos estarão em concentrações suficientes no meio. Uma abordagem mais detalhada das vitaminas presentes no mosto será vista na seção 7.8, e na cerveja na seção 10.4.

5.2 Produtos de excreção de leveduras

Um dos principais produtos de excreção produzidos durante a fermentação do mosto pelas leveduras é o etanol. A concentração desse álcool impacta as propriedades organolépticas da cerveja final, principalmente pela intensificação do sabor e dos aromas alcoólicos e por conferir um caráter de aquecimento (BAMFORTH, 2003). No entanto, existem outras centenas de subprodutos da fermentação que são excretados em diferentes concentrações e que serão determinantes na composição do perfil de sabor da cerveja.

A formação desses subprodutos depende do equilíbrio metabólico geral da cultura de leveduras, e dos fatores que possam influenciar nesse equilíbrio, dentre estes podem ser citados: a cepa da levedura utilizada, a temperatura da fermentação, o nível de adjuntos utilizados na produção do mosto, pH do mosto, capacidade de tamponamento do mosto, densidade original, quantidade de oxigênio molecular dissolvido no mosto no momento do inóculo, pressão de fermentação, entre outros fatores.

Alguns dos subprodutos voláteis produzidos pelas leveduras são de grande importância e fundamentais para compor o perfil de aromas e sabores presentes na cerveja. Em contrapartida, a presença de um excesso de voláteis também pode ser considerada indesejável, sendo denominados *"off-flavors"*.

Os grupos voláteis produzidos como subprodutos da fermentação incluem álcoois, ésteres, ácidos orgânicos, compostos de enxofre, aminas, fenóis, compostos carbonilados, entre outros. Esta seção será dedicada aos compostos voláteis mais relevantes produzidos a partir do crescimento da levedura e da fermentação, suas vias metabólicas e parâmetros que potencializam ou minimizam a produção desses compostos.

5.2.1 Formação de álcoois superiores

O etanol é um dos principais subprodutos da fermentação do mosto pelas leveduras, entretanto não é o único álcool presente no meio, mais de 40 outros álcoois de massa molecular maiores que o etanol (por isso a denominação de álcoois superiores ou álcoois fúsel) foram identificados na cerveja.

Os principais álcoois superiores encontrados na cerveja são os álcoois alifáticos: n-propanol, 2-metilpropan-1-ol (isobutanol), 3-metilbutan-1-ol (álcool isoamílico), e os álcoois aromáticos: 2-feniletanol e álcool benzílico. Esses compostos podem impactar tanto de forma positiva como negativa, no aroma e sabor da cerveja, o que dependerá das suas concentrações. Quantidades elevadas de álcoois superiores (maiores que 300 mg/L) podem conferir um forte e desagradável odor e sabor pungente na cerveja, enquanto os níveis ideias conferem características desejáveis. O hexan-1-ol, por exemplo, é geralmente encontrado em baixas concentrações, porém quando acima do seu limiar de percepção proporciona aromas herbáceos e oleosos, tendo efeitos negativos no sabor da bebida (OLANIRAN; HIRALAL; MOKOENA *et al.*, 2017). Em contrapartida, álcool aromático 2-feniletanol possui aromas de rosa/floral e pode ser considerado um caráter desejável quando presente acima do seu limiar de percepção de sabor em alguns estilos de cerveja, como nas "Belgian Dubbel" ou nas "Belgian Dark Strong Ale" (MEILGAARD, 1974). Além desses, o glicerol (que pode contribuir com corpo e aumento da percepção de doçura) é produzido pela levedura proporcionalmente à densidade inicial do mosto e pode ser encontrado em cervejas em concentrações da ordem de cerca de 1 a 2 g/L (QUAIN, 1985).

Durante o metabolismo da levedura, álcoois superiores são formados como subprodutos da síntese de aminoácidos a partir do piruvato (pela via anabólica) ou podem ser produzidos como subprodutos da assimilação de aminoácidos (por via catabólica). Assim, a produção de álcoois superiores está diretamente associada ao metabolismo de aminoácidos, que representam a principal fonte de nitrogênio no mosto, e que são absorvidos por leveduras em ordem sequencial (OLANIRAN; HIRALAL; MOKOENA; PILLAY, 2017).

A rota Biosintética de álcoois superiores envolve a descarboxilação de α-cetoácidos para formar aldeídos, seguida por uma redução dos aldeídos para gerar os álcoois correspondentes. Os α-cetoácidos são produzidos por duas vias principais: por via catabólica (via de Erhlich), que envolve a degradação de aminoácidos em seus álcoois correspondentes; e uma via anabólica, envolvendo a síntese de aminoácidos de cadeia ramificada a partir da glicose. A Figura 5.5 apresenta a rota sintética de formação de álcoois superiores por ambas as vias.

Figura 5.5 – Rota sintética de formação de álcoois superiores

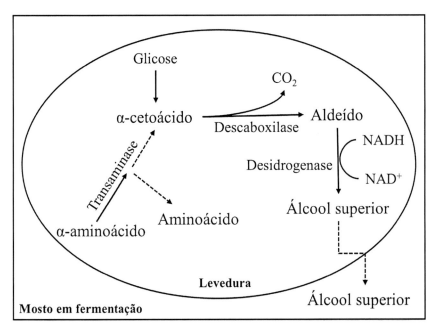

Na via de Ehrlich os α-aminoácidos são convertidos em α-cetoácidos por uma enzima transaminase. Na via anabólica os α-cetoácidos são formados a partir da síntese de aminoácidos a partir de glicose e são posteriormente descarboxilados para produzir aldeídos e finalmente desidrogenados para produzir o álcool primário correspondente

Fonte: adaptado de Boulton e Quain (2008) e Kobayashi *et al.* (2008)

Na rota por via catabólica (via de Erhlich), após a reação de transaminação inicial, os α-cetoácidos resultantes são convertidos em álcoois superiores pelas células de levedura antes de serem excretados no meio (HAZELWOOD; DARAN; VAN MARIS et al., 2008). Em leveduras S. cerevisiae, as transaminases de aminoácidos de cadeia ramificada são responsáveis em catalisar a transferência de grupos amino de um α-aminoácido para um α-cetoácido para formar um novo aminoácido e um novo α-cetoácido. Na rota por via anabólica, serão convertidos em álcoois superiores os α-cetoácidos produzidos durante a síntese de aminoácidos, pelas células de leveduras, a partir das fontes de carboidratos do mosto (OSHITA; KUBOTA; UCHIDA et al., 1995).

A contribuição das duas rotas é influenciada por vários fatores, mas geralmente, quando baixos níveis de aminoácidos estão disponíveis no mosto, a via anabólica predomina, e quando altas concentrações de aminoácidos estão presentes, a via catabólica é favorecida. Para a formação do n-propanol, existe apenas a via anabólica, pois não há aminoácido correspondente para a via catabólica (OLANIRAN; HIRALAL; MOKOENA et al., 2017).

Para obter um maior controle na formação de álcool superior durante a fermentação devem ser observados três fatores principais: primeiro, a escolha de uma cepa de levedura apropriada; segundo a modificação da composição do mosto; e terceiro, o controle das condições de fermentação. Vários estudos mostram que a cepa da levedura é o fator mais significativo. Cepas de leveduras ale produzem maiores concentrações de álcoois superiores em comparação às cepas de leveduras lager. Estudos mostram que a superexpressão do gene BAT1 (BAT1 e BAT2 são os genes responsáveis pela codificação de uma aminotransferase de aminoácidos de cadeia ramificada em S. cerevisiae) aumenta a produção de álcool isoamílico, acetato de isoamila e, em menor grau, isobutanol (SAERENS; VERBELEN; VANBENEDEN et al., 2008).

A composição do mosto, em particular o teor de nitrogênio amino livre, influencia na formação de álcool superior. Como regra geral, alterações nas condições do mosto que aumentam a extensão do crescimento de levedura produzirão um aumento na concentração de álcool. Assim, o excesso de nitrogênio amino livre (FAN) no mosto tende a elevar as concentrações de álcool superior no meio. No entanto, um mosto com baixo teor de FAN também produz excesso de álcoois superiores, pois a falta de nitrogênio promoverá uma síntese aprimorada de aminoácidos, o que estimulará a rota sintética anabólica de formação de álcool superior (BOULTON; QUAIN, 2008; SZLAVKO, 1974).

A alta concentração de oxigênio (O$_2$) no mosto também favorece o crescimento demasiado das células de leveduras, o que também provocará um aumento na produção de álcool superior. Um aumento da temperatura da fermentação aumentará a velocidade do crescimento das células, porém não influencia na extensão desse crescimento e, portanto, não deveria afetar a produção de álcoois superiores, no entanto, foi sugerido que o aumento da temperatura provoca alterações na fluidez da membrana plasmática e consequentemente nas taxas de difusão da célula, promovendo uma maior excreção desse metabólito (um efeito semelhante é observado em relação aos ésteres (PEDDIE, 1990).

5.2.2 Formação de ésteres

Os ésteres representam um grande grupo de compostos ativos de sabor que conferem um aroma frutado/floral à cerveja, são produzidos como resultado do metabolismo da levedura, e uma quantidade considerável desses compostos pode ser excretada por elas durante o processo de fermentação do mosto. São compostos voláteis e, quando presentes em quantidades moderadas, podem adicionar um caráter desejável ao aroma da cerveja, no entanto, quando presentes em excesso, conferem à cerveja um aroma excessivamente frutado, considerado indesejável para a maioria dos estilos de cerveja produzidos, além da rejeição dos consumidores ao produto. A presença de diferentes ésteres proporciona um efeito sinérgico entre sabores individuais, o que significa que em conjunto os ésteres também podem afetar o sabor da cerveja, mesmo estando em concentrações abaixo de seus limiares de sabores individuais (RODRIGUES; CALDEIRA; CÂMARA, 2008).

A formação de éster está ligada ao crescimento de leveduras e ao metabolismo de lipídios, sendo um produto da fermentação. Duas rotas de formação de ésteres são reconhecidas, a primeira envolve reações intracelulares de condensação, catalisadas por enzima, entre o etanol ou álcoois superiores com um éster acil-CoA graxo (VERSTREPEN; DERDELINCKX; DELVAUX, 2003), e a segunda por esterases trabalhando na direção inversa (OLANIRAN; HIRALAL; MOKOENA et al., 2017). A formação de ésteres por reações diretas entre ácidos graxos livres e álcoois é improvável, uma vez que as velocidades dessas esterificações seriam muito lentas para explicar a cinética de sua formação durante a fermentação. Como a maioria dos álcoois superiores é formada durante a fermentação primária, como visto no tópico anterior, e como estes atuam como precursores para a síntese de ésteres, a produção desses compostos é retardada no processo de fermentação.

A biossíntese de ésteres a partir de um álcool (como etanol ou álcoois superiores) com um éster acil-CoA graxo envolve duas enzimas. A primeira, acil-CoA sintetase, presente na membrana externa das mitocôndrias, que catalisa a formação de uma ligação tioéster entre o grupo carboxila do ácido graxo e o grupo SH da coenzima A, produzindo um éster acil-coenzima A (conforme reação abaixo). Ainda como produtos dessa reação são formados adenosina monfosfato (AMP) e pirofosfato inorgânico (PPi).

$$R_1-C(=O)OH + ATP + CoASH \xrightarrow{\text{Acil CoA sintetase}} R_1-C(=O)SCoA + AMP + PPi$$

Ácido graxo   Éster acil-CoA graxo

A segunda enzima, um álcool acetiltransferase, é quem catalisa a reação de trans-esterificação do álcool com a acetil coenzima-A, formando como produtos éster e coenzima-A, como mostrado na reação esquemática abaixo:

$$R_1-C(=O)SCoA + R_2OH \xrightarrow{\text{Álcool aciltransferase}} R_1-C(=O)OR_2 + CoASH$$

                        Álcool   Éster

Existem dois grupos principais de ésteres voláteis na cerveja, o primeiro contém os ésteres de acetato (onde o acetato é derivado do grupamento ácido e o grupo álcool é o etanol ou um álcool superior), como acetato de etila (frutado, solvente), acetato de isoamila (aroma de banana), acetato de fenetila (rosas, mel, maçã) e acetato de isobutila (banana, frutado). O segundo grupo são os ésteres etílicos (nos quais o grupo álcool é etanol e o grupo ácido é um ácido graxo de cadeia média) e inclui hexanoato de etila (anis, maçã), octanoato de etila (aroma de maçã azeda) e decanoato de etila (frutado) (SAERENS; DELVAUX; VERSTREPEN et al., 2008).

Os ésteres de etila são os mais abundantes, provavelmente porque o etanol (fornecedor do radical etila) é o substrato mais prontamente disponível, além de que, por serem solúveis em lipídios, os ésteres etílicos podem se difundir através da membrana celular para o meio externo, sendo responsáveis por maiores concentrações desses ésteres na cerveja.

Quando as concentrações de ésteres acima de seus limiares de percepção forem indesejáveis na cerveja, a quantidade desses voláteis no produto final pode ser controlada observando três fatores: (1) a escolha da cepa de levedura, (2) a composição do mosto e (3) o controle das condições de fermentação. Estudos genéticos de cepas de leveduras mostraram evidências do envolvimento do álcool acetiltrasferases, expresso pelos genes ATF, na formação de ésteres (BOULTON; QUAIN, 2008). O gene que codifica essa enzima em S. cerevisiae foi clonado e os estudos correlacionaram que a formação de éster é dependente da expressão do ATF (LYNESS; STEELE; STEWART, 1997).

Além da cepa da levedura, a composição do mosto pode influenciar a quantidade de ésteres formados durante a fermentação, o excesso de nitrogênio amino livre (FAN) no mosto tende a elevar as concentrações de ésteres, por exemplo, a fermentação de mostos de alta densidade podem propiciar a formação de concentrações elevadas de acetato de etila e acetato de isoamila. A alta concentração de oxigênio (O_2) dissolvido no mosto também provocará um aumento na produção de ésteres na cerveja. A temperatura da fermentação também influenciará a produção de ésteres, de forma prática, altas temperaturas de fermentação tendem a promover uma maior produção de ésteres na cerveja (com um mecanismo semelhante, como é observado em relação aos álcoois superiores) (BOULTON; QUAIN, 2008).

5.2.3 Formação de compostos de enxofre

Os compostos de enxofre são uma das variáveis mais difíceis de se controlar na produção da cerveja, e tanto os voláteis inorgânicos sulfeto de hidrogênio (H_2S) e dióxido de enxofre (SO_2) quanto os orgânicos dimetilsulfeto (DMS) e tióis contribuem significativamente para o aroma e sabor da cerveja. Em baixas concentrações são aceitáveis ou até desejáveis, em excesso eles contribuirão com sabores desagradáveis na cerveja. Os principais contribuintes para o desenvolvimento desses compostos derivam do malte, lúpulo e adjuntos, entretanto uma contribuição significativa desses voláteis podem ser produtos de excreção das leveduras.

O H_2S é formado a partir dos íons sulfatos (SO_4^{2-}) retirados do mosto, que permeia a membrana celular da levedura por transporte ativo e é reduzido enzimaticamente a sulfito (SO_3^{2-}), e na sequência de redução, a sulfeto (S^{2-}), que é utilizado na síntese de aminoácidos contendo enxofre como a cisteína e a metionina (HYSERT; MORRISON, 1976). Quando o crescimento da levedura cessa, nenhum outro aminoácido contendo enxofre é usado e o sulfeto é excretado para fora da célula na forma de H_2S. Geralmente, concentrações excessivas desse composto podem surgir por deficiências na composição do mosto, fermentações mal controladas e leveduras estressadas (DUAN; RODDICK; HIGGINS et al., 2004).

A formação de SO_2 durante a fermentação é influenciada principalmente pela composição do mosto, existindo uma correlação entre o aumento da produção de SO_2 conforme maior for a densidade original do mosto (OG). A biossíntese de SO_2 a partir de íons sulfato (SO_4^{2-}) durante a fermentação requer energia, e, portanto, é necessária uma fonte de açúcar fermentável, assim, um mosto mais concentrado oferece a possibilidade de maior acumulação desse composto (DUFOUR; CARPENTIER; KULAKUMBA et al., 1989). Por outro lado, o aumento da oxigenação ou o aumento da concentração de lipídios do mosto (na forma de trub, por exemplo) foram associados à redução de SO_2. A condição fisiológica da levedura também influencia a produção desse composto de enxofre, em que um período prolongado de inanição antes do inóculo está associado ao aumento da produção de SO_2 pelas leveduras (DUFOUR, 1991).

O DMS é um importante composto de sabor de cerveja, podendo ser derivado do processo de produção do mosto, originado da cevada maltada e também via metabolismo da levedura. O sabor e aroma do DMS é descrito como milho cozido ou vegetais cozidos, que em níveis baixos é considerado como um dos componentes de sabor que pode contribuir positivamente em cervejas lager, porém em altas concentrações é considerado indesejável (*off-flavor*).

Os precursores do DMS são S-metilmetionina (SMM) e dimetilsulfóxido (DMSO), sendo que o SMM gera DMS principalmente durante a ebulição do mosto, enquanto o DMSO pode ser reduzido a DMS durante a fermentação. Uma das principais razões para se realizar o processo de ebulição do mosto é hidrolisar o SMM e subsequentemente evaporar o DMS formado, entre outros compostos aromáticos voláteis que são indesejáveis na cerveja.

Ao contrário do SMM, o DMSO é estável ao calor e altamente solúvel em meio aquoso devido à presença do grupo sulfóxido, que possui caráter polar. A alta entropia de vaporização do DMSO dificulta a sua evaporação durante a produção do mosto, permanecendo no meio, provavelmente em sua totalidade (ANNESS; BAMFORTH, 1982). O DMSO em si não tem impacto no sabor da cerveja, mas atua como um precursor do DMS durante a fermentação, podendo ser reduzido pelas leveduras (ANNESS, 1980; BALDUS; KLIE; BIERMANN et al., 2018). A metionina sulfóxido redutase dependente de tioredoxina (MSRA) reduz o grupo sulfóxido, formando assim o DMS como uma reação secundária da redução do sulfóxido de metionina (BALDUS; KLIE; BIERMANN et al., 2018). Já o SMM não pode ser metabolizado em DMS pela levedura (ANNESS, 1980; DICKENSON, 1983).

Alguns estudos relataram que a redução de DMSO em DMS é mais elevada em fermentações conduzidas em temperaturas mais baixas. Essa mesma condição também diminui a taxa de difusão das bolhas de CO_2, que auxiliam a remover parcialmente o DMS da cerveja em fermentação. Sabe-se também que a espécie *S. cerevisiae* reduz mais DMSO que *S. uvarum* (atuais *S. pastorianus* var. *carlsbergensis*). Outros fatores que promovem a redução de DMSO são a inoculação das leveduras em mosto com pH elevado, baixos níveis de nitrogênio amino livre (FAN) e alta densidade original do mosto (ANNESS, 1980; ANNESS; BAMFORTH, 1982; DICKENSON, 1983).

Apesar de vários estudos publicados, ainda existem discrepâncias quanto ao papel do DMSO como precursor do DMS na cerveja. Autores relataram que cepas de leveduras lager foram capazes de reduzir até 21% do DMSO do mosto em DMS (ANNESS, 1980). Outros autores chegaram a afirmar que 80% do DMS total presente na cerveja era gerado a partir de DMSO (LEEMANS; DUPIRE; MACRON, 1993). Por outro lado, ainda há estudos relatando que a redução do DMSO não tem grande influência nos níveis finais de DMS na cerveja (DICKENSON, 1983). De toda forma, a indicação é que a fermentação pode contribuir sim para uma formação significativa de DMS, uma vez que um mosto pronto para o inóculo possui concentração de cerca de 400 a 800 μg/L de DMSO enquanto o limiar de sabor do DMS é baixo e fica entre 30 a 100 μg/L, indicando que mesmo uma redução limitada de DMSO tem potencial para afetar o sabor da cerveja (BALDUS; KLIE; BIERMANN et al., 2018).

Algumas espécies de bactérias como *Escherichia coli* ou *Rhodobacter sphaeroides* possuem a enzima DMSO redutases, e usam o DMSO como aceitador de elétrons no crescimento anaeróbico, o que pode levar a uma produção de DMS muito maior do que o produzido pelas leveduras. No entanto, é improvável que essas espécies ocorram como contaminantes da fermentação da cerveja.

5.2.4 Formação de compostos carbonílicos

Os compostos carbonílicos que foram identificados na cerveja somam cerca de aproximadamente 200 compostos e estão presentes em concentrações relativamente mais baixas quando comparadas com outros subprodutos voláteis da cerveja (KOBAYASHI; SHIMIZU; SHIOYA, 2008). Os de maior importância para o aroma e o sabor da cerveja são os produzidos durante o processo de fermentação, como aldeídos (em especial o acetaldeído) e as dicetonas vicinais (como o diacetil). Os aldeídos possuem limiares de percepção de aroma e sabor significativamente menores que seus álcoois correspondentes, e quase sem exceção produzem sabores e aromas desagradáveis, como, por exemplo, o propanal, 2-metilbutanal e pentanal, descritos como gramíneo e folhas verdes, acetaldeído (etanal) em baixas concentrações é descrito com aroma de maçã verde, o trans-2-nonenal e furfural são associados ao aroma de papelão, e estão relacionados ao envelhecimento da cerveja (MEILGAARD, 1975). Os aldeídos também podem ser produzidos durante o processo de mostura, formados como subprodutos das reações de Maillard e da oxidação de lipídios, conferindo notas aldeídicas ao mosto.

O acetaldeído é produzido como um intermediário da formação do etanol ou do acetato no processo fermentativo (como descrito na seção 5.1.3 e Figura 5.3). À medida que vai sendo formado é praticamente todo consumido pelas leveduras, assim, é comum a presença desse composto no início da fermentação e desaparece à medida que ela avança. Há circunstâncias, porém, em que o acetaldeído pode persistir na cerveja em concentrações muito acima do seu limiar de percepção de sabor, que é entre 10 a 20 mg/L, conferindo sabor e aroma de "maçã verde" e/ou "gramíneos" (MEILGAARD, 1975). Alguns provadores treinados são capazes de detectar o acetaldeído na cerveja em níveis muito mais baixos que seus limiares de sabor.

Concentrações elevadas de acetaldeído na cerveja podem estar associadas aos fatores genéticos da cepa das leveduras. Estudos mostraram que duas enzimas, relacionadas ao metabolismo do etanol, possuem potencial para o controle do acetaldeído: (1) a enzima álcool desidrogenase I (codificada pelo gene ADH1), que é requerida para a redução de acetaldeído em etanol, e (2) a enzima álcool desidrogenase II (codificada pelo gene ADH2), responsável por metabolizar etanol em acetaldeído. Foi demostrado, utilizando células mutantes de *S. cerevisiae* com o gene ADH2 inativado, que o conteúdo final de acetaldeído produzido pela linhagem mutante diminuiu para aproximadamente um terço do produzido por células de leveduras padrão (HUMIA; SANTOS; BARBOSA et al., 2019). Outro fator que pode ser determinante na concentração de acetaldeído na cerveja está associado a uma floculação precoce da levedura, de modo que o residual de acetaldeído pré-formado na célula não seja completamente metabolizado.

O mau gerenciamento no controle do processo de fermentação também pode ser responsável pelo excesso do aldeído no meio, sendo comprovado que o uso de altas temperaturas de fermentação, oxigenação excessiva do mosto e as altas taxas de inóculo resultam em altos níveis de acetaldeído na cerveja (GEIGER; PIENDL, 1976).

O cervejeiro também pode associar um excesso de acetaldeído como um indicativo da baixa qualidade da levedura, porém deve-se garantir que todos os outros parâmetros citados acima estejam controlados, pois uma falha em qualquer um deles pode estressar a levedura, de modo que o metabolismo do acetaldeído possa ser prejudicado e, consequentemente, acumular-se em altas concentrações na cerveja. Por fim, quantidades excessivas de acetaldeído na cerveja também podem ser resultantes da contaminação bacteriana, especialmente as da espécie Zymomonas.

Dicetonas vicinais também são compostos carbonílicos presentes na cerveja, sendo os mais importantes deles, quando se considera as contribuições para o sabor da cerveja, o diacetil (2,3-butanodiona) e a 2,3-pentanodiona. A terminologia dicetona vicinal é devida a ambos os compostos terem os grupos carbonilas de forma adjacente (vizinhos ou vicinal). As concentrações desses dois compostos são de importância crítica para o sabor da cerveja, e possuem como perfil característico de sabor e aroma descrições como: amanteigado, mel ou caramelo. O limiar de percepção de sabor do diacetil em cervejas Lagers é de cerca de 0,1 a 0,15 mg/L e do 2,3-pentanodiona aproximadamente 0,9 mg/L (BOULTON; QUAIN, 2008).

O Diacetil e 2,3-pentanodiona surgem como um resultado indireto do metabolismo da levedura. O caminho biossintético atualmente aceito de formação e sua subsequente dissimilação para o ambiente extracelular são mostrados na Figura 5.6, em que os precursores são α-acetohidróxiácidos, que são intermediários nas vias da biossíntese dos aminoácidos vanila, leucina e isoleucina. Durante a fase inicial e intermediária da fermentação, o excesso dos ácidos α-acetolactato e α-acetohidróxibutirato são excretados da célula da levedura onde sofrem uma descarboxilação oxidativa para formar diacetil e 2,3-pentanodiona respectivamente (OLANIRAN; HIRALAL; MOKOENA *et al.*, 2017).

Nas fases finais da fermentação, a ação de redutases das células de leveduras metaboliza o diacetil extracelular em acetoína e em 2,3-butanodiol, e o 2,3-pentanodiona em seu álcool correspondente, o 2,3-pentanodiol. Esses metabólitos poderão persistir no meio, porém como possuem sabor e aroma muito menos ativos que os seus precursores, a presença deles na cerveja será aceitável (DEBOURG, 2000). O processo de redução da concentração do diacetil e 2,3-butanodiona abaixo de seus limiares de percepção de aroma e sabor é o principal parâmetro para se definir o final da fermentação e o início da maturação em cervejas lagers.

A presença do diacetil e da 2,3-pentanodiona na cerveja em níveis acima do limiar de percepção ocorrerá quando as células das leveduras não tiveram condições adequadas de metabolizar essas dicetonas vicinais, geralmente isso ocorre devido às baixas temperaturas empregadas na fermentação das cervejas lagers, que propiciam uma sedimentação precoce das leveduras, além de diminuir a velocidade de sua metabolização em seus derivados inertes. Para contornar esse problema, é de praxe na cervejaria realizar no final da fermentação a chamada "parada de diacetil", em que se permite um aumento da temperatura da fermentação até a completa redução do diacetil e da 2,3-pentanodiona abaixo dos seus limiares de percepção. Durante a parada de diacetil, que dura em média cerca de 24 a 48h, o aumento da temperatura favorece um aumento da velocidade de absorção desses compostos pela levedura, sendo de fundamental importância para a estabilidade organoléptica da cerveja (ver em maturação do diacetil e 2,3-pentanodiona na seção 9.3.1).

A formação de α-acetohidroxiácidos está intimamente relacionada ao metabolismo de aminoácidos do mosto, dessa forma, a concentração total de aminoácidos, sequência de sua absorção e os parâmetros que regulam o crescimento de leveduras terão influência na sua formação. Estudos correlacionaram as condições iniciais de fermentação e a formação de diacetil, verificando-se que os fatores que favorecem um crescimento rápido e que propiciam a formação de elevada massa celular de leveduras (como altas concentrações de oxigênio no mosto, de taxa de inóculo e de temperatura de fermentação) promovem o aumento da concentração do diacetil, devido a um aumento do consumo de nitrogênio amino livre (FAN) como os aminoácidos (NAKATANI; TAKAHASHI; NAGAMI et al., 1984). Além disso, as condições de fermentação que produzem rápido crescimento da massa de levedura também estão associadas a uma rápida queda no pH do meio, o que também leva à formação das dicetonas vicinais.

Apesar de fermentações vigorosas produzirem altas concentrações de precursores de diacetil, a sua decomposição também ocorre de forma mais rápida. A descarboxilação oxidativa não enzimática dos α-acetohidroxiácidos, que ocorre no mosto e que não requer a atividade da levedura, é rápida em condições aeróbicas, mas sob anaerobiose a presença de íons cobre (Cu^{2+}), férrico (Fe^{3+}) e alumínio (Al^{3+}) pode funcionar como aceitador de elétrons alternativos (favorecendo a reação) (INOUE; MASUYAMA; YAMAMOTO et al., 1968). Por fim, níveis excessivos de diacetil também podem ser o resultado da contaminação da cerveja por certas bactérias como *Pediococcus* e *Lactobacillus*.

Figura 5.6 – Formação e absorção pela célula de levedura do diacetil e 2,3-pentanodiona

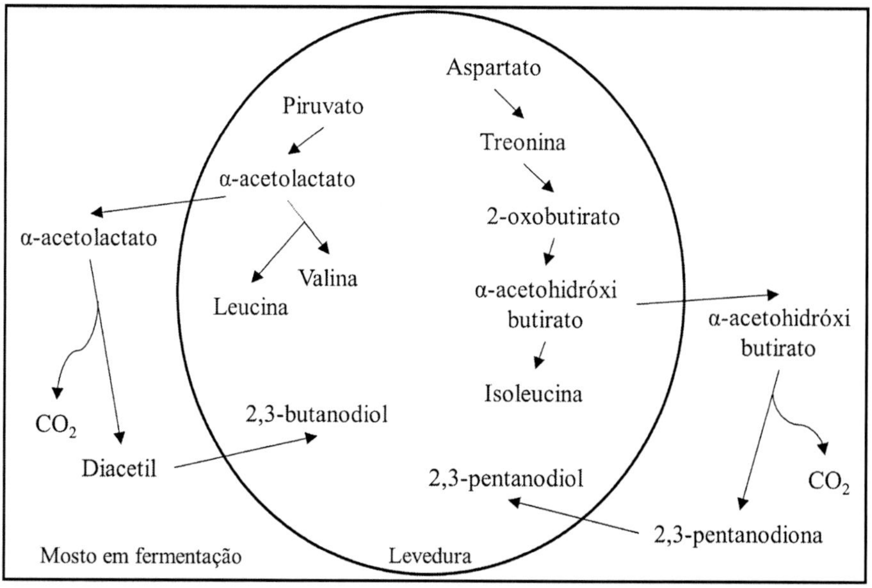

Fonte: adaptado de Slaughter (2003)

5.2.5 Formação de compostos fenólicos voláteis

Em cepas de levedura *Saccharomyces* que possuem a presença de um fenótipo denominado POF+ (*"phenolic off-flavor"* positivo), são capazes de realizar a descarboxilação dos derivados dos ácidos hidroxicinâmicos (AHC's) presentes no mosto, produzindo compostos fenólicos voláteis (CFV). Os AHC's mais abundantes no mosto são os ácidos ferúlico e *p*-cumárico, que são extraídos principalmente do malte e em menor proporção do lúpulo durante a etapa de mostura, e que no processo de fermentação serão reduzidos a compostos fenólicos voláteis como o 4-vinilguaiacol e 4-etilguaiacol (derivados do ácido ferúlico), e 4-vinilfenol e 4-etilfenol (derivados do ácido *p*-cumárico). A Figura 5.7 apresenta os compostos fenólicos voláteis produzidos por *Saccharomyces* com POF+.

Figura 5.7 – Compostos fenólicos voláteis produzidos por *Saccharomyces* com POF+ ("phenolic off-flavor" positivo)

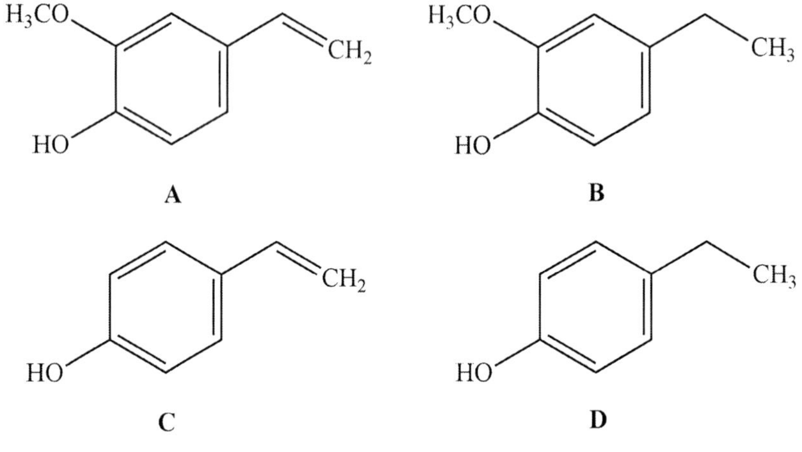

(A) 4-vinilguaiacol, (B) 4-etilguaiacol, (C) 4-vinilfenol e (D) 4-etilfenol
Fonte: o autor

Diversos microrganismos são capazes de converter ácido ferúlico em 4-vinilguaiacol utilizando uma enzima (livre de cofator) denominada descarboxilase do ácido fenólico. Diferentemente, nas *S. cerevisiae*, a enzima descarboxilase do ácido ferúlico (Fdc1) requer um cofator, denominado de mononucleotídeo de flavina modificado (FMN), que é produzido por outra enzima, a descarboxilase do ácido fenilacrílico (Pad1). Esse mecanismo, apesar de complexo, é bem elucidado, e, dentre as enzimas descaboxilases bem caracterizadas, a Fdc1 de *Saccharomyces* é uma das poucas capazes de utilizar diretamente o ácido cinâmico como substrato para produzir o estireno como produto (uma ferramenta útil para aplicações bioindustriais); enquanto as de outros microrganismos são funcionais apenas em ácidos hidroxicinâmicos (LENTZ, 2018; VANBENEDEN; GILS; DELVAUX *et al.*, 2008).

Em cervejas produzidas com cepas POF+ de *S. cerevisiae*, o 4-vinilguaiacol é o composto fenólico mais prevalente, pois entre os AHC's presentes no mosto, o ácido ferúlico está em maior concentração. Isso é especialmente verificado em cervejas produzidas com uma alta proporção de trigo, como as weissbier alemãs e as witbier belgas. Os descritores de aroma e sabor mais comuns da contribuição fenólica em cervejas à base de trigo são o cravo, especiarias e até mesmo "picante" quando em maiores concentrações.

Na maioria dos estilos de cerveja, o caráter fenólico é indesejável e considerado um "off-flavor", que pode variar entre os tradicionais aromas e sabores de cravos e especiarias devido à escolha inadequada da cepa de levedura (POF+ *versus* POF−), ou pela escolha de uma temperatura de fermentação muito acima do limite recomendado pelo fornecedor das cepas. Quando em altas concentrações os fenólicos podem ter forte sabor medicinal, plástico queimado, creosoto, entre outros sabores, e nesse caso a fonte mais provável de fenóis voláteis é a atividade metabólica de microrganismos contaminantes. Os principais contaminantes da cerveja que exibem um fenótipo POF+ incluem as cepas de leveduras selvagens de *S. cerevisiae*, bem como membros dos gêneros Pichia, Candida, Torulaspora, Kloeckera, Brettanomyces e Schizosaccharomyces, embora o grau de produção de fenóis voláteis varie amplamente entre as espécies contaminantes citadas (LENTZ, 2018). As leveduras lager possuem POF-, portanto não produzem compostos fenólicos voláteis, e geralmente quando esses CFV são identificados em cervejas lagers atribui-se a presença de algum dos contaminantes mencionados.

Por fim, entre diversas cepas testadas, apenas as Brettanomyces, um gênero de levedura da família Saccharomycetaceae, apresentaram a enzima vinilfenol redutase, que metaboliza AHC's em derivados de etila, principalmente 4-etilfenol e 4-etilguaiacol. Esses compostos de etila possuem limiares de sabor e aroma semelhantes entre si e geralmente são descritos como sabores associados de aroma de cavalo (ou estábulo de cavalo) e creosoto (LENTZ, 2018).

5.3 Floculação

A floculação da levedura é a agregação das suas células em flocos, que consistem em milhares de células, sendo que após a formação dos flocos, geralmente sedimentam rapidamente do meio para o fundo do tanque de fermentação ou, em alguns casos, como, por exemplo, leveduras ale, sobem à superfície. A floculação é um pré-requisito para a sedimentação da massa de levedura durante as fermentações, de modo que alterações nas propriedades da floculação geralmente também significam mudanças profundas no comportamento da sedimentação (VIDGREN; LONDESBOROUGH, 2011).

No processo de fermentação, o momento da floculação é importante, pois não deve ocorrer muito cedo, antes que o mosto seja completamente atenuado, porque a floculação prematura causa fermentação arrastada ou emperrada e produz cervejas finais com alto teor de açúcares residuais e características insatisfatórias de sabor, por exemplo, cervejas mais doces e sem células suficientes para reduzir o diacetil. Em contraste, uma baixa floculação pode produzir um sabor residual de fermento na cerveja e dificuldades na filtração. Em vez disso, é desejada uma floculação forte e praticamente completa no final da fermentação, fornecendo uma maneira barata e eficaz de remover quase, mas não por completo, todas as células de levedura da cerveja recém fermentada (STRATFORD, 1992).

O mecanismo de floculação em *S. cerevisiae* do ponto de vista molecular envolve interações cálcio dependentes, entre as proteínas floculinas e resíduos de manose presentes na parede celular das células adjacentes, mediadas por lectina (STRATFORD, 1996). As lectinas são definidas como proteínas ou glicoproteínas que apresentam dois ou mais sítios de ligação capazes de interagir, de forma reversível, com carboidratos, precipitar glicoconjugados e com habilidade de aglutinar células.

As floculinas são classificadas como glicoproteínas que estão localizadas na superfície da parede celular, e medeiam interações entre as células e o ambiente externo. Essas glicoproteínas são amplamente distribuídas na natureza e já foram isoladas de plantas, animais, microrganismos e vírus (PEUMANS; BARRE; HAO *et al.*, 2000). Em leveduras, as floculinas apresentam uma organização básica que as caracteriza: além de se localizarem no lado externo das células, estão divididas em regiões N-terminal, região central e uma região C-terminal. Na região N-terminal há um domínio de lectina, responsável pela afinidade da ligação proteína-manose. A região central possui sequências repetitivas ricas em resíduos de serina e treonina, contendo também sequências hidrofóbicas e a porção C-terminal, medeia a interação da proteína com a matriz da parede celular através da cauda de GPI (glicosilfosfatidilinositol) inserida na membrana celular (FERNANDES; SANTOS; BRANDAO et al., 2018).

Os íons cálcio (Ca^{2+}) são essenciais para a floculação mediada por lectina (STRATFORD, 1989). Estudos mostram que o cálcio é estrutural, se ligando às proteínas da floculina e induzindo que estas obtenham a conformação estrutural correta para que ocorra a interação (MIKI; POON; JAMES; SELIGY, 1982). Estudos também mostram que os íons Ca^{2+} estão diretamente envolvidos na ligação com açúcares, como a manose presente na parede celular da levedura (VEELDERS; BRÜCKNER; OTT et al., 2010). A floculação é um fenômeno reversível, de modo que os flocos celulares podem ser dissociados, por exemplo, adicionando um agente quelante que remove os íons cálcio ou adicionando manose, que desloca competitivamente os resíduos de manose da parede celular dos sítios de ligação da floculina (VIDGREN; LONDESBOROUGH, 2011).

Vários fatores afetam a floculação das leveduras: o primeiro é a característica genética da cepa. As proteínas da floculina são codificadas por membros do grupo de genes denominados FLO e o contexto genético em relação a esses genes pode variar muito entre as cepas de levedura, ou seja, cepas diferentes contêm combinações diferentes de genes FLO, resultando em diferentes características de floculação (VIDGREN; LONDESBOROUGH, 2011).

O segundo fator refere-se ao ambiente fisiológico em que a levedura está inserida, por exemplo, o pH, a disponibilidade de nutrientes e a concentração de íons metálicos. O pH pode influenciar as cargas superficiais da célula, que por sua vez afeta a floculação. Alterações no pH também podem alterar a ionização de grupos funcionais nas proteínas da floculina alterando sua conformação (JIN; SPEERS, 2000).

O terceiro está relacionado ao ambiente físico, onde as condições hidrodinâmicas podem ser favoráveis e promover uma taxa de colisão entre as células suficiente para promover a floculação, em contrapartida, uma agitação violenta do meio promove a desagregação dos aglomerados de células. A concentração de células de levedura em suspensão deve ser suficiente para causar o número de colisões necessárias para formar flocos (VAN HAMERSVELD; VAN DER LANS; LUYBEN, 1997).

Fatores que aumentam o caráter hidrofóbico das paredes celulares da levedura e fatores que diminuem as cargas eletrostáticas negativas repulsivas nas paredes celulares causam floculação mais forte, presumivelmente porque facilitam que as células entrem em contato (VIDGREN; LONDESBOROUGH, 2011).

PARTE III

PROCESSO DE PRODUÇÃO E COMPOSIÇÃO QUÍMICA DO MOSTO

6

PRODUÇÃO DO MOSTO

6.1 Breve contexto das etapas de produção do mosto

Segundo a Instrução Normativa N.º 65 de 10 de dezembro de 2019, que estabelece os padrões de identidade e qualidade para os produtos de cervejaria no Brasil, em seu Art. 7.º, define-se mosto como sendo "a solução em água potável de compostos resultantes da degradação enzimática do malte, com ou sem adjuntos cervejeiros e ingredientes opcionais, realizada mediante processos tecnológicos adequados" (MINISTÉRIO DA AGRICULTURA, 2019).

A tecnologia envolvida na produção de mosto pode ser resumida em seis processos unitários: (1) moagem de malte, (2) mostura, (3) filtragem de mosto, (4) fervura, (5) clarificação (Whirlpool) e resfriamento e (6) aeração do mosto. As diferentes operações unitárias na cervejaria, incluindo todos os fluxos de entrada e saída relacionados ao processo de produção completo de cerveja, são apresentadas esquematicamente na Figura 6.1. O Quadro 6.1 fornece uma explicação resumida de cada etapa do processo.

Figura 6.1 – Representação esquemática do processo de produção de cerveja. Os fluxos de entrada estão representados à esquerda e os de saída à direita

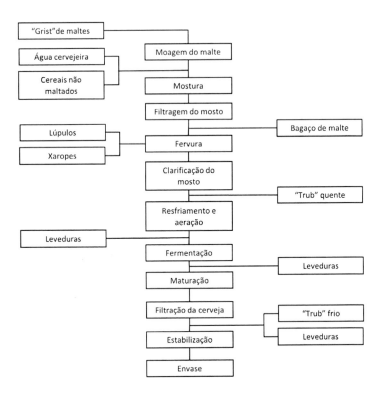

Fonte: o autor

Quadro 6.1 – Resumo das etapas de produção de cerveja, a partir da moagem até o envase

Processo	Ação	Objetivos	Tempo	Temperatura (°C)
Moagem	Quebra dos grãos sem desintegrar as cascas	Aumentar a área superficial de contato do amido com as enzimas	1-2h	Temperatura ambiente
Mostura e Filtração	Aquecimento/ adição de água quente	Estimulação da ação enzimática, extração e dissolução de compostos, separação dos bagaços do malte do mosto para obter um extrato fermentável	1-2h	30-72

Processo	Ação	Objetivos	Tempo	Temperatura (°C)
Fervura do mosto	Fervura do mosto e adição de lúpulo	Extração e isomerização das substâncias amargas do lúpulo, formação "hot break", esterilização do mosto, inativação enzimática, formação e redução de compostos aromáticos e de cor, remoção de compostos voláteis de aroma indesejáveis, acidificação do mosto e evaporação de água	0,5-1,5h	>98
Clarificação do mosto	Sedimentação ou centrifugação (Whirlpool)	Remoção do "trub" quente, remoção dos restos do lúpulo, clarificação	<1h	100-80
Resfriamento do mosto e clarificação	Utilização de trocador de calor e dissolução de oxigênio no mosto frio	Preparação do mosto para o inóculo e crescimento da levedura.	1h	12-18
Fermentação do mosto	Adição de levedura, controle da gravidade específica, remoção de levedura	Produção de cerveja (ainda "verde"), obtenção de leveduras para as próximas fermentações	2-7 dias	12-22 (ale) 4-15 (lager)
Maturação	Estocagem da cerveja em tanque livre de oxigênio, resfriamento da cerveja, adição de auxiliares de processamento	Maturação da cerveja, ajuste do sabor, ajuste do teor de CO_2, sedimentação de leveduras e "trub" frio e estabilização da cerveja	7-21 dias	-1 a 0
Clarificação cerveja	Centrifugação, filtração	Remoção de leveduras e "trub" frio	1-2h	-1 a 0
Estabilização biológica	Pasteurização	Inativação de microrganismos	1-2h	62-72

Processo	Ação	Objetivos	Tempo	Temperatura (°C)
Envase	Enchimento de garrafas, latas e barris; pasteurização de pequenos volumes já envasados	Produção das embalagens de acordo com as especificações	0,5-1,5h	-1 a temperatura ambiente

Fonte: adaptado de Willaert (2007)

Neste capítulo será discutida a produção do mosto até a etapa de fervura. Para um melhor entendimento, a clarificação, o resfriamento e a aeração do mosto serão tratados juntamente ao processo de gerenciamento da fermentação, no Capítulo 8. A maturação da cerveja será discutida no Capítulo 9. Contudo, os processos de clarificação, estabilização e envase da cerveja não serão discutidos neste livro.

6.2 Moagem do malte

A etapa de moagem do malte permite que o endosperma amiláceo fique exposto e possa ser solvatado quando for imerso na água cervejeira, facilitando assim o processo de extração realizado pelas enzimas do malte. A técnica de moagem adotada depende do método de mostura e filtragem utilizadas. A moagem deve ser realizada em condições que preservem a estrutura das cascas quando estas forem necessárias para a construção de um leito de filtragem na tina de filtração (ou tina filtro) da cervejaria ou na panela do cervejeiro caseiro que usa fundo falso ou *"bazooka"*. Umedecer o malte antes da moagem torna as cascas mais elásticas, e serão menos danificadas durante esse processo. Tanto a moagem do malte seco quanto a do umidificado (chamado de moagem condicionada) são realizadas preferencialmente em um moinho de rolos. Uma alternativa mais econômica para moagem do malte é o moinho de discos, muito difundido entre os cervejeiros caseiros, porém utilizado para operações que envolvam pequena quantidade de grãos.

Em cervejarias que realizam a filtragem do mosto em filtro prensa, não é necessário cascas intactas, nesse caso o malte é moído em um moinho de martelos e o produto obtido dessa moagem é basicamente uma farinha de malte.

6.3 Mostura

Nesta etapa os maltes moídos que compõem o "grist" são adicionados à água cervejeira na chamada tina de mostura, onde passarão por etapas de aquecimento e repouso. É durante esse processo que o conteúdo do malte será extraído e grande parte desses compostos solubilizados na água cervejeira por meio da atuação das enzimas contidas no próprio malte. Ao controlar o perfil de temperatura e a duração dos períodos de repouso em temperaturas específicas (as chamadas rampas de temperatura), o cervejeiro é capaz de influenciar na composição do mosto e na eficiência com que a extração dos compostos ocorre. Nesse momento também será definido no mosto o teor de açúcares fermentáveis e não fermentáveis, os perfis de peptídeos e aminoácidos, as concentrações de nutrientes disponíveis para as leveduras, a capacidade de tamponamento, o que influenciará diretamente em algumas propriedades organolépticas da cerveja, como, por exemplo: corpo, transparência, formação e retenção de espuma, entre outros. Assim, para que a mostura ocorra de forma adequada e forneça ao mosto os nutrientes e/ou compostos desejáveis, o cervejeiro precisa ter domínio dos processos de degradação enzimáticos.

6.3.1 Processos de degradação enzimáticos

Todo processo enzimático possui uma condição ótima de atuação, como: temperatura, tempo, pH, concentração de enzimas e de substrato. Além de que deve ser considerado que um grupo de enzimas catalisa a degradação de substratos específicos. Por fim, toda enzima possui uma temperatura de desnaturação, que quando alcançada faz com que com ela perca suas funções, inativando-a.

O Quadro 6.2 apresenta as principais enzimas que podem ser ativadas durante a mostura, as reações que essas enzimas catalisam (separadas por grupos de compostos, como amido, proteínas etc.) e os produtos de hidrólise gerados. As temperaturas e pHs ótimos de atuação de cada enzima, bem como suas temperaturas de inativação, também são descritos no quadro. Por fim, nos tópicos subsequentes serão discutidos detalhadamente cada um dos processos de degradações enzimáticos.

Quadro 6.2 – Enzimas ativadas durante a mostura

Enzima	pH ótimo	Temperatura ótima (°C)	Temperatura de inativação (°C)	Reação de hidrólise	Produto
\multicolumn{6}{c}{Degradação do amido}					
β-amilase	5,4-5,6	60-65	70	Ligação α-1,4 na extremidade não redutora do amido	Maltose
α-amilase	5,5-5,8	70-75	80	Ligação α-1,4 do amido	Dextrinas
Dextrinase limite	5,1-5,5	55-60	65-70	Ligação α-1,6 do amido	Dextrina (cadeia linear)
Maltase	6,0	35 - 40	40	maltose	Glicose + glicose
Sacarase	5,5	50	55-67	sacarose	Glicose + frutose
Degradação de proteínas					
Endo-peptidase	5,0-5,5	40-60	60-80	Ligações peptídicas	Pequenos peptídeos
Carboxipeptidase	4,8-5,6	50-60	70	Ligação peptídica na extremidade carboxil	Aminoácidos
Aminopeptidase	7,0-7,3	40-45	50-55	Ligação peptídica na extremidade amino	Aminoácidos
Dipeptidase	8,0-8,8	40-45	50	di-peptídeo	2 aminoácidos
Degradação da parede celular					
Endo-β-1,4 glucanase	4,5-5,0	40-45	50-55	Ligação β-1,4	β-glucano de baixa massa molar

Endo-β-1,3 glucanase	4,6-5,5	60	Ligação β-1,3	β-glucano de baixa massa molar
β-glucano solubilase	6,3-7,0	62-70	Ligação entre β-glucanase e proteína	β-glucano de alta massa molar
Endo-xilanase	5,0	45	Pentosanos: xilana	Xilose
Exo-xilanase	5,0	45	Pentosanos: xilana	Xilose
Arabinosidase	4,6-4,7	40-50	Pentosano: arabinoxilano	Arabinose
Outros				
Fosfatase	5,0	50-53	Fosfato orgânico	Ácido fosfórico
Lipase	6,8	35-40	Lipídios	Ácidos graxos

Fonte: adaptado de Willaert (2007)

6.3.1.1 Degradação de amido

Estruturalmente, o amido é um homopolissacarídeo composto por cadeias de amilose e amilopectina. A amilose é formada por unidades de glicose unidas por ligações glicosídicas α-1,4, originando uma cadeia linear, a amilopectina é formada por unidades de glicose unidas em α-1,4 e α-1,6, formando uma estrutura ramificada (ver seção 1.1.5).

O amido é degradado pelas enzimas α- e β-amilase, dextrinases limite, maltase e sacarase (Quadro 6.2), sendo que esse processo de degradação do amido em sacarídeos (mono, di, tri-sacarídeos, entre outros) e das dextrinas pelas amilases é denominado sacarificação. O grau de sacarificação deve ser cuidadosamente monitorado, pois os resíduos de amido e dextrinas não degradados poderão causar uma turvação permanente na cerveja final. O acompanhamento desse processo pode ser facilmente monitorado por meio da verificação da cor de uma mistura de amostra de mosto e uma solução de iodo 2% (teste de iodo): um teste positivo para o amido é indicado por uma cor azul/roxa, indicando que o processo de sacarificação ainda está incompleto.

A intensidade da coloração no teste do iodo está diretamente associada à conformação estrutural da amilose e da amilopectina. A amilose possui cadeia linear em forma helicoidal, com um interior hidrofóbico, e tem as características ideais para complexar com os átomos de iodo, formando um composto de cor azul intensa. Como a amilopectina não apresenta estrutura helicoidal, devido à presença das ramificações, a interação com o iodo será menor, e a coloração menos intensa. Entretanto, à medida que a amilose e a amilopectina vão sendo degradadas durante a mostura, a reação com o iodo perderá intensidade, até dar negativo (não apresentar coloração azul/roxa), o que indica a ausência dos dois compostos. Ao longo do processo é fácil identificar a diminuição da coloração azul/roxo pela realização de sucessivos testes de iodo, com exceção para mostos muito escuros, em que a percepção da mudança na cor do teste poderá ser dificultada pela coloração do mosto.

A enzima α-amilase é produzida durante a maltagem, e degrada cerca de 5 a 10% do amido nessa etapa, porém é muito mais ativa durante mostura com o amido gelatinizado. Essa enzima utiliza o Ca^{2+} como cofator e não produz maltose como produto de degradação. Já a enzima β-amilase está presente durante a maltagem, porém de forma inativa, sua ativação é durante o processo de mostura, e sua ação produz maltose, β-dextrinas, glicose e maltotriose. As dextrinases limite quebram as ligações α-1,6 das amilopectinas e sua abundância no malte é limitada. A enzima maltase hidrolisa a maltose em moléculas de glicose, porém ela não possui atividade em temperaturas acima de 40° C.

6.3.1.2 Degradação de proteínas

Os produtos de degradação das proteínas têm grande influência no processo de fermentação e no sabor da cerveja (produtos de degradação de proteínas de baixa massa molecular) na composição do corpo da cerveja (aminoácidos e produtos de degradação de proteínas de alto peso molecular), na cor (reação de Maillard) e espuma de cerveja (produtos de degradação de proteínas de alto peso molecular). Nesse sentido, o cervejeiro pode realizar uma etapa de degradação proteica, principalmente para "grist" de maltes ricos em proteínas, para alcançar as propriedades organolépticas desejáveis no estilo de cerveja que se está produzindo. Uma proteólise muito extensa pode prejudicar a formação e retenção da espuma da cerveja, deixar a cerveja com uma cor maior do que a esperada, pobre em corpo, porém com uma boa estabilidade coloidal.

As enzimas que degradam proteínas são denominadas proteases, sendo que as endo-peptidades e as carboxipeptidases desempenham um importante papel nesse processo, devido às suas condições ótimas de pH e temperatura. A quebra das proteínas por essas enzimas ocorre predominantemente entre 45 e 55° C, mas continuam atuantes mesmo a temperaturas mais elevadas, devido à sua resistência térmica à desnaturação (Quadro 6.2). Quando a temperatura de descanso das proteases é respeitada em 45° C, os produtos de degradação terão massas moleculares menores, produzindo em sua maioria nitrogênio amino livre (FAN), que é a principal fonte de nitrogênio necessário para o crescimento das leveduras e serve de nutriente para uma fermentação adequada. Em temperaturas de 55° C, os compostos de degradação produzidos no mosto são de massas moleculares mais altas. Como dito anteriormente, porém é importante reforçar, independentemente da faixa de temperatura escolhida para a parada proteica um tempo de descanso muito prolongado (maior que 30 minutos) resultará em uma cerveja com pouca formação e retenção de espuma (KUNZE; PRATT; MANGER, 2004).

6.3.1.3 Degradação da parede celular

As paredes celulares são essencialmente compostas por β-glucanos e pentosanos (ver parede celular, seção 1.1.7). A degradação dessas estruturas se inicia ainda durante a maltagem e continua durante o processo de mostura pelas enzimas: endo-β-glucanases, β-glucano solubilase e endo e exo-xilanase (Quadro 6.2). Uma degradação insuficiente de moléculas de β-glucanos de massa molar elevada resultará em um mosto com alta viscosidade, o que poderá causar sérios problemas durante a filtração e posteriormente, se for o caso, na filtração da cerveja (KUNZE; PRATT; MANGER, 2004). Caso essa baixa degradação seja um problema recorrente no processo de produção do mosto, uma solução é a utilização de maltes mais modificados ou adição de β-glucanases comerciais na mostura.

Com relação a uma degradação insuficiente da hemicelulose, que é composta majoritariamente por pentosanos, resultará em problemas de filtração do mosto e produzirá uma turvação permanente da cerveja. Os pentosanos podem ser degradados em arabinose e xilose pelas enzimas arabinosidases e xilanases, respectivamente.

6.3.2 Parâmetros de mostura

A atividade enzimática durante a mostura pode ser controlada pelos parâmetros de temperatura, viscosidade, pH do meio e tempo e, apesar de haver diferentes possibilidades de ser realizado o processo de mosturação, este pode ser dividido basicamente em métodos de infusão e métodos de decocção (KÜHBECK; DICKEL; KROTTENTHALER et al., 2005).

6.3.2.1 Método de decocção

Nos processos de decocção, uma parte do mosto é retirada da tina de mostura e fervida à parte por um certo período de tempo, enquanto isso o restante do mosto que permaneceu na tina fica em um período de descanso. Ao retornar a parte fervida à tina de mostura, a temperatura total da mistura aumenta para o próximo patamar de descanso. Esse tipo de processo pode envolver vários ciclos de separação, fervura e retorno do mosto, uma tripla decocção, por exemplo, envolve três ciclos de fervura à parte do mosto, já em uma dupla decocção, dois ciclos de remoção, fervura e retorno do mosto à tina são realizados.

Um esquema típico de decocção dupla é mostrado na Figura 6.2. Nesse caso a temperatura inicial da mostura é de 37° C. Cerca de um terço do mosto é removido e levado para uma tina em separado onde será fervido por 5 minutos. Quando essa parte do mosto fervida retorna à tina de mostura, a temperatura de todo mosto se eleva para 50° C (proteólise). O mosto é então mantido nessa temperatura por cerca de 10 minutos e, em seguida, outro terço de mosto é removido da tina de mostura e novamente fervido separadamente por mais 5 minutos, e então retorna para a tina de mostura, elevando a temperatura do mosto para 63° C (β-amilase). Após 10 minutos a temperatura do mosto é elevada para 78° C (*mash-out*) e mantida por mais 10 minutos.

Figura 6.2 – Esquema de mostura pelo método de decocção dupla

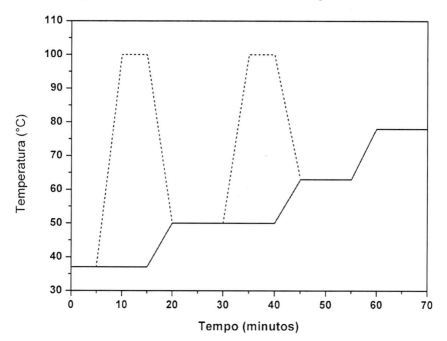

Fonte: o autor

Para calcular a nova temperatura de cada etapa quando o mosto fervido retorna à tina de mostura utiliza-se os princípios de transferência de calor. Uma vez conhecida a temperatura inicial da mostura e a temperatura que se quer alcançar com o retorno do mosto fervente (temperatura final do mosto), a maneira mais simples é determinar a quantidade de mosto a ser removido para ser fervido à parte. Por exemplo, supondo que a mostura está inicialmente a 37° C e queremos elevar a sua temperatura para o estágio de descanso proteico em 50° C, é feito o seguinte cálculo:

$$\frac{\Delta T\ mosto}{\Delta T\ fervura} = \frac{T_f - T_i}{T_f - T_i} = \frac{50 - 37}{100 - 37} = 0{,}2$$

Assim, seriam fervidos à parte 20% do total da mostura, e, então, ao retornar essa massa de mosto à temperatura de ebulição (Tf = 100°C) ao mosto original (com temperatura, Ti = 37° C,) a nova temperatura da mistura será de 50° C. Essa equação pode ser aplicada a qualquer processo de decocção desde que os calores específicos do mosto e da fervura não mudem durante o processo (MOSHER; TRANTHAM, 2017).

O método de decocção auxilia na atividade enzimática por uma decomposição físico-térmica do amido presente no mosto que é fervido à parte, além de que esses processos de fervura promovem, ainda durante a mostura, um aumento do estresse térmico, levando a uma maior precipitação de proteínas. No uso dessa técnica deve-se levar em consideração um aumento da formação de melanoidinas (reação de Maillard); maior remoção de DMS; maior extração de taninos das cascas do malte, diminuição do total de enzimas ativas no mosto (KUNZE; PRATT; MANGER, 2004), além de que as transferências do mosto podem promover uma oxigenação excessiva causando problemas na estabilidade do sabor da cerveja. Adicionalmente pode causar estresse mecânico nas cascas e nos coloides, podendo influenciar na filtração do mosto (EßLINGER, 2009).

Algumas cervejas são tradicionalmente preparadas pelo processo de decocção, como, por exemplo, as lagers da República Tcheca (muitas vezes dupla decocção) para acentuar o perfil de sabores derivados do malte e a "munich dunkel", cerveja lager alemã produzida usualmente com decocção tripla, para reforçar os sabores de malte e criar profundidade de cor (BJCP, 2015).

6.3.2.2 Método de infusão

No processo de infusão, são estabelecidas temperaturas específicas de mostura associadas a um período de descanso apropriado para cada faixa de temperatura definida. Os métodos clássicos de infusão podem ser classificados em processo de infusão por rampas de aumento de temperatura (método de infusão alemão) e por diminuição da temperatura (método de infusão inglês). Um método alternativo de infusão é executar todo o processo em uma única temperatura, geralmente realizada entre 63 a 65° C (WILLAERT, 2007).

A Figura 6.3 mostra um processo de mostura por rampas de aumento de temperatura, onde os períodos de descanso foram escolhidos na temperatura ideal de trabalho das enzimas, começando com um período de descanso em cerca de 45 a 50° C (proteólise) por 15 minutos. Em seguida, a temperatura é aumentada para 62-65° C e mantida a essa temperatura por 30-45 minutos (β-amilase). O próximo período de descanso é de 70 a 75° C até a sacarificação completa (α-amilase) aferida pelo teste do iodo. O processo termina com o "mash-out" em 78° C por 10 minutos.

As vantagens dos métodos de infusão em relação ao de decocção são que esses processos podem ser automatizados, as temperaturas podem ser mais bem controladas, além de um consumo de energia de cerca de 20 a 30% menor. As desvantagens são uma menor gelatinização e sacarificação do amido, o que produz um menor rendimento de extrato em relação ao processo de decocção (KUNZE; PRATT; MANGER, 2004).

Figura 6.3 – Esquema de mostura pelo método de infusão por rampas de temperatura

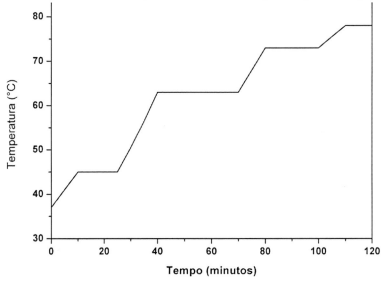

Fonte: o autor

Como uma das principais funções da mostura é a quebra do amido em açúcares fermentáveis, a propriedade mais importante do amido nesse processo é a gelatinização (ver mais em amido, seção 1.1.5). A temperatura na qual a gelatinização se inicia é denominada de temperatura de gelatinização (TG), que para os grânulos grandes é entre 61 a 62° C e para os grânulos pequenos é entre 75 a 80° C (ARENDT; ZANNINI, 2013). Abaixo do TG, são hidrolisados apenas os grânulos que foram atacados enzimaticamente durante a maltagem (BERTOFT; HENRIKSNÄS, 1983) ou que foram danificados mecanicamente durante a moagem (GIBSON; AL QALLA; MCCLEARY, 1992). Apenas esses grânulos podem absorver água abaixo da TG e, portanto, são enzimaticamente hidrolisáveis. Como a maior parte dos grânulos de amido encontra-se na sua forma nativa, só serão hidrolisados acima da sua TG. Assim, uma gelatinização eficiente e rápida e uma alta atividade amilolítica garantem uma sacarificação rápida e um alto grau de atenuação.

As enzimas mais relevantes na mostura são α-amilase e β-amilase; ambas clivam as ligações glicosídicas α (1→4) do amido. A β-amilase produz a maltose por meio da clivagem da extremidade não redutora da molécula de amido e é, portanto, significativamente responsável pelo grau de atenuação do mosto (MACGREGOR; BAZIN; MACRI *et al.*, 1999). A β-amilase é uma enzima termolábil, e cerca de 60% delas fica inativa após apenas 10 min a 65° C (ZIEGLER, 1999), de modo que durante um repouso a 62° C a concentração de maltose aumentará muito pouco mesmo após 20 minutos nessa temperatura. Dessa forma, um repouso muito prolongado para aumentar o grau de atenuação será benéfico até certo ponto. Um mosto com alta "viscosidade", causada por proteínas, pode influenciar na velocidade da desativação dessa enzima, pois a β-amilase fica mais sensível à desnaturação térmica nessas condições (EßLINGER, 2009). Usando o parâmetro "viscosidade", um mosto menos viscoso leva a uma inativação mais lenta dessa enzima. A utilização de temperaturas mais baixas de ativação dessa enzima, por exemplo, 60° C, leva a uma inativação mais lenta dela, entretanto, como a temperatura é abaixo da TG do amido, isso acarreta a degradação mais lenta ou ineficiente deste.

Ao contrário da α-amilase, a β-amilase não é capaz de degradar os grânulos de amido, consequentemente, α-amilase é necessária como uma enzima precedente (EßLINGER, 2009; ZIEGLER, 1999). A α-amilase tem maior estabilidade térmica (70 a 75° C) (Quadro 6.2), ainda apresentando uma atividade de 30% mesmo após 10 minutos a 80° C. Como uma endoenzima, aumenta a fração de extremidades não redutoras e fornece o substrato para β-amilase. Esse efeito sinérgico é mais alto entre a α- e β-amilase quando a gelatinização avançou tanto que os grânulos de amido têm uma alta acessibilidade para α-amilase enquanto a β-amilase é ao mesmo tempo suficientemente ativa. Esse efeito ocorre acima do TG e, portanto, também depende do malte utilizado.

Assim, algumas propriedades organolépticas da cerveja podem ser ajustadas pela ativação ou inativação seletiva das amilases durante a produção do mosto. Em uma mostura onde a atividade da α-amilase predomina (70 a 75° C), o maior teor de dextrinas não fermentáveis produzirá um mosto menos fermentável e uma cerveja com maior dulçor residual e mais corpo perceptível como sensação de boca. Quando a atividade da β-amilase é maximizada durante a mostura, será produzido um mosto altamente fermentável e como consequência uma cerveja com pouco a nenhum dulçor residual, maior teor alcoólico e mais fluida (pouco corpo) como sensação de boca. O cervejeiro ainda pode, por meio do controle da temperatura, pH e tempo da mostura, ajustar o perfil dos açúcares presentes no mosto para compor uma cerveja com perfil mediano entre os dois extremos citados acima, produzindo cerveja de corpo médio com um leve dulçor residual.

A falta de controle das amilases pode levar a um grau de atenuação muito alto ou muito baixo, e mesmo que a mostura mostre reação negativa ao teste do iodo, pode acontecer que nas próximas etapas o mesmo mosto apresente reação positiva ao teste. Isso pode ser atribuído aos grânulos de amido que não gelatinizam durante a mosturação e quando chegam à etapa de fervura são dissolvidos no meio (ARENDT; ZANNINI, 2013). Isso resultará em um alta viscosidade do líquido impactando nas propriedades organolépticas da cerveja final, bem como um excesso de turbidez (_haze_) e dificuldades de filtração da cerveja acabada, quando for o caso.

Para se evitar esses problemas é recomendável que o cervejeiro garanta o controle do pH, temperatura e tempo de cada etapa. As mudanças de temperaturas para alcançar um patamar de temperatura maior devem ser feitas lentamente, isso garante que haja tempo para que cada enzima seja ativada em sua temperatura ideal. O recomendado quando se utiliza o método de infusão com rampas de temperatura é uma taxa de elevação de temperatura do mosto em 1° C/min (MOSHER; TRANTHAM, 2017). Se os aumentos de temperatura forem reproduzíveis entre os lotes fabricados, o perfil de sabor da cerveja também poderá ser reprodutível.

6.4 Mash-out

No final da mostura eleva-se a temperatura até cerca de 78° C, para forçar a desnaturação das enzimas e da maioria das proteínas que estão solúveis no líquido. Esse aumento de temperatura, denominado _"mash-out"_, também faz com que muitas das enzimas e proteínas comecem a se degradar, podendo até mesmo se decomporem em aminoácidos individuais.

O resultado da quebra dos grandes polímeros biológicos (proteínas e enzimas) em partes menores e aminoácidos individuais é uma redução na viscosidade da solução. Isso permite que o líquido seja mais facilmente separado dos grãos durante a etapa de filtragem do mosto. O líquido resultante é chamado de mosto doce ou simplesmente mosto, e os grãos que sobram, principalmente a casca, são denominados de bagaço do malte ou bagaço dos grãos. Enquanto o mosto doce será convertido em cerveja, o bagaço dos grãos será descartado como resíduo sólido da cervejaria. Algumas aplicações dos resíduos de bagaço de malte foram abordadas na seção 1.1.5 – cascas.

6.5 Filtragem do mosto

Ao final da etapa de mostura inicia-se o processo de filtragem do mosto a fim de separar a fase líquida (mosto doce) da fase sólida (bagaço dos grãos). Esse processo envolve basicamente a separação do mosto e a lavagem dos açúcares residuais ainda aderidos aos grãos do malte.

É um processo que requer atenção do cervejeiro, pois mesmo após a remoção da fase líquida (chamada de primeiro mosto), ainda uma quantidade considerável de açúcar permanecerá aderida à matriz do grão, então será preciso realizar a lavagem do bagaço dos grãos com água quente. Quanto mais quente a água, mais solúvel é o açúcar, e, portanto, mais eficiente a sua remoção, porém o calor excessivo e/ou o pH incorreto dessa água de lavagem também removerão taninos das cascas dos grãos. Dessa forma, a temperatura da água deve ser quente o suficiente para extrair o máximo possível dos açúcares, mas não a ponto de extrair taninos, o recomendado é entre 78 a 80° C. Além disso, a quantidade de água de lavagem deverá ser controlada, pois o excesso levará a volumes demasiadamente grandes de mosto diluído à próxima etapa (processo de fervura).

Historicamente, especialmente na fabricação das tradicionais cervejas ales britânicas, as etapas de mostura e filtração do mosto frequentemente ocorriam em um único tanque, uma combinação de tina de mostura e tina de filtração. Nesse método tradicional, terminada a mostura, toda a mistura poderia descansar, forçando assim os sólidos a se assentarem no fundo do tanque, e o líquido era então drenado lentamente e bombeado para a superfície do mesmo tanque, num processo de clarificação desse mosto. Uma vez que o líquido estivesse clarificado, era removido para outro tanque. A lavagem do bagaço dos grãos ocorria após essa drenagem, em que o tanque era novamente preenchido com água quente, normalmente a cama de grãos era remexida para aumentar a eficiência da extração dos açúcares residuais e todo o processo de recirculação para clarificação e drenagem novamente realizado. Sucessivas lavagens poderiam ser realizadas sendo que cada um dos mostos drenados do tanque poderia ser usado separadamente para fazer diferentes cervejas ou combinado em proporções específicas para garantir uma certa densidade para uma cerveja em particular.

Alguns equipamentos utilizados na produção de cerveja em pequena escala ou de forma caseira modernizaram essa combinação de mostura, filtração do mosto e lavagem do bagaço dos grãos dentro do mesmo recipiente e são conhecidos como *"single vesel"*.

Atualmente, nas cervejarias modernas, os equipamentos empregados na filtração do mosto são a tina filtro ou tina de clarificação e o filtro prensa.

6.5.1 Tina de clarificação

As tinas de clarificação modernas são construídas com um diâmetro maior em relação à altura (Figura 6.4), isso permite que a espessura do leito de bagaço de grãos seja significativamente reduzida (entre 30 a 65 cm de altura), o que permite que o processo de lavagem dos grãos ocorra mais rápido (com uma velocidade de vazão mais alta), mantendo o mesmo diferencial de pressão em toda a camada sólida assentada. As tinas de clarificação geralmente não possuem sistema de aquecimento, entretanto as paredes laterais são isoladas termicamente para manter constante a temperatura do mosto durante as fases mais críticas. Na parte interior da tina encontra-se um fundo falso construído de peneiras perfuradas com uma área superficial aberta que, dependendo do fabricante, representará cerca de 6 a 30% da área do fundo falso. Sobre o fundo falso será acomodado o bagaço do malte, e é ele próprio que funcionará como elemento filtrante.

O espaço entre o fundo falso e o fundo verdadeiro é de cerca de 50 a 100mm e é por esse espaço que flui o mosto clarificado (filtrado) até os coletores para serem bombeados para a tina de fervura. A tina ainda é dotada de um dispositivo rotativo contendo braços com facas verticais reguláveis, denominados de afofadores. Essas facas com "design" em formato de zigue-zague possuem altura ajustável e servem para descompactar (ou afofar) a camada de bagaço, permitindo assim um aumento na permeabilidade desse leito. Os afofadores também são utilizados se o diferencial de pressão começar a aumentar conforme aumenta-se o fluxo de vazão utilizado na operação de filtração do mosto. Por fim, na parte superior da tina é posicionado um aspersor de água, que é utilizado para aspergir (ou pulverizar) água quente sobre a camada de bagaço dos grãos sem desestruturá-la, evitando assim a formação de caminhos preferenciais para a passagem da água de lavagem no leito de grãos, o que favorece a eficiência do processo.

Figura 6.4 – Figura esquemática da tina de clarificação

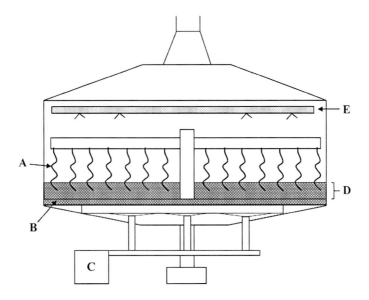

(A) afofadores, (B) Fundo falso, (C) Bomba de sucção, (D) leito de bagaço de grãos e (E) aspersor

Fonte: o autor

O início do processo de filtragem se dá pela introdução de água quente pelo fundo da tina de clarificação, de modo a preencher o espaço entre o fundo falso e o fundo verdadeiro (chamado água de lastro). O mosto então é bombeado para a tina pela parte inferior com velocidade linear reduzida (taxa menor ou igual a 0,8m/s), para se prevenir o excesso de oxigenação dele, sendo distribuído uniformemente por toda a extensão do fundo.

Com a tina preenchida inicia-se o processo de filtração, sendo que em uma primeira etapa, o mosto drenado é bombeado de volta à tina até a sua clarificação. Inicialmente o mosto ainda estará carregado de partículas como proteínas insolúveis, celulose e pequenos pedaços de grãos não retidos nos furos do fundo falso. Passando novamente pelo sistema, o leito de grãos irá atuar como filtro e reter o material insolúvel. Esse processo é denominado de recirculação (ou *"vorlauf"* em alemão) e favorece a formação de uma camada filtrante sobre o fundo falso, e dura até que o mosto primário fique o mais transparente possível, totalmente isento de partículas.

Uma vez clarificado, remove-se o mosto primário e procede-se com as lavagens, em que revolve-se o bagaço tantas as vezes quantas forem nescessárias, de modo a obter o máximo em extrato, sem comprometer a qualidade do mosto. Alternativamente, o cervejeiro pode drenar lentamente a tina de filtração e aspergir água na superfície da cama de grãos na mesma taxa com que está sendo drenada, mantendo-se uma camada de água de 2 a 5 cm de espessura sobre a camada de grãos até remover a quantidade de mosto desejado.

A primeira parte da água aspergida durante a lavagem deve estar aproximadamente à mesma temperatura em que foi realizado o *"mash-out"*, cerca de 78 a 80° C. A temperatura é extremamente importante nas fases iniciais desse processo, pois propicia a continuidade na desnaturação de proteínas e inativação da atividade enzimática. Além disso, os açúcares são mais solúveis em água quente, o que auxilia na sua extração dos restos dos grãos.

Após a remoção de cerca de um terço do mosto, a água aspergida pode ser trocada por água à temperatura ambiente. Estudos indicam ser necessário que apenas cerca de um terço do volume da água aspergida para a lavagem do bagaço seja quente, e que nenhum benefício é obtido quando se realiza todo o processo com água quente (MOSHER; TRANTHAM, 2017). Apesar dessas informações, é muito comum o cervejeiro manter as temperaturas altas durante todo o processo. Na maioria dos casos, a energia adicional necessária para aquecer o volume de água a essa temperatura não afeta seriamente o orçamento do cervejeiro. Outra característica que deve ser levada em consideração é o pH da água de lavagem, pois um pH elevado dessa água (acima de pH 6,0) associado a uma temperatura elevada promove a extração de taninos. Dessa forma, se a lavagem for realizada em sua totalidade com água quente, deve-se garantir que o pH dessa água esteja levemente ácido.

6.5.2 Filtro prensa

A separação do mosto líquido da fase sólida em filtro prensa é muito difundida nas grandes cervejarias pela sua grande eficiência e a possibilidade de filtração de mostos de alta densidade, permitido que sejam obtidos mostos filtrados com densidades maiores que 1,100 (24° P).

Para ser filtrado nesse processo, o mosto é preparado a partir de grãos de malte finamente moídos, podendo chegar a uma granulometria de farinha, uma vez que as cascas não terão função de elemento filtrante. A mostura dessa farinha garante uma melhor eficiência na conversão do amido em açúcares fermentáveis. Uma vez terminada a mostura, a mistura é bombeada para as câmaras do filtro prensa que são revestidas em ambos os lados com tecido filtrante de material sintético, e então um sistema de compressão composto por bolsas infláveis é acionado dentro da câmara, espremendo a mistura contra o elemento filtrante. Na sequência, a câmara é preenchida com água para se misturar a farinha prensada e o sistema é novamente comprimido, realizando assim a lavagem da farinha (Figura 6.5). Tanto o mosto primário quanto o da lavagem são bombeados à tina de fervura.

Figura 6.5 – Diagrama com as principais características de um módulo de filtro prensa

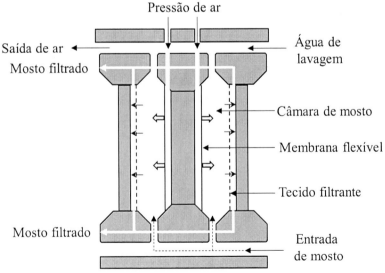

Nota: as setas indicam os fluxos de saída do mosto
Fonte: o autor

Após esse processo o aparelho é aberto e a farinha espremida é liberada do filtro, saindo praticamente seca. Esse tipo de processo permite que as eficiências de extração se aproximem ou até sejam iguais aos rendimentos teóricos, e embora pareça ser uma tecnologia nova, o filtro prensa de Meura, uma das primeiras versões desse sistema, foi inventado em 1901 por Phillippe Meura (Bélgica). Ao longo do tempo, a evolução desses sistemas de filtração garantiu a melhoria da eficiência da extração, resultando em seu uso em todo o mundo. Atualmente esse sistema é responsável pela produção de mais de um terço de toda a cerveja consumida mundialmente (MOSHER; TRANTHAM, 2017).

6.6 Fervura do mosto

A fervura do mosto é um processo complexo que promove uma ampla gama de reações químicas, físico-químicas, físicas e bioquímicas. Resumidamente, o calor intenso inativa qualquer uma das enzimas mais resistentes à desnaturação que podem ter resistido ao processo de *"mash-out"*, além de promover a esterilização do mosto, eliminando quaisquer organismos que possam comprometer o processo de fermentação. Ainda, as proteínas tendem a coagular na presença de calor intenso, podendo ser removidas, evitando assim que elas voltem a precipitar na cerveja pronta.

Os alfa-ácidos do lúpulo são extraídos e isomerizados em seus respectivos iso-α-ácidos durante a fervura do mosto. É durante a fervura que são removidos compostos voláteis indesejáveis originários do malte e do lúpulo. A cor do mosto aumenta de intensidade durante a fervura devido às formações de composto derivados da reação de Maillard. Finalmente, como uma parte da água é removida na forma de vapor durante a fervura, o mosto se torna mais concentrado. O Quadro 6.3 resume os objetivos do processo de fervura e os parâmetros que a influenciam.

Quadro 6.3 – Objetivos do processo de fervura do mosto

Objetivo	Parâmetros influenciadores
Extração de α-ácidos	Temperatura e tamanho dos fragmentos do lúpulo (área de contato).
Isomerização de α-ácidos	Temperatura, tempo de fervura, pH, concentração de humulonas.

Objetivo	Parâmetros influenciadores
Coagulação de proteínas (formação de "hot break"	Tempo de fervura, método de fervura, sistema de aquecimento, design da tina de fervura e volume fervido, composição do mosto (grau de modificação do malte, temperatura de secagem do malte, temperatura de brasagem, pH).
Esterilização do mosto e inativação de enzimas (para fixar a composição do mosto)	Temperatura e tempo de fervura.
Formação de compostos redutores e aromáticos (reação de Maillard)	pH, concentração de oxigênio, concentração do mosto, temperatura, tempo de fervura.
Formação de substâncias de cor	pH, parâmetros que influenciam a reação de Maillard.
Remoção de compostos voláteis indesejáveis	Tempo de fervura, temperatura, pH e taxa de evaporação.
Acidificação do mosto	Adição de lúpulos, intensidade das reações de Maillard, concentração de fosfatos, Ca^{2+} e Mag^{2+}, tipo de malte.
Evaporação de água	Temperatura e tempo de fervura.

Fonte: adaptado de Willaert (2007)

Os parâmetros apresentados no Quadro 6.3 são discutidos em maiores detalhes na sequência.

6.6.1 Extração e isomerização de componentes de lúpulo

O amargor da cerveja é geralmente expresso em IBU (Unidades Internacionais de Amargor, do inglês "International Bitterness Units"), sendo que nessa escala 1 IBU equivale a 1 mg de iso-α-ácidos por litro de cerveja. Assim, cervejas com pouco amargor, como as *"American Lager"*, conhecidas como "tipo pilsen" e muito consumidas no Brasil, possuem em média 8 a 18 IBU, entretanto, em cervejas com muito amargor, como nas do estilo *"Double IPA"*, esse valor pode variar de 60 até 120 IBU (BJCP, 2015).

Para se obter o amargor desejado para certo estilo de cerveja é importante conhecer a taxa de conversão das humulonas em seus isômeros iso-humulonas, que ocorre durante a fervura do mosto. Porém esse rendimento de isomerização irá depender de alguns fatores, sendo os principais deles:

- pH do mosto: o pH do mosto durante a fervura tem valores em média de 5,0 a 5,3, embora, dependendo da água cervejeira utilizada e da composição do grist de maltes, o pH possa apresentar uma variação maior (4,9 até 5,6) (DANIELS, 1998; DURELLO; SILVA; BOGUSZ JR., 2019).

- Taxa de solubilização das iso-humulonas: nas condições de fervura do mosto a taxa de solubilização das iso-humulonas é baixa, com valores que podem chegar no máximo a 30% (PALMER, 2017). A natureza da humulona pode influenciar nessa taxa de solubilização, por exemplo, a cohumulona, quando presente no lúpulo em maior concentração, fornece um melhor rendimento de isomerização, já quando a concentração da humulona é maior, comparativamente o rendimento da isomerização é mais baixo.

- Densidade do mosto: quanto maior for a densidade do mosto, menor será a solubilidade das iso-humulonas no meio. Uma vez que os açúcares dissolvidos no mosto formam ligações de hidrogênio com a água, em altas densidades, a quantidade de água disponível para formar ligações de hidrogênio com as iso-humulonas, e solubilizá-las, será menor (DANIELS, 1998; PALMER, 2017). Veja adiante na Figura 6.6.

- Tempo de fervura: quanto maior for o tempo de fervura até um dado limite, maior será a taxa de isomerização das humulonas, e por essa razão os lúpulos de amargor deverão ser adicionados ao mosto no início do processo de fervura.

Na Figura 6.6 é apresentado o gráfico da eficiência da isomerização das humulonas em iso-humulonas (taxa de utilização) *versus* o tempo de fervura, em que é possível verificar que para os mesmos tempos de fervura há uma considerável diminuição da taxa de utilização à medida que se faz a lupulagem de mostos com densidades maiores.

Figura 6.6 – Efeito da densidade do mosto e do tempo de fervura sobre a taxa de utilização de α-ácidos

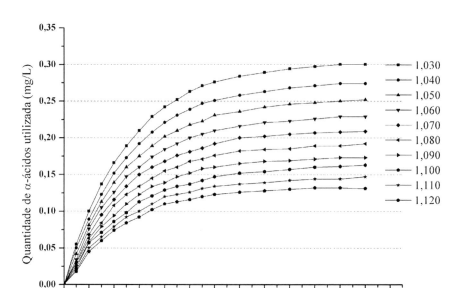

Fonte: adaptado de Durello, Silva e Bogusz Jr. (2019)

Também deve-se levar em consideração que durante a fervura, parte das iso-humulonas pode ser precipitada junto ao *"hot break"*, entretanto o vigor da fervura pode minimizar essa perda. O vigor da fervura pode ser considerado uma constante, pois está associado ao ponto de ebulição da água no local da fervura e do design do equipamento utilizado para fervura do mosto (PALMER, 2017). Por fim, o rendimento da extração aumenta conforme diminui o tamanho dos fragmentos de lúpulo, isso se deve ao aumento da superfície de contato com o meio, dessa forma, a taxa de extração será maior para cones de lúpulo moídos ou pellets do que quando utilizados inteiros.

Diante de tantas variáveis, para calcular o IBU que será efetivamente obtido no mosto e consequentemente na cerveja, pode-se utilizar a equação abaixo, em que é preciso considerar a eficiência da isomerização das humulonas em iso-humulonas (denominada taxa de utilização e que precisa ser calculada) e a quantidade de α-ácidos adicionados ao mosto no início da fervura (DANIELS, 1998; DURELLO; SILVA; BOGUSZ JR., 2019).

IBU = taxa de utilização x concentração de humulonas adicionadas (em mg/L)

Para determinar a taxa de utilização do lúpulo, multiplica-se um fator denominado "fator Bigness" (que considera a redução da taxa de utilização devido à densidade do mosto) pelo fator referente ao tempo de fervura (que considera o efeito do tempo de fervura na isomerização) conforme a equação abaixo (DANIELS, 1998):

Taxa de utilização = "fator Bigness" x fator de tempo de fervura

O "fator Bigness" pode ser calculado de acordo com a equação abaixo:

Fator Bigness = $(1,65 \times 0,000125^{(densidade\ do\ mosto\ -\ 1)})$

O fator tempo de fervura pode ser calculado conforme a seguinte equação:

$$\text{Fator tempo de fervura} = \frac{(1 - e^{(-0,04\ x\ tempo\ de\ fervura\ (min))})}{4,15}$$

Em que: os valores 1,65 e 0,00125 utilizados no cálculo do "fator Bigness" foram empiricamente estabelecidos para ajustar os dados de densidade em função do fator tempo de fervura. Os valores -0,04 e 4,14, ajustados no fator tempo de fervura controlam, respectivamente, a forma da curva de utilização *versus* o tempo e o valor máximo de utilização (DANIELS, 1998). Para uma maior precisão dos cálculos, o cervejeiro pode ajustar esses valores de acordo com o seu equipamento.

Finalmente, a quantidade de humulonas adicionadas pode ser calculada pela equação que segue:

$$\text{Conc. humulonas adicionadas} \left(\frac{mg}{L}\right) = \frac{\text{Quantidade de humulonas (\%) x massa de lúpulo(g)}}{\text{volume mosto (L)}} \times 1000$$

Alternativamente ao lúpulo tradicional em flores (cones) ou pellets, o fabricante de cerveja pode optar por diferentes produtos tecnológicos de lúpulo, como: lúpulo em pallets isomerizados, extratos de lúpulo estabilizados, α-ácidos isomerizados (como o tetra-hidro-iso-α-ácidos), produtos que por serem previamente isomerizados não precisam ser adicionados durante a fervura do mosto, podendo ser aplicados no final do processo de fabricação da cerveja. Esses compostos também podem ser usados para padronizar o amargor da cerveja pronta, sendo sua utilização permitida no Brasil, amparada pela legislação vigente, que estabelece os padrões de identidade e qualidade para os produtos de cervejaria (MINISTÉRIO DA AGRICULTURA, 2019).

6.6.2 Remoção de proteínas coaguladas

Um dos fatores relevantes na mudança da composição do mosto durante a fervura é a coagulação de proteínas e sua eliminação na forma de *"hot break"* e *"trub"*. A definição de *"hot break"* é feita na seção 6.6.9 e de *"trub"* na seção 8.2.1.

A remoção de proteínas coaguláveis de alto peso molecular do mosto é muito importante para a composição e a qualidade da cerveja acabada. A remoção insuficiente poderá resultar em uma fermentação deficiente, uma vez que o transporte de substratos e produtos (para dentro e fora) das células de levedura é dificultado pelas partículas de *"hot break"* que se adsorvem na parede celular da levedura. Isso leva a uma queda insuficiente do pH durante a fermentação e a uma eliminação incompleta de proteínas durante a fermentação principal, seguida de uma fraca clarificação durante a maturação, podendo resultar em uma cerveja com um amargor desagradável/áspero ("amargor proteico") e uma baixa estabilidade coloidal.

Durante a fervura do mosto, o curso da coagulação das proteínas ainda não é completamente elucidado, e geralmente é visto como um processo de duas etapas: tem início com uma desnaturação química provocada pelo calor, seguida por uma coagulação físico-química do coloide formado pelas proteínas coaguladas.

A coagulação de proteínas e a formação do *"hot break"* são fortemente favorecidas por tempos de fervura mais longos, movimentos vigorosos do mosto em ebulição (o que favorece o contato entre as partículas) e um pH baixo, porque a coagulação é favorecida no ponto isoelétrico das proteínas, dessa forma, para se obter uma coagulação suficiente, recomenda-se um pH de 5,2. Por exemplo, o pH isoelétrico de algumas proteínas bem conhecidas como: as β-glubulinas, δ- e ε-hordeína, que foram identificadas nos compostos turvadores da cerveja (*haze*), é muito baixo (pH 4,9), de modo que essas proteínas nem sempre podem ser coaguladas e removidas durante a fervura do mosto (MIEDANER, 1986; WILLAERT, 2007).

Ao contrário das concepções existentes e opiniões gerais, os polifenóis não estão diretamente envolvidos na coagulação de proteínas, porque os complexos proteína-polifenol são formados por ligações de hidrogênio, que possuem uma energia de ligação muito fraca em temperaturas altas (como as de ebulição do mosto), sendo instáveis sob essas condições (MIEDANER, 1986). O efeito dos polifenóis na precipitação de proteínas parece ser mais importante e efetivo abaixo dos 80° C, no curso de formação do *"cold break"* (particulados que sedimentam no mosto frio) no mosto e posteriormente na formação de *"haze"* durante o tempo de prateleira da cerveja.

O nível de nitrogênio coagulável no mosto acabado é um fator relevante para aferir a eficiência dos processos de ebulição do mosto e para a avaliação e comparação de diferentes sistemas de ebulição. O nível de nitrogênio coagulável no mosto não fervido está na faixa de 35 a 70 ppm e é reduzido durante a ebulição para cerca de 15 a 25 ppm, com um valor ideal recomendado entre 15 a 18 ppm. Uma baixa concentração de nitrogênio coagulável é benéfica para uma boa estabilidade coloidal na cerveja acabada, mas uma concentração muito baixa pode resultar em problemas de formação/retenção de espuma da cerveja (MIEDANER, 1986). Os fatores físicos e tecnológicos que podem influenciar na coagulação de proteínas estão apresentados resumidamente no Quadro 6.3.

6.6.3 Esterilização do mosto e inativação de enzimas

É necessário apenas um tempo de fervura relativamente curto para obter uma solução estéril; cerca de 15 minutos faz com que a microflora do malte, do lúpulo e de outros adjuntos seja destruída. O processo de fervura também inativa as enzimas residuais do malte, que sobreviveram ao processo de mostura, estabilizando dessa forma a composição do mosto. Estudos mostram que apenas uma atividade residual da polifenoloxidase e da α-amilase permanece no mosto antes da fervura, entretanto as altas temperaturas de ebulição do mosto são suficientes para desnaturar essas enzimas (WILLAERT, 2007).

6.6.4 Reações de Maillard

Durante a ebulição do mosto, a reação de Maillard ocorre de forma intensa, resultando na produção de vários compostos aromáticos voláteis e não voláteis, bem como na formação das melanoidinas (polímeros e copolímeros nitrogenados de cor marrons e/ou castanhos). A reação de Maillard foi apresentada na seção 1.2.2 e, resumidamente, começa com uma interação de aminoácidos e açúcares redutores, e o rearranjo de Amadori.

A partir daí, uma rede de reações bastante complexa é descrita, incluindo a degradação de Strecker (MUXEL, 2016). O progresso da reação de Maillard pode ser observado por um aumento na intensidade da cor do mosto, medindo a concentração de produtos intermediários da reação – como: 5-hidroximetilfurfural (HMF), furfural, álcool furfurílico, 2-acetilfurano, 2-acetilpirrol e compostos nitrogenados heterocíclicos. Outra forma de determinar a extensão dos produtos da reação de Maillard é medindo o aumento da concentração de redutonas.

Uma reação de Maillard descontrolada e intensa demais pode levar a sabores indesejáveis nas cervejas, por exemplo, as melanoidinas formadas são compostos redutores, mas também estão envolvidas na oxidação de álcoois superiores no mosto fermentado (cerveja verde), resultando em aldeídos voláteis (HASHIMOTO, 1972).

6.6.5 Formação de substâncias de cor

A ebulição do mosto resulta em um aumento na intensidade da cor do mosto, normalmente cerca de 4 unidades EBC para uma cerveja de cor clara. Esse aumento é promovido pela concentração do mosto por meio da evaporação de água, e pela formação de melanoidinas, a caramelização de açúcares e a oxidação de polifenóis presentes no mosto. Como a extensão da reação de Maillard é maior a um pH mais alto, a intensidade da cor aumenta de acordo com o aumento do pH do mosto.

6.6.6 Remoção de voláteis indesejáveis

O principal composto indesejável a ser removido nessa etapa é o dimetil sulfeto (DMS), que confere aroma e sabor desagradável quando presente na cerveja acabada (descrito como vegetais e/ou milho cozidos). Entretanto esse composto é muito volátil, com temperaturas de ebulição em torno de 37° C, e pode ser facilmente removido com o vapor de água durante a fervura do mosto. De mesma importância que a própria remoção do DMS é a sua formação a partir do seu precursor, o S-metilmetionina (SMM), que também ocorre durante a fervura. Para isso, é preciso manter uma fervura vigorosa do mosto para que ocorra a conversão do SMM em DMS e este seja evaporado à medida que vai sendo formado.

O cervejeiro deve otimizar uma combinação de tempo e temperatura de fervura para gerir uma melhor conversão do SMM em DMS e sua remoção, e ao mesmo tempo manter no mosto uma concentração de nitrogênio coagulável (proteínas de alta massa molar) ideal. Uma temperatura de ebulição baixa implicará em uma concentração de DMS muito alta no mosto pós-fervura, indicando que a remoção desse composto foi insuficiente (mas o teor de nitrogênio coagulável será aceitável), quando o tempo de fervura for muito curto, a concentração de DMS também será elevada no mosto após a fervura (porém, nessas condições, o conteúdo de nitrogênio coagulável também poderá estar correto). Por outro lado, uma temperatura de ebulição muito alta e um tempo de fervura muito longo resultarão na remoção de forma eficiente do DMS, porém o teor de nitrogênio coagulável que restará no mosto pós-fervura será muito baixo, o que poderá resultar em problemas de formação/retenção de espuma da cerveja.

Além do DMS, outros compostos voláteis indesejados serão removidos durante a fervura do mosto. Esses voláteis podem ser classificados em três grupos: (1) voláteis derivados de malte, (2) óleos de lúpulo e (3) compostos voláteis formados durante a fervura do mosto. Vários desses compostos foram detectados no vapor condensado da fervura do mosto e consistem em uma mistura de ácidos, álcoois, aldeídos, ésteres, furanos, hidrocarbonetos, cetonas, lactonas, pirazinas, pirrols e sulfetos. Estudos analíticos mostraram que a maioria desses compostos possui limiares de percepção de sabor baixo, sendo assim compostos ativos de sabor quando presentes na cerveja, entretanto são em sua maioria removidos logo nos estágios iniciais da fervura, e após o período de uma hora de fervura as concentrações desses indesejáveis serão ínfimas, não prejudicando assim o sabor da cerveja (BUCKEE; MALCOLM; PEPPARD, 1982).

6.6.7 Acidificação do mosto

Após a fervura, o mosto se torna levemente mais ácido que o mosto pré-fervura (normalmente 0,1 a 0,3 unidades de pH mais ácido para um processo de ebulição clássico) devido à formação de melanoidinas, extração de ácidos do lúpulo, precipitação de fosfatos alcalinos e liberação de íons H^+ com a formação de fosfatos de cálcio e magnésio. O uso de maltes escuros, que sofreram reações de Maillard mais intensas durante a secagem, promoverá uma maior diminuição do pH do mosto pós-fervura em comparação à utilização de maltes claros.

6.6.8 Evaporação de água

A fervura do mosto resulta na evaporação da água (que arrasta os compostos voláteis) e consequentemente aumenta a concentração do mosto. Durante a ebulição sob pressão atmosférica (processo convencional), 8 a 12% do volume inicial do mosto será evaporado. Alguns cervejeiros chegam a ferver o mosto por mais de 2h com uma taxa de evaporação de até 18%. Embora essas taxas de evaporação sejam necessárias para uma eficiente remoção dos compostos voláteis indesejáveis, alguns estudos mostraram que é possível reduzir essa taxa para até cerca de 2 a 4% sem risco de sabores indesejáveis ou outras influências negativas na qualidade da cerveja, como: amargor, formação e/ou retenção de espuma, teor de nitrogênio total e cor (BUCKEE; BARRETT, 1982).

6.6.9 Formação e remoção dos particulados ("*hot break*")

Vários compostos particulados são produzidos durante a fervura do mosto (chamado de *"hot break"*, quebra quente, em tradução literal). Esse material insolúvel tem em média tamanho de partícula entre 30 a 80 mm, e sua composição é de cerca de 40 a 70% de material proteico, 10 a 20% de ácidos amargos, 7 a 8% de polifeníos, 7 a 10 % de carboidratos, 1 a 2% de ácidos graxos e quantidades variadas de minerais. A quantidade em massa total de particulados no mosto como *hot break* varia entre cerca de 40 e 80 g/100L em peso seco (livre de extrato), e depende muito do conteúdo de compostos nitrogenados do malte, do processo de mostura e filtração do mosto, e da duração e intensidade da fervura. É sugerido que a quantidade desse particulado no mosto deve ser reduzida a menor do que 100 mg/L (WILLAERT, 2007).

Diferentes técnicas podem ser utilizadas para remover esse material insolúvel do mosto, sendo que essas técnicas de separação são baseadas na densidade e/ou tamanho das partículas, que incluem centrifugação ou sedimentação. A maneira mais simples é pelo emprego de técnicas de sedimentação, dentre elas a mais difundida é a remoção do *hot break* pelo método denominado de *whirlpool* (veja mais sobre essa técnica adiante na seção 8.2.1).

7

COMPOSIÇÃO QUÍMICA DO MOSTO

7.1 Breve contexto

A natureza dos materiais e os procedimentos utilizados para produzir o mosto tornam inevitável que sua composição seja complexa, e, de fato, é. Portanto, conhecer a composição exata do mosto não é tão necessário, desde que o cervejeiro saiba utilizar os ingredientes e os métodos de preparação para obter características desejáveis na cerveja de forma intencional e não por mero acaso.

A resposta do senso comum é de que o cervejeiro opera a cervejaria de maneira a produzir mosto que proporcione um desempenho satisfatório da fermentação. Mas também há de se levar em consideração que muitos componentes do mosto não serão utilizados pelas leveduras, no entanto esses podem contribuir com compostos de sabor, aroma e cor da cerveja.

A composição do mosto será influenciada pela natureza das matérias-primas e pelo gerenciamento dos processos utilizados em sua preparação. Com relação às matérias-primas: a natureza da água cervejeira, a combinação do *"grist"* de maltes, os adjuntos utilizados e as adições de lúpulo influenciarão na composição. O mosto produzido apenas com malte de cevada tende a ter um equilíbrio adequado entre açúcares fermentáveis e nitrogênio amino livre (FAN) para suprir as necessidades nutricionais das leveduras durante o seu crescimento e o processo de fermentação. Quando se utiliza altas concentrações de adjuntos açucarados (xaropes de frutose, sacarose, entre outros) haverá um impacto significativo nessas relações carbono/nitrogênio.

O gerenciamento do processo de preparação do mosto, como: as condições da mostura e fervura são de particular importância. Por exemplo, a utilização de temperaturas de mostura mais baixa irá favorecer a atividade contínua das proteases do malte e, portanto, formam-se concentrações elevadas de nitrogênio amino livre. Por outro lado, temperaturas de mostura mais altas favorecem as atividades das enzimas amilolíticas em relação às proteolíticas e, consequentemente, a proporção de açúcar fermentável em relação ao nitrogênio amino livre aumenta. Em ambos os casos, há vantagens e desvantagens, caberá ao cervejeiro estipular as melhores condições do processo para alcançar o objetivo proposto.

Ainda, a atividade das enzimas amilolíticas (atividade da α- e β-amilase e da dextrinase limite) possui diferentes temperaturas ótimas de trabalho e irá modular o perfil de açúcares do mosto. Até o método de filtração utilizado para separar o mosto das cascas do malte as condições de fervura influenciarão na composição do mosto que irá para o fermentador.

Na cervejaria, durante o processo de separação do mosto das cascas do malte (filtração), pode-se produzir um mosto brilhante e de alta limpidez. Porém mesmo esse mosto clarificado conterá uma pequena porção de resíduos em suspensão. Apesar de o critério de limpidez do mosto ser muitas vezes utilizado como padrão de qualidade, esses sólidos em suspensão, juntamente a uma parte da porção de material particulado residual do processo de fervura, servirão como fonte de lipídeos (especialmente ácidos graxos insaturados), que são essenciais para a nutrição da levedura na fase de crescimento celular, além de fornecerem locais de nucleação para auxiliar na formação das bolhas de dióxido de carbono, propiciando a sua liberação (SCHISLER; RUOCCO; MABEE, 1982).

Por fim, para exemplificar a complexidade de um mosto, consideramos como referência um de densidade específica dentro da faixa de 1,030 a 1,060 (7,5 a 15° Plato), e que pode ter contido no meio de 7,5 a 15% de sólidos dissolvidos. O pH do mosto fica na faixa de pH 5,0 a 5,3. A cor é altamente dependente dos maltes utilizados para a sua produção e varia entre amarelo pálido a preto opaco. A viscosidade do mosto depende do teor total de sólidos e da concentração de componentes como β-glucanos derivados do malte, com os valores típicos para mostos de densidades entre 1,030 a 1,106 (7,5 a 25° Plato) ficando entre 1,6 a 5,0 cP (centiPoise) (BOULTON; QUAIN, 2008). A composição do mosto na faixa de densidade citada compreende ainda cerca de 90 a 92% de carboidratos e 4-5% de componentes nitrogenados. O restante de sua composição consiste em uma grande faixa de compostos orgânicos que abrangem todos os principais grupos bioquímicos que poderiam ser extraídos de uma célula vegetal. Neste capítulo serão apresentados os constituintes mais relevantes presentes no mosto.

7.2 Carboidratos

Os carboidratos representam cerca de 90 a 92% dos sólidos totais dissolvidos no mosto. Os métodos de análise do mosto por cromatografia, desenvolvidos desde 1950 e aprimorados ao longo dos anos, são capazes de fornecer análises detalhadas dos seus constituintes principais e secundários. Entre os carboidratos fermentáveis, o dissacarídeo maltose é o mais abundante no mosto, seguido da maltotriose. Também compõem o mosto a glicose, a frutose (monossacarídeos) e a sacarose (dissacarídeo), como componentes principais. Entre os carboidratos não fermentáveis, o mais abundante são as dextrinas (LANGENAEKEN; DE SCHEPPER; DE SCHUTTER *et al.*, 2020; MACWILLIAM, 1968). Análises dos carboidratos presentes em mostos de diferentes densidades utilizados para produção de diferentes estilos de cervejas (lager e ale) são apresentados na Tabela 7.1. Os açúcares frutose, glicose, sacarose, maltose e maltotriose são fermentáveis, de forma que a concentração desses açúcares em relação aos açúcares totais dá uma medida da fermentabilidade teórica do mosto. Por exemplo, uma amostra de mosto do tipo lager com densidade 1,043, que contém 7,87 g/100 mL de açúcares fermentáveis para 10,26 g/100 mL de açúcares totais, a fermentabilidade teórica é de 76,7 %.

Tabela 7.1 – Composição de carboidratos de mostos com diferentes densidades (g/100mL)

Densidade Original (OG)	1,043	1,050	1,047	1,048	1,040
Tipo mosto	lager	lager	lager	lager	ale (clara)
Frutose	0,21	0,15	0,10	0,39	0.33
Glicose	0,91	1,03	0,50	1,47	1,00
Sacarose	0,23	0,42	0,10	0,46	0,53
Maltose	5,24	6,04	5,50	5,78	3,89
Maltotriose	1,28	1,77	1,30	1,46	1,14
Maltotetraose	0,26	0,72	1,27	-	0,20
Dextrinas totais	2,39	3,40	4,21	-	2,52
Total de açúcares fermentáveis	7,87	9,41	7,50	9,56	6,89
Açúcares totais	10,26	12,81	11,71		9,41
Fermentabilidade (%)	76,7	73,7	64,1		73,3

Fonte: adaptado de Langenaeken *et al.* (2020) e Macwilliam (1968)

Ainda de acordo com a Tabela 7.1, os mostos analisados apresentam fermentabilidades aproximadas na faixa de 64 a 77%, entretanto esse valor será extremamente dependente do poder enzimático do malte e do método utilizado na mostura. Por exemplo, alguns estudos mostraram que quando grandes quantidades de adjuntos de cereais são usadas (cerca de 50% de farinha de trigo) com maltes de poder diastático considerados normais, as fermentabilidades geralmente caem abaixo de 70%. Por outro lado, utilizando-se as mesmas condições, quando maltes de alto poder enzimático ou maltes verdes são empregados para compor o *grist*, as fermentabilidades excederam os 80%. A temperatura de mostura também influencia no teor de açúcares fermentáveis e não fermentáveis do mosto. Os mesmos estudos mostraram que uma redução de 2,8° C na temperatura de mostura em relação à temperatura utilizada como padrão de 65,5° C aumenta a fermentabilidade em cerca de 2 a 3%, enquanto um aumento de 2,8° C diminui a fermentabilidade do mosto em cerca de 2 a 3% (LANGENAEKEN; DE SCHEPPER; DE SCHUTTER *et al.*, 2020; MACWILLIAM, 1968).

A atenuação teórica raramente é alcançada durante a fermentação e a maioria das cervejas conterá resquícios de maltotriose, maltose, entre outros açúcares (veja mais em Carboidratos, seção 10.3).

Admite-se que a fração de não fermentáveis do mosto será, em média, aproximadamente 25% do total dos carboidratos e, de maneira genérica, essa parcela será composta por dextrinas e β-glucanos. Pequenas quantidades de monossacarídeos como arabinose, xilose e ribose, de dissacarídeos como isomaltose, de trissacarídeos como panose e isopanose também fazem parte dessa fração (ENEVOLDSEN; SCHMIDT, 1974). Assim, as verdadeiras dextrinas, contendo quatro ou mais unidades de glicose, compreendem cerca de 90% dos carboidratos não fermentáveis no mosto e mais tarde na cerveja.

Cerca de 40 a 50% das verdadeiras dextrinas são oligossacarídeos, contendo de 4 a 9 unidades de glicose, os restantes 50 a 60% são dextrinas de cadeias maiores, contendo 10 ou mais unidades de glicose. Estudos têm mostrado que o perfil de dextrinas e suas concentrações no mosto são idênticos aos encontrados na cerveja preparada a partir desse mesmo mosto, comprovando que dextrinas não serão metabolizadas pelas leveduras (BOULTON; QUAIN, 2008; ENEVOLDSEN; SCHMIDT, 1974; LANGENAEKEN; DE SCHEPPER; DE SCHUTTER *et al.*, 2020). A Tabela 7.2 mostra as concentrações individuais dos não fermentáveis presentes em um mosto de densidade de 1,048, em que é possível observar que as dextrinas contendo quatro unidades de glicose são as mais abundantes. A Tabela 7.3 apresenta a composição de carboidratos totais desse mesmo mosto.

Tabela 7.2 – Perfil de dextrinas de um mosto à base de malte pilsen, de densidade 1,048

Composição (grau de polimerização)	Concentração no mosto (g/100mL)	Composição (grau de polimerização)	Concentração no mosto (g/100mL)
1 (açúcar não fermentável)	0,03	11	0,06
2 (açúcar não fermentável)	0,07	12	0,08
3 (açúcar não fermentável)	0,12	13	0,12
4	0,39	14	0,11
5	0,12	15	0,08
6	0,15	16	0,05
7	0,14	17 - 21	0,29
8	0,17	22 – 27	0,19
9	0,18	28 - 34	0,12
10	0,07	35+	0,16

Fonte: adaptado de Enevoldsen e Schmidt (1974)

Tabela 7.3 – Composição dos carboidratos totais de um mosto à base de malte pilsen, de densidade 1,048

Composição	Total do extrato (%)
Dextrinas (4 ou mais unidades de glicose)	22,1
Açúcares não fermentáveis	2,0
Açúcares fermentáveis	66,9
Não carboidratos	9,0

Fonte: adaptado de Enevoldsen e Schmidt (1974)

As concentrações de β-glucanos no mosto serão muito dependentes do tipo de malte utilizado e das condições de mostura. Análise de mostos a partir de malte de cevada com densidade de 1,064 apresentaram concentrações de β-glucanos na faixa entre 560 e 630 mg/L. Quando o mosto é produzido utilizando-se cerais não maltados como parte do *grist*, essa concentração pode chegar a cerca de 1000 a 1300 mg/L (AASTRUP; ERDAL, 1987).

A degradação completa de um β-glucano produzirá moléculas de glicose, porém as proporções dos produtos de degradação dependerão da temperatura da mostura, uma vez que as β-glucanases poderão ser ou não ativadas pelo cervejeiro durante a produção do mosto. Os β-glucanos, juntamente aos pentosanos, contribuem para a viscosidade do mosto, e a sua ocorrência em altas concentrações em certas variedades de cevada e de outros cereais é um dos fatores que os torna inadequados para a maltagem para fins de fabricação de cerveja (VIËTOR; VORAGEN; ANGELINO, 1993).

7.3 Componentes nitrogenados

Os compostos nitrogenados correspondem a cerca de 4 a 5% do total dos sólidos dissolvidos no mosto, que compreende uma mistura de uma variedade de compostos que vão desde amônia, aminas simples (como a metilamina e a etilamina), aminoácidos de ocorrência natural, uma série de derivados de aminoácidos e de peptídeos simples até as proteínas complexas. Purinas e vitaminas contendo nitrogênio também estão presentes (DOS SANTOS MATHIAS; DE MELLO, 2014).

As proporções relativas de cada um desses grupos de compostos nitrogenados dependem da composição do *"grist"* de maltes e das condições de produção do mosto, assim, os fatores de controle serão: o teor de nitrogênio do malte, a quantidade e o tipo de adjunto em relação à quantidade de malte, a extensão da proteólise durante a mostura e a precipitação e remoção dos compostos nitrogenados durante as etapas de fervura e resfriamento do mosto.

O mosto pode conter mais que 1000 mg/L de nitrogênio total, dependendo das matérias-primas utilizadas e das condições do processo, sendo que de 700-800 mg/L é o mais comum, e análises das frações do nitrogênio solúvel do mosto mostraram que a maior parte, cerca de 58%, corresponde a peptídeos e aminoácidos livres, cerca de 22% aos polipeptídios e 20% a proteínas (MACWILLIAM, 1968). O volume de resultados publicados sobre esse tópico é muito grande e muito difundido para ser resumido de forma concisa, portanto apenas alguns exemplos serão selecionados para ilustrar os constituintes nitrogenados que ocorrem no mosto e como algumas condições do processo podem influenciar nessa composição.

A maior concentração de nitrogênio do mosto está na fração dos peptídeos e aminoácidos livres, e para um mosto com densidade entre 1,042 a concentração de aminoácidos está na faixa de 150 a 230 mg/L (BOULTON; QUAIN, 2008). A concentração mínima de aminoácidos recomendada para alcançar um crescimento satisfatório das leveduras e na sequência um adequado desempenho da fermentação é geralmente aceita na ordem de 150 a 200mg/L para mostos de densidade entre 1,040 e 1,048. Dessa forma, o fator limitante para o crescimento da levedura será o teor de oxigênio que será dissolvido no mosto após a etapa de resfriamento. Mostos com concentrações abaixo do recomendado em aminoácidos podem acarretar fermentações arrastadas e emperradas e com formação de excesso de compostos de enxofre, derivados de sulfeto (S^{2-}), como, por exemplo, sulfeto de hidrogênio (H_2S). Mostos com concentrações de aminoácidos muito acima do recomendado podem produzir excesso de massa celular de leveduras, e como consequência promover o aumento da concentração do diacetil (HILL; STEWART, 2019; MACWILLIAM, 1968).

O teor de aminoácidos do mosto é dependente dos maltes, devido ao fato de que muitos desses aminoácidos serão produzidos ainda no processo de maltagem e posteriormente solubilizados no mosto na etapa de produção, e ainda, durante a etapa de mostura, as proteases, em seu regime ótimo de trabalho, irão produzir aminoácidos a partir da degradação das proteínas do malte. Cerca de 30 a 50% dos aminoácidos presentes no mosto são produzidos pela ação das proteases durante a mostura, sendo o restante derivado diretamente do malte (formado durante a maltagem). As leveduras, sob condições apropriadas, podem assimilar todos os tipos de aminoácidos livres (consulte a seção 5.1.4) e cerca de 40% dos peptídeos menores (HILL; STEWART, 2019). A Tabela 7.4 apresenta o teor de aminoácidos livres presentes em um mosto preparado com malte de densidade 1,040.

Tabela 7.4 – Concentrações de aminoácidos presentes em um mosto de densidade 1,040 (em mg/100mL)

Aminoácido	Concentração	Aminoácido	Concentração
Prolina	44,5	Glicina	7,9
Glutamato	24,8	Iso-Leucina	7,5
Aspartato	18,9	Serina	7,4
Leucina	18,8	Ornitina	0,9
Treonina	17,2	Triptofano	traços
Fenilalanina	16,2	Histidina	traços

Aminoácido	Concentração	Aminoácido	Concentração
Arginina	15,5	Cistina	traços
Alanina	15,1	Cisteína	-
Valina	13,7	Metionina	-
Lisina	10,1	Hidroxiprolina	-
Tirosina	8,9		

Fonte: adaptado de Boulton e Quain (2008)

Para produzir aminoácidos no mosto é preciso, durante a mostura, ativar as aminopeptidases, que possuem atividade máxima em temperaturas entre 40 e 45° C e são inativadas entre 50 e 55° C, e as carboxipeptidases, que têm atividade máxima em temperaturas entre 50 e 60° C e são inativadas a 70° C (ver seção 6.3.1 – Processos de degradação enzimáticos). Os dados apresentados na Tabela 7.5 mostram que a temperatura de 60° C produziu um maior rendimento na produção de aminoácidos livres, indicando que a maior degradação das proteínas em aminoácidos é realizada, principalmente, pelas carboxipeptidases (CHEN; VAN GHELUWE; BUDAY, 1973). É importante ressaltar que o aumento de aminoácidos do mosto também contribui para o aumento do teor de nitrogênio amino livre (FAN).

Durante o crescimento das leveduras e o processo de fermentação do mosto ocorre uma redução significativa na concentração dos aminoácidos, sendo que a cerveja acabada terá uma concentração final, dependendo do aminoácido, estimada entre 40 a 75% menor que do mosto de partida (Tabela 7.5) (DOS SANTOS MATHIAS; DE MELLO, 2014).

Tabela 7.5 – Concentrações dos aminoácidos do mosto (mg/100ml) produzido em diferentes temperaturas de ativação enzimática durante a mostura e suas respectivas cervejas, fermentadas por leveduras ale (ente 17 a 22° C)

Aminoácidos	Mosto (40° C)	Cerveja	Mosto (60° C)	Cerveja	Mosto (70° C)	Cerveja
Glicina	12,4	7,3	13,5	4,3	12,1	5,3
Alanina	22,0	7,8	30,2	10,4	22,3	9,3
Valina	27,4	17,5	47,2	22,0	22,8	14,9
Leucina	14,2	8,3	32,4	11,5	8,2	3,5
Isoleucina	8,9	5,9	10,4	5,5	5,3	3,6

Aminoácidos	Mosto (40° C)	Cerveja	Mosto (60° C)	Cerveja	Mosto (70° C)	Cerveja
Fenilalanina	20,1	6,8	20,7	12,0	8,2	6,4
Tirosina	12,5	5,2	11,5	5,9	7,9	5,2
Triptofano	11,9	5,8	9,0	6,3	2,2	2,1
Serina	9,9	5,7	10,7	4,5	7,8	3,3
Treomina	17,2	10,7	20,4	7,9	12,4	6,9
Aspartato	12,9	5,8	16,0	7,4	8,1	3,5
Glutamato	16,4	7,9	27,7	15,8	16,6	9,5
Lisina	12,4	8,8	21,4	9,7	21,3	10,3
Arginina	23,4	17,3	32,9	25,3	34,3	24,0
Histidina	2,4	1,6	2,3	1,4	4,6	4,1
Metionina	7,2	3,2	9,7	4,5	6,8	3,9
Cistina	-	-	-	-	-	-
Cisteína	13,9	6,5	6,2	5,0	12,3	7,6
Prolina	48,7	45,7	61,3	58,4	49,2	45,7
Hidroxiprolina	3,7	2,8	4,9	4,5	3,5	2,6
Ornitina	Traços	3,9	-	4,9	1,0	6,4
Ácido 4-aminobutírico	15,5	13,6	21,3	16,5	11,3	9,1
Total	313,0	198,1	409,7	243,7	278,2	187,2

Fonte: adaptado de Chen *et al.* (1973)

A adição de adjuntos de cereais não maltados ao *"grist"*, como cevada, milho, arroz ou trigo, também pode impactar na extração de nitrogênio solúvel durante a etapa de mostura (HILL; STEWART, 2019). Estudos têm mostrado que a produção do mosto utilizando cevada não maltada misturada ao malte de cevada tem um efeito inibitório sobre as endopeptidases do malte, resultando em uma diminuição dos aminoácidos (e consequentemente de FAN) do mosto, porém sem impacto na extração dos carboidratos (ENARI; MIKOLA; LINKO, 1964; HILL; STEWART, 2019). A análise de mostos preparados a partir de malte de cevada e utilizando-se proporções de milho como adjunto mostrou uma diminuição da concentração de nitrogênio total e de FAN com o aumento da concentração do adjunto (Tabela 7.6).

Tabela 7.6 – Análise de mosto preparado a partir de malte de cevada e proporções de milho como adjunto

Adjunto (%)	0	20	30	40
Nitrogênio Total (mg/L)	1089	870	809	700
FAN (mg/L)	233	211	184	142

Fonte: adaptado de Boulton e Quain (2008)

A amônia também está presente na fração de nitrogênio amino livre (FAN) em concentrações de cerca de 25 a 30mg/L em mostos de densidade de 1,042. Ainda nessa fração também são detectados traços de várias aminas (normalmente abaixo de 10mg/L), entre elas: metilamina, dimetilamina, etilamina, butilamina, amilamina, tiramina, hordeína e colina, sendo que destas somente a colina é utilizada em quantidades consideráveis durante a fermentação (BOULTON; QUAIN, 2008; MACWILLIAM, 1968).

O mosto também pode conter vários ácidos nucléicos e seus produtos de degradação, sendo que a concentração total destes pode chegar a cerca de 280 a 330 mg/L. O total da fração de nitrogênio presente no mosto, cerca de 5,7 a 6,4%, consiste em purinas (adenina, guanina) e nucleosídeos (como adenosina e guanosina). Uma maior quantidade de ácidos nucleicos é produzida quando a proteólise é realizada a temperaturas mais próximas de 60° C, sendo que desse total aproximadamente de 10 a 20% serão consumidos na fermentação (MACWILLIAM, 1968).

A fração proteica e polipeptídica do mosto é constituída por um grupo diversificado de moléculas com pesos moleculares dentro do intervalo entre 5.000 e 100.000 Da. As proteínas com alta massa molar (>10^6 Da) contribuem para a textura da cerveja e na formação da espuma, embora esses compostos também possuam capacidade de interagir com polifenóis do mosto e contribuir para a formação da turvação da cerveja durante o armazenamento. Geralmente, a porção majoritária das proteínas com alta massa molar são removidas com as cascas dos grãos e as que não são degradadas pelas proteases precipitam durante o processo de produção, principalmente durante a fervura do mosto (DOS SANTOS MATHIAS; DE MELLO, 2014).

7.4 Polifenóis

Os polifenóis podem ser derivados do malte (ver seção 1.1.8) e do lúpulo (ver seção 2.4), são antioxidantes naturais que contribuem em grande parte para a atividade antioxidante do mosto e da cerveja, protegendo-a da oxidação e melhorando a estabilidade do sabor da cerveja. Por outro lado, os cervejeiros geralmente consideram os polifenóis um fator incômodo, pois são eles os responsáveis por promover a instabilidade coloidal (também chamada de instabilidade física) por meio da formação de complexos com proteínas, levando assim a uma turvação reversível e finalmente a uma turvação irreversível na cerveja, também denominada "haze" (ARON; SHELLHAMMER, 2010). No entanto, o impacto dos polifenóis do malte e do lúpulo nas propriedades organolépticas da cerveja permanece uma questão de debate. Até recentemente, a visão dominante era de que os polifenóis não teriam nenhuma contribuição importante para o sabor da cerveja (GOIRIS; JASKULA-GOIRIS; SYRYN et al., 2014; MCMURROUGH; DELCOUR, 1994). Mais recentemente, têm sido relatados os efeitos do sabor, especialmente no amargor e na sensação de boca, causados por polifenóis do lúpulo.

Os constituintes polifenólicos do mosto são espécies químicas complexas que podem ser compostas de monômeros, oligômeros e polímeros e se enquadrarem em quatro classes distintas (BIENDL, 2009; HOUGH; BRIGGS; STEVENS et al., 1982), sendo as três principais listadas abaixo.

A primeira classe é composta pelos ácidos fenólicos, derivados do ácido hidroxibenzoico e ácido hidróxicinâmico. Estes incluem, entre outros, os ácidos: *p*-hidroxibenzoico, vanílico, sérico, *p*-cumárico e ferúlico, e que não impactam na estabilidade coloidal da cerveja. A segunda classe são os flavonóis (ver seção 2.3.1), extraídos principalmente do lúpulo. Estes consistem em quercitina e kaempferol e seus glicosídeos. Quando presentes no mosto, podem passar para a cerveja pronta, porém estes também não terão impacto na estabilidade coloidal da cerveja. Entretanto, tanto os compostos fenólicos da primeira quanto da segunda classe influenciam nas características organolépticas da cerveja, como sensação de boca, sabor e aroma.

Por exemplo, há estudos que afirmam que os polifenóis, por um lado, podem conferir um efeito positivo no corpo da cerveja, mas, por outro lado, também podem causar um amargor desagradável quando presentes em altas concentrações (GOIRIS; JASKULA-GOIRIS; SYRYN et al., 2014). Em outros estudos, verificou-se um aumento da persistência do amargor e da adstringência do líquido conforme o aumento do grau de polimerização dos polifenóis (PELEG; GACON; SCHLICH et al., 1999). É verificado também que, com o aumento progressivo dos níveis de polifenóis, um forte amargor é percebido, juntamente a um aumento da adstringência da cerveja. Níveis muito elevados de polifenóis podem resultar, além de forte amargor, em características medicinais ou metálicas na cerveja (MCLAUGHLIN; LEDERER; SHELLHAMMER, 2008).

A terceira classe são os flavan-3-óis, monoméricos: catequina e a epicatequina (encontradas no lúpulo) e os oligoméricos: prodelfinidina B3 e Procianidina B3 (detectados no malte). Os flavan-3-óis oligoméricos consistem em cadeias curtas de monômeros de flavan-3,4-diol (como, por exemplo, leucoantocianidina) ligados a catequina ou epicatequina. Os polímeros mais abundantes desse tipo são as proantocianidinas (ou taninos condensados), assim denominadas por produzirem antocianidinas quando expostas a condições ácidas na presença de oxigênio. Esses compostos têm a capacidade de reticular e formar polímeros de alto peso molecular e também formar complexos com proteínas e polipeptídios, que poderão impactar na estabilidade coloidal da cerveja acabada, causando turvação (BOULTON; QUAIN, 2008).

As proteínas que podem se combinar como os polifenóis encontram-se normalmente na faixa de peso molecular de 10.000 a 60.000 Da. Esses complexos são formados por meio de ligações de hidrogênio, em que os átomos de hidrogênios (H) dos grupos hidroxila dos polifenóis interagem com nitrogênio e oxigênio (polares) das proteínas (Figura 7.1). Uma molécula de polifenol pode interagir por ligação de hidrogênio com várias moléculas de proteínas, resultando em um complexo com várias proteínas que se tornam insolúveis no meio. À medida que mais interações ocorrem, o complexo se torna mais e mais estável (MOSHER; TRANTHAM, 2017).

Figura 7.1 – Formação de compostos turvadores da cerveja a partir da interação proteína-polifenol

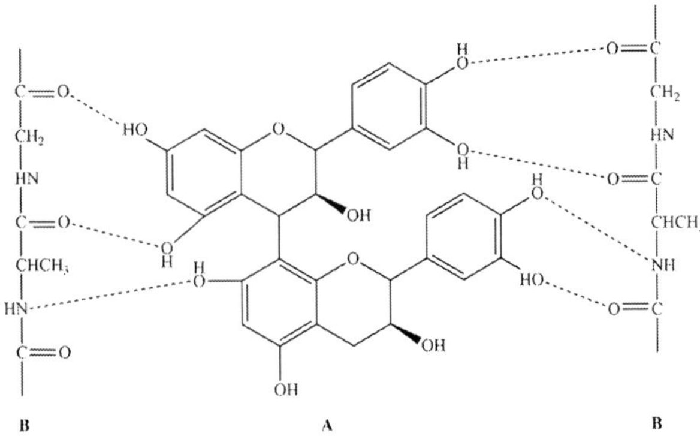

Nota: os polifenóis (A) interagem por meio de ligações de hidrogênio com seções das (B) proteínas

Fonte: adaptado de Mosher e Trantham (2017)

As concentrações de polifenóis, derivados do malte e do lúpulo, durante a produção do mosto, são complexas e podem variar bastante durante o processo de produção. Os estágios mais significativos dessa variação serão durante a fervura do mosto com a formação do "hot break" e após o resfriamento do mosto (cold break), juntamente à oxidação que acompanha a oxigenação do mosto, em que grande parte desses compostos turvadores são removidos.

A Tabela 7.7 apresenta a evolução dos compostos turvadores da cerveja ao longo do processo. É possível verificar que os níveis de flavan-3-óis e os taninos condensados (na forma de antocianogênios) totais diminuem progressivamente durante o processamento do mosto, até a maturação da cerveja, com uma menor diminuição durante o armazenamento do líquido. A tabela ainda mostra que um mosto lupulado, contendo 46,2 mg/L de flavan-3-óis totais, conterá uma fração correspondente a 39% do tipos simples (como monômeros: catequina e epicatequina), 18% poliméricos, e os 43% restantes, complexados (MCMURROUGH; DELCOUR, 1994; MCMURROUGH; HENNIGAN; LOUGHREY, 1983).

Tabela 7.7 – Concentração (em mg/L) de flavan-3-óis totais, antocianogênios e de flavan--3-óis simples, poliméricos e complexos em mostos e cervejas

Amostra	Flavan--3-óis totais	Taninos condensados (Antocianogênios)	Flavan--3-óis simples	Flavan--3-óis poliméricos	Flavan--3-óis complexados
Mosto	52,1	150	26,2	12,2	13,3
Mosto lupulado	46,2	135	18,6	8,8	19,6
Mosto após fervura	34,5	105	14,7	7,7	12,7
Mosto fermentado	37,9	90	16,1	3,8	15,0
Cerveja filtrada*	29,0	60	15,9	1,8	10,9
Cerveja engarrafada**	25,0	45	14,1	3,8	6,7

(*) após maturação em 2° C por 5 dias, (**) armazenada por 3 meses a 21° C
Fonte: adaptada de Mcmurrough et al. (1983)

7.5 Lipídios

Os lipídios do mosto podem ser oriundos do malte, lúpulo e adjuntos. A cevada contém até 4,4% de seu peso seco em lipídeos, quando medido como teor de ácido graxo total. Os maltes de cevada podem conter até 3,4% de lipídios, sendo que as proporções dos ácidos graxos constituintes são semelhantes às da cevada, em que, em ambos, cerca de 70% dos ácidos graxos estão presentes como triglicerídeos. Os adjuntos mais comuns utilizados na produção de cerveja podem conter até 4% de lipídios, por exemplo, o milho em flocos possui 3,7% de conteúdo lipídico (ANNESS, 1984).

As concentrações e composições do conteúdo lipídico vão se alterando consideravelmente durante os processos de transformação da cevada em malte, produção do mosto, fermentação e da cerveja acabada. Estudos mostram que 30% do conteúdo lipídico do grão de cevada é consumido durante a etapa de germinação na produção do malte (ANNESS, 1984). Na produção do mosto, somente uma pequena fração dos lipídios derivados do malte permanecerá nas etapas posteriores, em que serão, quase em sua totalidade, consumidos durante o crescimento da levedura, e favorecerão a viabilidade da fermentação. A presença de lipídios em excesso na cerveja acabada geralmente contribui para o desenvolvimento de compostos associados ao envelhecimento da cerveja, uma vez que são facilmente oxidados, contribuindo com sabores associados a cerveja velha (MUXEL, 2019) (ver seção 11.3.2 – trans-2-nonenal).

O método utilizado na separação do mosto das cascas do malte terá um efeito significativo na extração de lipídios. Em uma cervejaria que utiliza filtro prensa para separar o mosto, extraem-se cerca de 4,5% dos lipídios do malte (cerca de 70 a 140 mg/L), porém quando o método de separação é realizado na tina filtro, há somente cerca de 1% de extração (cerca de 10 a 80 mg/L). Para o cervejeiro caseiro que utiliza como método de extração fundo falso ou bazooka, o teor de lipídios pode variar na faixa de 0,3 a 1,0% (ANNESS; REUD, 1985). No mosto, os ácidos graxos livres são os lipídios mais abundantes, enquanto os triacilgliceróis formam a maior fração esterificada (Tabela 7.8).

Tabela 7.8 – Concentração dos lipídios do mosto com densidade 1,048

Componente	Concentração (mg/L)
Ácidos graxos livres (C4 – C10)	0 – 1
Ácidos graxos livres (C12 – C18)	18 – 26
Triacilgliceróis	5 – 8
Diacilgliceróis	0,2 – 0,5
Monoacilgliceróis	1,6 – 1,8
Ésteres de esterol	0,1 – 0,2
Esterol livres	0,2 – 0,4
Fosfolipídios + Glicolipídios	3,0
Hidrocarbonetos e ceras	0,7
Ésteres de ácidos graxos	1,2 – 1,3

Fonte: adaptado de Anness e Reud (1985) e Macwilliam (1968)

A contribuição do lúpulo na concentração de lipídios no mosto também é significativa, os grânulos de lúpulo são ricos em ácido α-linolênico (ácido graxo 18:3), sendo essa a principal fonte desse ácido no mosto. Os principais ácidos graxos encontrados nos estágios da produção de mosto são: ácido palmítico (16:0), ácido esteárico (18:0), ácido oleico (18:1) (A), ácido linoleico (18:2) (B) e ácido α-linolênico (18:3) (C), e sua composição percentual em cada estágio está resumida na Tabela 7.9. Nos dados apresentados na tabela podemos observar que grande parte do conteúdo lipídico presente no mosto será perdido junto ao bagaço do malte e na forma de sólidos (*trub*) após a etapa de fervura do mosto (ANNESS; REUD, 1985).

Tabela 7.9 – Composição de ácidos graxos (%) das matérias-primas e do mosto produzido em tina filtro

Ácido graxo	16:0	18:0	18:1	18:2	18:3
"*Gist*" de maltes	20,8	1,0	11,3	57,9	8,9
Bagaço dos grãos	25,2	0,8	10,5	57,5	6,0
Mosto	41,4	3,4	5,4	45,3	4,4
Lúpulo	11,4	1,3	6,5	47,4	33,4
Sólidos na forma de "*trub*"	24,0	1,1	6,9	49,3	18,6
Ajunto na forma de xarope	45,3	19,5	5,5	24,7	5,0
Mosto pronto para o inóculo	59,8	6,2	3,9	24,9	5,8

Fonte: adaptado de Anness e Reud (1985)

Figura 7.2 – Estrutura dos principais ácidos graxos do mosto

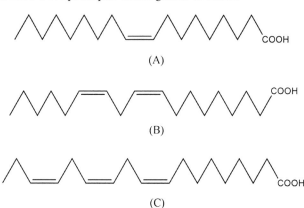

(A) ácido oleico, (B) ácido linoleico e (C) ácido α-linolênico
Fonte: o autor

O incremento do número de insaturações, ou seja, das ligações duplas entre átomos de carbono nas estruturas químicas apresentadas na, representa um aumento na reatividade desses lipídios. Logo, a presença do ácido α-linolênico na cerveja pronta impactará numa probabilidade maior de encontrarmos compostos indicativos do envelhecimento da cerveja, quando comparado a uma cerveja com a mesma quantidade de ácido oleico, por exemplo.

7.6 Compostos de enxofre

Os compostos de enxofre contidos no mosto têm origem da água cervejeira, malte e lúpulo, e podem ser tanto de natureza inorgânica como orgânica. A concentração desses compostos em um mosto de densidade de 1,048 pode ser de cerca de 90 mg/L, dos quais 60% estão como moléculas orgânicas e o restante na forma inorgânica. Os principais compostos inorgânicos de enxofre incluem o ânion sulfato (SO_4^{2-}), derivado da água, e os compostos voláteis, sulfeto de hidrogênio (H_2S) e dióxido de enxofre (SO_2), que podem ser formados a partir da decomposição de amino ácidos durante a maltagem e o processo de mostura, tendo sua concentração drasticamente reduzida durante a fervura do mosto. Concentrações de cerca de 5,9 a 8,8 mg/L de H_2S podem ser encontradas no mosto (MACWILLIAM, 1968).

Os compostos orgânicos de enxofre do mosto incluem os aminoácidos contendo este elemento: metionina, cistina e cisteína; além disso, existem outros compostos bioquímicos contendo enxofre, como a glutationa, tiamina e a coenzima A (livre ou esterificada). No mosto após o resfriamento, ainda irá conter dimetil sulfeto (DMS), o seu precursor s-metilmetionina (SMM), e também dimetilsulfóxido (DMSO). A proporção de cada um depende da variedade de malte utilizado, da duração da fervura do mosto e das condições empregadas no resfriamento do mosto. Geralmente mostos prontos para a adição do inóculo de leveduras, de densidade 1.045, contêm cerca de 200 a 700 µg/L de dimetilsulfóxido e cerca de 30 a 50 µg/L de S-metilmetionina e dimetilsulfeto. No entanto, muita variação é possível dependendo da combinação de efeitos discutida acima (ANNESS; BAMFORTH, 1982).

Entre outros compostos de enxofre voláteis que são derivados do malte e encontrados no mosto não lupulado – com densidade 1,048 (12° P) –, destacam-se o metanotiol (A) (gerado a partir da degradação do metional ou metionina), dissulfeto de dimetila (B) (gerado por associação de duas moléculas de metanotiol), tiofeno (C) (formado pela reação de cisteína com produtos da reação de Maillard). O trissulfeto de dimetila (D) foi facilmente detectado no mosto, apesar da crença geral de que esse composto aromatizante pertence aos constituintes típicos da fração de óleo de lúpulo (DE SCHUTTER; SAISON; DELVAUX et al., 2008). No entanto, analogamente à produção do dissulfeto de dimetila, o trissulfeto de dimetila também pode ser formado a partir do metional (E), sendo que esse processo também é observado durante o envelhecimento da cerveja (GIJS; PERPETE; TIMMERMANS; COLLIN, 2000).

Figura 7.3 – Compostos voláteis de enxofre do mosto derivados do malte

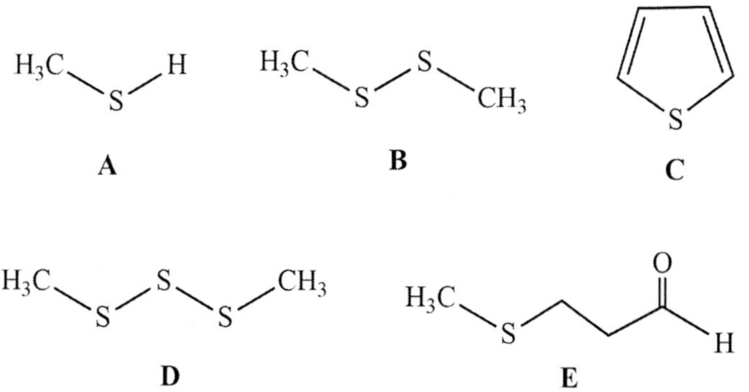

(A) metanotiol, (B) dissulfeto de dimetila, (C) tiofeno, (D) trissulfeto de dimetila e (E) metional
Fonte: o autor

O lúpulo pode contribuir com até cerca de 30 compostos de enxofre, identificados principalmente na fração dos óleos essenciais. Estes incluem dimetilsulfeto, outros sulfetos de polimetil e vários tioésteres. Além disso, o tratamento do lúpulo com enxofre elementar (como antifúngico) pode levar a reações com constituintes do óleo de lúpulo para formar o dissulfeto de␣mirceno (SEATON; SUGGETT; MOIR, 1982). As concentrações relativas desses compostos que irão persistir no mosto são dependentes das variedades de lúpulo utilizados ou produtos correlatos e das condições de produção do mosto (para mais sobre óleos essenciais contendo enxofre, veja seção 2.2.2.3).

7.7 Conteúdo mineral

Os íons presentes no mosto são derivados principalmente da água cervejeira, embora os outros ingredientes também contribuam. Quanto maior a densidade do mosto, maior o conteúdo de íons derivados do malte, e quanto maior a quantidade de lúpulo utilizado, maior a contribuição deste para o conteúdo de minerais. Quando o mosto é produzido a partir de água dura, a principal fonte de íons é a própria água cervejeira, enquanto a produção de mostos para preparação de cervejas lagers do tipo pilsener, que utilizam água com conteúdo mineral muito baixo, a principal fonte de íons torna-se o malte e o lúpulo.

Algumas cervejarias preparam a água cervejeira a partir de água que foi completamente desmineralizada, adicionando os minerais em concentrações consideradas apropriadas para um certo estilo de cerveja. Esse tipo de água conterá um conteúdo mineral mais simples em comparação a águas obtidas do sistema de distribuição local. Dessa forma, haverá uma variação muito acentuada na composição de íons em mostos analisados individualmente. A seção 3.3 apresenta um detalhamento da importância de cada um dos íons presentes na água e a sua influência nas características da cerveja final.

É importante ressaltar que o mosto possui vários compostos que podem se ligar aos íons metálicos presentes no meio, formando complexos estáveis. Caso esse complexo formado seja insolúvel, existe a possibilidade de este se perder durante a produção do mosto e, assim, acarretar deficiências na fermentação pela ausência de certos minerais. Como exemplos temos os íons cálcio (Ca^{2+}), que podem complexar com polifenóis, e os íons zinco (Zn^{2+}), que podem se complexar a aminoácidos. Uma vez que uma proporção de aminoácidos (como polipeptídeos ou proteínas) e polifenóis do mosto será removida como particulados sólidos na fervura do mosto como *"hot break"* e durante o resfriamento do mosto como *"cold break"*, pode ocorrer a perda desses íons metálicos complexados com o sólido que será removido e descartado durante o processo. Caso seja identificado na cervejaria deficiências no processo derivadas da falta de íons, uma suplementação pode ser realizada adicionando os íons metálicos ao mosto dentro do fermentador.

7.8 Outros componentes

A cerveja contém quantidades consideráveis de ácidos orgânicos simples, em sua maioria derivados do processo de fermentação, como resultado do metabolismo das leveduras, no entanto pequenas concentrações desses compostos podem estar presentes no mosto antes de receber o inóculo. O ácido orgânico mais abundantes é o ácido cítrico, que em sua forma desprotonada, como citrato, é encontrado em concentrações de cerca de 170 mg/L, em mostos de densidade 1,048 e, ainda, no mesmo mosto são encontradas concentrações de cerca de 50 mg/L de gluconato e 60 mg/L de malato, correspondendo aos ânions dos ácidos glucônico e málico, respectivamente. Ácidos orgânicos dicarboxílicos como o ácido succínico (succinato), ácido fumárico (fumarato), ácido oxálico (oxalato) e ácido α-cetoglutárico (α-cetoglutarato) estão presentes em concentrações próximas a 10 mg/L, e bem abaixo dessa concentração estão presentes os derivados dos ácidos pirúvico (piruvato) e do ácido lático (lactato) (BOULTON; QUAIN, 2008; MACWILLIAM, 1968).

Todos esses ânions, derivados da desprotonação de ácidos carboxílicos, podem se ligar aos metais presentes no mosto, principalmente Mg^{2+}, Ca^{2+}, Cu^{2+} e Zn^{2+}. Em particular o ácido oxálico pode se ligar aos íons Ca^{2+} e formar cristais de oxalato de cálcio. Esses cristais quando presentes na cerveja podem ser responsáveis por causar o efeito de *"gushing"*.

Por fim, o mosto também é rico em vitaminas, o seu conteúdo aproximado em µg/L encontra-se na faixa de: 150 a 750 para tiamina (ou vitamina B1); 150 a 200 para a piridoxina (ou vitamina B6); 20 a 50 de ácido *p*-aminobenzoico (ou vitamina B10); 1500 a 2500 de ácido nicotínico (ou niancina, ou vitamina B3); 40.000 a 45.000 de inositol; 150 a 250 de pantotenato (ou vitamina B5); 5 a 10 de biotina; 300 a 500 de riboflavina (ou vitamina B2) e 50 a 100 de ácido fólico (ou vitamina B9) (GRAHAM; SKURRAY; CAIGER, 1970; MACWILLIAM, 1968; ŠILHÁNKOVÁ, 1985). A vitamina B7 e a vitamina B8 eram consideradas distintas, entretanto, a partir de estudos mais avançados, compreendeu-se que se trata da mesma substância, a biotina, que também pode ser encontrada citada em referências como vitamina H ou coenzima R.

Algumas vitaminas hidrossolúveis são utilizadas pelas leveduras durante o seu crescimento e na fermentação do mosto, e, dessa forma, a cerveja conterá um conteúdo menor dessas vitaminas do que as concentrações presentes no mosto de origem. De toda forma a cerveja conterá quantidades significativas de várias vitaminas que poderão ser ingeridas por meio do seu consumo moderado (ver mais sobre vitaminas na cerveja na seção 10.4). Em contrapartida, as vitaminas lipossolúveis são perdidas durante o processo de produção da cerveja com os produtos insolúveis (bagaço dos grãos, sólidos na forma de "*trub*" e levedura) e não são encontradas no produto final.

PARTE IV

FERMENTAÇÃO E MATURAÇÃO

8

FERMENTAÇÃO

8.1 Breve contexto

As leveduras são os atores principais do processo de fermentação, porém a bioquímica da fermentação pode ser influenciada além da cepa da levedura, por outros dois parâmetros, a saber: a composição do mosto e o controle dos parâmetros de fermentação.

A cepa da levedura utilizada é escolhida em função do potencial de produzir cerveja com os subprodutos em níveis desejados. O papel central do metabolismo da levedura na produção de compostos de aroma e sabor está bem estabelecido, sendo que esses compostos são subprodutos da síntese de elementos necessários ao seu crescimento e metabolismo (ver em bioquímica da levedura, Capítulo 5). As concentrações dos produtos de excreção das leveduras que irão compor parte do perfil sensorial da cerveja variam de acordo com os padrões de crescimento celular, e que dependem das condições do meio onde estão inseridas.

O mosto apresenta-se como um meio de crescimento completo para a levedura e, apesar de ter composição complexa e de não ser possível realizar a determinação de sua composição exata, quando é produzido a partir de malte de cevada e com água cervejeira de uma composição iônica apropriada fornecerá um meio com potencial para produzir biomassa de levedura, etanol e os componentes de aroma e sabor em quantidades equilibradas e desejadas. Para maximizar esse potencial, é necessário controlar os parâmetros de fermentação como a temperatura e a taxa de inóculo de leveduras. Para simplificar o entendimento, os nutrientes do mosto podem ser categorizados por classes (como visto no capítulo anterior), e então pode-se estabelecer relações entre a assimilação dessas classes de nutrientes do mosto e a formação de produtos do metabolismo da levedura. Essa categorização é uma ferramenta muito utilizada como estratégia para produzir mudanças controladas na fermentação no intuito de alcançar objetivos organolépticos específicos na cerveja final. Por exemplo, alterar a proporção de carbono/

nitrogênio do mosto ou aumentar os carboidratos fermentáveis com adição de xarope de açúcar como adjunto poderá produzir propositalmente uma cerveja mais alcoólica e com menos corpo.

A escolha do genótipo da cepa de levedura a ser utilizada é fundamental para o resultado da fermentação. Por exemplo, a faixa de metabolitos de aroma e sabor em níveis perceptíveis será determinada tanto pela cepa da levedura quanto pelas condições estabelecidas durante a fermentação. A concentração máxima de etanol que poderá ser gerada durante a fermentação também é determinada pelo genótipo da levedura (tolerância ao etanol), sendo que esse parâmetro pode ser útil ao cervejeiro para limitar a concentração máxima de carboidratos fermentáveis presentes no mosto, ou até mesmo servir de critério, se for o caso, de adição de açúcares adicionais, que poderão ser usados sem efeito prejudicial à levedura.

A expressão fenotípica do genótipo da levedura é modulada pelo controle da fermentação dentro do fermentador por meio das condições de temperatura, pressão, concentração de CO_2 e pH, que têm o potencial de provocar respostas bioquímicas específicas na levedura. Condições desfavoráveis podem provocar um estresse na levedura, e os subprodutos produzidos podem ser indesejáveis. Para otimizar a expressão das características desejáveis das cepas escolhidas, o cervejeiro deve gerenciar as condições favoráveis durante todo o processo de fermentação.

Os aspectos do manuseio das leveduras serão cruciais para o bom desempenho bioquímico do processo de fermentação. Idealmente, o inóculo deve ter uma condição fisiológica consistente, e ser empregado na sua fase exponencial de crescimento, favorecendo dessa forma um "arranque" rápido da fermentação. Para tal, um inóculo deve ser especificamente cultivado para esse fim. No entanto, é prática comum utilizar como inóculo leveduras colhidas de uma fermentação anterior. Como consequência, este será composto de células em fase estacionária, com membrana celular pobre em lipídios, esteróis e ácidos graxos insaturados, sendo que a reposição dessas reservas e a restauração da função da membrana dependem do suprimento de oxigênio fornecido ao mosto no início da fermentação. Dessa forma, o bom desempenho dessa etapa estará na capacidade da cepa em fase estacionária migrar para a fase de crescimento, associada à assimilação simultânea de nutrientes do mosto e à transição de condições aeróbias para anaeróbicas.

A prática de reinoculação da levedura requer a utilização de taxas maiores de inóculo, associada a um maior controle da concentração de oxigênio dissolvido no mosto. Por exemplo, o recomendado para um mosto de densidade 1,048 é uma concentração de cerca de 10 milhões de células vivas por mililitro de mosto. Porém, a proporção de células inoculadas deve levar em conta, além da densidade do mosto, a temperatura de fermentação e o genótipo da cepa da levedura utilizada, e pode variar de cerca de 10 a 25 milhões de células vivas por mililitro de mosto (VERBELEN; DEKONINCK; SAERENS et al., 2009). Outro cuidado que se deve ter ao se utilizar dessa técnica da reutilização é que, ao contrário das bactérias, as células de leveduras têm uma vida útil finita e passam por um processo de envelhecimento e, como qualquer outra célula mortal, modificações genotípicas e fenotípicas são possíveis devido aos efeitos do envelhecimento das células. Na maioria das cervejarias modernas, um novo lote de levedura é propagado ou cultivado entre 7 a 20 gerações, ou ocasionalmente até mais. De forma prática, ao se perceber alterações organolépticas no lote de cerveja produzida utilizando-se leveduras de reinóculo, deve-se evitar o uso desta no próximo lote, introduzindo novas cepas de leveduras puras para se iniciar uma nova geração.

Obviamente, essa técnica de reutilização de leveduras não é adequada quando se pretende produzir cervejas de diferentes estilos, isso se deve às leveduras adsorverem em sua parede celular componentes de cor e de amargor presentes no mosto, e em contato com um novo mosto esses componentes podem ser dessorvidos, deixando as características da cerveja diferentes do pretendido, principalmente em relação a alterações de cor e amargor (HOUGH; HUDSON, 1961).

Por fim, o objetivo deste capítulo é fornecer informações que permitam uma compreensão aprofundada sobre a influência que o controle da fermentação possui na qualidade da cerveja. Esse conhecimento auxilia o cervejeiro a produzir cervejas de forma mais consistente, uma vez que, para se obter os resultados desejados, é necessário oferecer as melhores condições, de acordo com as especificidades da cepa de levedura que se está utilizando, para otimizar seu crescimento e metabolismo.

8.2 Recepção do mosto no fermentador

A recepção do mosto no fermentador caracteriza a parte inicial do gerenciamento da fermentação. Isso deve ser feito de forma que, após a conclusão do processo, as condições iniciais adequadas à fermentação estejam estabelecidas no tanque de fermentação cheio. À primeira vista, isso pode parecer uma operação relativamente direta, no entanto envolve várias etapas distintas que, se realizadas incorretamente, terão efeitos adversos no desempenho da fermentação e na qualidade da cerveja. Os parâmetros que devem ser controlados durante o processo de transferência do mosto e a sua recepção no fermentador são: volume, densidade, temperatura, esterilidade e clarificação. Além disso, em algum ponto desse processo, oxigênio e as leveduras deverão ser adicionados. O tempo total necessário para encher o fermentador assim como o tempo de adição de oxigênio e levedura devem ser considerados. Finalmente, deve-se avaliar se há necessidade de realizar alguma correção dos nutrientes do mosto no fermentador, a fim de alcançar a composição desejada.

8.2.1 Remoção de sólidos – *"trub"*

A etapa final da preparação do mosto é a fervura, e nesse ponto do processo teremos um lote de mosto lupulado, estéril, com cor, sabor e quantidade de açúcares que foram idealizados e produzidos pelo cervejeiro. Durante toda a etapa de fervura do mosto, ocorre a formação do *"hot break"* (discutido na seção 6.6), que produz um material particulado chamado *"trub"* (advindo do alemão o nome [ou substantivo] *"trub"*, que significa resíduos ou sedimentos), que consiste em um material heterogêneo formado por proteínas coaguladas, complexos de proteínas-polifenóis, de material rico em lipídios, minerais e componentes insolúveis derivados do lúpulo, entre outros.

Há muitas controvérsias sobre a presença do *"trub"* no fermentador (ver mais adiante), mas de maneira geral, por mais que o cervejeiro se esforce para remover o material não dissolvido, não conseguirá evitar que parte dos sólidos insolúveis acabem parando dentro do fermentador. É fato que, desde a fervura do mosto, passando por seu resfriamento, fermentação, maturação até a centrifugação ou filtragem final da cerveja (se for o caso) os particulados que precipitam serão formados continuamente, e em algum momento do processo será necessário fazer a sua remoção, ou várias remoções enquanto durar o processo. Caberá ao cervejeiro gerenciar essas etapas de remoção de precipitados, pois os compostos insolúveis no final do processo poderão comprometer a qualidade da cerveja, principalmente com relação à turvação.

A remoção do "trub" é realizada por meio de agitação do mosto enquanto ele ainda se encontra na tina de fervura, onde o mosto é bombeado continuamente da borda inferior da tina e devolvido tangencialmente à borda interna na mesma tina, fazendo que todo o líquido gire, com uma duração de 10 a 20 minutos em média. Esse redemoinho (denominado de *whirlpool*) do mosto ainda quente ajuda na clarificação, pois à medida que o mosto gira, as moléculas de água se movem muito rapidamente na parte mais externa e muito lentamente no centro da tina, forçando assim os sólidos suspensos a moverem-se lentamente em direção ao centro do redemoinho. Nesse caso, a força que impulsiona o movimento em círculo é uma força centrípeta. Quando o bombeamento cessa, espera-se cerca de 10 a 20 minutos para permitir que o mosto desacelere, até o ponto em que o líquido não se mova mais, então os sólidos se depositam, formando uma pilha no centro do recipiente, podendo agora o líquido ser retirado da tina. Em recipientes menores, como as panelas utilizadas por cervejeiros caseiros, o "*whirlpool*" pode ser feito girando o mosto com a pá ou colher cervejeira.

8.2.2 Resfriamento do mosto

Após a separação do "trub", o mosto precisa ser resfriado antes de ser adicionado no fermentador. Frequentemente, as temperaturas necessárias para o início da fermentação estão na faixa de 10 a 24° C, dependendo muito do estilo de cerveja e da levedura utilizada. O resfriamento do mosto após o "*whirlpool*" deve ocorrer rapidamente e de forma asséptica, pois conforme o mosto esfria, fica susceptível à contaminação. Por ser rico em nutrientes, o mosto torna-se um meio de cultura ideal para a proliferação de leveduras selvagens, bactérias e outros microrganismos. Portanto, para evitar contaminações, o tempo de operação do resfriamento deve ser otimizado para garantir que a levedura seja inoculada ao mosto frio e inicie o processo de fermentação no menor tempo possível.

O processo de resfriamento é realizado por meio do uso de trocadores de calor. Um trocador de calor é um dispositivo que transfere calor de um fluido mais quente para um fluido mais frio por condução térmica. Projetado para manter o líquido quente (mosto) separado do líquido frio (água, etanol ou glicol) durante a troca, a transferência térmica ocorre pelo contato do material que os separa. De acordo com a segunda lei da termodinâmica, a energia fluirá do objeto com a temperatura maior para o objeto com a menor temperatura, e a transferência se torna mais eficiente quanto maior for a área e o tempo de contato e a diferença de temperatura entre os dois líquidos (MOSHER; TRANTHAM, 2017).

Trocadores de calor são classificados de acordo com sua construção, e o trocador do tipo de placas é o mais comumente empregado em cervejarias. Um trocador de calor de placas é construído a partir de muitas placas finas, empilhadas em conjunto com um pequeno espaço entre cada placa. Como a área de superfície das placas é muito grande e como as placas podem ser feitas de um material muito fino, os trocadores de calor a placas podem ser incrivelmente eficientes na transferência de energia, além de serem mais fáceis de desmontar e limpar, o que se torna uma vantagem para uma cervejaria. A capacidade da bomba que faz o líquido passar pelo trocador de calor deve ser dimensionada para não provocar o fenômeno de cavitação, que é o fenômeno físico de vaporização de um líquido e que consiste na formação de bolhas de vapor pela redução da pressão durante seu movimento, ocorre no interior de sistemas hidráulicos e pode danificar o equipamento ao longo do tempo.

Os trocadores de calor de placa são dimensionados de forma que o mosto quente (acima de 90° C após o "*whirlpool*") flua pelo trocador e seja resfriado a cerca de 20° C sem redução na velocidade de fluxo. O resfriamento também pode ser dimensionado para ser realizado em duas etapas, pois, como o líquido que entra frio no trocador sairá aquecido, quando se usa água cervejeira como o fluído de resfriamento no primeiro estágio, esta pode ser reutilizada na mostura seguinte, gerando assim economia de energia na cervejaria.

O processo de resfriamento para os cervejeiros caseiros pode ser feito mediante um trocador por imersão, em formato de serpentinas, construídas com tubos metálicos (aço inox, cobre ou alumínio) com várias configurações de área de contato, e que podem ser imersos no mosto quente na própria panela cervejeira, no momento do resfriamento. Assim, a troca térmica ocorre pelo contato do mosto quente com as paredes externas do tubo e com a água fria que passará dentro do tubo.

8.2.3 Aeração do mosto

O teor de oxigênio (O_2) dissolvido no mosto é essencial para o crescimento das leveduras e a quantidade de oxigênio necessária dependerá da cepa de levedura e de seus requisitos para síntese de ácidos graxos e esteróis (ver seção 5.1.1). O processo de fervura remove todo o oxigênio do mosto, pois os gases são muito menos solúveis em líquidos quentes do que em líquidos frios. Assim, a aeração do mosto será sempre realizada após seu resfriamento.

Aerar o mosto ainda quente, pode acelerar as reações de formação de compostos responsáveis pelo envelhecimento da cerveja (discutido na seção 11).

Normalmente o mosto é aerado por injeção de oxigênio puro (ou ar estéril) em linha, a caminho do fermentador, ou com o líquido dentro do fermentador. As técnicas de aeração em linha podem ser por meio de misturadores estáticos, bicos especiais de injeção de O_2 ou por um aerador de Venturi, sendo este último o sistema mais empregado por ser simples, eficiente, de baixa manutenção e facilidade de limpeza e esterilização. Para se arear o mosto dentro do fermentador, a forma mais eficiente é borbulhar oxigênio gasoso através de uma distribuição intensiva de microbolhas com pedra difusora de aço inox sinterizado. A área sinterizada possui minúsculos poros que produzem microbolhas de ar fazendo com que aumente a superfície de contato do mosto com o O_2, facilitando a solubilização do gás no líquido.

O aerador Venturi é um dispositivo que restringe a vazão, por alteração do diâmetro do tubo de passagem do mosto (Figura 8.1). Conforme o líquido entra no tubo de diâmetro menor, a velocidade do líquido aumenta e consequentemente sua pressão diminui. Uma entrada de gás no centro do tubo menor, onde o mosto flui a uma pressão menor, é usada para injetar oxigênio. Imediatamente após o tubo de diâmetro menor, o tubo retorna ao seu diâmetro normal, sendo que nessa transição a velocidade do mosto diminui e a pressão aumenta e esse aumento da pressão faz com que as pequenas bolhas de ar ou de oxigênio dispersas no mosto se dissolvam rapidamente (MOSHER; TRANTHAM, 2017).

Figura 8.1 – Tubo de Venturi

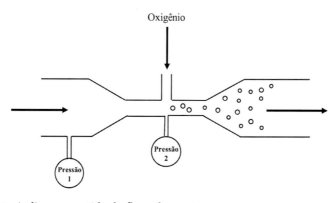

Nota: as setas indicam o sentido do fluxo de mosto
Fonte: o autor

Uma concentração de oxigênio dissolvido no mosto dita ideal para realizar o inóculo de levedura é entre 8 a 10 mg de O_2 por litro de mosto (ou 8 a 10 ppm). Para cervejarias que produzem mostos de alta densidade, concentrações maiores são necessárias, podendo ser o O_2 adicionado em duas etapas, a primeira após o resfriamento do mosto e a segunda adição cerca de 12 a 18 horas após o inóculo (WHITE; ZAINASHEFF, 2010).

Se for usado ar como fonte de oxigênio, a quantidade máxima que pode ser fisicamente dissolvida no mosto é de cerca de 8 a 10 ppm. O cervejeiro deverá garantir que seja introduzido no mosto ar estéril, portanto um processo de esterilização deve ser colocado em prática para que nenhuma bactéria ou outros microrganismos prejudiciais sejam incorporados ao líquido. Se for usado oxigênio puro, a quantidade de gás que pode ser solubilizado no mosto pode aumentar consideravelmente. Deve-se levar em consideração também que oxigênio não é muito solúvel no mosto e para alcançar a concentração desejada deverá ser considerada a técnica de aeração, o volume e a concentração do mosto, o fluxo de O_2, e a duração desse fluxo. Por exemplo, alguns experimentos mostraram que borbulhando O_2 diretamente no fermentador a uma taxa de 7 L O_2/minuto durante 35 minutos, para aerar 1500 L de mosto de densidade 1,048, foi capaz de dissolver 7,20 ppm de O_2 por litro de mosto. Mantendo os mesmos parâmetros, alterando-se somente o fluxo de O_2 para 6 litros de O_2/minuto, a concentração de oxigênio dissolvida será de 5,85 ppm (WHITE; ZAINASHEFF, 2010).

Para o cervejeiro caseiro, controlar a quantidade de oxigênio no mosto é uma tarefa empírica e que gera sempre um grande dilema na escolha do método de aeração. Por exemplo, se o cervejeiro, após o resfriamento, realizar a transferência de 20 L de mosto de densidade 1,045 (a 20° C) para o fermentador por sifonação, deixando o líquido cair de cerca de 30 cm de altura, ao completar a transferência, a concentração de O_2 dissolvida será de cerca de 4 ppm. Após essa transferência, se o fermentador for vigorosamente agitado, por cerca de 1 minuto, a concentração de O_2 será de aproximadamente 8 ppm. Se o cervejeiro utilizar uma bomba de aquário para aerar o mosto (20 L, com densidade 1,045 a 20° C), alcançará 8 ppm de O_2 dissolvido em cerca de 5 minutos, enquanto, se fosse utilizado oxigênio puro (3,5 L de O_2/minuto), apenas 20 segundos seriam suficientes para chegar ao mesmo teor de gás dissolvido (WYEASTLAB, 2020).

É fato que deixar o mosto cair por gravidade no fermentador produzirá uma aeração insuficiente, devendo esta ser complementada por agitação vigorosa do fermentador ou por aeração externa. Ainda, o cervejeiro deve-se atentar à densidade original e à temperatura do mosto, pois quanto maior for a densidade e a temperatura, maior deverá ser o cuidado com a oxigenação. Por exemplo, agitar, por 5 minutos, 20 L de mosto no fermentador, com densidade 1,077 (a 24° C), irá incorporar apenas 2,71 ppm de O_2 (Tabela 8.1). A situação é bem diferente quando se utiliza O_2 puro (taxa de fluxo de 1 L de O_2/minuto), em que em um minuto a concentração ideal de oxigênio é alcançada.

Tabela 8.1 – Concentração de oxigênio dissolvido em vários tempos de aeração em 20 litros de mosto com densidade 1,077 a 20° C

Método de aeração	Concentração de O_2 (ppm)
Agitação por 5 minutos	2,71
O_2 puro por 30 segundos*	5,12
O_2 puro por 60 segundos*	9,20
O_2 puro por 120 segundos*	14,08

(*) taxa de fluxo de 1 L de O_2/minuto usando uma pedra sinterizada de 0,5 mícron
Fonte: adaptado de White e Zainasheff (2010)

Por fim, independentemente da técnica de aeração e do tamanho do lote produzido, a quantidade de oxigênio disponível para a levedura durante os estágios iniciais da fermentação afetará muito no crescimento e no desempenho da fermentação, o que impactará diretamente no sabor da cerveja. Como o oxigênio é geralmente um nutriente limitante, ele poderá ser usado para controlar o crescimento das leveduras. O controle preciso e consistente da aeração é, portanto, fundamental para a fermentação adequada e sabor consistente da cerveja.

8.3 Dosagem de levedura e crescimento celular

A dosagem das leveduras empregadas no mosto para o início da fermentação (inóculo) pode variar de uma concentração de 5 a 25 milhões de células por mililitro de mosto e deve ser regida por vários fatores, como: densidade, composição, temperatura, concentração de oxigênio dissolvido no mosto, a cepa de levedura utilizada (lager ou ale) e o histórico da levedura. Idealmente, deseja-se um atraso mínimo para o início da fermentação, resultando em uma queda rápida do pH e, que em última análise, auxilia na supressão do crescimento bacteriano (BRIGGS; BOULTON; BROOKES; STEVENS, 2004; STEWART; RUSSELL, 1998; STEWART; PRIEST, 2006).

A concentração de inóculo, citada na literatura como sendo um nível considerado ideal, para um mosto na faixa de densidade média entre 1,040 a 1,048, é de aproximadamente 3,0 g/l de peso úmido de levedura, equivalente a cerca de 0,6 g/L de peso seco de células, ou em termos de número de células, aproximadamente $1,0 \times 10^7$ células/mL (dez milhões de células de levedura por mililitro de mosto) (BRIGGS; BOULTON; BROOKES et al., 2004; STEWART; RUSSELL, 1998; STEWART; PRIEST, 2006).

Durante a fermentação as células de levedura podem se multiplicar de três a cinco vezes, assim o número de células de leveduras do inóculo pode até quintuplicar durante o processo de fermentação (STEWART; PRIEST, 2006). A fisiologia e a atividade da levedura antes de ser inoculada no mosto e durante a fermentação são fundamentais para a obtenção de fermentações consistentes que resultam em cervejas de qualidade aceitável (VERBELEN; DEKONINCK; SAERENS et al., 2009).

O inóculo geralmente é proveniente de uma fermentação anterior e que pode ter sido armazenado por um certo período de tempo antes de ser reinoculado. Durante o período de armazenamento, a levedura passa por um período de inanição e, para minimizar as consequências da falta de nutrientes e preservar a sua fisiologia durante o tempo de guarda, é comum reduzir a atividade metabólica da levedura pelo seu resfriamento a temperaturas entre 2 a 3° C. Esse cuidado é importante, pois o estado fisiológico da levedura, juntamente às condições estabelecidas para o inóculo, influenciará nas subsequentes etapas de crescimento da levedura.

O crescimento e a divisão celular de leveduras, por brotamento, estão relacionados à manutenção da homeostase do tamanho celular durante o crescimento proliferativo, sendo que a progressão das células por meio do ciclo de divisão é regulada por sinais extracelulares do meio onde a célula está inserida e por sinais internos que monitoram e coordenam os processos celulares durante as fases do ciclo celular. As células de leveduras crescem exponencialmente passando por todos os estágios de divisão celular: G1, S, G2 e M (mitose) (Figura 8.2). A emergência do broto é um indicativo do final da fase G1 e o começo da fase S. Ambas as fases G2 e M incluem células com brotos grandes, na fase M ocorre a separação da célula filha da célula mãe. A célula em fase G0 indica um estado estacionário, em que as células não estão ativamente em divisão (DUBOC; MARISON; VON STOCKAR, 1996; WIESIOLER, 2007). O maior ponto de coordenação entre crescimento celular e divisão ocorre no ponto S (ou período de "Start"), em que a célula começa a emergir o broto e a replicação de DNA somente quando tiver alcançado um tamanho crítico. Os mecanismos de controle do tamanho da célula ainda não são completamente elucidados e a duração da fase S bem como o ritmo de crescimento celular estão diretamente relacionados às condições nutricionais do meio e à média de tamanho celular na população de leveduras (WIESIOLER, 2007).

Figura 8.2 – Estágios de divisão celular de leveduras (*Saccharomyces cerevisiae*)

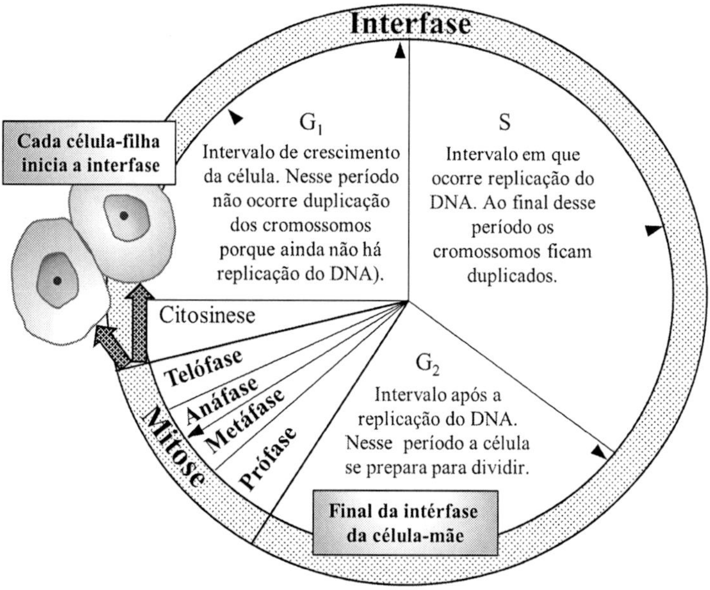

Interfase

Cada célula-filha inicia a interfase

G_1 – Intervalo de crescimento da célula. Nesse período não ocorre duplicação dos cromossomos porque ainda não há replicação do DNA).

S – Intervalo em que ocorre replicação do DNA. Ao final desse período os cromossomos ficam duplicados.

Citosinese

Telófase
Anáfase
Metáfase
Prófase

Mitose

G_2 – Intervalo após a replicação do DNA. Nesse período a célula se prepara para dividir.

Final da intérfase da célula-mãe

Fonte: o autor

As células de levedura do inóculo geralmente estão em fase estacionária (G0) e não aglomeradas. O inóculo de levedura, assim que é transferido para o mosto, inicia uma fase de latência (ou fase lag), um período de adaptação das células que passam por uma transição de um conjunto de condições para outro, nessa etapa o mosto induz uma mudança relativamente sincronizada para a fase G1 e o progresso para a fase S. Nessa fase, as células do inóculo sintetizam as enzimas necessárias para a absorção e utilização dos nutrientes presentes no meio, em particular o oxigênio (ver seção 5.1.1). Na latência, a síntese de esteróis ocorre às custas das reservas de glicogênio celular e do oxigênio molecular dissolvido no mosto (QUAIN; TUBB, 1982), sendo um pré-requisito para as células passarem da fase de latência para a fase de aceleração de crescimento.

A duração das fases de latência de células individuais varia, sendo necessário um período finito antes que as mudanças metabólicas associadas à adaptação sejam completadas, assim, nas primeiras horas, não há mudança no número de células ou na densidade do mosto, no entanto o volume da célula aumenta em aproximadamente 20% e a biomassa diminui em uma porcentagem semelhante. Durante esse período, mudanças abruptas na temperatura ou potencial osmótico poderão induzir uma resposta ao estresse, que requererá um período de recuperação antes do início da fase de crescimento (BRIGGS; BOULTON; BROOKES et al., 2004).

Em aproximadamente seis horas de inoculação, quase 90% da população de leveduras está germinando, indicando que quase todas as células passaram para a fase S. O aumento no índice de brotamento (número relativo de células brotadas) é muito rápido, indicando um alto grau de sincronia durante a fermentação. A obtenção de alto índice de brotamento corresponde ao início do aumento da biomassa e à diminuição da densidade do mosto. As células removidas nesse estágio e inoculadas em um novo lote de meio semelhante continuarão a crescer exponencialmente sem uma fase de latência (BRIGGS; BOULTON; BROOKES et al., 2004; STEWART; PRIEST, 2006).

O aumento do volume celular médio observado imediatamente após a levedura ser inoculada é transitório, e, à medida que a taxa de crescimento avança para a fase exponencial (ou fase log), o volume médio da célula diminui para um valor semelhante ou ligeiramente menor do que aquele visto no inóculo. Na fase exponencial, a população de leveduras é composta, normalmente, por 25% de células multi-brotadas, 25% de células com gema única e 50% de células filhas que ainda não brotaram. O índice de brotamento nessa fase começa a diminuir e praticamente cessa quando a fermentação estabiliza e alcança um ponto médio (BRIGGS; BOULTON; BROOKES; STEVENS, 2004; STEWART; PRIEST, 2006).

Do ponto médio ao final da fermentação a biomassa (medida como peso seco de célula) diminui, refletindo a dissimilação do glicogênio, que ocorre quando o crescimento cessa. O declínio no índice de brotamento para um valor próximo a zero logo após o ponto médio da fermentação indica que nesse momento o crescimento fica limitado pela baixa disponibilidade de nutriente no meio. Na maioria das fermentações de mosto produzido exclusivamente à base de malte, o nutriente limitante provavelmente será o oxigênio por intermédio da síntese de esteróis e/ou ácidos graxos insaturados. Para mostos contendo grandes quantidades de açúcares adicionados como adjunto e que foram altamente oxigenados, o nitrogênio poderá ser o substrato limitante (STEWART; RUSSELL, 1998).

8.4 Fermentação com levedura lager

As leveduras de cerveja são divididas em duas classes, levedura ale e levedura lager, de acordo com seu uso industrial. A cerveja lager é tradicionalmente produzida pela levedura *S. pastorianus* em temperaturas mais baixas, que podem chegar até próximo de 5° C, mas tradicionalmente é conduzida entre 10 e 15° C (GIBSON; STORGÅRDS; KROGERUS *et al.*, 2013; MAGALHÃES; VIDGREN; RUOHONEN *et al.*, 2016). Essas temperaturas são requeridas para produzir o sabor limpo ou neutro associado ao estilo, isto é, um nível relativamente baixo de sabores frutados e/ou florais que são mais desejáveis em vários estilos de cerveja ale. A fermentação do mosto a uma temperatura tão baixa só é possível devido à criotolerância da levedura de cerveja *S. pastorianus*, que normalmente é referida como levedura lager ou levedura de baixa fermentação (ou fermentação de fundo) devido à tendência das células de formarem flocos ou aglomerados, que são mais densos que a cerveja, e estes tenderem a se depositar no fundo do tanque de fermentação, em vez de subir à superfície como nas fermentações conduzidas com leveduras ale (VIDGREN; KANKAINEN; LONDESBOROUGH *et al.*, 2011).

Duas linhagens geneticamente distintas existem dentro do táxon de *S. pastorianus*, grupo I (ou Saaz) e grupo II (ou Frohberg) (DUNN; SHERLOCK, 2008; GIBSON; STORGÅRDS; KROGERUS *et al.*, 2013). A distinção histórica entre os grupos foi parcialmente baseada na forma com que utilizam os açúcares presentes no mosto cervejeiro, em particular, na incapacidade das cepas do grupo I de usar a maltotriose (MAGALHÃES; VIDGREN; RUOHONEN *et al.*, 2016).

Os termos Saaz e Frohberg não são encontrados na literatura cervejeira da última metade deste século. As leveduras do grupo I foram gradativamente sendo substituídas por cepas do grupo II em cervejarias industriais durante o século XX, provavelmente devido ao desempenho superior de fermentação destas últimas. No entanto, a cepa do grupo I (ainda comumente referida pela designação tradicional *S. carlsbergensis* – cepa com CBS 1513) ainda permanece em uso na cervejaria Carlsberg desde 1883 (WALTHER; HESSELBART; WENDLAND, 2014), sugerindo um desempenho eficiente dessa cepa, principalmente relacionado à fermentação de α-glucosídeo.

A Figura 8.3 apresenta um gráfico de assimilação dos açúcares do mosto durante uma fermentação lager. É possível verificar que a maltotriose é de grande importância na fabricação de cerveja, pois representa cerca de 20% dos açúcares fermentáveis no mosto e normalmente será o açúcar mais abundante nos estágios finais da fermentação. Ainda no gráfico é possível verificar que a maltose é o açúcar mais abundante com cerca de 60%. A sacarose, glicose e frutose representam juntas os 20% de açucares restantes do mosto (conforme discutido na seção 7.2). A glicose e a frutose são facilmente fermentadas pela levedura à medida que são transportadas para a célula por difusão facilitada; a glicose reprime a síntese dos transportadores de maltose, maltotriose e de maltase, além de ter efeito inativador desses transportadores, se pré-existentes (FEDEROFF; ECCLESHALL; MARMUR, 1983; LUCERO; HERWEIJER; LAGUNAS, 1993; MAGALHÃES; VIDGREN; RUOHONEN *et al.*, 2016).

Figura 8.3 – Gráfico do perfil de assimilação de carboidratos do mosto pelas leveduras

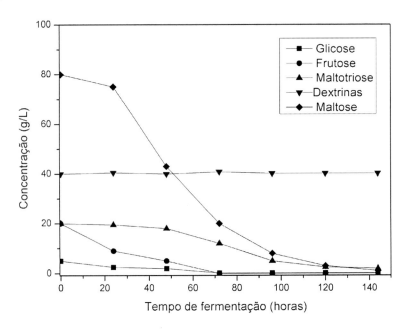

Fonte: o autor

O cervejeiro seleciona a cepa de levedura lager pelas características de sabor que elas produzirão na cerveja, dentre outras propriedades desejáveis na fermentação, como: floculação adequada, estabilidade genética, atenuação adequada dos carboidratos do mosto (particularmente, como citado acima, a maltotriose), interação com os materiais utilizados no acabamento da cerveja para se obter uma filtração eficaz, entre outras (STEWART; PRIEST, 2006).

8.4.1 Processo de fermentação

Os tanques cilíndrico-cônicos são os mais utilizados na fermentação do mosto para produção de cerveja e podem variar em uma ampla faixa de volume, dependendo do porte da cervejaria. Esses equipamentos requerem geralmente cerca de 15 a 25% do volume do espaço superior livres para permitir a formação de espuma durante a fermentação. A quantidade de espuma gerada depende principalmente dos parâmetros que influenciam a taxa de fermentação e dos fatores que estabilizam a espuma.

Os tanques são enchidos pelo fundo, e para tanques que suportam grandes volumes podem demorar até 12 horas ou mais e várias preparações para serem enchidos. Nesses casos, geralmente a concentração de oxigênio e do inóculo é adicionada juntamente ao primeiro mosto em quantidade suficiente para fermentar o volume total de mosto que estará contido no fermentador. Entretanto isso não é regra e cada cervejeiro pode estabelecer os procedimentos de preenchimentos mais adequados, que são geralmente empiricamente determinados a partir de muitas variações possíveis para dar o sabor desejado. No entanto, a padronização dos procedimentos é essencial para a consistência do sabor dos lotes produzidos.

O controle de temperatura da fermentação dentro do tanque deve ser cuidadosamente monitorado, pois o processo fermentativo é exotérmico e libera cerca de 140 kcal para cada Kg de extrato fermentado. A fermentação pode durar de 7 a 20 dias, o que dependerá da temperatura em que se conduz a fermentação, com tempos menores utilizando-se temperaturas mais elevadas. Outros fatores também influenciam o tempo da fermentação como a concentração de inóculo, densidade original (OG) do mosto, pressão do tanque, entre outros.

Um gráfico do perfil de uma fermentação lager é mostrado na Figura 8.4, em que é possível visualizar a evolução do consumo do extrato ao longo do tempo. No início da fermentação, que compreende as primeiras 6 a 10 horas, a levedura irá consumir todo o oxigênio dissolvido no mosto e nesse período não ocorre a absorção de glicose. Por volta de 8 a 16 horas, os primeiros sinais da fermentação aparecem, sendo possível visualizar bolhas de CO_2 e a formação de uma fina camada de espuma sobre o mosto. O brotamento das células pode ser observado dentro de 24 h. A temperatura, se não controlada, começa a subir devido ao calor gerado pela fermentação. Dentro de 24 a 48 h, as taxas de crescimento de leveduras e assimilação de carboidratos atingem seus máximos. A proporção dos açúcares assimilados e o progresso da fermentação podem ser acompanhados pela produção de CO_2 e medidos pela diminuição da concentração do extrato (STASSI; RICE; MUNROE *et al.*, 1987).

Figura 8.4 – Representação gráfica das mudanças ocorridas com os diversos componentes durante a fermentação

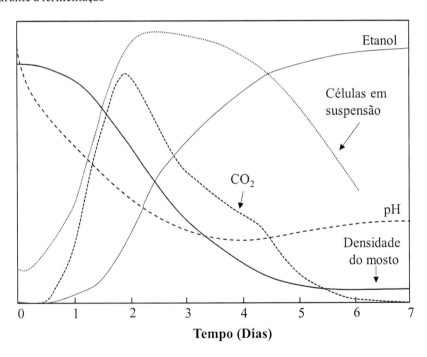

Fonte: adaptado de Stewart e Priest (2006)

O pH do mosto em fermentação diminui à medida que os ácidos orgânicos são produzidos pelas leveduras e os compostos tamponantes do meio (aminoácidos e fosfatos primários) são consumidos. O pH atingirá valores mínimos entre 3,8 a 4,4 antes de subir levemente no final da fermentação (geralmente alcança a faixa entre 4,2 a 4,75). O valor de pH mínimo atingido será determinado por três fatores: pH inicial do mosto, capacidade de tamponamento do mosto e a quantidade de biomassa de levedura formada durante a fermentação (COOTE; KIRSOP, 1976). Cervejas com baixos valores de pH geralmente são derivadas de mosto mais ácido, com menor capacidade de tamponamento e elevadas taxas de crescimento de levedura. Um pH baixo de fermentação inibe o desenvolvimento de bactérias contaminantes.

Ainda conforme apresentado na Figura 8.4, no período entre o primeiro e o quinto dia ocorre a etapa de maior atividade das leveduras (fase logarítmica, ou fase log), comumente denominada de alto "kräusen", em que ocorre a atividade máxima da fermentação, levando ao rápido declínio da densidade específica. Como a espuma é estabilizada por compostos proteicos e isohumulonas do lúpulo, um "anel de kräusen" fica aderido nas paredes do fermentador logo acima do nível do líquido, que se torna visível conforme a espuma abaixa no final da fermentação. Nessa etapa também ocorre a máxima geração de calor e liberação de CO_2.

A produção de etanol e outros álcoois superiores geralmente aumentam à medida que os carboidratos do mosto são consumidos. Normalmente a formação dos ésteres ocorre em média 1 dia após o início da produção dos seus precursores, os álcoois superiores. Quando a fermentação se encaminha para o final, o kräusen começa a cair e a geração de calor diminui. É no final da fermentação que a levedura assimila as dicetonas vicinais (diacetil e 2,3-pentanodiona), entretanto mesmo quando a fermentação cessa por falta de carboidratos fermentáveis, a quantidade de precursores de diacetil ainda poderá representar um potencial de defeito no sabor (ver adiante em maturação seção 9.3.1). Portanto, é preciso tempo suficiente para que o total das dicetonas e seus precursores sejam reduzidos abaixo do limiar de percepção de sabor antes do início da maturação a frio da cerveja.

Próximo ao final da fermentação, a levedura começa a formar aglomerados de células e tende a flocular (veja mais em floculação de leveduras, seção 5.3) e, subsequentemente, sedimenta podendo ser coletada no cone do fermentador. Se a cerveja for maturada em outro tanque, a transferência precisa carregar uma quantidade de extrato fermentável e leveduras suficiente para fermentar o extrato restante (veja adiante em maturação da cerveja). Se a maturação ocorrer no mesmo tanque onde foi realizada a fermentação, o mesmo procedimento será adotado, remove-se a levedura, porém a cerveja permanecerá para seguir o processo de maturação.

8.5 Fermentação com levedura ale

A cerveja ale é produzida por cepas domesticadas de *Saccharomyces cerevisiae* em temperaturas relativamente mais altas quando comparadas às fermentações lagers. A levedura ale pode ser inoculada no mosto geralmente acima de 15° C, podendo a temperatura de fermentação ser conduzida acima de 20° C (geralmente entre 15 a 24° C).

As temperaturas de fermentação e a cepa de levedura ale têm um grande impacto nas características da cerveja, que adquirem perfis sensoriais mais complexos devido à maior produção de ésteres de aromas e sabores frutados e condimentados (LASANTA; DURÁN-GUERRERO; DÍAZ et al., 2021). A levedura ale, também denominada levedura de fermentação de superfície (ou alta fermentação), recebe essa nomenclatura devido à característica hidrofóbica da superfície da levedura que interage com as moléculas de CO_2 e com estas é arrastada para a superfície do tanque, formando uma espessa espuma flutuante (WHITE; ZAINASHEFF, 2010). Em fermentações conduzidas em tanques abertos a levedura poderia ser removida pela superfície (inclusive a levedura de reinóculo), no entanto nos fermentadores cilíndrico-cônicos as leveduras ale podem ser recolhidas no cone do fermentador da mesma forma que as leveduras lagers.

Devido ao fato de as fermentações ale serem realizadas em temperatura mais altas, a velocidade de fermentação é rápida, isso implica em um valor de pH relativamente mais baixo, de cerca de 3,8 a 4,3 (COOTE; KIRSOP, 1976). O diacetil é facilmente metabolizado do meio, além de que, em condições normais de fermentação, são produzidas menores quantidades de dióxido de enxofre (SO_2) (STEWART; HILL; RUSSELL, 2013).

As etapas da fermentação ale são semelhantes às das cepas lagers, e em termos de bioquímica da levedura durante a fermentação existem poucas diferenças entre ambas. A diferença principal, entre leveduras ale e lager, é a incapacidade das leveduras ale de metabolizar o açúcar melibiose porque não podem produzir melibiase devido à ausência de um gene MEL ativo (STEWART; HILL; RUSSELL, 2013). A capacidade de metabolizar a melibiose depende da presença da enzima melibiase (α - galactosidase), que é secretada no espaço periplasmático da célula de levedura e hidrolisa a melibiose em glicose e galactose (ver seção 5.1.2, Figura 5.2). Esses monossacarídeos são subsequentemente absorvidos pela levedura lager (NAUMOV; NAUMOVA; KORHOLA, 1995).

8.6 Fatores que afetam a fermentação

A qualidade da cerveja é fortemente influenciada pelo desempenho bioquímico da levedura durante a fermentação. A capacidade da levedura de se separar da cerveja no tempo correto, utilizar açúcares de forma rápida e eficiente e produzir um produto com alto rendimento em etanol e o equilíbrio correto de compostos de sabor é de fundamental importância. Muitos fatores intrínsecos e extrínsecos podem afetar a velocidade e a qualidade da fermentação e, consequentemente, as características do produto final (POWELL; QUAIN; SMART, 2003).

A composição do mosto e as condições da levedura e da fermentação são conhecidas por afetar o desempenho da fermentação e os perfis de sabor da cerveja (HIRALAL; OLANIRAN; PILLAY, 2014). Esses fatores se relacionam tão intimamente que muitas vezes é difícil destacar claramente a influência que qualquer fator individual exerce sobre a fermentação ou a qualidade do produto, e muitas vezes alterar um parâmetro para influenciar um resultado quase sempre custa outros, que ocasionalmente podem ser indesejados. Nesta seção serão abordados alguns dos fatores relevantes que podem afetar a fermentação e o sabor da cerveja. Também nesta seção serão apresentados sintomas de fermentações arrastadas e possíveis procedimentos que o cervejeiro pode adotar para corrigi-las.

8.6.1 Cepa de levedura e condições do fermento

Na Tabela 8.2 são apresentadas as características especificas de algumas cepas de leveduras lager e ale comerciais. É possível perceber que a cepa de levedura por si só é um dos principais contribuintes para o perfil de sabor da cerveja e muitas cepas estão disponíveis para que o cervejeiro escolha a mais adequada para produzir um produto final com o conjunto de sabores desejáveis. A escolha também pode ser baseada em cepas que produzam de baixo a nenhum subproduto de fermentação, denominadas como um "perfil de fermentação limpa ou neutra". Cada cepa de levedura pode ter um desempenho diferente sob um determinado conjunto de condições de fermentação, assim o cervejeiro deve atender essas condições para atingir o perfil de sabor produzido pela cepa escolhida. Por fim, também deve-se observar que as cepas de leveduras possuem características específicas consideradas importantes como: tolerância ao etanol, temperatura ótima de fermentação, limites de atenuação dos carboidratos do mosto, propriedade de floculação, entre outras.

Nas fermentações industriais realizadas para produzir cerveja a levedura não é descartada após o uso, mas é armazenada e reutilizada várias vezes em um processo denominado "reinóculo". O número de vezes que uma população de leveduras pode ser reaplicada em série é determinado em grande parte por uma combinação de restrições de qualidade do produto e política da empresa, no entanto não é incomum que uma cultura de levedura seja usada entre 7 e 20 vezes e ocasionalmente por mais tempo (POWELL; QUAIN; SMART, 2003). Quando as células utilizadas no reinóculo forem removidas no estágio de crescimento exponencial (fase log), poderão ser inoculadas em um novo lote de meio semelhante e continuarão a crescer exponencialmente. Se as células forem removidas no final da fermentação, pode ser preciso realizar técnicas de replicação para alcançar o número de células viáveis para fermentação de um novo lote.

Tabela 8.2 – Características específicas de algumas leveduras de cerveja

Fornecedor	Levedura	Família	Atenuação (%)	Temp. de fermentação (°C)	Tolerância ao álcool (ABV)	Floculação	Características
Bio4	SY001 – Pilsner Lager	Lager	72-76	9-13	9%	Média	Cervejas com perfil de fermentação limpo e neutro.
Bio4	SY008 – Zurich Lager	Lager	74-80	10-14	10%	Média	Baixa produção de diacetil e perfil de fermentação neutro.
Bio4	SY025 – American Ale	Ale	73-77	15-22	11%	Média	Aroma limpo, baixa produção de aromas frutados e produção média de ésteres.
Bio4	SY031 – English Ale	Ale	67-72	18-20	10%	Alta	Devido à alta floculação, a cerveja resultante é mais clara e possui residual doce no paladar.
Bio4	SY057 – Munich Weizen Ale	Ale	72-77	18-24	10%	Baixa	Perfil de fermentação com ésteres de banana balanceados com fenólicos de cravo.
Fermentis	SafAle T-58	Ale	70	15-20	9,6%	Baixa	Produz ésteres com sabores levemente apimentados e de especiarias.
Fermentis	SafLager W-34/70	Lager	83	12-15	10,7%	Alta	Cerveja com perfil de fermentação de caráter neutro e límpido.
Lallemand	LalBrew -Diamond Lager	Lager	75-82	10-15	7%	Alta	Produz autênticas lagers com perfil de aroma limpo e neutro.
Mangrove Jacks	Belgian Abbey M47	Ale	73 a 77	18-25	8%	Alta	Produz cervejas excepcionalmente frutadas com ésteres extremamente complexos.

Fonte: o autor

Próximo ao final fermentação, a levedura começa a flocular, na sequência sedimenta, e pode ser removida do fermentador (Figura 8.5). Acredita-se que a velocidade de sedimentação de cada célula varia de acordo com sua idade replicativa, consequentemente, a sedimentação resulta na formação de zonas enriquecidas com células de uma determinada idade. Estudos mostraram que as células mais velhas se acumulam no fundo do tanque de fermentação (Figura 8.5C), enquanto as células mais jovens ficam posicionadas nas regiões mais superiores do cone do tanque (Figura 8.5A e B) (DEANS; PINDER; CATLEY *et al.*, 1997). A localização precisa das células mais velhas dentro do cone do fermentador pode variar de acordo com as características da cepa de levedura empregada e as dimensões do tanque de fermentação (POWELL; QUAIN; SMART, 2003).

Figura 8.5 – Ilustração esquemática da fração de células de leveduras que sedimentam

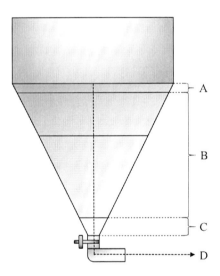

(A) indica a fração celular mais jovem e (C) a fração predominantemente mais velha. (A) e (B) representam as frações reaproveitadas para sucessivas fermentações com técnicas tradicionais de replicação e (D) região de remoção das leveduras
Fonte: o autor

O manuseio e a qualidade da levedura devem ser cuidadosamente monitorados, pois é demonstrado que a condição da levedura no momento do inóculo influencia na fermentação. A levedura armazenada em condições extremas pode não responder normalmente na fermentação subsequente, pois pode ter suas reservas de glicogênio reduzidas em resposta ao estresse. Aeração insuficiente do mosto, deficiências de zinco ou excesso de resíduos de fermentações anteriores podem causar um atraso excessivo para o arranque da fermentação ou provocar atenuação incompleta dos carboidratos.

8.6.2 Concentração de inóculo e crescimento de leveduras

A concentração de inóculo considerada ideal para um mosto na faixa de densidade média entre 1,040 a 1,048 é de cerca de 1 a 1,5 x 10^7 células/mL de mosto, entretanto esse número pode variar dependendo da concentração do mosto, da cepa de levedura escolhida, das características da fermentação (lager ou ale), entre outros fatores (como visto na seção 8.3). Portanto, para escolher a concentração do inóculo que produzirá o melhor resultado, o cervejeiro pode utilizar as recomendações do fabricante da levedura ou basear a sua escolha pelo histórico das fermentações e/ou a sua experiência com a cepa utilizada.

Em adições de inóculo com concentrações muito altas, o crescimento da levedura será limitado pela falta de nutrientes disponíveis para as células. Geralmente o oxigênio disponível no mosto será o nutriente limitante. De toda forma, com um maior número de células no meio, maior será a velocidade com que os carboidratos fermentáveis do mosto serão consumidos. Apesar de parecer vantajoso adicionar concentrações maiores de inóculo e assim promover uma diminuição do tempo de fermentação, as altas concentrações de diacetil produzidas num meio com excesso de massa celular devem ser ponderadas pelo cervejeiro (pois podem impactar negativamente o sabor da cerveja lager), além de outros fatores como o custo da levedura, volume maior de células a serem removidas do meio, maior suscetibilidade a autólise, entre outros.

A adição de inóculo em concentrações muito abaixo do recomendado terá consequências diretas na diminuição da velocidade de atenuação do mosto. O crescimento da levedura é provavelmente limitado pela síntese de lipídios na presença do oxigênio dissolvido no meio, assim haverá um excesso de oxigênio no mosto quando inoculado com um baixo número de células de leveduras (em comparação a um inóculo de concentração ideal). A pequena população inicial de levedura produzirá quantidades significativas de lipídios, mas o brotamento das células filhas será limitado pelo início da anaerobiose. Dessa forma, a baixa extensão do crescimento celular está diretamente relacionada a baixas concentrações de inóculo. Como consequências desse crescimento insuficiente, as fermentações podem ficar arrastadas ou até mesmo emperradas (ver adiante), além de favorecerem a produção de altas concentrações de SO_2.

8.6.3 Temperatura de fermentação

Um aumento na temperatura de fermentação terá pouco efeito na extensão do crescimento das leveduras, por outro lado influenciará no aumento da velocidade metabólica da levedura, que será refletida na redução do tempo para atenuar o mosto. A maioria das cepas de leveduras possui uma temperatura ótima de crescimento entre cerca de 30 a 34° C, entretanto de forma prática as temperaturas dos fermentadores são mantidas bem abaixo desses valores, respeitando a faixa de temperatura ideal de cada cepa, conforme especificações indicadas eu sua ficha técnica (geralmente entre 10 a 15° C para levedura lager e 15 a 24° C para ale).

Apesar de parecer ser uma estratégia atraente conduzir fermentações a temperaturas mais altas para diminuir os tempos das fermentações e, consequentemente, aumentar a produção da cervejaria, existem várias desvantagens associadas, como, por exemplo, a liberação de CO_2 evolui muito rapidamente e a perda de voláteis por arraste do CO_2 pode comprometer o perfil aromático da cerveja. Também podem ocorrer significativas perdas de líquido pelo excesso de formação de espuma na fase mais ativa da fermentação, que pode verter por cima do fermentador. Para se evitar essas perdas pode-se trabalhar com a redução do volume de cerveja em fermentação no tanque, trabalhando assim com uma maior área livre para a formação de espuma, porém com consequente redução na capacidade produtiva da cervejaria, o que não compensaria os ganhos com relação ao menor tempo de permanência da cerveja nos fermentadores. Por fim, no final da fermentação, o tempo de resfriamento do fermentador para iniciar a maturação será diretamente proporcional à temperatura de fermentação (BRIGGS; BOULTON; BROOKES; STEVENS, 2004).

Deve ser considerado que as faixas de temperaturas específicas, indicadas pela ficha técnica de cada cepa, são as condições de temperatura determinadas como ideais, para que sejam produzidos na cerveja os compostos de sabor desejáveis daquela levedura. O desvio dessas faixas pode produzir mudanças drásticas no sabor da cerveja, como, por exemplo, um aumento das concentrações de álcoois superiores e ésteres associados ao aumento da temperatura de fermentação, compostos particularmente indesejáveis na maioria das cervejas lagers. De fato, a influência quantitativa de uma mudança de temperatura será diferente para cada reação bioquímica, que provocará alterações no equilíbrio dos compostos de sabor.

8.6.4 Oxigênio

A concentração de oxigênio dissolvido no mosto influenciará na fermentação devido ao fato que as leveduras requerem oxigênio para síntese de ácidos graxos e esteróis fundamentais para o crescimento celular, como já discutido na seção 5.1.1. Em mostos produzidos somente à base de malte, o oxigênio será o nutriente limitante do crescimento de leveduras. Normalmente, a saturação do mosto com o ar fornece oxigênio suficiente para o crescimento adequado das células, porém o cervejeiro deve manter um controle consistente do oxigênio dissolvido no mosto, sendo essencial para o crescimento uniforme da levedura e a produção consistente dos compostos desejáveis de sabor.

8.6.5 Zinco

O zinco, como íon Zn^{2+}, é necessário como cofator em reações enzimáticas dentro da célula da levedura e, portanto, é um requisito para o seu crescimento. A levedura utilizará praticamente todo o zinco presente no mosto (ver seção 3.2 e Tabela 3.3), sendo que algumas cepas de leveduras podem requerer mais zinco do que está naturalmente presente no meio, necessitando uma suplementação. Uma concentração de zinco na faixa de 0,3 mg/L é suficiente na maioria dos casos. Entretanto deve-se cuidar com a quantidade adicionada desse metal, pois estudos mostraram que concentrações de zinco acima de 1,0 mg/L inibem a atividade de leveduras (ver em metais e elementos traços – seção 5.15).

8.6.6 Partículas de "trub" na fermentação

O "trub" tem sido objeto de discussões entre os cervejeiros e é abordado em publicações relacionados ao tema. Ainda há muitas controvérsias em relação aos prós e contras em relação à presença de "trub" no mosto no fermentador, sendo que na verdade ele pode influenciar de forma positiva ou negativa na fermentação. Devido à natureza amorfa das partículas de "trub" e às suas características de sedimentação, nem sempre é possível controlar com precisão a quantidade e a qualidade do "trub" transportado para o fermentador, não sendo possível estabelecer de forma sistematizada as vantagens e as desvantagens desse transporte (STEWART; PRIEST, 2006).

As menções de caráter positivo associado ao "trub" são relacionadas ao seu conteúdo contendo substâncias benéficas para o crescimento das leveduras, como: zinco, lipídios, esteróis, dentre outros minerais e nutrientes. Também é citado que as partículas do "trub" fornecem locais de nucleação das bolhas de CO_2, reduzindo a quantidade de CO_2 no meio e ao mesmo tempo aumentando a agitação dentro do fermentador, o que favorece o crescimento das leveduras e melhora o processo de fermentação (SIEBERT; BLUM; WISK; STENROOS et al., 1986).

Entre os potenciais efeitos prejudiciais que o "trub" pode causar, está sua adsorção pela parede celular da levedura, impedindo o transporte de substâncias para dentro e fora da célula, o que pode levar a problemas de fermentação como um todo, assim como na estabilização da espuma, baixa estabilidade no sabor e intenso amargor no paladar (BARCHET, 1993). Ainda, pode ser adicionada aos efeitos danosos da presença de "trub" no mosto em fermentação a possibilidade de interferir no processo de floculação da levedura. Também, o material não dissolvido que permanece em contato com o mosto durante toda a fermentação pode continuar a transmitir sabores, o que significa que o mosto pode continuar a extrair taninos e outros compostos do lúpulo, podendo comprometer gravemente o sabor da cerveja pronta. Por fim, o excesso de material sólido pode influenciar o desempenho da filtração da cerveja.

8.7 Fermentações emperradas ou arrastadas

A fermentação é um processo muito comum e ocorre livremente na natureza, sendo que as leveduras são adaptadas para tolerarem grandes variações nas condições de fermentação. Da mesma forma, tanto na indústria cervejeira como entre cervejeiros caseiros, as fermentações toleram uma gama de variações, que quando bem planejadas podem trazer benefícios à cerveja, mas que também, quando feitas aleatoriamente, podem trazer consequências drásticas ao sabor do produto final.

Embora as fermentações anormais sejam raras, as fermentações emperradas ou arrastadas podem ocorrer até mesmo nas cervejarias mais modernas, que utilizam equipamentos de monitoramento e controle de processos. Os indicativos de uma fermentação arrastada podem ser uma fase de latência muito longa, seguida de um consumo muito lento dos açúcares fermentáveis do mosto, podendo até cessar a atividade das leveduras com açúcares ainda por fermentar. Em outros casos, a fase de latência da levedura decorre normalmente e a fermentação é ativa, mas simplesmente emperra antes que todos os carboidratos fermentáveis do mosto tenham sido consumidos.

8.7.1 Causas possíveis

As primeiras áreas a serem investigadas quando fermentações arrastadas ocorrem são as diretamente envolvidas com a levedura, como: a concentração do inóculo, viabilidade da levedura, o teor de oxigênio dissolvido e a fermentabilidade do mosto. Também é comum que uma conferência na calibração dos instrumentos de medida da cervejaria seja suficiente para interromper o problema.

Na contagem de leveduras do inóculo deve-se excluir o número de células mortas, e se um número superior a 5% de células mortas persistir, é recomendado que o inóculo não deve ser utilizado. Concentrações baixas de inóculo e aeração insuficiente do mosto são as causas mais comuns de fermentações arrastadas. Se ambos os parâmetros estiverem adequados, não descarte um exame microbiológico para verificar possíveis contaminantes. As leveduras utilizadas em sucessivas fermentações em mostos deficientes de nutrientes podem danificar as células, e ao utilizar uma concentração de leveduras nessas condições a fermentação poderá emperrar (STEWART; PRIEST, 2006).

Um teste de amido positivo em um mosto em estágio de fermentação indicará um problema na conversão dos amidos em açúcares, acarretando um meio com baixa fermentabilidade. Nessas condições, a fermentação será suscetível a ficar emperrada quando os fermentáveis forem consumidos.

8.7.2 Deficiências nutricionais do mosto

Uma situação mais difícil de identificar ocorre se houver uma deficiência nutricional no mosto. Um mosto produzido em condições normais dentro da cervejaria possui excesso de nutrientes para o crescimento das leveduras, mas, quando os parâmetros relacionados às leveduras e à aeração estiverem normais, e as fermentações arrastadas ou emperradas forem um problema crônico na cervejaria, o mosto pode ser o responsável. Mudanças de malte, nos processos de produção de mosto, ou mesmo em outras matérias-primas, podem alterar a composição do mosto e produzir deficiência de nutrientes. Os mais comuns são a falta de zinco, biotina, ácidos graxos insaturados e esteróis.

Como discutido anteriormente, a levedura requer oxigênio para síntese de esteróis e ácidos graxos que serão utilizados no crescimento celular, e esses três nutrientes estão inter-relacionados. Caso a aeração do mosto seja suficiente, a concentração de ácidos graxos e esteróis disponíveis no mosto pode estar reduzida, porém o contrário também é verdadeiro: uma oxigenação insuficiente exigirá um mosto rico em ácidos graxos e esteróis. Outro nutriente a se investigar é a biotina, que é uma vitamina hidrossolúvel extraída do malte que funciona como uma coenzima essencial no metabolismo das purinas e dos carboidratos, e a sua falta no mosto pode acarretar deficiências no crescimento das leveduras e, consequentemente, emperrar a fermentação.

Ao usar altas concentrações de adjuntos na produção do mosto, o nitrogênio será um nutriente que poderá ficar abaixo das necessidades das leveduras, como, por exemplo, na forma de aminoácidos, cujo déficit dificultará o crescimento adequando das leveduras e poderá ser um causador da fermentação emperrada. Em mostos que são produzidos com altas concentrações de glicose em relação aos outros açúcares, as fermentações arrastadas podem ocorrer a partir de uma condição denominada de "repressão da glicose", que impede a levedura de sintetizar as enzimas necessárias para consumir os outros açúcares. Condição semelhante a essa ocorre ao preparar mostos com altas concentrações de frutose (veja em absorção e metabolismo dos carboidratos do mosto, na seção 5.1.2).

8.7.3 Alterações na levedura

Outra possibilidade é uma mudança no desempenho da levedura após sucessivas reinoculações, que pode ter causado algumas alterações físicas, biológicas ou até mesmo uma mutação ou contaminação na levedura. As mais citadas são: acúmulo de nutrientes comuns presentes no mosto pelas células em concentrações que acabam se tornando tóxicas, adsorção de compostos de lúpulo e *"trub"* na superfície da célula impedindo a absorção de nutrientes, mutações que podem afetar a utilização de açúcar presente no mosto e a contaminação por uma cepa assassina que secreta substâncias tóxicas no meio, matando as leveduras e dominando o ambiente em fermentação (MAULE; THOMAS, 1973; TAYLOR; KIRSOP, 1979). Leveduras assassinas foram descobertas na década de 1970, sendo atualmente conhecidas mais de 90 espécies diferentes (EL-BANNA; MALAK; SHEHATA, 2011).

8.7.4 Tratamentos

A contaminação da levedura requer investigação cuidadosa de possíveis fontes, e uma vez identificada, deve-se adotar a imediata ação corretiva. Deficiências nutricionais do mosto podem ser sanadas pela adição de suplementos comerciais, como, por exemplo, nutrientes de levedura ou extrato de levedura, constituídos por preparações com uma variedade de nutrientes benéficos ao crescimento de leveduras que podem ser adicionados diretamente ao mosto e são facilmente encontrados comercialmente. Se ainda após a suplementação os problemas de fermentação decorrentes de deficiências nutricionais do mosto persistirem, serão necessários análises e estudos laboratoriais para identificar qual composto é necessário.

Se a concentração dos açúcares fermentáveis no mosto estiver muito baixa (com teste do iodo positivo no mosto pronto), a adição de uma enzima amilolítica ao fermentador poderá compensar o processo de mostura ineficiente.

Se uma fermentação estiver emperrada uma das soluções é o cervejeiro adicionar cerca de 10 a 20% de mosto em fermentação ativa (alto kräusen), em relação ao volume de cerveja contida no fermentador, e em casos mais graves, a proporção a ser misturada pode chegar a até 50% (STEWART; PRIEST, 2006). Outra solução, embora mais arriscada, é aerar a fermentação emperrada, ativando as leveduras e consequentemente o processo de fermentação. Nesses casos injeta-se ar estéril para evitar a contaminação do lote, porém o oxigênio pode causar reações de oxidação no líquido fermentado, comprometendo a estabilidade dos sabores.

9

MATURAÇÃO

9.1 Breve contexto

Ao final da fermentação, a cerveja é considerada "jovem" ou "verde", contendo pouco dióxido de carbono (CO_2) dissolvido, ainda é turva e seu sabor e aroma são inferiores aos da cerveja maturada e pronta para o consumo. Para aprimorar a cerveja recém fermentada ela precisa passar por um processo de maturação em recipientes denominados tanques de maturação. Esse processo, que também pode ser chamado de "lagering" quando se refere à maturação de cervejas lagers, e que costumava demorar várias semanas ou até meses, nos processos mais modernos é frequentemente concluído em uma a duas semanas, e, às vezes, consideravelmente menos.

Tradicionalmente, a maturação envolve uma fermentação secundária e é efetuada pela pequena quantidade de levedura que ainda permanece na cerveja quando ela é transferida do tanque de fermentação. Essa levedura pode utilizar os carboidratos fermentáveis restantes na cerveja no final da fermentação primária ou de pequenas quantidades de carboidratos fermentáveis adicionadas na cerveja na forma de açúcares fermentáveis. Em alguns sistemas, adiciona-se mosto para fornecer o material fermentável ou o mosto em fermentação ativa quando o processo é chamado de "krausening". O dióxido de carbono produzido se dissolve na cerveja pela pressurização do tanque de maturação, sendo que outros gases, como substâncias voláteis produzidas durante a maturação que são prejudiciais ao sabor da cerveja, como sulfeto de hidrogênio (H_2S) e algumas dicetonas, são liberados para a atmosfera pela liberação controlada de pressão do tanque maturador.

Durante a maturação, ocorre a clarificação da cerveja por meio da sedimentação natural de complexos de proteínas e polifenóis promovidos pela baixa temperatura ($\leq -1°$ C), mas esse processo pode ser intensificado e consideravelmente acelerado por meios físicos e químicos que podem ser adotados na cervejaria. A estabilização da cerveja também é um aspecto importante da maturação, com principal objetivo de garantir que a turbidez por precipitação química ou crescimento de microrganismos não ocorra ou, no caso de precipitação química, não ocorra novamente quando a cerveja estiver límpida e estável. Durante a maturação, tratamentos podem ser feitos na cerveja para ajustar seu sabor e cor pelo uso de corantes naturais previstos na legislação e pelo uso de vários tratamentos de lúpulo pós-fermentação para amargor e aroma.

Após a maturação algumas operações, como: clarificação, estabilização, carbonatação e padronização, podem ser conduzidas antes de a cerveja ser embalada. Porém essas etapas pós-maturação não são objetivos deste livro.

9.2 Princípios da maturação

A maturação, que também pode ser considerada como uma fermentação secundária, permite que a levedura continue ativa, porém com metabolismo reduzido devido às baixas temperaturas empregadas nesse processo ou com atividade reduzida pelo menor número de leveduras na cerveja em maturação. Geralmente a cerveja passa para a maturação com cerca de 1 a 4 milhões de células de leveduras/mL de cerveja, e ainda contendo cerca de 1,0% de extrato fermentável. Para chegar a esse número reduzido de leveduras no meio, ao final da fermentação a cerveja pode ser resfriada até cerca de 8° C, para forçar a precipitação das leveduras excedentes. No processo de transferência do fermentador para o tanque de maturação a levedura remanescente volta a ficar em suspensão e ocorre uma pequena captação de oxigênio, o que ativará uma lenta fermentação (por isso também a denominação de fermentação secundária). Essa reativação do metabolismo das leveduras resultará na remoção de muitos compostos que conferem aromas e sabores indesejados presente na cerveja ainda "verde" (BRIGGS; BOULTON; BROOKES *et al.*, 2004; MASSCHELEIN, 1986).

Alguns parâmetros precisam ser controlados durante a maturação da cerveja, como as temperaturas e o tempo do processo, que precisam ser combinados para uma produção de gás carbônico (CO_2) suficiente para a carbonatação adequada do líquido e ao mesmo tempo fornecer condições para que a levedura também remova os compostos indesejáveis do meio. A capacidade de floculação da levedura também deve ser levada em consideração na maturação da cerveja. As leveduras altamente floculentas precisam ser gerenciadas para que, ao final da fermentação, ainda reste quantidade suficiente presente no meio para que haja atividade metabólica suficiente para efetuar as mudanças de sabor necessárias na maturação.

Leveduras pouco floculentas, que não se separam facilmente da cerveja no final da fermentação, podem ser muito eficientes em remover todo o extrato residual durante a maturação, porém podem permanecer em suspensão dificultando a clarificação da cerveja. Essas situações apresentam-se como desafios constantes para o gerenciamento da fermentação e maturação, mas independentemente do caso, a levedura deve ter acesso a carboidratos fermentáveis para que o processo de maturação seja bem-sucedido.

Os carboidratos são fornecidos geralmente, como citado acima, pela densidade residual na cerveja controlada pelo cervejeiro, pela adição de açúcares fermentáveis como sacarose ou açúcar invertido (priming) ou pela adição de mosto em estágio mais ativo de fermentação primária (krausen), geralmente cerca de 5 a 10% em volume da cerveja "verde". Em regimes de maturação mais curtos, a atividade da levedura deve ser intensa o suficiente para atingir a carbonatação, a purga dos voláteis indesejáveis, a remoção de todo o oxigênio residual e a redução de compostos indesejáveis. Isso leva à melhoria imediata do sabor, do aroma e da estabilidade do sabor.

Estudos identificaram que a concentração de vários grupos importantes de compostos de aroma e sabor mudam durante a maturação, com consequente efeito positivo no sabor da cerveja. Na sequência serão vistos como evoluem durante a maturação os compostos voláteis e não voláteis que mais impactam no sabor da cerveja, como: os compostos voláteis de enxofre, aldeídos, dicetonas (especialmente diacetil), e não voláteis, como alguns ácidos graxos.

9.3 Maturação de compostos voláteis

9.2.1 Diacetil e 2,3-pentanodiona

O diacetil e a 2,3-pentanodiona (chamados de dicetonas vicinais) são produzidos em todas as fermentações dentro da cervejaria. Ambos os compostos têm um sabor amanteigado, sendo que o diacetil tem um impacto de sabor mais alto que a 2,3-pentanodiona. O limiar de percepção de sabor do diacetil depende da intensidade do sabor da cerveja, mas geralmente é detectável em cerca de 0,1 mg/L. Apesar de os cervejeiros mencionarem com mais frequência apenas o diacetil, ambas as dicetonas vicinais devem ser consideradas na maturação.

Os precursores do diacetil e da 2,3-pentanodiona, respectivamente o α-acetolactato e o α-aceto-hidroxibutirato, são produzidos pela levedura à medida que esta sintetiza os aminoácidos valina e leucina necessários para a síntese proteica. Ambos são transportados para fora da célula, onde serão convertidos não enzimaticamente em diacetil e 2,3-pentanodiona por descarboxilação oxidativa. Os níveis de dicetonas vicinais na cerveja "verde" serão dependentes da cepa de levedura utilizada e serão acelerados por condições que promovem um rápido crescimento de levedura. Tanto o diacetil quanto a 2,3-pentanodiona poderão ser reassimilados do meio pelas leveduras e reduzidos enzimaticamente em acetoína (e também o 2,3-butanodiol) e 2,3-pentanodiol respectivamente, que praticamente não possuem sabores adversos e, portanto, não impactarão no sabor final da cerveja (a formação de dicetonas vicinais, seção 5.2.4). A velocidade dessa reação depende da cepa de levedura, de sua vitalidade e de sua idade, sendo a combinação dessa tríade a base da remoção eficaz do diacetil da cerveja "verde", ou seja, a levedura, para realizar a redução com eficiência, deve estar em um estado metabólico saudável.

Mesmo após o final da fermentação, um potencial considerável para a formação das dicetonas ainda permanecerá ativo, devido à alta concentração de seus precursores no meio. Dessa forma, o processo de maturação em relação às dicetonas terá dois objetivos: (1) a conversão espontânea dos precursores em suas respectivas dicetonas e (2) a sua remoção pelas leveduras. Para acelerar a conversão e subsequente remoção das dicetonas é preciso, após a conclusão da fermentação dos carboidratos, que a temperatura do fermentador seja mantida mais alta (entre cerca de 14 e 16° C) por um período de cerca de 2 a 3 dias. Esse procedimento é denominado de parada de diacetil.

A duração da parada diacetil também pode ser acompanhada por análise sensorial utilizando dentro do método discriminativo um teste triangular. Três amostras idênticas de cerca de 30-50 mL de cerveja devem ser retiradas do fermentador e somente uma delas deverá ser levemente aquecida em banho maria por alguns segundos, e, após a temperatura da amostra aquecida equiparar-se com as outras duas, estas são submetidas ao provador, que indicará presença do diacetil ao identificar duas amostras com perfil sensorial idênticas e uma amostra com perfil diferente. Quando não houver mais a possibilidade de diferenciação da amostra que foi anteriormente aquecida das outras duas, o teste indicará o final da parada diacetil.

Na realidade, o perfil marcado como diacetil no teste triangular inclui o diacetil e o seu precursor, porque o aquecimento geralmente converte o precursor em diacetil; assim, a amostra revela o potencial total de diacetil no produto final. Como a conversão do precursor em diacetil é a etapa limitante de sua reabsorção pela levedura presente no mosto em fermentação, a concentração do diacetil no meio será pequena em comparação ao seu precursor.

As causas frequentes da incapacidade do cervejeiro de controlar a concentração de dicetonas vicinais na cerveja são: a escolha de cepa de levedura errada (por exemplo, uma muito floculante), a utilização de levedura com saúde debilitada, o abaixamento da temperatura da maturação antes da conversão do precursor em diacetil, fazendo com que a levedura flocule antes de reduzi-lo. Se a levedura não estiver ativa e presente no meio durante a maturação, o diacetil não será reduzido. Quando o total de precursores e de dicetonas cair abaixo dos limiares de percepção de sabor, a temperatura poderá ser reduzida para iniciar a maturação a frio.

Uma alternativa para remoção do diacetil é adicionar enzimas comercialmente disponíveis diretamente ao mosto, como, por exemplo, a α-acetolactato descaboxilase, que pode ser adicionada diretamente ao fermentador, e que converte α-acetolactato diretamente em acetoína. Dessa forma, a remoção do diacetil fica independente da cepa da levedura utilizada e se torna muito útil quando não há alternativa à utilização de cepas excessivamente floculantes ou quando se utiliza condições muito particulares de produção em que não há possibilidade de realizar a remoção do diacetil durante o processo de fermentação/maturação. Há de se considerar também que o aumento da temperatura durante a parada de diacetil pode influenciar na produção de outros compostos não voláteis, como produtos de fermentação ou até mesmo autólise de leveduras, e, caso isso seja um problema para o cervejeiro, a utilização das enzimas endógenas pode ser uma alternativa viável (BRIGGS; BOULTON; BROOKES et al., 2004).

A Figura 9.1 mostra a evolução da formação de dicetonas vicinais conforme os carboidratos presentes no mosto são consumidos durante a fermentação. O aumento da concentração das dicetonas cresce exponencialmente a partir da fase final de crescimento da levedura (entre dois e três dias), sendo que a concentração de diacetil formado no meio é maior que a de 2,3-pentanodiona. No final do processo fermentativo (entre seis e sete dias), ocorre o decréscimo da concentração das dicetonas a níveis abaixo de seus limiares de detecção de sabor.

Figura 9.1 – Produção de diacetil e 2,3-pentonodiona durante a fermentação

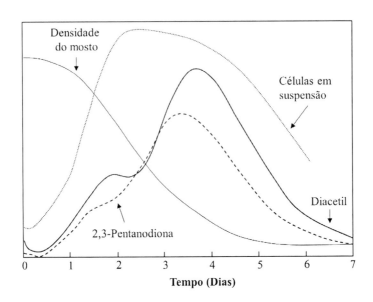

Nota: o gráfico mostra as relações aproximadas da concentração das duas dicetonas, sua correlação com o crescimento celular e o decréscimo da densidade durante a fermentação
Fonte: adaptado de Stewart e Priest (2006)

9.2.2 Compostos de enxofre

Os compostos de enxofre envolvidos na produção de cerveja representam um assunto amplo e complexo, pois podem ser originários de diversas fontes, ter seus limiares de percepção de sabor muito baixos, além de conferirem sabores desagradáveis à cerveja. Os derivados de enxofre surgem por meio da combinação das matérias-primas, condições de produção, cepa de levedura, metabolismo das leveduras, autólise de leveduras e por contaminação microbiana como as da espécie *Zymomonas*. O metabolismo da levedura, por exemplo, requer compostos contendo enxofre para a síntese de proteínas, e as principais fontes de enxofre no mosto para o seu metabolismo são: íons sulfato da água, tióis e sulfetos derivados das matérias-primas, particularmente aminoácidos que contêm enxofre.

Durante o período de maturação da cerveja ocorrem mudanças nas concentrações dos compostos de enxofre, mas os mecanismos reativos que envolvem o enxofre nessa etapa ainda não foram completamente compreendidos. Geralmente, as concentrações indesejáveis de sulfeto de hidrogênio (H_2S) diminuem durante um período de 5 a 7 dias de maturação a frio da cerveja. Em contrapartida, ao se utilizar mosto em fermentação ativa no início da maturação "krausening", poderá haver superprodução de H_2S dependendo das concentrações dos aminoácidos treonina e metionina trazidos da fermentação primária (BRIGGS; BOULTON; BROOKES; STEVENS, 2004). Uma eficiente eliminação desse composto também pode ser realizada pela ação da purga do excesso de CO_2 produzido durante o processo de maturação da cerveja.

O H_2S é um produto do transporte dos íons sulfeto por leveduras durante o metabolismo de íons sulfato e de compostos orgânicos contendo enxofre, estando associado ao crescimento das leveduras. As concentrações de H_2S serão maiores em fermentações lager que em ales, pois as temperaturas de fermentação mais elevadas dessa última ajudam a remover o H_2S produzido pela levedura. O sulfeto de hidrogênio, quando presente acima do seu limiar de percepção (4 µg/l), pode conferir aromas descritos como de ovo podre, fósforo queimado ou enxofre na cerveja.

O dióxido de enxofre (SO_2) é formado pela levedura durante a etapa de fermentação. O limite de detecção do SO_2 na cerveja é aproximadamente 20 mg/L e em concentrações mais elevadas, como, por exemplo, 30 mg/L, pode causar aroma e sabor sulfuroso, bastante desagradável. Geralmente, a concentração desse composto na cerveja encontra-se bem abaixo de 10 mg/L, sendo que nesses níveis, além de não ter impacto no sabor na maioria das cervejas, possui funções como: ação antioxidante, beneficiando a estabilidade do sabor da cerveja embalada, participa da formação de complexos com aldeídos e compostos carbonilados, tornando-os compostos de aromas menos ativos e, por fim, também possui atividade antimicrobiana (GUIDO, 2016).

Estudos indicam que o melhor marcador de enxofre para acompanhar a maturação é a concentração de DMS (dimetil sulfeto), no entanto o nível de DMS na cerveja pode depender de diferentes mecanismos. Embora a etapa mais importante de formação do DMS seja a partir da conversão do S-metil metionina (SMM) durante a fervura do mosto, podendo ser o DMS formado removido do meio por evaporação ainda durante a própria fervura, para concentrações abaixo do seu limiar de percepção de sabor (cerca de 30 µg/L), o DMS também pode ser formado durante a fermentação, em uma menor extensão, derivado da redução do dimetilsulfóxido (DMSO) (ANNESS, 1980) (como visto na seção 5.2.3). As determinações da concentração de DMS podem ser feitas durante a maturação com o objetivo de atingir o nível desejado para a cerveja final, que pode variar consideravelmente para diferentes cervejas, uma vez que vários fabricantes consideram que o DMS em baixas concentrações (na faixa entre 40 a 100 µg/L) pode contribuir positivamente para o aroma de determinadas cervejas, principalmente as lagers (ANNESS; BAMFORTH, 1982).

9.2.3 Acetaldeído

Este aldeído é descrito como tendo aroma de maçã verde e tem impacto considerável no sabor da cerveja. A síntese de acetaldeído está ligada ao processo fermentativo (ver compostos carbonílicos na seção 5.2.4), em que alcança sua concentração máxima no final da fase de crescimento das leveduras e é reduzida no final da fermentação primária e durante a maturação pelas próprias leveduras. Após uma maturação bem conduzida a concentração de acetaldeído na cerveja diminuirá para cerca de 2 a 7 mg/L, que é bem abaixo do seu limiar de percepção de cerca de 10 mg/L em cervejas do tipo pilsen, por exemplo.

Em contrapartida, os níveis de acetaldeído podem ter suas concentrações aumentadas durante a maturação se o metabolismo da levedura for estimulado durante a transferência do fermentador para o tanque maturador, principalmente se houver absorção de oxigênio, o que promoverá a oxidação do etanol em acetaldeído. A sua remoção durante a maturação também requer a presença de levedura ativa em quantidades suficiente, assim, fermentações com células de levedura com floculação precoce podem resultar em concentrações muito altas de acetaldeído na cerveja final (STEWART; PRIEST, 2006). Mesmo sendo menos facilmente detectada em cervejas ale e sendo componente de sabor requerido em alguns estilos (como, por exemplo, as kellerbier de origem alemã), concentrações de acetaldeído maiores que 35 mg/L devem ser evitadas (BRIGGS; BOULTON; BROOKES et al., 2004).

9.4 Maturação de compostos não voláteis

Durante a maturação, a levedura residual também excreta compostos não voláteis, como: aminoácidos, peptídeos, nucleotídeos, ácidos orgânicos, fosfatos inorgânicos, entre outros compostos e íons que contribuem para o sabor geral da cerveja. A quantidade e a qualidade desses compostos liberados dependem da concentração de levedura, da cepa de levedura, de seu estado metabólico e da temperatura de maturação. A excreção rápida desses compostos é mais bem alcançada a uma temperatura de cerca 5 a 7° C durante um período de 10 dias. É importante mencionar que essas alterações nos compostos não voláteis não são necessariamente indesejáveis, pois podem contribuir para compor o corpo da cerveja e, ainda, agir sinergicamente com outras substâncias ativas de sabor e contribuir para a qualidade geral do sabor da cerveja (MASSCHELEIN, 1986).

Quando o período de maturação for muito longo ou quando a temperatura for mantida muito alta, outros componentes internos da célula podem ser liberados na cerveja devido à autólise das leveduras, causando sabores indesejáveis à cerveja (veja autólise de leveduras adiante). A liberação de certas enzimas, por exemplo, a α-glucosidase, poderá produzir glicose a partir de traços de maltose residual, o que pode conferir sabores adocicados à cerveja.

Ácidos graxos indesejáveis de cadeia média também podem ser produzidos em quantidades significativas se a temperatura de maturação for muito alta. A síntese de ácidos graxos de cadeia curta pela levedura cessa no início da maturação. Estudos mostram que o ácido graxo C_8 (ácidos graxos com oito átomos de carbono) aumenta em concentração durante a fase fermentativa e é substituído na maturação por ácido C_{10}, devido à síntese de glicerídeos e fosfolipídios durante a maturação e, portanto, há uma tendência geral de redução dos ácidos voláteis e aumento dos ácidos de cadeia longa não voláteis com o avanço do tempo de maturação. Essa tendência pode ser revertida se o tempo de maturação for demasiadamente estendido, entretanto poderá ocorrer um aumento na concentração de ácidos graxos livres devido à hidrólise dos glicerídeos de reserva, com consequente efeitos adversos no sabor (BRIGGS; BOULTON; BROOKES et al., 2004).

A combinação de uma alta temperatura de maturação por um longo período de tempo pode provocar uma lenta excreção de ácido C_{10} (ácido cáprico), que tem um limiar de percepção de aroma de 10 mg/L, e com termos de aromas associados como: "cheiro de bode", ceroso, seboso. O ácido cáprico pode ser até desejável em alguns estilos como as Lambic, Gueuze, Fruit Lambic, porém é considerado indesejável na maioria das cervejas (BJCP, 2015; BRIGGS; BOULTON; BROOKES et al., 2004).

A maturação raramente é controlada especificamente do ponto de vista da formação/consumo dos ácidos graxos, desde que o tempo de maturação em temperaturas mais altas não seja estendido além do necessário para reduzir a concentração de dicetonas vicinais e a maturação a frio seja controlada até o tempo necessário para a estabilização dos precursores de turvação.

9.5 Autólise de leveduras

Após a fase de crescimento, fatores naturais, como estresse nutricional, altas temperaturas ou o próprio envelhecimento natural da célula, induzem enzimas endógenas ao processo de autólise natural em leveduras que perderam a capacidade reprodutiva. É uma etapa em que ocorre a promoção das atividades proteásicas na célula, com posterior hidrólise dos compostos nitrogenados e liberação destes no meio, e esse processo está diretamente associado à morte celular, sendo considerado um mecanismo de autodestruição pré-programado (MARCON, 2018; SATO; MORIMOTO; OOHASHI, 1987).

Nesse processo, o conteúdo citoplasmático ou biopolímeros intracelulares (proteínas, peptídeos, ácidos graxos, nucleotídeos e aminoácidos) são hidrolisados por endoenzimas a compostos de baixo peso molecular e liberados no meio extracelular (ALEXANDRE; GUILLOUX-BENATIER, 2006). Essa atividade de hidrólise é considerada a mais importante característica da autólise em leveduras (HOUGH; MADDOX, 1970), e simultaneamente a essa etapa ocorre a degradação dos componentes da parede celular (glucanas e manoproteínas) tornando-as mais porosas e permeáveis, facilitando a liberação dos hidrolisados (BABAYAN; BEZRUKOV; LATOV *et al.*, 1981).

Os produtos de autólise liberados na cerveja resultam em um sabor forte e amargo, e um aroma característico de levedura. Dessa forma, é importante evitar que as leveduras permaneçam na cerveja já fermentada por longos períodos de tempo e em temperaturas elevadas, como, por exemplo, à temperatura ambiente (STEWART; PRIEST, 2006).

PARTE V

COMPOSIÇÃO QUÍMICA DA CERVEJA E ESTABILIDADE DE SABORES

10

COMPOSIÇÃO QUÍMICA *VERSUS* SABORES DA CERVEJA

A cerveja contém centenas de compostos diferentes, alguns deles são derivados diretamente das matérias-primas e passam inalterados pelo processo de produção, outros são formados durante o processo produtivo. Um resumo dos principais compostos ou grupo de compostos presentes na cerveja, suas concentrações relativas e as fontes de onde se originam é mostrado na Tabela 10.1.

Tabela 10.1 – Composição química da cerveja

Composto	Concentração	N.º de compostos	Fonte
Água	90 – 94%	1	-
Etanol	3 – 5% v/v	1	Malte, levedura
Carboidratos	1 – 6% m/v	~100	Malte
Dióxido de carbono	3,5 – 4,5 g/L	1	Malte, levedura
Sais inorgânicos	500 – 4000 mg/L	~25	Água, malte
Nitrogênio total	300 – 1000 mg/L	~100	Malte, levedura
Ácidos orgânicos	50 – 250 mg/L	~200	Malte, levedura
Álcoois superiores	100 – 300 mg/L	80	Malte, levedura
Aldeídos	30 – 40 mg/L	~50	Lúpulo, malte
Ésteres	25 – 40 mg/L	~150	Lúpulo, malte, levedura
Compostos de enxofre	1 – 10 mg/L	~40	Lúpulo, malte, levedura
Derivados de lúpulo	20 – 60 mg/L	>100	Lúpulo
Vitaminas do complexo B	5,0 – 10 mg/L	13	Levedura, malte

Fonte: adaptado de Buiatti (2009) e Stewart e Priest (2006)

Em média uma cerveja com 3 a 5% em álcool (etanol) possui entre 90 e 94% de água, 1 a 6% de açúcares residuais e 0,1% de compostos de sabor. Embora a quantidade de compostos de sabor presente na cerveja seja muito pequena em comparação com outros componentes, são esses compostos os responsáveis pelo sabor único de cada cerveja. Dos mais de 1000 diferentes compostos de sabor já identificados na cerveja a maioria é produzida principalmente pelas leveduras durante a fermentação. Ainda, podemos ter compostos de sabores formados durante o envelhecimento da cerveja embalada, que pode alterar significativamente o sabor do líquido ao longo do tempo (abordados no Capítulo 11).

10.1 Compostos nitrogenados

O total de compostos nitrogenados presentes na cerveja está na faixa entre 300 e 1000 mg/L na forma de aminoácidos, peptídeos e polipeptídios, fragmentos de ácidos nucleicos e compostos heterocíclicos. Isso representa de 0,11 a 0,63% em proteína, uma vez que o conteúdo total de nitrogênio multiplicado pelo fator de conversão 6,25 indica o teor de proteína bruta de um alimento. Cervejas não filtradas podem conter até cerca de 2000 mg/L de nitrogênio total (equivalente a 1,26% de proteína), em que o malte é o maior contribuinte, com cerca de 80 a 85% desses compostos, seguido da levedura com 10 a 15%.

Os peptídeos podem conter até 10 aminoácidos, polipeptídeos possuem de 11 a 100 resíduos de aminoácidos e as proteínas mais de 100 aminoácidos. Entretanto, é sugerido na literatura que o termo proteína seja usado apenas para moléculas não degradadas. Na cerveja embalada a maior parte do nitrogênio estará na forma de polipeptídios, em que os maiores e mais complexos podem dar uma contribuição importante para a estabilidade da espuma e para a sensação de boca. As proteínas e os poliptídeos de alta massa molecular, em sua grande maioria, serão degradados e/ou removidos durante o processo de produção (como visto na seção 6.6.2, remoção de proteínas coaguladas) (BRIGGS; BOULTON; BROOKES *et al.*, 2004). Purinas e pirimidinas, bem como nucleotídeos e nucleosídeos, estão presentes na cerveja como produtos de degradação de ácidos nucleicos que ocorreram durante a maltagem e a mostura. As concentrações podem variar entre 0,2 e 139 µg/mL sendo a guanosina, a uridina e a citosina os principais constituintes. Outros nitrogenados da cerveja são a colina, o triptofano e o ácido nicotínico, que são vitaminas do complexo B, essenciais para o corpo humano.

Os nitrogenados heterocíclicos presentes na cerveja são originados principalmente dos derivados das reações de Maillard ocorridas durante a maltagem da cevada e em menor proporção na fervura do mosto (ver reações de Maillard durante a maltagem na seção 1.2.2 e na fervura do mosto, seção 6.6.4). A substituição de um átomo de oxigênio por nitrogênio na estrutura dos diversos compostos derivados das reações de Maillard, como, por exemplo, dos furanos (confere dulçor, notas de nozes e pão) e dos piranos (sabor maltado e casca de pão), resulta na formação de pirróis (dulçor, nozes e alcaçuz), de piridinas (sabores que remetem a pipoca) e das pirazinas (cacau, nozes torradas, manteiga de amendoim, caramelo, café), sendo as pirazinas as principais representantes das notas de sabor das cervejas escuras. Esses compostos têm concentrações entre 2 e 400 mg/L.

Algumas aminas biogênicas também podem ser encontradas na cerveja em baixas concentrações e não influenciam no sabor da cerveja, como a tiramina, formada a partir da descarboxilação da tirosina, e entre as poliaminas, a dimetilamina é o principal componente.

10.2 Lipídios

A cerveja possui quantidades traços de lipídios, geralmente em concentração muito abaixo de 0,1%, tornando essa bebida basicamente um alimento livre de gordura. A principal fonte de lipídios da cerveja é o malte, embora o metabolismo da levedura possa influenciar na presença desses compostos. A concentração dos ácidos graxos totais em cervejas embaladas é de cerca de 15 a 30 mg/L, sendo os mais abundantes com comprimento de cadeia carbônica entre C4 a C10 (BAMFORTH, 2003).

O efeito dos lipídios é negativo para o prazo de validade das cervejas e, particularmente, um derivado, o trans-2-nonenal, é um aldeído graxo de sabor muito potente, detectável na cerveja em concentrações menores de 1 µg/L. Esse aldeído é considerado responsável pelo sabor de papelão na cerveja conforme ela envelhece (veja adiante no Capítulo 11).

10.3 Carboidratos

A maior parte do açúcar no mosto é absorvida pela levedura durante a fermentação, uma pequena fração durante a maturação, mas ainda restarão alguns carboidratos no final do processo, e seu conteúdo na cerveja é estimado em uma faixa entre cerca de 1,0% e 6,0%. Esses açúcares encontrados no produto pronto podem variar desde monossacarídeos (como a glicose e frutose) até moléculas com mais de 250 unidades de glicose (Massa molar~45 kDa).

As cervejas conterão baixas concentrações de açúcares fermentáveis, exceto aquelas em que é adicionada uma fonte de açúcar para adoçar o produto final (*priming*). As concentrações médias de carboidratos fermentáveis residuais presentes na cerveja são mostrados na Tabela 10.2.

Tabela 10.2 – Carboidratos fermentáveis residuais na cerveja

Carboidrato	Concentração (g/L)
Frutose	0 – 0,19
Glicose	0,04 – 1,1
Sacarose	0 – 3,3*
Maltose	0,7 – 3,0
Maltotriose	0,4 – 3,4

(*) cervejas com adição de açúcar (*priming*)
Fonte: adaptado de Buiatti (2009)

A maior concentração é de carboidratos não fermentáveis que estavam presentes no mosto e passaram inalterados para a cerveja. Destes, cerca de 90% são dextrinas e β-glucanos, e cerca dos 10% restantes, produtos da hidrólise enzimática do amido e alguns compostos polissacarídeos provenientes das paredes celulares do endosperma amiláceo do grão de cevada. As dextrinas são importantes na composição do corpo da cerveja e os β-glucanos influenciam positivamente na suavidade da cerveja e na retenção de espuma, entretanto em níveis muito elevados podem causar um efeito "pastoso" com excessiva viscosidade que preenche e permanece na boca tornando a bebida desagradável e sem frescor.

Dos sólidos totais não fermentados dissolvido na cerveja, o chamado extrato real, os carboidratos são a maior parte e somam aproximadamente 75 a 80% (principalmente dextrinas), compostos nitrogenados representam entre 6 a 9%, glicerol entre 4 a 5% e o restante constituído de β-glucanos, compostos inorgânicos, compostos fenólicos, substâncias amargas, entre outros compostos que, apesar de estarem em baixa concentração, podem exercer um efeito importante nas propriedades sensoriais e na qualidade da cerveja.

10.4 Vitaminas

A cevada e o malte são ricos em várias vitaminas que podem ser solubilizadas no mosto durante o processo de produção (ver seção 7.8). Durante o processo de fermentação, em particular as vitaminas do complexo B são cruciais como fator de crescimento das leveduras, especialmente a biotina, o inositol e o ácido pantotênico (B_5). Por esse motivo, as concentrações dessas vitaminas são consideravelmente mais baixas na cerveja do que no mosto, e apesar de ter concentrações mais baixas das vitaminas do complexo B, a cerveja é considerada uma fonte valiosa delas (particularmente ácido fólico, riboflavina, ácido pantotênico, piridoxina e niacina). A Tabela 10.3 mostra as concentrações médias das vitaminas do complexo B presentes na cerveja.

Tabela 10.3 – Concentrações médias das vitaminas do complexo B em cervejas

Vitaminas complexo B	Concentração (mg/L)
Ácido 4-aminobenzóico (B_{10})	0,01 – 0,15
Biotina	0,002 – 0,015
Ácido nicotínico, niacina (B_3)	0,5 – 8
Riboflavina (B_2)	0,02 – 0,1
Ácido fólico (B_9)	0,04 – 0,6
Tiamina (B_1)	0,003 – 0,08
Piridoxina (B_6)	0,07 – 1,7
Ácido Pantotênico (B_5)	0,04 – 2,0
Vitamina B12	0,003 – 0,03

Fonte: adaptado de Buiatti (2009) e Stewart e Priest (2006)

A Tabela 10.4 apresenta a quantidade diária de ingestão de vitaminas recomendada para adultos com idade entre 25 e 50 anos. É possível observar nas informações apresentadas na tabela que o consumo moderado de cerveja pode contribuir consideravelmente na ingestão de determinadas vitaminas. Por exemplo, o consumo diário de cerca de 200 mL de cerveja pode garantir que a Vitamina B12 suprirá as necessidades diárias de um adulto. Por fim, algumas cervejas também podem conter ácido ascórbico (vitamina C) devido à adição desse composto como um conservante com propriedades antioxidantes, geralmente essa vitamina é encontrada em concentrações acima de 30 mg/L.

Tabela 10.4 – Concentração de vitaminas na cerveja em relação à ingestão diária recomendada para adultos

Vitamina	Requerimento diário de um adulto (em mg) (com idade entre 25-50 anos)	
	Homem	Mulher
Vitamina C	60	60
Tiamina	1,5	1,1
Riboflavina	1,7	1,3
Niacina	19	15
Vitamina B6	2,0	1,6
Ácido Fólico	0,2	0,18
Vitamina B12	0,002	0,002
Biotina	0,03 – 0,1	0,02 – 0,1

Fonte: adaptado de Bamforth (2002)

10.5 Etanol

O etanol (ou álcool etílico), de fórmula CH_3CH_2OH, é quantitativamente o subproduto mais importante da fermentação da cerveja e sua concentração pode variar em média de 30 a 50 g/L (3–5% m/v). Entretanto, muitos estilos diferentes de cerveja podem conter concentrações menores (por exemplo, cervejas sem álcool e as "Light Lager") ou maiores (por exemplo, "Belgian Tripel" e a "Doppelbock" alemã).

No Brasil a graduação alcoólica da cerveja e das outras bebidas alcoólicas é expressa em % (v/v) ou também denominada ABV (do inglês: *alcohol by volume*). De acordo com a normativa que estabelece os padrões de identidade e qualidade para os produtos de cervejaria no Brasil, as cervejas podem ser classificadas como "cervejas sem álcool" se possuírem concentrações menores que 0,5 ABV, "cervejas de baixo teor alcoólico" com concentrações de etanol entre 0,5 e 2,0 ABV, ou simplesmente "cerveja" quando o conteúdo alcoólico for superior a 2,0 ABV (MINISTÉRIO DA AGRICULTURA, 2019).

A densidade específica do álcool e da água é de aproximadamente 0,8 e 1, respectivamente. Essa diferença deve ser considerada ao converter a concentração de álcool que está em % (m/m), ou seja, relação em porcentagem de massa de álcool em relação à massa de cerveja, para concentração em % (v/v) ou (ABV), e vice-versa. Por exemplo, uma cerveja com 4 g de álcool em 100 g de cerveja (4% m/m) equivale a 5% ABV. Como a massa do álcool é menor quando comparado com o seu equivalente volume em água, conforme descrito acima, pode-se usar como fatores de conversão a expressão: ABV = (% m/m)/0,8 ou o contrário % m/m = ABV x 0,8 (BUIATTI, 2009).

Cervejas com alto teor alcoólico causam sensações de aquecimento na boca, após a ingestão a mesma sensação continua na garganta. O etanol também é um intensificador de sabor e aumenta a percepção de doçura na cerveja.

10.6 Álcoois superiores

A cerveja pode conter vários álcoois de massa molecular maiores que o etanol que são produzidos em sua maioria pelas leveduras durante o processo de fermentação e em menor proporção podem ter origem do lúpulo e do malte. A concentração média de álcoois superiores na cerveja é de cerca de 60 a 100 mg/L, entretanto quando os esses valores superam os 100 mg/L podem impactar negativamente no sabor da cerveja. Além de que, a ingestão de cervejas com quantidades excessivas de álcoois superiores pode causar dores de cabeça, ressaca e mal-estar geral (BUIATTI, 2009).

As concentrações de álcoois superiores estão correlacionadas ao teor alcoólico do produto, enquanto cervejas com graduação alcoólica elevada possuem maior teor de álcoois superiores, cervejas com baixo teor alcoólico irão conter menos álcoois superiores. Os principais álcoois superiores da cerveja, juntamente aos seus descritores de sabor quando esses álcoois estão presentes acima de seus limiares de percepção de sabor, são apresentados na Tabela 10.5. Etanol e metanol não são considerados álcoois superiores, mas foram listados na tabela a título de comparação de suas concentrações relativas. O metanol é um álcool extremamente tóxico e causa intoxicação severa (cegueira, acidose metabólica e morte) quando ingerido de forma aguda e em grandes quantidades. Na cerveja, a concentração de metanol é inofensiva ao ser humano.

Tabela 10.5 – Principais álcoois superiores da cerveja

Álcool	Concentração (mg/L)	Descritores de sabor
Etanol	20000 – 80000	Alcoólico, aquecimento
Metanol	0,5 – 3,0	Alcoólico, solvente
1-Propanol	3,0 – 6,0	Alcoólico
2-Propanol	3,0 – 6,0	Alcoólico
2-metil-1-propanol	27 – 34	Alcoólico
2-Metil-1-butanol	8,0 – 30	Alcoólico, vinoso, banana
3-Metil-1-butanol	30 – 70	Alcoólico, vinoso, banana
2-Feniletanol	8,0 – 35	Rosas, amargor, álcool perfumado
1-Octen-3-ol	0,03	Grama recém cortada, álcool perfumado
2-Decanol	0,005	Coco, Anis
Glicerol	1000 – 2000	Doçura, viscosidade
Tirosol	3 – 40	Amargor, químico

Fonte: adaptado de Buiatti (2009)

Na Figura 10.1 estão representadas as estruturas químicas dos álcoois encontrados em maiores concentrações na cerveja: o 3-metil-1-butanol (álcool isoamílico), 2-metil-1-butanol (álcool amílico ativo), 2-metil-1-propanol (álcool isobutílico), propanol (álcool propílico) e 2-feniletanol (ou álcool fenetílico).

Figura 10.1 – Estrutura química de alguns dos principais álcoois superiores da cerveja

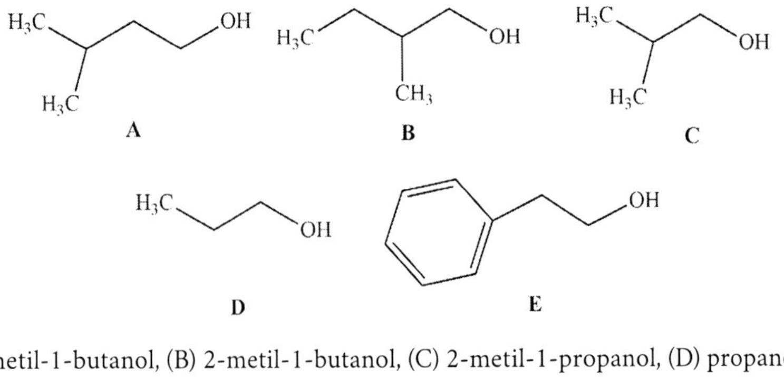

(A) 3-metil-1-butanol, (B) 2-metil-1-butanol, (C) 2-metil-1-propanol, (D) propanol e (E) 2-feniletanol

Fonte: o autor

Um número menor de álcoois, principalmente fenólicos, que são derivados da quebra dos polifenóis do malte e do lúpulo, pode estar contido na cerveja e contribui para a sua textura na boca (corpo) e geralmente com sabores ásperos/desagradáveis. Muitos álcoois derivados dos óleos essenciais do lúpulo, como os álcoois terpênicos (linalol, geraniol e nerol), álcoois sesquiterpênicos (nerolidol, α-bisabolol e humulol) e álcoois alifáticos (1-octen-3-ol, trans-hexen-1-ol e álcool benzílico), podem adicionar sabores e aromas que irão contribuir positivamente no perfil organoléptico da cerveja.

O glicerol também é um álcool produzido durante a fermentação e possui concentração elevada na cerveja, com concentrações variando entre 1,0 e 2,0 g/L, desempenha um papel importante no sabor da cerveja, contribuindo com corpo e aumento da percepção de doçura.

10.7 Dióxido de carbono (CO_2)

O dióxido de carbono (ou gás carbônico) é produzido durante a conversão química dos açúcares fermentáveis no mosto, sendo que partes aproximadamente iguais de etanol e CO_2 são formadas pela ação das leveduras. A cerveja contém em média de 3,5 a 4,5 g/L (0,35 a 0,45%) de dióxido de carbono. Cervejas supersaturadas podem conter até 6 g de CO_2 por litro de líquido, entretanto uma parte do gás será perdida assim que o recipiente for aberto e a pressão liberada. O limite sensorial do dióxido de carbono é de cerca de 1 g/L, de modo que a quantidade presente terá um efeito no sabor da cerveja. O termo associado para descrever o que provadores especializados percebem como carbonatação é denominado de "formigamento" na parte superior da língua, porém "efervescente" e "picante" também podem ser utilizados para descrever esse atributo sensorial. O dióxido de carbono também é responsável pela extensão da formação de espuma e ele influencia no arraste de voláteis para a superfície do líquido enquanto ele é consumido.

10.8 Ácidos orgânicos

A cerveja é uma bebida ligeiramente ácida, com pH variando em média entre 3,8 e 4,75, em que os ácidos orgânicos e o gás carbônico (CO_2 dissolvido na cerveja) juntamente a outros compostos contribuem para essa acidez. A concentração total de ácidos orgânicos na cerveja é muito baixa e pode variar entre 0,1 e 0,6 g/L (Tabela 10.6).

Tabela 10.6 – Alguns dos principais ácidos orgânicos da cerveja

Ácido	Concentração (mg/L)	Descritores de sabor
Acético	30 – 200	Ácido, vinagre
Propanoico	1,0 – 5,0	Ácido, vinagre
Butanoico	0,5 – 1,5	Manteiga, queijo, suor
2-metil propanoico	0,1 – 2,0	Amargo, azedo
Pentanoico	0,03 – 0,1	Suor, odores corporais
2-Metilbutanoico	0,1 – 0,5	Queijo, lúpulo velho, suor
3-Metilbutanoico	0,1 – 2,0	-
Octanoico	2,0 – 12,0	Cheiro de cabra, ceroso
Lático	20 – 80	Ácido
Pirúvico	15 – 150	Ácido, salgado, forragem
Succínico	16 – 140	-

Fonte: adaptado de Buiatti (2009) e Stewart e Priest (2006)

Os ácidos orgânicos são produtos metabólicos (ou intermediários) excretados pelas células de leveduras durante a fermentação. Eles são formados principalmente a partir dos aminoácidos presentes no mosto: a levedura usa o grupo amino —NH, retirado do aminoácido, porque precisa sintetizar suas próprias proteínas, liberando na cerveja o ácido orgânico correspondente formado por essa desaminação. O mais abundante é o ácido acético (etanoico), seguido pelos ácidos lático e succínico. Em algumas cervejas "ácidas", como as belgas *"lambic"* e *"gueuze"*, no entanto, a quantidade de ácidos láctico e acético pode ser muito maior, podendo ultrapassar a quantidade de 1 g/L para ácido acético e 3 g/L para ácido lático. Nesses casos as cervejas são muito mais ácidas, com pH próximo de 3,0.

Além de contribuírem com a acidez do meio, os ácidos orgânicos também contribuem com sabores e aromas característicos quando presentes acima de seus limiares de sabor na cerveja (Tabela 10.6). Os ácidos alifáticos com cadeia de carbônica de comprimento curto a médio têm odores característicos, por exemplo, os ácidos caprílico (ácido octanóico) e cáprico (ácido decanóico) são responsáveis por aromas na cerveja descritos como "ceroso" ou "cheiro de bode", mas na cerveja geralmente encontram-se abaixo de seus limiares de percepção e não afetam o seu sabor.

Ainda dentro dos ácidos classificados como orgânicos e que possuem importância na composição de sabor da cerveja, destacam-se os ácidos fenólicos, que se caracterizam pela presença de um anel benzênico em sua cadeia carbônica e que além de contribuírem com acidez contribuem com as percepções de adstringência do líquido, e serão tratados com mais detalhes em compostos fenólicos na próxima seção.

10.9 Compostos fenólicos

A cerveja contém vários e diferentes compostos fenólicos derivados principalmente do malte (cerca de dois terços) e do lúpulo (cerce de um terço). A nomenclatura desses compostos não é tão simples e um tanto confusa, e, dessa forma, é comum empregar termos genéricos para descrever um grupo de compostos quimicamente complexos (como visto nas seções 1.1.8 e 2.3). Na Tabela 10.7 é mostrada a concentração média de alguns dos principais fenólicos encontrados na cerveja agrupados por classes de compostos. É importante ressaltar que os polifenóis de massa molar mais elevada (entre 500 a 3000 Da) também podem ser denominados taninos.

Tabela 10.7 – Concentração dos principais compostos fenólicos na cerveja

Classe	Grupo	Congêneres	Concentração
Monofenóis	Álcoois fenólicos	Tirosol	3 – 40 mg/l
	Ácidos Fenólicos	Ácido p-cumárico, ferúlico, vanílico, gálico, siríngico etc.	10 – 30 mg/l, incluindo glicosídeos (por exemplo, ácido clorigênico)
	Aminas fenólicas e aminoácidos	Hordeína, tiramina, N-metiltiramina, tirosina	10 – 20mg/l (sendo de 3 – 8 mg/l como tirosina)
Polifenóis monoméricos	Flavan-3-óis	(+) catequina e (+) epicatequina (e seus isômeros)	0,5 – 13 mg/l e 1 – 10 mg/l
	Antocianogênicos	Leucoantocianinas	4 – 80 mg/l
		Leucopelargonidina	0 – 5 mg/l
		Leucodelfinidina	1 – 10 mg/l
	Flavonóis	Quercitina, kaempferol, miricetina (como glicosídeo), iso--quercitina, astragalina, rutina	Menores que 10 mg/l

Classe	Grupo	Congêneres	Concentração
Polifenóis condensados		Dímeros de catequina	5 – 8 mg/l
		Trímeros	1 mg/l
		Polímeros de catequina e antocianidinas	Indeterminado

Fonte: adaptado de Buiatti (2009) e Stewart e Priest (2006)

De acordo com a Tabela 10.7 é possível verificar que na cerveja uma porcentagem importante de compostos fenólicos está presente na forma monomérica, como álcoois, ácidos e aminas fenólicas e aminoácidos. O principal álcool fenólico é o tirosol (2-(4-hidroxifenil) etanol) conhecido por apresentar-se como um potente antioxidante e anti-inflamatório. Os ácidos fenólicos mais presentes na cerveja são os derivados do ácido cinâmico, como os ácidos: ρ-cumárico, ferúlico, clorogênico, cafeico etc., denominados ácidos hidroxicinâmicos (AHC's), e os derivados do ácido benzoico, denominados hidroxibenzoicos, dentre eles os ácidos: gálico, siríngico, entre outros.

A maioria dos ácidos fenólicos presentes na cerveja são extraídos do malte (ver seção 1.1.8 – cascas), mas pequenas quantidades podem vir do lúpulo (ver seção 2.4.3 – ácidos fenólicos) e de adjuntos. O ácido ferúlico é o mais abundante na cerveja, encontrado em concentrações que variam entre 0,52 a 2,36 mg/l, e têm origem principalmente da parede celular do endosperma da cevada.

Os ácidos fenólicos contribuem para a adstringência da cerveja, que é essencial como característica de sabor, e devido às diferentes estruturas químicas desses ácidos, podem produzir percepções variadas de adstringência no líquido, no entanto em concentrações muito elevadas esses sabores serão desagradáveis, causando sensação de secura no palato.

Compostos fenólicos voláteis também podem ser encontrados na cerveja, sendo os principais: 4-vinilguaiacol e 4-etilguaiacol (derivados do ácido ferúlico) e 4-vinilfenol e 4-etilfenol (derivados do ácido ρ-cumárico) (ver mais na seção 5.2.5, e Figura 5.7). Todos esses voláteis fenólicos possuem limiares de percepção da aroma e sabor baixos, variando entre cerca de 0,08 a 0,5 mg/L, e, portanto, quando acima desses limiares, podem fazer contribuições significativas para o aroma e sabor da cerveja final (LENTZ, 2018).

Os descritores de aroma e sabor usados para fenóis voláteis são abrangentes e incluem: estábulo, celeiro, cavalo, couro, defumado, picante, cravo, medicinal, band-aid®, entre outros. O aroma específico e o perfil de sabor derivado de fenóis voláteis em uma amostra de cerveja serão provavelmente influenciados pelas concentrações individuais dos fenólicos presentes, a concentração somativa total dos fenólicos, as interações dos compostos fenólicos com outros compostos presentes no meio e a variação entre os indivíduos quanto à sensibilidade a esses compostos. Os compostos individuais contribuem com as propriedades mostradas no Quadro 10.1.

Quadro 10.1 – Descritores de aroma e sabor para compostos fenólicos voláteis mais comuns

Composto	Descritores de Sabor
4-Vinilguaiacol	Cravo, curry, especiarias, defumado, bacon
4-Vinilfenol	Fenólico, medicinal, picante
4-Etilguaiacol	Cravo, fenol, especiarias, amadeirado, defumado, baunilha
4-Etilfenol	Couro, fenol, especiarias, estábulo, fumaça, creosoto
Guaiacol	Fumaça, bacon
Vanilina	Doce, baunilha

Fonte: adaptado de Lentz (2018)

10.10 Ésteres

Teoricamente todos os álcoois e ácidos orgânicos presentes no mosto são capazes de participar de reações de esterificação, o que poderia gerar quase 4000 ésteres diferentes na cerveja. Um perfil de fermentação mais esterificado, influenciado principalmente por cepas de leveduras ale, implicará em sabores mais frutados e florais, que podem até dominar o sabor da cerveja. Uma concentração média de ésteres na cerveja pode ser encontrada na faixa entre 60 a 80 mg/L e o acetato de etila é de longe o éster de maior concentração (entre 10 a 60 mg/L), maior até que o esperado a partir da constante de equilíbrio da reação entre seus precursores, o ácido acético e o etanol, o que demonstra o importante papel desempenhado pela levedura na biossíntese de ésteres (ver seção 5.2.2, formação de ésteres). A Tabela 10.8 apresenta alguns dos ésteres que são encontrados na cerveja e seus respectivos descritores de sabor.

Tabela 10.8 – Alguns dos ésteres encontrados em cervejas e seus limiares de percepção de sabor

Éster	Descritor de sabor	Limiar de percepção de sabor (ppm)
Acetato de etila	Solvente, frutado	30,0
Acetato de butila	Banana, adocicado	7,5
Acetato de isoamila	Banana, maça	1,0
Pentanoato de etila	Mamão	1,0
Propionato de isoamila	Abacaxi, damasco, amêndoas	1,0
Nicotinato de etila	Medicinal	6,0
Acetato de fenetila	Rosas, mel	4,0
Decanoato de etila	Coco	1,0
Hexanoato de octila	Casca de laranja	5,0
Decanoato de isopentila	Frutas tropicais	3,0

Fonte: adaptado de Meilgaard (1975)

O acetato de etila na cerveja em concentrações próximas aos seu limiar de percepção de odor remete a aromas de frutas (como pera), mas em concentrações maiores se torna um sabor indesejado (*off-flavor*), conferindo à cerveja aromas descritos como solvente, esmalte de unhas ou removedor de esmalte. Concentrações anormais desse éster na cerveja podem ser causadas pela fermentação de mosto com altas concentrações de açúcar e também por contaminação da fermentação por leveduras selvagens do gênero Hansenula e Pichia, que produzem no meio grandes quantidades de acetato de etila.

O acetato de fenetila pode ser encontrado na cerveja em concentrações que variam de 0,02 a 2,0 mg/L e conferem aromas doces como de rosas, mel ou maçã, que podem ser desejáveis em cervejas ale, como, por exemplo, nas belgian blond ale, porém em cervejas lagers serão considerados *off-flavors* quando presentes. Em geral os ésteres são indesejáveis nas lagers, porém isso não é uma regra, por exemplo, em uma amber lager da República Tcheca, a presença de forma sutil de ésteres frutados que remetem a frutas de caroço ou bagas como ameixas ou frutas silvestres é aceitável.

É importante ressaltar que os sabores descritos na Tabela 10.8 e que podem ser detectados pelos consumidores ou por um provador não podem ser atribuídos a apenas uma determinada molécula, pelo contrário, os aromas citados são devido a um efeito sinérgico de uma mistura complexa de moléculas e que determinará o perfil de sabor que estará presente na cerveja.

10.11 Aldeídos

Os aldeídos são compostos carbonílicos que possuem como grupo funcional o radical — CHO e as suas concentrações médias na cerveja podem chegar a níveis entre 10 e 20 mg/L. A Tabela 10.9 mostra os principais aldeídos da cerveja com suas concentrações médias e seus descritores de sabor.

Tabela 10.9 – Principais aldeídos da cerveja

Aldeído	Concentração (mg/L)	Descritores de sabor
Acetaldeído	2,0 – 20	Grama verde, maça verde, tinta
Propanal	0,01 – 0,3	Grama verde, frutado
Butanal	0,03 – 0,02	Melão, verniz
Trans-2-butenal	0,003 – 0,02	Maça, amêndoa
2-Metilpropanal	0,02 – 0,5	Banana, melão
Aldeídos de 5 carbonos, C5	0,01 – 0,3	Grama, maça, queijo
Hexanal	0,003 – 0,07	Amargo, vinoso
Trans-2-hexanal	0,005 – 0,01	Amargo, adstringente
Heptanal	0,002	Amargo, solvente
Octanal	0,001 – 0,02	Casca de laranja, amargo
Nonanal	0,001 – 0,011	Adstringência, amargo
Trans-2-nonenal	0,00001 – 0,002	Papelão
Cis-3-nonenal	-	Óleo de soja
Decanal	0,0 – 0,003	Pepino
Decadienal	-	Casca laranja, amargo
Furfural	0,01 – 1,0	Papel, rispidez
5-Metilfurfural	<0,01	Apimentado
5-Hidroximetilfurfural	0,1 – 20	Envelhecido

Fonte: adaptado de Buiatti (2009) e Stewart e Priest (2006)

Em geral, aldeídos são derivados de reações de desidrogenação oxidativa de álcoois. Vários aldeídos são subprodutos de leveduras (são intermediários da formação de etanol, veja na seção 5.1.3), outros podem ser derivados da degradação de Strecker dos aminoácidos durante a fervura do mosto, e ainda alguns parecem ser o resultado de uma descarboxilação aleatória de ácidos orgânicos.

O acetaldeído (etanal) é o aldeído de maior concentração na cerveja, sendo excretado na cerveja pela levedura durante os primeiros 3 dias de fermentação, e é responsável pelo sabor de "maça verde" e/ou "grama verde" da cerveja em início de fermentação. Nessa fase, a concentração de acetaldeído é de cerca de 20 a 40 mg/L e diminui para cerca de 5 a 15 mg/L na cerveja em final de fermentação. Isso ocorre devido a que, no início da fermentação (os primeiros 3 dias), a sua formação é mais rápida do que sua redução. O acetaldeído é reduzido a etanol, mas também pode ser oxidado a ácido acético, que é, como mencionado anteriormente, o ácido orgânico mais abundante na cerveja.

A estabilidade do sabor da cerveja pode ser afetada à medida que ela envelhece devido à formação de aldeídos como o tran-2-nonenal (sabor de papelão, típico de cerveja velha), 5-hidroximetilfurfural, 5-metilfurfural e metilfurfural, esses três últimos formados principalmente durante a fervura do mosto e que podem aumentar de concentração durante a pasteurização da cerveja e/ou em temperaturas de armazenamento muito elevadas da cerveja embalada (próximos de 40° C). Os fatores e compostos que influenciam na estabilidade da cerveja serão tratados adiante no Capítulo 11.

10.12 Cetonas

Cetonas são compostos que possuem o grupo carbonila (C=O) em carbono secundário, ou seja, o grupamento C=O sempre estará entre dois átomos de carbonos na cadeia. Esses compostos podem ser classificados de acordo com a quantidade de carbonilas presente na cadeia, sendo denominados monocetonas, dicetonas ou tricetonas quando possuírem respectivamente um, dois e três grupos carbonila ligados a carbono secundário.

As dicetonas vicinais são produzidas a partir de metabólitos de levedura excretados na cerveja (veja na seção 5.2.4). O limiar de percepção de sabor do diacetil em cervejas lagers é de cerca de 0,1 a 0,15 mg/L e do 2,3-pentanodiona aproximadamente 0,9 mg/L. O perfil característico de sabor e aroma desses compostos exibe descrições como: amanteigado, mel ou caramelo, e em concentrações muito elevadas sabor e aroma de manteiga rançosa, que podem deixar a cerveja intragável. A Tabela 10.10 apresenta as concentrações médias de diacetil, 2,3-pentanodiona e outras dicetonas presentes na cerveja juntamente a seus descritores de sabor.

Tabela 10.10 – Principais dicetonas vicinais da cerveja

Dicetonas vicinais	Concentração (mg/L)	Descritores de sabor
2,3-Butanodiona (diacetil)	0,01 – 0,4	Caramelo, amanteigado
3-Hidroxi-2-butanona	1,0 – 10	Frutado, mofado, amadeirado
2,3-Butanodiol	50 – 150	Borracha, dulçor, aquecimento
2,3-Pentanodiona	0,01 – 0,15	Caramelo, frutado
3-Hidroxi-2-pentanodiona	0,05 – 0,07	-

Fonte: adaptado de Buiatti (2009) e Stewart e Priest (2006)

Alguns estilos de cerveja como as lagers alemãs tendem a ter um perfil de fermentação mais limpo, sendo nesse caso o diacetil um sabor indesejável (*off-flavor*) mesmo em baixas concentrações, enquanto nas lager tchecas a presença do diacetil em baixas concentrações, próximas ao seu limiar de percepção de aroma, pode ser desejável quando é percebida como um arredondamento do sabor desse estilo. Entretanto, em concentrações elevadas em que apresenta-se como um sabor de manteiga/amanteigado, o diacetil será um defeito na cerveja.

10.13 Compostos de enxofre

Os compostos de enxofre derivados do malte e do lúpulo ou produzidos durante o processo de fermentação são componentes naturalmente presentes na cerveja. Individualmente, os compostos de enxofre geralmente transmitem aromas desagradáveis dos mais diversos, como: cebola, vegetais, borracha, esgoto, urina de gato, matéria orgânica apodrecida etc. A Tabela 10.11 apresenta vários compostos de enxofre que podem estar presentes na cerveja, juntamente a seus descritores de sabor e limiares de percepção.

Tabela 10.11 – Alguns dos compostos de enxofre que podem ser encontrados na cerveja com seus respectivos descritores de sabor e limiares de percepção

Composto	Descritores de Sabor	Limiar de percepção de sabor (µg/L)
Dimetil sulfeto (DMS)	Vegetais cozidos, milho cozido	30
Dimetil dissulfeto (DMDS)	Repolho cozido, cebola, borracha	3-50
Dimetil trissulfeto (DMTS)	Sulfuroso, cebola recém cortada, vegetais cozidos	0,1
Dietil dissulfeto (DEDS)	Alho-poró, borracha queimada	0,3
Metional	Batata cozida	0,1 - 250
Metionol	Rabanete	1200
Metanotiol	Excremento, matéria orgânica em decomposição	0,02-41
Etanotiol (etilmercaptano)	Cebola, ovo, alho-poró, vegetal apodrecido	2,0
1-Pentanotiol (amil-mercaptana)	Goiaba podre, urina de gato	0,0001
3-metil-2-buteno-1-tiol (MBT)	"light-struck", aroma de gambá	0,002-0,004

Fonte: adaptado de Meilgaard (1975) e Smart (2008)

Os compostos voláteis contendo enxofre são caracterizados por limiares de percepção de sabor muito baixos (na ordem de partes por bilhão, ppb (µg/L)), e quando são perceptíveis, impactam de forma negativa a qualidade organoléptica da cerveja. Os compostos inorgânicos voláteis de maior concentração são o dióxido de enxofre, SO_2 (concentração média entre 200 e 20000 µg/L) e sulfeto de hidrogênio, H_2S (concentrações médias entre 1 e 20 µg/L). Os tioésteres, polissulfetos e tióis (mercaptanos) são os compostos de enxofre orgânicos mais recorrentes na cerveja.

Os principais fatores que influenciam a concentração de dióxido de enxofre (SO_2) na cerveja são a densidade original do mosto (concentração de açúcar), o tipo de fermentação (lager ou ale) e, em menor grau, a cepa de levedura. Normalmente, as cervejas lagers apresentam níveis maiores de SO_2 comparado às cervejas ale. O sulfeto de hidrogênio é responsável pelo aroma de ovo podre e a sua produção na cerveja é influenciada pela cepa da levedura, e sua formação ocorre em paralelo com a intensidade do processo de fermentação. Como o H_2S é muito volátil acaba sendo completamente eliminado por arraste de CO_2 durante a fermentação e maturação da cerveja (ver seção 5.2.3, formação de compostos de enxofre).

Os tioésteres, como S-metiltioacetato e S-metiltioisovalerato, originários principalmente do lúpulo, são muitas vezes responsáveis por conferirem aromas de vegetais apodrecidos em cervejas lager (SEATON; SUGGETT; MOIR, 1982). Os polissulfetos, como o dimetil trissulfeto (DMTS), é conhecido por ser responsável pelo sabor de cebola das cervejas envelhecidas. Dados recentes mostram que o sulfóxido de S-metilcisteína, metional e metionol são os principais precursores do DMTS na cerveja (GIJS; PERPETE; TIMMERMANS; COLLIN, 2000).

O metional confere um aroma de batata cozida em altas concentrações, mas pode ser descrito como "sopa" ou "mosto quente" em concentrações mais baixas. Esse aldeído foi detectado inicialmente no queijo Cheddar, tortilhas de milho e truta cozida, e é também encontrado em cervejas sem álcool, em que contribui para o aroma de mosto junto a 2-metilbutanal e 3-metilbutanal. Como esses dois últimos são produtos de degradação de aminoácidos, a origem do metional na cerveja provavelmente deriva da metionina (PERPETE; COLLIN, 1999).

O dimetil sulfeto (DMS) é um composto de enxofre, presente em muitas cervejas, mas impacta principalmente as do tipo lager. É uma molécula orgânica de fórmula $(CH_3)_2S$ que possui ponto de ebulição baixo (37° C) e com odor geralmente descrito como milho cozido. O DMS contribui para o aroma de diversos vegetais encontrados na natureza, como os da família *Apiaceae* (como aipo, mandioca-salsa e pastinaca), no milho, groselhas pretas (cassis) e no molho de *"ketchup"*. Também é possível detectá-lo na respiração de bebês e na urina de gato. Na cerveja a sua principal fonte é o malte claro (pilsner) (BAMFORTH, 2003).

A maioria dos cervejeiros considera o DMS como um sabor indesejado (*off-flavor*) e que deve ser mantido em níveis abaixo do seu limiar de detecção de cerca de 30 µg/L, porém alguns fabricantes defendem que o DMS na faixa entre 40 a 100 µg/L pode contribuir positivamente para o aroma de muitas cerejas lagers (ANNESS; BAMFORTH, 1982). Por exemplo, em cervejas lager alemãs maltadas e claras, como as Munich Helles, Festbier e Helles Bock, notas de DMS são aceitáveis na composição de sabor (BJCP, 2015).

Para o cervejeiro, controlar a quantidade de DMS na cerveja em um nível pré-estabelecido não é uma tarefa fácil, além da contribuição de outras variáveis não controláveis para aumentar essa dificuldade, pois como citado anteriormente, o perfil de sabor da cerveja é o resultado da contribuição de uma gama de compostos e não de um composto unitário.

Isso fica evidente quando provadores experientes não conseguem correlacionar o caráter percebido do DMS sensorialmente com o nível de DMS determinado por análises químicas nessas mesmas cervejas, quando também se encontra presente o álcool 2-feniletanol (aroma de rosas). Ao correlacionar os resultados dos testes sensoriais e analíticos, é possível evidenciar que a percepção do caráter de DMS diminui à medida que a concentração do 2-feniletanol aumenta. Ao que parece, esse não é um exemplo isolado, diversos compostos são capazes de suprimir a extensão em que outros compostos podem ser detectados.

Igualmente, acredita-se que outros compostos interagem cumulativamente, ou pelo menos aditivamente, em seus efeitos no sabor. Por exemplo, vários compostos podem estar presentes individualmente na cerveja em níveis abaixo de seus limiares de sabor, mas "combinam" para fornecer um caráter discernível, presumivelmente porque cada um deles reage no mesmo local no sistema olfativo.

10.14 Resinas do Lúpulo

As resinas podem ser separadas nas chamadas resinas moles e resinas duras, em que estas últimas são principalmente a forma oxidada e polimerizada das substâncias presentes nas resinas macias. A fração de resina macia contém dois grupos de compostos conhecidos como humulonas (α-ácidos) e lupulonas (β-ácidos), e seu caráter ácido está contido no grupo fenólico capaz de liberar um íon hidrogênio, H^+. Os α-ácidos são solubilizados e extraídos durante a ebulição do mosto, quando são isomerizados oxidativamente em iso-α-ácidos, que são os compostos amargos mais importantes da cerveja.

As concentrações das substâncias amargas derivados do lúpulo na cerveja são dependentes da variedade do lúpulo, quantidade de lúpulo utilizada, densidade do mosto e tempo de fervura (ver seção 6.6.1). Estima-se que cerca de 70% do amargor da cerveja é obtido como consequência da reação de isomerização das humulonas e cerca de 30% derivado de várias outras resinas, incluindo β-ácidos oxidados. O conteúdo médio de iso-humulonas na cerveja pode variar entre 20 e 60 mg/L, o que equivale a aproximadamente o mesmo valor em IBU (20 a 60 IBU), entretanto os valores de IBU da cerveja podem variar muito dependendo do estilo (Figura 10.2).

Figura 10.2 – Valores do amargor (em IBU) para alguns estilos de cerveja

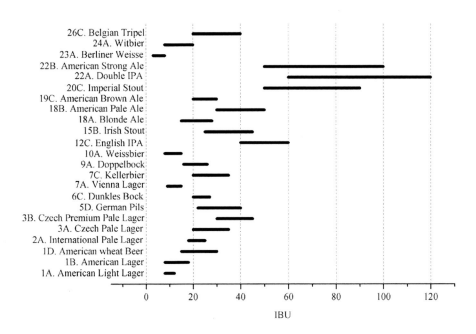

Fonte: adaptado de BJCP (2015)

É possível verificar na Figura 10.2 que os estilos possuem valores de IBU característicos e podem variar desde faixa de alto amargor, como uma doble IPA, por exemplo, que pode apresentar entre 60 e 120 IBU's, até o extremo de baixo amargor, como no caso da American light lager, com valores entre 8 e 12 IBU's.

Porém um fato a ser considerado é que a percepção de gosto amargo pelo consumidor pode ser mascarada por outras características da cerveja, principalmente quanto ao dulçor residual. Uma cerveja com dulçor residual alto diminuirá a percepção do provador em relação ao amargor (BAMFORTH, 2003). O contrário também é factível de ocorrer, quando grandes teores de íons sulfatos (SO_4^{2-}) estão presentes na cerveja (geralmente derivados da água cervejeira – ver seção 3.2), produzem um aumento na sensação do amargor mesmo com níveis constantes de iso-α-ácido (comparada a outra cerveja com a mesmas características, porém sem alto teor de sulfato).

10.15 Óleos essenciais

Os óleos essenciais do lúpulo são uma mistura complexa de várias centenas de componentes e compreendem três frações: a primeira pertencente ao grupo dos hidrocarbonetos, dos quais os hidrocarbonetos terpênicos representam cerca de 70% (ver seção 2.3.2.1), a segunda, cerca de 30%, são compostos contendo oxigênio (fração oxigenada que geralmente é mais aromática e menos volátil), como ésteres, aldeídos, cetonas, ácidos e álcoois (ver seção 2.3.2.2); e, representando a menor parte da fração dos óleos essenciais do lúpulo, os compostos de enxofre, com menos de 1% (ver seção 2.3.2.3).

A fração de hidrocarbonetos da maioria dos lúpulos contém em comum o monoterpeno mirceno e os sesquiterpenos cariofileno e humuleno como os componentes mais significativos, além de uma infinidade de outros monoterpenos e sesquiterpenos quimicamente relacionados e, apesar de comporem a fração mais abundante dos óleos essenciais do lúpulo, os terpenos não são os responsáveis diretamente pelo perfil de aroma e sabor de lúpulo na maioria das cervejas. Isso se deve às significativas e diversas modificações químicas e funcionais que esses compostos sofrem durante a fervura do mosto (reações térmicas, oxidação, hidrólise ou isomerização), bem como transformações bioquímicas pelas leveduras durante a fermentação (esterificação, conversão para ésteres e clivagem enzimática) (HOLT; MIKS; DE CARVALHO et al., 2018). Dito isso, cabe ressaltar que esses processos químicos e bioquímicos que sofrem os componentes dos óleos essenciais do lúpulo ainda não foram totalmente elucidados, sendo, portanto, difícil antecipar com precisão a sua composição na cerveja.

Em sua grande maioria, os estudos relacionados à extração dos óleos voláteis do lúpulo estão focados principalmente na evaporação desses compostos quando estão em contato com o mosto em ebulição (KISHIMOTO; WANIKAWA; KAGAMI et al., 2005). Estima-se que cerca de 85% dos óleos essências evaporem durante a fervura do mosto, o que é desejável, principalmente quando alguns desses componentes têm sabores desagradáveis que poderiam tornar a cerveja intragável, como, por exemplo, o mirceno (até 60% do total da fração de óleos), que possui um aroma agradável, porém um sabor desagradável (que lembra o óleo de motor) (PARKER, 2012).

O aroma de lúpulo desejável na cerveja é obtido quando este é adicionado ao mosto a partir dos 10 minutos finais da fervura. Nessa etapa, os aromas extraídos são provavelmente dependentes das substâncias oriundas da fração oxigenada do lúpulo, como alguns derivados oxigenados dos terpenos (por exemplo, na forma de álcool), que são menos voláteis e possuem maior solubilidade no mosto e, consequentemente, maior probabilidade de permanecerem até a cerveja final. Para alcançar perfil de aroma e sabor mais destacado de lúpulo, este pode ser adicionado diretamente ao fermentador (*dry hopping*) ou até mesmo por meio da infusão do lúpulo na cerveja no momento de servir a bebida (*hopinator*) (SHARP; STEENSELS; SHELLHAMMER, 2017).

Cada um dos hidrocarbonetos terpênicos de aroma ativo que não evaporaram durante a fervura ou que eventualmente foram adicionados no mosto em fermentação podem apresentar comportamento e destinos diferentes durante o processo fermentativo. Apesar desse comportamento individual, é consenso que uma grande perda desses compostos ocorre pela sua adsorção às células de leveduras, por ligação a componentes hidrofóbicos específicos da parede celular e por migração para a camada de espuma formada durante a fermentação (KING; DICKINSON, 2003; LAM; FOSTER; DEINZER, 1986).

Estudos têm mostrado que alguns derivados do lúpulo como linalol e geraniol podem sobreviver a todo o processo fermentativo. Os mesmos estudos ainda sugerem que a levedura pode converter enzimaticamente alguns terpenoides em outros compostos correlatos, como, por exemplo, o β-citronelol pode ser formado durante a fermentação a partir de um precursor terpenoide derivado do lúpulo (provavelmente o geraniol) (LAM; FOSTER; DEINZER, 1986). Nesse sentido, os estudos que focaram no uso de álcoois mono e sesquiterpênicos como potenciais precursores para reações de biotransformação realizadas por leveduras verificaram a mesma tendência onde, durante a fermentação, ocorre ligeira diminuição no linalol e α-terpinol, seguido por um aumento do β-citronelol e nerol (HOLT; MIKS; DE CARVALHO *et al.*, 2018).

Diante de todo o exposto, é possível verificar que sistematizar as concentrações dos óleos essenciais de lúpulo na cerveja é uma tarefa inexequível.

10.16 Valor calórico da cerveja

A cerveja é classificada como um alimento e seu conteúdo calórico, em média, é composto de cerca de dois terços originados do etanol, e um terço dos carboidratos e proteínas residuais. No entanto, as cervejas podem diferir enormemente em sua composição, dependendo do seu grau alcoólico e processo de produção.

O teor de álcool nas cervejas pode variar de menos de 0,05% ABV, como em cervejas sem álcool, a mais de 10% ABV, como uma "imperial stout", que pode chegar a 12% ABV, por exemplo. No entanto, a maioria das cervejas produzidas no mundo tem um teor de álcool entre 3 a 6% ABV. Para se avaliar o valor calórico dos alimentos devem ser considerados os valores energéticos do etanol (7 kcal/g), proteína (4 kcal/g), carboidratos (3,75 kcal/g) e lipídios (9 kcal/g). Como a cerveja é considerada um alimento livre de gorduras, a última classe de compostos não é considerada para compor o cálculo do valor calórico da cerveja.

Para calcular o conteúdo calórico da cerveja em uma porção de 100mL do líquido devem ser considerados os seus principais componentes e as suas contribuições, como na fórmula abaixo:

Valor Calórico (kcal/100ml) = (a x7) + (b x 4) + (c x 3,75)

Em que: a = etanol em g/100mL (% (m/v); b = proteínas em g/100mL (% (m/v) e c = carboidratos (como glicose) em g/100mL (% (m/v).

Segundo a tabela brasileira de composição de alimentos (NEPA, 2011), uma cerveja "tipo Pilsen" com teor alcoólico de 3,6 g de etanol por 100 g de cerveja (% m/m), equivalente a 4,5 ABV, possui valor calórico de 41 kcal/100mL.

11

ESTABILIDADE DOS SABORES

11.1 Breve contexto

A cerveja pode ser considerada uma solução de água-etanol de pH ácido, na qual estão solubilizadas centenas de moléculas diferentes, oriundas das matérias-primas que passaram pelo processo de produção, fermentação e maturação. Ao ser engarrafada, teremos um sistema fechado em que os constituintes em solução ainda não estão em equilíbrio químico, e todo esse sistema tenderá a alcançar um estágio de energia mínima e entropia máxima. Consequentemente, muitas reações ocorrerão durante o período de armazenamento e que determinarão os tipos de compostos de envelhecimento que estarão presentes na cerveja. Embora muitas reações sejam termodinamicamente possíveis, as velocidades com que elas ocorrerão serão determinadas principalmente pela concentração dos substratos presentes no líquido (como álcoois, ésteres, ácido amargos, precursores de trans-2-nonenal, íons metálicos, O_2, entre outras centenas) e as condições de armazenamento.

Contaminações biológicas também podem ser responsáveis em alterar a qualidade do produto ao longo do armazenamento. Uma contaminação biológica pode ocorrer por microrganismos como bactérias, fungos e leveduras selvagens provenientes das matérias-primas ou do processo, a qual pode ser evitada pela pasteurização do produto, além de utilização de melhores condições higiênicas de processamento (STEWART, 2004).

11.2 Mudanças físicas

A principal mudança física que pode ocorrer na cerveja é em relação à sua estabilidade coloidal pela formação de turbidez a frio (*haze*), pela reação de compostos fenólicos com algumas proteínas. Esses compostos são derivados das matérias-primas, principalmente do malte e do lúpulo, e a formação da turbidez pode ser potencializada por uma série de fatores, como a presença de oxigênio e de íons metálicos, pasteurização e a temperatura de armazenamento da cerveja embalada. Na produção da cerveja, previne-se a formação da turbidez minimizando ou eliminando um ou mais componentes envolvidos nas reações. Por exemplo, aumentando a extensão da degradação das proteínas durante a mostura, removendo compostos fenólicos de maior peso molecular por meio de sua precipitação juntamente a proteínas na etapa de fervura e resfriamento do mosto, maturar a cerveja em temperaturas mais altas ou ainda armazenar a cerveja embalada em temperaturas mais elevadas; uma vez que a diminuição da temperatura favorece a formação dos compostos de turbidez, que, uma vez formada, será permanente.

Para cervejas do tipo lager, em que os aspectos visuais como transparência e brilho da cerveja refletem diretamente na qualidade do produto e impactam diretamente a preferência do consumidor, a filtração da cerveja final é indispensável para a clarificação e remoção dos compostos responsáveis pela turvação. Isso pode ser realizado pela utilização de filtros de terra diatomácea (ou os mais modernos filtros de membrana) associados também à sílica gel, para a remoção de polipeptídios hidrofílicos e polivinil-polipirolidona (PVPP), e na remoção de polifenóis de maior peso molecular. No entanto, esses processos removem também muitos dos compostos que promovem a formação e a estabilidade da espuma da cerveja, bem como os compostos que atuam como antioxidantes no líquido.

11.3 Mudanças Químicas

As principais mudanças químicas que podem ocorrer e que alteram a estabilidade do sabor da cerveja dependem de muitos fatores, como a composição da cerveja, o teor de oxigênio dissolvido, o nível de antioxidantes presentes, as condições de pasteurização e as temperaturas de armazenamento. Na Figura 11.1 é apresentado o diagrama de Dalgliesh, o qual mostra as alterações sensoriais de sabor que ocorrem durante o envelhecimento da cerveja, que incluem um aumento do aroma doce (E), aumento da intensidade do gosto doce e aroma e gosto de caramelo (D), diminuição da intensidade do gosto amargo (C), e uma relação entre o aumento de sabor de papelão (B) e a diminuição do sabor denominado ribes (*ribes nigrum*) (A), descrito como aroma típico de folhas de *"black currant"*, fruta silvestre parecida com a groselha (VANDERHAEGEN; NEVEN; VERACHTERT et al., 2006).

Figura 11.1 – Representação esquemática das alterações sensoriais da cerveja ao longo do seu envelhecimento (Diagrama de Dalgliesh)

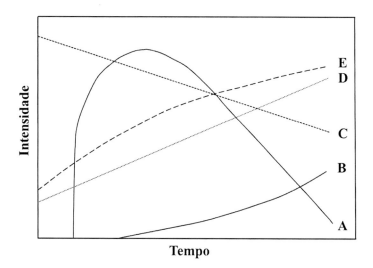

(A) ribes, (B) sabor de papelão, (C) gosto amargo, (D) gosto doce e sabor e aroma de caramelo, e (E) aroma doce

Fonte: adaptado de Vanderhaegen (2006)

O diagrama constitui um modelo genérico das variações das características organolépticas que ocorrem ao longo do envelhecimento da cerveja, e nem todas sofrerão o mesmo padrão de alterações (BAMFORTH, 2010). Ainda, não fica claro se essas alterações são mesmo fenômenos independentes, pois um aumento da doçura da cerveja causará uma diminuição da percepção do amargor (e vice-e-versa), o que pode confundir até mesmo provadores treinados e experientes (VANDERHAEGEN; DELVAUX; DAENEN *et al.*, 2007).

Essas mudanças no perfil de aroma e sabor da cerveja são resultadas da degradação química de compostos presentes no líquido que se convertem em novas substâncias, dentre estes podem ser citados alguns compostos como: heterocíclicos, cetonas, ésteres, compostos sulfurados e em especial aldeídos de cadeia linear. Apesar de os mecanismos dessas degradações não terem sido totalmente elucidados, o teor de oxigênio (O_2) presente no líquido durante a produção e o acondicionamento, seja em garrafas ou barris, é apontado como sendo um dos principais agentes responsáveis pela degradação (STEWART, 2004).

O oxigênio em sua formula molecular (O_2) é estável e não reage facilmente com moléculas orgânicas, entretanto na presença de alguns íons metálicos, geralmente o Ferro (Fe^{2+}) e o Cobre (Cu^+), presentes na cerveja, o O_2 pode capturar um elétron e formar o ânion superóxido (O_2^-) (KANEDA; KOBAYASHI; TAKASHIO *et al.*, 1999). O ânion superóxido pode ainda capturar um próton (H^+) do meio, uma vez que a cerveja é ácida, e formar um radical peridroxil ($HO_2\cdot$). Além desses, podem ser formados na cerveja o ânion peróxido (O_2^{2-}), o peróxido de hidrogênio (H_2O_2) e radicais hidroxila ($HO\cdot$). Essas espécies reativas derivadas do oxigênio (denominadas EROs) são altamente oxidantes e reagem com as moléculas orgânicas da cerveja como polifenóis, isohumulonas, aldeídos e álcoois, resultando em várias mudanças no perfil sensorial da cerveja (VANDERHAEGEN; NEVEN; VERACHTERT *et al.*, 2006) (veja mais sobre EROS no Apêndice II).

Alguns estudos mostram que diminuir a incorporação de oxigênio (O_2) ao longo das diversas fases de produção da cerveja tende a diminuir as reações de oxidação que alteram as características sensoriais do produto durante o envelhecimento (BAMFORTH, 2010; NOEL; METAIS; BONTE *et al.*, 1999). Há estudos também que contrariam essa tese e sugerem que a introdução de oxigênio durante o processo de produção é irrelevante no contexto de envelhecimento da cerveja (BAMFORTH, 2010). O consenso é de que os níveis de oxigênio na cerveja embalada devem ser o mais baixo possível, pois até concentrações de O_2 abaixo de 0,1 mg/L podem potencializar possíveis problemas de estabilidade organoléptica por influência das EROs. Isso inclui o teor de oxigênio no chamado *"headspace"* (espaço livre no gargalo da embalagem), onde é demonstrado que a extensão da deterioração da cerveja será diretamente proporcional à concentração de O_2 presente nesse espaço (VANDERHAEGEN; NEVEN; VERACHTERT *et al.*, 2006).

11.3.1 Degradação de álcoois

O acetaldeído é um dos primeiros compostos que tem sua concentração aumentada durante o envelhecimento da cerveja (BAMFORTH, 2010; ENGAN, 1969). Esse aldeído é descrito como tendo aroma de maçã verde (MEILGAARD, 1975) e que pode estar presente na cerveja recém maturada, associado a um problema na fermentação (fermentação arrastada pelo uso de leveduras com baixa viabilidade – ver seção 8.7). No entanto, como produto de envelhecimento da cerveja, ele é derivado da oxidação do etanol. Estudos mostram que espécies reativas de oxigênio (EROs), principalmente o radical hidroxila (OH·), podem reagir com o etanol e gerar a espécie radicalar 1-hidroxietil ($H_3C-HC^·-OH$), sendo seu principal produto de degradação o acetaldeído (ANDERSEN; SKIBSTED, 1998). A Figura 11.2 mostra as espécies produzidas pela degradação do etanol com radical hidroxila, em que, além do acetaldeído, a oxidação do etanol também pode gerar outras espécies (inclusive novos radicais) que também contribuem para as alterações de sabor.

Os álcoois superiores podem sofrer o mesmo processo de oxidação que o etanol na cerveja, gerando seus correspondentes aldeídos, porém como o etanol é o álcool mais abundante, o acetaldeído acaba sendo o subproduto de maior concentração e consequentemente o mais perceptível (HASHIMOTO, 1972).

Figura 11.2 – Reação do etanol com radical hidroxil na cerveja

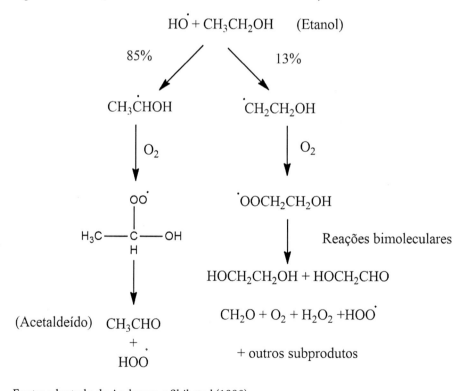

Fonte: adaptado de Andersen e Skibsted (1998)

11.3.2 Formação do trans-2-nonenal (t2N)

O trans-2-nonenal (Figura 11.3) é reconhecidamente o principal composto responsável pelo sabor de cerveja envelhecida. Esse aldeído possui um limiar de percepção de sabor muito baixo (cerca de 0,1 µ g/L) e confere à cerveja um sabor descrito como papelão.

Figura 11.3 – Estrutura química do trans-2-nonenal (t2N)

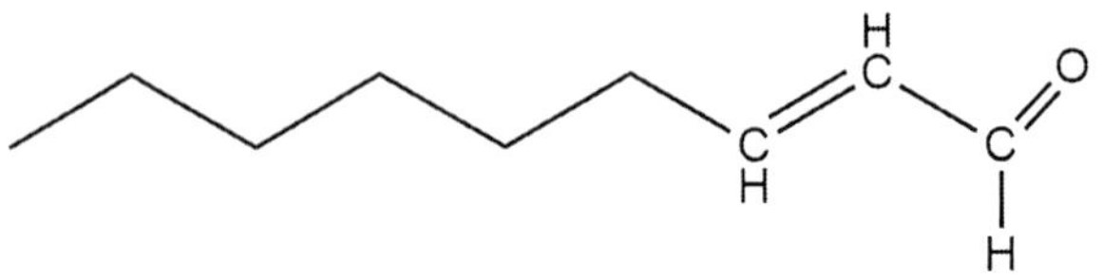

Fonte: o autor

Estudos têm mostrado que o tras-2-nonenal (t2N) é formado ainda nos processos iniciais de produção de cerveja pela oxidação de lipídios em aldeídos. O conteúdo lipídico do mosto considerado crucial para a formação do t2N constitui-se dos ácidos linoleico (C18:2) e linolênico (C18:3), oriundos principalmente da cevada maltada. A hidrólise de triacilgliceróis em ácidos graxos ocorre principalmente durante a mostura, em que a enzima lipase do malte permanece ativa durante grande parte do processo (SCHWARZ; STANLEY; SOLBERG, 2002). Uma vez presente no mosto, é durante o processo de fervura que é produzido em maior extensão esse processo de oxidação. Cerca de 70% de todo o t2N é produzido durante a fervura do mosto e o restante ainda no processo de mostura (LERMUSIEAU; NOËL; LIÉGEOIS et al., 1999; LIÉGEOIS; MEURENS; BADOT et al., 2002).

A oxidação dos ácidos graxos presentes no mosto pode ocorrer por dois possíveis mecanismos: auto-oxidação ou oxidação enzimática por meio da ação de lipoxigenases (LOX). A auto-oxidação de um ácido graxo se inicia pela remoção de um átomo de hidrogênio (H) mais fracamente ligado à molécula por radicais livres. No ambiente complexo do mosto, acredita-se que que os radicais responsáveis pela iniciação dessa auto-oxidação sejam os radicais peroxil (ROO·) e os radicais peridroxil (HOO·), e que o hidrogênio removido (no caso do ácido linoleico) seja do grupo metileno (CH_2) na posição 11 da molécula, que se encontra mais ativado, especialmente pelas duas ligações duplas vizinhas. Assim, formam-se dois radicais pentadienil, que são então estabilizados pela formação de dois hidroperóxidos nas posições 9 e 13 (9-LOOH e 13-LOOH) (Figura 11.4). Na reação subsequente ocorre uma clivagem não enzimática dos hidroperóxidos; com o 9-LOOH formando como um dos principais subprodutos, o trans-2-nonenal (Figura 11.4B) e o 13-LOOH, o hexanal (Figura 11.4C) (VANDERHAEGEN; NEVEN; VERACHTERT et al., 2006).

Figura 11.4 – Mecanismo de auto-oxidação do ácido linoleico

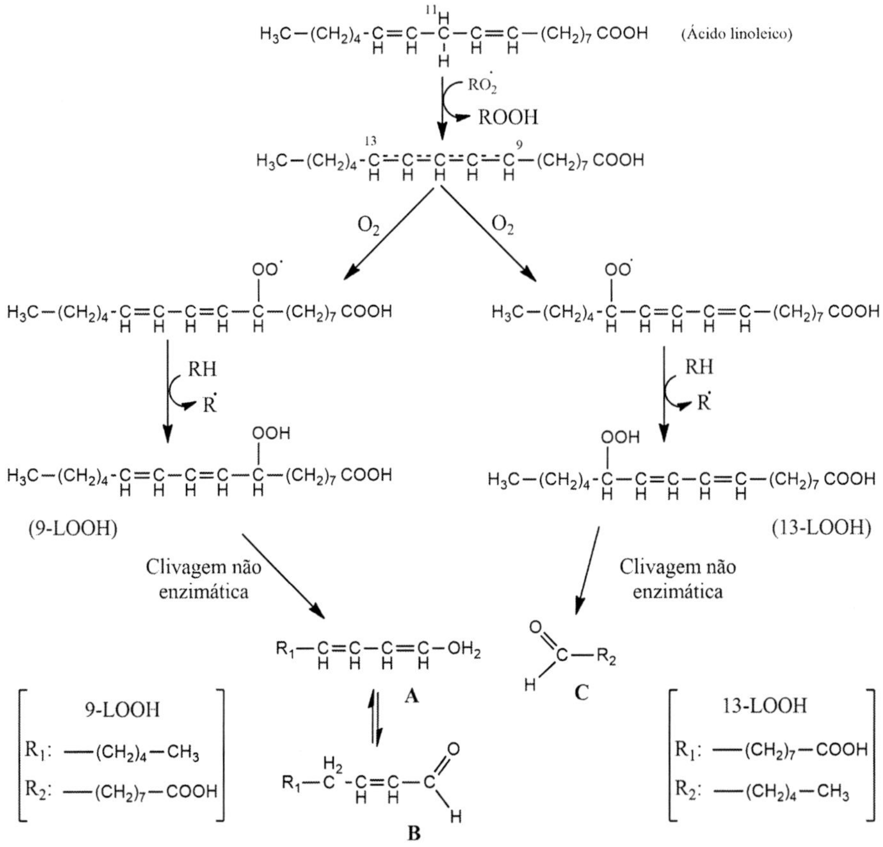

RO$_2^{\cdot}$ (radical peroxil), 9, 13-LOOH (ácidos hidroxiperíxidos), (A) produto de clivagem de 9-LOOH, (B) trans-2-nonenal e (C) hexanal

Fonte: adaptado de Vanderhaegen (2006)

A oxidação enzimática de ácidos graxos ocorre por ação das enzimas lipoxigenases (LOX). A cevada germinada contém duas enzimas lipoxigenase: LOX-1 e LOX-2 (BAXTER, 1982). A LOX-1 está presente na semente da cevada e aumenta de quantidade durante a germinação, enquanto a LOX-2 se desenvolve apenas durante a germinação (YANG; SCHWARZ, 1995). Elas podem oxidar os ácidos graxos como o ácido linoleico e o ácido linolênico em seus respectivos ácidos hidroperóxidos. O ácido linoleico é oxidado em 9-LOOH por LOX-1 e em 13-LOOH por LOX-2 (VANDERHAEGEN; NEVEN; VERACHTERT *et al.*, 2006). A reação subsequente pode ser uma quebra enzimática ou não enzimática dos hidroperóxidos formados (KOBAYASHI; KANEDA; KANO *et al.*, 1994). O 9-LOOH pode ser transformado em t2N pela atividade da enzima 9-hidroperóxido-liase durante a mostura (KURODA; FURUSHO; MAEBA *et al.*, 2003). As vias enzimáticas atualmente descritas para a oxidação de lipídios durante a produção de cerveja estão resumidas na Figura 11.5.

Figura 11.5 – Visão geral das vias de oxidação enzimática atualmente conhecidas do ácido linoleico que produzem compostos carbonílicos

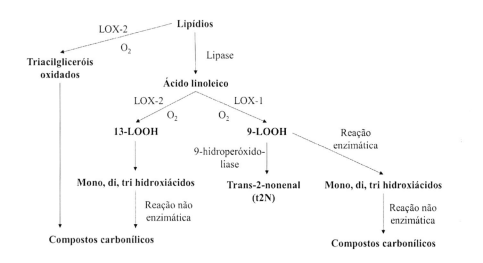

Fonte: adaptado de Vanderhaegen (2006)

Apesar de todo o t2N ser formado ainda nas etapas de mostura e fervura, ele não é perceptível na cerveja fresca. Uma das explicações do porquê de o aroma de papelão aparecer somente durante o envelhecimento da cerveja é que o t2N pode ser estabilizado por meio da formação de uma base de Schiff ao se ligar a compostos nitrogenados do mosto, como proteínas e o aminoácido lisina. Estudos mostraram que altas temperaturas, como as da fervura do mosto, favorecem a formação dessas bases. Dessa maneira o t2N fica protegido inclusive da atividade das leveduras, passando para cerveja pronta e, posteriormente, favorecido por um pH mais ácido da cerveja e o armazenamento do produto, o equilíbrio é deslocado para o sentido de dissociação das bases de Schiff, deixando assim o t2N livre (LERMUSIEAU; NOËL; LIÉGEOIS et al., 1999).

Outra explicação é de que o t2N formado no processamento se liga com antioxidantes normalmente formados durante o processo de fermentação, como o ânion sulfito (SO_3^{2-}), o que os torna estáveis, porém como essa reação é reversível, à medida que a concentração de sulfito vai diminuindo gradativamente (oxidado a sulfato), a concentração do t2N livre aumenta, o tornando perceptível (BARKER; GRACEY; IRWIN et al., 1983; STEWART, 2004). Estudos mostraram também que quando o bissulfito (HSO_3^-) se liga à ligação dupla do t2N, forma-se um complexo irreversível, tornando esse aldeído um composto não volátil (KANEDA; TAKASHIO; OSAWA et al., 1996). Além dos antioxidantes naturais presente na cerveja a indústria cervejeira pode fazer uso de antioxidantes comerciais a fim de inibir a ação de compostos que causam efeitos negativos ao produto, seja de forma a evitar reações responsáveis pelas alterações organolépticas da cerveja ou ainda tornando muitos compostos organolepticamente inativos (SANTOS; CARNEIRO; GUIDO et al., 2003).

11.3.3 Degradação dos ácidos amargos do lúpulo

Os iso-α-ácidos, principais substâncias que conferem o amargor à cerveja, são particularmente sensíveis à degradação durante o armazenamento, ocasionando uma diminuição do gosto amargo do líquido (DE COOMAN; AERTS; OVERMEIRE et al., 2000; KING; DUINEVELD, 1999). A degradação dos ácidos amargos do lúpulo (iso-α-ácidos, α-ácidos e β-ácidos) não apenas diminui o amargor como também pode resultar na formação de outros subprodutos, muitos deles envolvidos no aparecimento de sabores indesejáveis relacionados ao envelhecimento da cerveja (VANDERHAEGEN; NEVEN; VERACHTERT et al., 2006).

O mecanismo exato de degradação dos ácidos do lúpulo e as estruturas químicas dos voláteis formados não foram ainda completamente elucidados, mas de maneira geral estudos mostram que os iso-α-ácidos se degradam rapidamente na presença de EROs (KANEDA; KANO; OSAWA et al., 1989), e que o isômero trans é muito mais suscetível que o isômero cis à degradação (DE COOMAN; AERTS; OVERMEIRE *et al.*, 2000). Também deve-se considerar que mesmo sem a presença das espécies reativas de oxigênio (EROs) os iso-α-ácidos podem se autodegradar, liberando elétrons na presença de espécies aceitadoras adequadas desses elétrons. Essa autodegradação, que independe da presença do oxigênio, pode gerar espécies radicalares centradas em carbono e centradas em oxigênio muito reativas e que levam à geração de subprodutos de natureza variada (HUVAERE; ANDERSEN; OLSEN *et al.*, 2003).

Os subprodutos formados pela degradação dos iso-α-ácidos, tanto por mecanismo de autodegradação quanto por atividade das ROS, são compostos carbonilados (que contêm o grupamento carbonila) de tamanho de cadeia variados, como cetonas (acetona, 3-metil-2-butanona, 4-metil-2-pentanona), aldeídos (2-metil-propanal) e álcoois (2-metil-3-buten-2-ol) (HASHIMOTO; ESHIMA, 1979; HASHIMOTO; KUROIWA, 1975). É importante ressaltar que os iso-α-ácidos modificados para serem resistentes à incidência de luz (ver na seção 2.5.2) têm menos posições estruturais sensíveis à formação de radicais, consequentemente são menos susceptíveis ao processo de oxidação.

11.3.4 Compostos sulfurados

Os compostos de enxofre geralmente têm um limiar de sabor extremamente baixo na cerveja, e pequenas alterações em suas concentrações, como efeito do envelhecimento da cerveja, podem ter efeitos visíveis no sabor. Entre esses compostos, se destaca o dimetil-trissulfeto (DMTS) (aroma de cebola ou repolho cozido), que pode aumentar de concentração para acima de seu limiar de percepção de aroma e sabor de cerca de 0,1 µg/L (0,1 ppb) (GIJS; PERPETE; TIMMERMANS; COLLIN, 2000). Outro composto de enxofre geralmente associado ao envelhecimento da cerveja, e descrito como *"ribes"*, é o *p*-mentano-8-tiol-3-ona, um sabor transitório (Figura 11.1) associado à urina de gato em concentrações acima do seu limiar de percepção (1,9 µg/L). Esse sabor será menos aparente em cervejas que apresentam baixos níveis de oxigênio dissolvido (PARKER, 2012).

11.3.5 Evolução dos ésteres

Os ésteres voláteis conferem notas de sabores frutado à cerveja e são considerados atributos de sabor desejáveis e altamente positivos em alguns estilos de cerveja (ver seção 10.10), tendo seu auge de sabor em cervejas frescas. No entanto, durante o armazenamento, a tendência é de que a concentração dos ésteres diminua ao longo do tempo, podendo até chegar a níveis abaixo de seus limiares de sabor, o que acaba diminuindo ou até mesmo suprimindo o sabor frutado da cerveja (NEVEN; DELVAUX; DERDELINCKX, 1997; STENROOS, 1973).

Em contrapartida, certos ésteres voláteis podem ser sintetizados durante o envelhecimento da cerveja, provavelmente por meio de reações de esterificação entre ácidos orgânicos e o etanol (álcool de maior concentração na cerveja). Na Figura 11.6 estão apresentados os principais ésteres relacionados ao envelhecimento da cerveja, sendo eles: 3-metil butirato de etila (A), 2-metilbutirato de etila (B), 2-metil propionato de etila (C), nicotinato de etila (D), succinato de dietila (E), lactato de etila (F), fenilacetato de etila (G), metanoato de etila (H), 2-furoato de etila (I) e cinamato de metila (J) (VANDERHAEGEN; NEVEN; VERACHTERT et al., 2006).

Estudos apontam que o 2-metilbutirato de etila e o 3-metilbutirato de etila estão relacionados aos sabores de vinho que são desenvolvidos em cervejas conforme ela envelhece. O cinamato de etila, que é o éster produzido a partir de ácido cinâmico e etanol, possui sabores frutados e doces (que remetem a morango e também canela), também foi detectado como uma molécula relevante de sabor produzida durante o envelhecimento da cerveja (SCHIEBERLE; KOMAREK, 2003). Ainda, os ésteres cíclicos, ou lactonas, tendem a aumentar em concentração conforme a cerveja envelhece, como o γ-hexalactona (K) e γ-nonalactona (L), que possuem, respectivamente, como características de aroma pêssego e coco (VANDERHAEGEN; NEVEN; VERACHTERT et al., 2006).

Figura 11.6 – Principais ésteres relacionados ao envelhecimento da cerveja

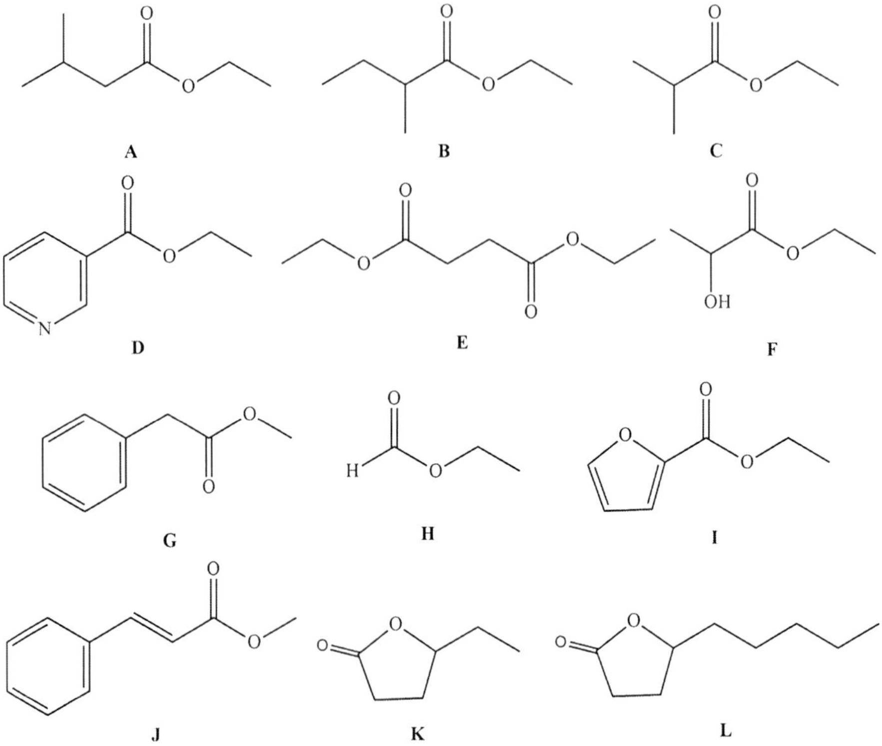

(A) 3-metil butirato de etila, (B) 2-metilbutirato de etila, (C) 2-metil propionato de etila, (D) nicotinato de etila, (E) succinato de dietila, (F) lactato de etila, (G) fenilacetato de etila, (H) metanoato de etila, (I) 2-furoato de etila, (J) cinamato de metila, (K) γ-hexalactona e (L) γ-nonalactona

Fonte: o autor

11.4 Efeito da temperatura

Na prática, as velocidades das reações aumentam com concentrações mais elevadas dos substratos e em temperaturas mais altas, como consequência, o armazenamento da cerveja em diferentes temperaturas não produzirá o mesmo nível relativo dos compostos de envelhecimento. Por exemplo, a evolução do sabor de papelão na cerveja lager se mostra diferente quando está armazenada a 20° C e a 30° C. Em temperaturas mais altas (30° C), o resultado é o desenvolvimento de um padrão sensorial com relativamente mais caráter de papelão em comparação às cervejas armazenadas em temperatura mais baixa (20° C). Ainda, estudos mostram que a cerveja lager envelhecida a 25° C tende a desenvolver um caráter sensorial que remete a sabores descritos como caramelo, enquanto, se armazenadas entre 30 a 37° C, as notas predominantes de sabor remetem ao papelão (VANDERHAEGEN; NEVEN; VERACHTERT et al., 2006).

Os compostos heterocíclicos (alguns deles também contendo carbonila como grupo funcional) compreendem um grande grupo de compostos que podem mudar de concentração durante o envelhecimento da cerveja. Os furanos que podem ser formados são: furfural, 5-hidroximetil-furfural (HMF), 5-metil-furfural, 2-acetil-furano, 2-acetil-5-metilfurano, 2-propionilfurano, furano e álcool furfurílico. Embora esses compostos geralmente permaneçam muito abaixo de seus limiares de sabor, eles são mencionados como indicadores sensíveis do envelhecimento do sabor da cerveja. Os níveis de furfural e HMF aumentam com o tempo a uma taxa aproximadamente linear, mas podem variar logaritmicamente com a temperatura de armazenamento (MADIGAN; PEREZ; CLEMENTS, 1998). Curiosamente, uma correlação entre o aumento do furfural e HMF e a detecção sensorial com pontuação mais alta para o sabor rançoso pode ser verificada.

O efeito da temperatura na formação de radicais livres também é verificado. Da mesma forma que a concentração de radicais livres aumenta durante o envelhecimento da cerveja com o aumento das concentrações de íons ferro/cobre no meio e com concentrações crescentes de oxigênio, ela também aumenta com temperaturas de armazenamento mais altas (KANEDA; KANO; OSAWA et al., 1989; KANEDA; KOBAYASHI; TAKASHIO et al., 1999).

Estudos sobre a formação de aldeídos durante o envelhecimento da cerveja propuseram um mecanismo de reação no qual o etanol (ou álcool superior) pode ser oxidado no meio não por oxidação direta pelo O_2, mas sim pela transferência de elétrons do álcool para grupos carbonilas reativos das melanoidinas. O oxigênio, nesse caso, pode acelerar a oxidação devido provavelmente às melanoidinas serem transformadas em uma via onde os grupos carbonila reativos estejam envolvidos no sistema de transferência de elétrons (HASHIMOTO, 1972). Essas reações de oxidação são potencializadas quando se associa altas temperaturas de armazenamento com elevadas concentrações de oxigênio na embalagem, baixo pH e concentração elevada de álcoois superiores na cerveja (VANDERHAEGEN; NEVEN; VERACHTERT et al., 2006).

É fato que que condições variáveis de temperatura de armazenamento afetam o conteúdo de metabólitos da cerveja engarrafada (tanto dos voláteis como dos não voláteis). Assim, é altamente recomendado, para prolongar a estabilidade do sabor da cerveja embalada, que as temperaturas de armazenamento sejam mantidas abaixo dos 20° C (INTELMANN; HASELEU; DUNKEL et al., 2011; SOARES DA COSTA; GONCALVES; FERREIRA et al., 2004; ŠAVEL; KOŠÍN; BROŽ, 2010).

11.5 Cervejas ale x lager

Muitas vezes, o envelhecimento da cerveja é associado apenas ao desenvolvimento do t2N manifestado pelo característico sabor do papelão. Embora, em alguns casos, e especialmente nas cervejas lagers, o t2N seja o principal composto associado ao envelhecimento da cerveja, isso não pode ser generalizado, pois as cervejas do tipo ale podem não apresentar o mesmo tipo de característica quando envelhecem (CLAPPERTON; PIGGOTT, 1979; DERDELINCKX; MAUDOUX; COLLIN et al., 1994). Essa diferença está relacionada com as temperaturas de fermentação mais altas e a utilização de diferentes tipos de cepas de leveduras, que produzem cervejas geralmente contendo maior teor de ésteres, álcoois superiores e etanol, o que as torna difíceis de serem enquadradas em padrões de compostos que são produzidos durante seu envelhecimento (DE SCHUTTER; SAISON; DELVAUX et al., 2008).

Embora haja poucas pesquisas dedicadas ao envelhecimento das cervejas ale, de modo geral, cervejas escuras com sabores característicos de torra geralmente têm os compostos de envelhecimento mascarados, o que resulta em uma melhor estabilidade de sabor desse tipo de cerveja (VANDERHAEGEN; NEVEN; VERACHTERT et al., 2006). Em um estudo acerca dos sabores relacionados ao envelhecimento de cervejas do tipo "Strong ale", foi demonstrado o surgimento de notas de queimado, alcoólico, caramelo, alcaçuz e adstringentes, enquanto o aroma relacionado ao t2N (papelão) não foi perceptível (WHITEAR, 1982).

11.6 Compostos antioxidantes *versus* pró-oxidantes

Os processos químicos e bioquímicos, que ocorrem durante o armazenamento da cerveja, não ocorrem isoladamente, mas sim simultaneamente, embora em velocidades diferentes, sendo que muitas reações podem competir ou interagir com o mesmo substrato ou vias de reação. Isso também se aplica às reações durante o processo de fermentação, que determinam as concentrações dos precursores para as reações de envelhecimento na cerveja final. Vários métodos têm sido sugeridos para controlar, até certo ponto, as reações responsáveis pela deterioração do sabor durante o armazenamento da cerveja, principalmente as que ocorrem via processos oxidativos (VANDERHAEGEN; NEVEN; VERACHTERT et al., 2006).

Nos últimos anos, tornou-se evidente que os níveis excessivos de oxigênio durante o processo de fabricação, bem como na cerveja pronta, especialmente acondicionadas em garrafadas, afetam a estabilidade do sabor e o prazo de validade da cerveja. Como visto anteriormente, o oxigênio molecular em si não é muito reativo, mas sua concentração inicial, na presença de pró-oxidantes, determinará o nível de EROs. Os pró-oxidantes são definidos como compostos com potencial de ativar o oxigênio molecular, e promover a formação das espécies reativas de oxigênio (EROs), como os íons dos metais de transição (Cu^+ e Fe^{2+}) que atuam como doadores de elétrons. Compostos capazes de produzir peróxido de hidrogênio, H_2O_2, como proteínas contendo cisteína ou o grupo sulfidrila, também são compostos considerados pró-oxidantes (BREZOVÁ; POLOVKA; STAŠKO, 2002).

Por outro lado, os efeitos do oxigênio podem ser inibidos por certos componentes da cerveja ou do mosto, os chamados antioxidantes. Os antioxidantes são definidos como compostos capazes de capturar e inativar EROs e radicais livres. O uso de agentes quelantes na captura de íons metálicos também é outra abordagem antioxidante. Após o esgotamento desses compostos antioxidantes, os radicais HO· se acumulam e causam danos permanentes aos componentes da cerveja, pois apresentam alta reatividade a vários compostos como etanol, açúcares, isohumulonas, polifenóis, álcoois superiores, ácidos graxos, entre outros (DE SCHUTTER; SAISON; DELVAUX; DERDELINCKX et al., 2009), como visto ao longo deste capítulo.

Alguns dos principais compostos antioxidantes endógenos no mosto e na cerveja são: ânion sulfito (SO_3^{2-}), polifenóis, melanoidinas e redutonas, e agentes quelantes.

Ânion Sulfito: a conversão do sulfato (SO_4^{2-}) oriundo da água e das matérias-primas, pela levedura, é a principal fonte endógena de sulfito no meio. Esse ânion é um dos antioxidantes mais eficazes na cerveja, pois sua presença adia a formação de radicais livres (principalmente o radical 1-hidroxietil, $H_3C–HC·–OH$). A eficácia do sulfito é atribuída à sua reação não produtora de radicais de dois elétrons com os peróxidos (DE SCHUTTER; SAISON; DELVAUX et al., 2009).

Polifenóis: os polifenóis de baixo peso molecular, em particular, são excelentes antioxidantes. Com o aumento do peso molecular, o poder redutor diminui (BUGGEY, 2001). Os polifenóis podem reagir com os radicais livres para produzir radicais fenoxi, que são relativamente estáveis devido à deslocalização do radical livre sobre o anel aromático (DE SCHUTTER; SAISON; DELVAUX et al., 2009). Alguns polifenóis também são antioxidantes por sua capacidade de quelar íons de metais de transição.

Na cerveja, os polifenóis contribuem com até 60% do poder antioxidante endógeno medido pelo teste do ferro (II) com bipiridina e no teste de determinação da atividade antioxidante pelo método DPPH (KANEDA; KOBAYASHI; FURUSHO et al., 1995; MCMURROUGH; MADIGAN; KELLY et al., 1996). A remoção parcial da fração de polifenol por tratamento com polivinilpolipirrolidona (PVPP) diminui o poder potencial antioxidante em cerca de 9 a 38%, mas não torna a cerveja mais suscetível a danos oxidativos (MCMURROUGH; MADIGAN; KELLY et al., 1996). Experimentos sensoriais confirmaram esse efeito (MIKYŠKA; HRABAK; HAŠKOVÁ et al., 2002).

O principal efeito dos polifenóis na estabilidade do sabor está provavelmente situado nas etapas de mosturação e fervura do mosto. Em particular, os polifenóis extraídos do lúpulo durante a ebulição do mosto contribuem significativamente para o poder antioxidante e diminuem efetivamente o potencial de formação do t2N no mosto (LERMUSIEAU; LIÉGEOIS; COLLIN, 2001). Experimentos conduzidos por meio de análises sensoriais também confirmam os efeitos positivos dos polifenóis do lúpulo na estabilidade do sabor (MIKYŠKA; HRABAK; HAŠKOVÁ et al., 2002).

Melanoidinas e redutonas: durante a secagem e a torra do malte (110-250° C) e a fervura do mosto geram-se antioxidantes derivados das reações de Maillard, que incluem redutonas e melanoidinas, com potenciais antioxidantes. O poder redutor das redutonas é devido ao grupo endiol, que pode gerar carbonilas (Figura 11.7). Os níveis de antioxidantes resultantes das reações de Maillard e da caramelização do açúcar são baixos em maltes claros, mas significativos em maltes especiais escuros, dessa forma, cervejas produzidas a partir de maltes de cores mais escuras podem apresentar uma melhor estabilidade do sabor (DE SCHUTTER; SAISON; DELVAUX et al., 2009).

Figura 11.7 – Oxidação de uma redutona

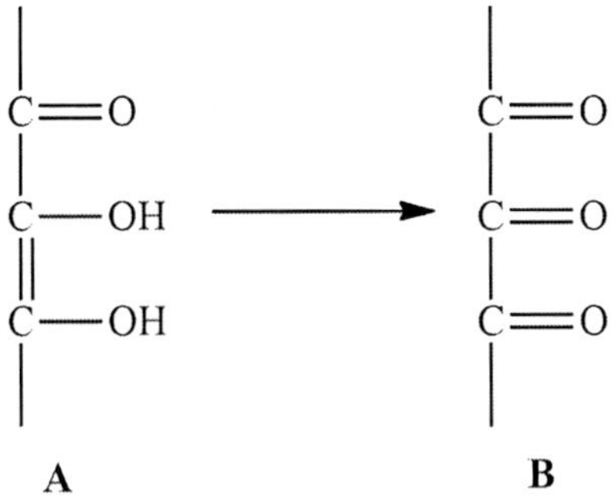

$$\begin{array}{cc} \overset{|}{C}=O & \overset{|}{C}=O \\ \overset{|}{C}-OH & \overset{|}{C}=O \\ \overset{\|}{C}-OH & \overset{|}{C}=O \\ | & | \\ A & B \end{array}$$

(A) Grupo endiol e (B) tricetona
Fonte: o autor

Agentes quelantes: vários compostos do mosto e da cerveja, incluindo polifenóis, aminoácidos, ácido fítico e melanoidinas, podem funcionar como agentes sequestrantes de íons metálicos (WIJEWICKREME; KITTS, 1998). No mosto e na cerveja, existe um equilíbrio entre íons metálicos livres e quelados. Dependendo do tipo do quelante, os íons metálicos ligados poderão apresentar uma maior ou menor capacidade de promover a formação de EROs (BAMFORTH, 1999).

REFERÊNCIAS

AASTRUP, S.; ERDAL, K. A mass balance study of beta-glucan in malt, spent grains and wort using the calcofluor method. **Journal of the Institute of Brewing**, v. 93, n. 3, p. 159-159, 1987.

AGUILERA, F.; PEINADO, R.; MILLAN, C.; ORTEGA, J. *et al.* Relationship between ethanol tolerance, H+-ATPase activity and the lipid composition of the plasma membrane in different wine yeast strains. **International journal of food microbiology**, v. 110, n. 1, p. 34-42, 2006.

ALEXANDRE, H.; GUILLOUX-BENATIER, M. Yeast autolysis in sparkling wine–a review. **Australian journal of grape and wine research**, v. 12, n. 2, p. 119-127, 2006.

ALGAZZALI, V.; SHELLHAMMER, T. H. Bitterness Intensity of Oxidized Hop Acids: Humulinones and Hulupones. **Journal of the American Society of Brewing Chemists**, v. 74, p. 36-43, 2016.

ALI, S.; HAQ, I. Kinetics of improved extracellular β-d-fructofuranosidase fructohydrolase production by a derepressed Saccharomyces cerevisiae. **Letters in applied microbiology**, v. 45, n. 2, p. 160-167, 2007.

ALMAGUER, C.; SCHÖNBERGER, C.; GASTL, M.; ARENDT, E. K. *et al.* Humulus lupulus – a story that begs to be told. A review. **Journal of the Institute of Brewing**, v. 120, n. 4, p. 289-314, 2014.

ANDERSEN, M. L.; SKIBSTED, L. H. Electron spin resonance spin trapping identification of radicals formed during aerobic forced aging of beer. **Journal of Agricultural and Food Chemistry**, v. 46, n. 4, p. 1272-1275, 1998.

ANNEMÜLLER, G.; MANGER, H.-J. **Processing of Various Adjuncts in Beer Production:** Raw Grain Adjuncts-Sugars and Sugar Syrups-Malt Substitutes. Berlin: VLB Berlin, 2013.

ANNESS, B. The reduction of dimethyl sulphoxide to dimethyl sulphide during fermentation. **Journal of the Institute of Brewing**, v. 86, n. 3, p. 134-137, 1980.

ANNESS, B. Lipids of barley, malt and adjuncts. **Journal of the Institute of Brewing**, v. 90, n. 5, p. 315-318, 1984.

ANNESS, B.; REUD, R. Lipids in wort. **Journal of the Institute of Brewing**, v. 91, n. 5, p. 313-317, 1985.

ANNESS, B. J.; BAMFORTH, C. W. Dimethyl sulphide – A review. **Journal of the Institute of Brewing**, v. 88, n. 4, p. 244-252, 1982.

ARENDT, E. K.; ZANNINI, E. 4 - Barley. *In*: ARENDT, E. K.; ZANNINI, E. (ed.). **Cereal Grains for the Food and Beverage Industries**. Sawston: Woodhead Publishing, 2013. p. 155-201e.

ARON, P. M.; SHELLHAMMER, T. H. A discussion of polyphenols in beer physical and flavour stability. **Journal of the Institute of Brewing**, v. 116, n. 4, p. 369-380, 2010.

BABAYAN, T. L.; BEZRUKOV, M. G.; LATOV, V. K.; BELIKOV, V. M. *et al.* Induced autolysis ofSaccharomyces cerevisiae: Morphological effects, rheological effects, and dynamics of accumulation of extracellular hydrolysis products. **Current microbiology**, v. 5, n. 3, p. 163-168, 1981.

BADR, A.; M, K.; SCH, R.; RABEY, H. E. *et al.* On the Origin and Domestication History of Barley (Hordeum vulgare). **Molecular Biology and Evolution**, v. 17, n. 4, p. 499-510, 2000.

BALDUS, M.; KLIE, R.; BIERMANN, M.; KREUSCHNER, P. *et al.* On the behaviour of dimethyl sulfoxide in the brewing process and its role as dimethyl sulfide precursor in beer. **BrewingScience** – Monatsschrift für Brauwissenschaft, v. 71, p. 1-11, 2018.

BAMFORTH, C. The science and understanding of the flavour stability of beer: a critical assessment. **Brauwelt International**, p. 98-111, 1999.

BAMFORTH, C. **BEER:** Tap Into the Art and Science of Brewing. 2. ed. Oxford: Oxford University Press, Inc., 2003.

BAMFORTH, C. Flavour changes in beer: oxidation and other pathways. **Oxidation in foods and beverages and antioxidant applications.** Volume 2: Management in different industry sectors, p. 424-444, 2010.

BAMFORTH, C. W. pH in brewing: an overview. **Technical quarterly-Master Brewers Association of the Americas**, v. 38, n. 1, p. 1-9, 2001.

BAMFORTH, C. W. Nutritional aspects of beer – a review. **Nutrition Research**, v. 22, n. 1, p. 227-237, 2002.

BAMFORTH, C. W.; PARSONS, R. New procedures to improve the flavor stability of beer. **Journal of the American Society of Brewing Chemists**, v. 43, n. 4, p. 197-202, 1985.

BARCHET, R. Hot trub: Formation and removal. **Brewing Techniques**, v. 1, n. 4, 1993.

BARKER, R.; GRACEY, D.; IRWIN, A.; PIPASTS, P. *et al.* Liberation of staling aldehydes during storage of beer. **Journal of the Institute of Brewing**, v. 89, n. 6, p. 411-415, 1983.

BARNETT, J. The taxonomy of the genus Saccharomyces Meyen ex Reess: a short review for non-taxonomists. **Yeast**, v. 8, n. 1, p. 1-23, 1992.

BARNETT, J. A. A history of research on yeasts 1: Work by chemists and biologists 1789–1850. **Yeast**, v. 14, n. 16, p. 1439-1451, 1998.

BARNETT, J. A. A history of research on yeasts 2: Louis Pasteur and his contemporaries, 1850–1880. **Yeast**, v. 16, n. 8, p. 755-771, 2000.

BARNETT, J. A. A history of research on yeasts 5: the fermentation pathway. **Yeast**, v. 20, n. 6, p. 509-543, 2003.

BARNETT, J. A. A history of research on yeasts 8: taxonomy. **Yeast**, v. 21, n. 14, p. 1141-1193, 2004.

BART, R. **The chemistry of beer:** the science in the suds. Hoboken: Wiley, 2013.

BAXTER, E. D. Lipoxidases in malting and mashing. **Journal of the Institute of Brewing**, v. 88, n. 6, p. 390-396, 1982.

BERTOFT, E.; HENRIKSNÄS, H. Starch hydrolysis in malting and mashing. **Journal of the Institute of Brewing**, v. 89, n. 4, p. 279-282, 1983.

BIENDL. Hops and Health. **Technical Quarterly**, v. 46, 2009.

BISCHOFF, S. C. Quercetin: Potentials in the prevention and therapy of disease. **Current Opinion in Clinical Nutrition and Metabolic Care**, v. 11, p. 733-740, 2008.

BJCP. **Beer Judge Certification Program:** 2015 style guidelines. 2015. Disponível em: https://www.bjcp.org/docs/2015_Guidelines_Beer.pdf. Acesso em: 31 mar. 2021.

BOCQUET, L.; SAHPAZ, S.; HILBERT, J. L.; RAMBAUD, C. *et al.* Humulus lupulus L., a very popular beer ingredient and medicinal plant: overview of its phytochemistry, its bioactivity, and its biotechnology. **Phytochemistry Reviews**, v. 17, n. 5, p. 1047-1090, 2018.

BOGDAN, P.; KORDIALIK-BOGACKA, E. Alternatives to malt in brewing. **Trends in Food Science & Technology**, v. 65, 2017.

BOONE, C. Yeast systems biology: our best shot at modeling a cell. **Genetics**, v. 198, n. 2, p. 435-437, 2014.

BOULTON, C.; QUAIN, D. **Brewing yeast and fermentation**. Hoboken, Nova Jersey, EUA: John Wiley & Sons, 2008.

BRASIL. **Decreto N° 6.871, de 4 de junho de 2009.** Dou, Diário Oficial da União, Brasil, 2009.

BREZOVÁ, V.; POLOVKA, M.; STAŠKO, A. The influence of additives on beer stability investigated by EPR spectroscopy. **Spectrochimica Acta Part A:** Molecular and Biomolecular Spectroscopy, v. 58, n. 6, p. 1279-1291, 2002.

BRIGGS, D. E.; BOULTON, C.; BROOKES, P. A.; STEVENS, R. **Brewing:** Science and Practice. 1. ed. Sawston: Woodhead Publishing, 2004.

BRUST, L. A. C.; ARAGÃO, A. P.; BEZERRA JR, P. S.; GALVÃO, A. *et al.* Enfermidades em bovinos associadas ao consumo de resíduos de cervejaria. **Pesquisa Veterinária Brasileira**, v. 35, p. 956-964, 2015.

BUCKEE, G.; BARRETT, J. Effect of wort-evaporation on flavour and other beer qualities. **Journal of the Institute of Brewing**, v. 88, n. 5, p. 329-331, 1982.

BUCKEE, G. K.; MALCOLM, P. T.; PEPPARD, T. L. Evolution of volatile compounds during wort-boiling. **Journal of the Institute of Brewing**, v. 88, n. 3, p. 175-181, 1982.

BUGGEY, L. A review of polyphenolic antioxidants in hops, brewing and beer. **Brewer International**, v. 1, n. 4, p. 21-25, 2001.

BUIATTI, S. 20 - Beer Composition: An Overview. *In*: PREEDY, V. R. (ed.). **Beer in Health and Disease Prevention**. San Diego: Academic Press, 2009. p. 213-225.

BURANELLI SOARES, L.; TEIXEIRA FIRMO, H. **O cultivo do lúpulo em terras brasileiras:** como este ingrediente pode fomentar a pesquisa acadêmica e as economias locais. Alagoinhas/BA, 2018. Disponível em: http://eneds.net/anais/index.php/edicoes/eneds2018/paper/viewFile/583/498. Acesso em: 23 mar. 2021.

CABIB, E.; ROH, D.-H.; SCHMIDT, M.; CROTTI, L. B. *et al.* The yeast cell wall and septum as paradigms of cell growth and morphogenesis. **Journal of Biological Chemistry**, v. 276, n. 23, p. 19679-19682, 2001.

CHAMBERS, P. J.; PRETORIUS, I. S. Fermenting knowledge: the history of winemaking, science and yeast research. **EMBO reports**, v. 11, n. 12, p. 914-920, 2010.

CHAPTER 11 - The Beta Acids. *In*: VERZELE, M.; DE KEUKELEIRE, D. (ed.). **Developments in Food Science**. New York: Elsevier, 1991. v. 27. p. 201-215.

CHEN, E. C.; VAN GHELUWE, G.; BUDAY, A. Effect of mashing temperature on the nitrogenous constituents of wort and beer. Proceedings. **Annual meeting - American Society of Brewing Chemists**, v. 31, n. 1, p. 6-10, 1973.

CHERRY, J. M.; HONG, E. L.; AMUNDSEN, C.; BALAKRISHNAN, R. *et al.* Saccharomyces Genome Database: the genomics resource of budding yeast. **Nucleic acids research**, v. 40, n. 1, p. 700-705, 2012.

CHIHIB, N. E.; CRÉPIN, T.; DELATTRE, G.; THOLOZAN, J. L. Involvement of cell envelope in nisin resistance of Pectinatus frisingensis, a Gram-negative, strictly anaerobic beer-spoilage bacterium naturally sensitive to nisin. **FEMS Microbiology Letters**, v. 177, p. 167-175, 2006.

CHOUDHARY, V.; SCHNEITER, R. Pathogen-Related Yeast (PRY) proteins and members of the CAP superfamily are secreted sterol-binding proteins. **Proceedings of the National Academy of Sciences**, v. 109, n. 42, p. 16882-16887, 2012.

CLAPPERTON, J.; PIGGOTT, J. Differentiation of ale and lager flavours by principal components analysis of flavour characterization data. **Journal of the Institute of Brewing**, v. 85, n. 5, p. 271-274, 1979.

COGHE, S.; ADRIAENSSENS, B.; LEONARD, S.; DELVAUX, F. Fractionation of colored Maillard reaction products from dark specialty malts. **Journal of the American Society of Brewing Chemists**, v. 62, p. 79-86, 2004.

COGHE, S.; GHEERAERT, B.; MICHIELS, A.; DELVAUX, F. R. Development of Maillard Reaction Related Characteristics During Malt Roasting. **Journal of the Institute of Brewing**, v. 112, n. 2, p. 148-156, 2006.

COOK, A. H.; HARRIS, G. 381. The chemistry of hop constituents. Part I. Humulinone, a new constituent of hops. **Journal of the Chemical Society (Resumed)**, n. 0, p. 1873-1876, 1950.

COOTE, N.; KIRSOP, B. Factors responsible for the decrease in pH during beer fermentations. **Journal of the Institute of Brewing**, v. 82, n. 3, p. 149-153, 1976.

CRABTREE, H. G. Observations on the carbohydrate metabolism of tumours. **Biochemical journal**, v. 23, n. 3, p. 536-545, 1929.

CYRAN, M.; IZYDORCZYK, M. S.; MACGREGOR, A. W. Structural Characteristics of Water-Extractable Nonstarch Polysaccharides from Barley Malt. **Cereal Chemistry**, v. 79, n. 3, p. 359-366, 2002.

DA CRUZ, S. H.; BATISTOTE, M.; ERNANDES, J. R. Effect of sugar catabolite repression in correlation with the structural complexity of the nitrogen source on yeast growth and fermentation. **Journal of the Institute of Brewing**, v. 109, n. 4, p. 349-355, 2003.

DA CRUZ, S. H.; CILLI, E. M.; ERNANDES, J. R. Structural complexity of the nitrogen source and influence on yeast growth and fermentation. **Journal of the Institute of Brewing**, v. 108, n. 1, p. 54-61, 2002.

DAI, F.; ZHANG, G. 1 - Domestication and Improvement of Cultivated Barley. *In*: ZHANG, G. e LI, C. (ed.). **Exploration, Identification and Utilization of Barley Germplasm**. Amsterdam: Academic Press, 2016. p. 1-26.

DANIELS, R. Beer color demystified–part I: How to measure beer color in the home and microbrewery. **Brewing techniques**, v. 3, n. 4, p. 56-64, 1995.

DANIELS, R. **Designing great beers:** The ultimate guide to brewing classic beer styles. Boulder, Colorado: Brewers Publications, 1998.

DE COOMAN, L.; AERTS, G.; OVERMEIRE, H.; DE KEUKELEIRE, D. Alterations of the profiles of iso-α-acids during beer ageing, marked instability of trans-iso-α-acids and implications for beer bitterness consistency in relation to tetrahydroiso-α-acids. **Journal of the Institute of Brewing**, v. 106, n. 3, p. 169-178, 2000.

DE DEKEN, R. The Crabtree effect: a regulatory system in yeast. **Microbiology**, v. 44, n. 2, p. 149-156, 1966.

DE KEUKELEIRE, D. Fundamentals of beer and hop chemistry. **Química Nova**, São Paulo, v. 23, p. 108-112, 2000.

DE KEUKELEIRE, D.; HEYERICK, A.; HUVAERE, K.; SKIBSTED, L. H. *et al.* Beer lightstruck flavor: the full story. **Cerevisia**, v. 33, n. 3, p. 133-144, 2008.

DE NICOLA, R.; WALKER, G. M. Accumulation and cellular distribution of zinc by brewing yeast. **Enzyme and Microbial Technology**, v. 44, n. 4, p. 210-216, 2009.

DE NICOLA, R.; WALKER, G. M. Zinc Interactions with Brewing Yeast: Impact on Fermentation Performance. **Journal of the American Society of Brewing Chemists**, v. 69, n. 4, p. 214-219, 2011.

DE SCHUTTER, D.; SAISON, D.; DELVAUX, F.; DERDELINCKX, G. *et al.* The chemistry of aging beer. **Beer in health and disease prevention**, Elsevier, p. 375-388, 2009.

DE SCHUTTER, D. P.; SAISON, D.; DELVAUX, F.; DERDELINCKX, G. *et al.* Characterization of Volatiles in Unhopped Wort. **Journal of Agricultural and Food Chemistry**, v. 56, n. 1, p. 246-254, 2008.

DEANS, K.; PINDER, A.; CATLEY, B.; HODGSON, J. **Effects of cone cropping and serial re-pitch on the distribution of cell ages in brewery yeast**. Oxford: Oxford University Press, 1997. p. 469-476.

DEBOURG, A. Yeast flavour metabolites. **Eur. Brew. Conv. Monograph**, v. 28, p. 60-73, 2000.

DENARDIN, C. C.; SILVA, L. P. D. Estrutura dos grânulos de amido e sua relação com propriedades físico-químicas. **Ciência Rural**, Santa Maria, v. 39, p. 945-954, 2009.

DENGIS, P. B.; NÉLISSEN, L. R.; ROUXHET, P. G. Mechanisms of yeast flocculation: comparison of top- and bottom-fermenting strains. **Applied and environmental microbiology**, v. 61, n. 2, p. 718-728, 1995.

DERDELINCKX, G.; MAUDOUX, M.; COLLIN, S.; DUFOUR, J. Statistical and sensory differences among special bottle refermented beers of a same type. **Monatsschrift für Brauwissenschaft**, v. 47, n. 3, p. 88, 1994.

DICKENSON, C. Cambridge prize lecture dimethyl sulphide – Its origin and control in brewing. **Journal of the Institute of Brewing**, v. 89, n. 1, p. 41-46, 1983.

DICKENSON, C. J. The relationship of dimethyl sulphide levels in malt, wort and beer. **Journal of the Institute of Brewing**, v. 85, n. 4, p. 235-239, 1979.

DIECKMANN, R. H.; PALAMAND, S. R. Autoxidation of some constituents of hops. I. Monoterpene hydrocarbon, myrcene. **Journal of Agricultural and Food Chemistry**, v. 22, n. 3, p. 498-503, 1974.

DIMPFEL, W.; SUTER, A. Sleep improving effects of a single dose administration of a valerian/hops fluid extract. A double blind, randomized, placebo-controlled sleep-EEG study in a parallel design using the electrohypnogram. **European journal of medical research**, v. 13, p. 200-204, 2008.

DOS SANTOS MATHIAS, T. R.; DE MELLO, P. P. M. Nitrogen compounds in brewing wort and beer: A review. **Journal of brewing and distilling**, v. 5, n. 2, p. 10-17, 2014.

DUAN, W.; RODDICK, F. A.; HIGGINS, V. J.; ROGERS, P. J. A Parallel Analysis of H2S and SO2 Formation by Brewing Yeast in Response to Sulfur-Containing Amino Acids and Ammonium Ions. **Journal of the American Society of Brewing Chemists**, v. 62, n. 1, p. 35-41, 2004.

DUBOC, P.; MARISON, I.; VON STOCKAR, U. Physiology of Saccharomyces cerevisiae during cell cycle oscillations. **Journal of biotechnology**, v. 51, n. 1, p. 57-72, 1996.

DUFOUR, J. Influence of industrial brewing and fermentation working conditions on beer SO2 level and flavour stability. **Proceedings of the 23nd Congress of the European Brewery Convention**. Lisbon, p. 209-216, 1991.

DUFOUR, J.; CARPENTIER, B.; KULAKUMBA, M.; VAN HAECHT, J. *et al.* Alteration of SO2 production during fermentation. **Proceedings of the 22rd Congress of the European Brewery Convention**. Zurich, p. 331-338, 1989.

DUNN, B.; SHERLOCK, G. Reconstruction of the genome origins and evolution of the hybrid lager yeast Saccharomyces pastorianus. **Genome Research**, v. 18, n. 10, p. 1610-1623, 2008.

DUPONT, S.; LEMETAIS, G.; FERREIRA, T.; CAYOT, P. *et al.* Ergosterol biosynthesis: a fungal pathway for life on land? **Evolution:** International Journal of Organic Evolution, v. 66, n. 9, p. 2961-2968, 2012.

DURELLO, R. S.; SILVA, L. M.; BOGUSZ JR., S. Química do lúpulo. **Química Nova**, Brasil, v. 42, p. 900-919, 2019.

EASTMOND, R.; GARDNER, R. J. effect of various polyphenols on the rate of haze formation in beer. **Journal of the Institute of Brewing**, v. 80, n. 2, p. 192-200, 1974.

EL-BANNA, A.; MALAK, A.; SHEHATA, M. Yeasts producing killer toxins: an overview. **Alex J Food Sci Technol**, v. 8, p. 41-53, 2011.

ELROD, S. M. Chapter 3 - Xanthohumol and the Medicinal Benefits of Beer. *In*: WATSON, R. R.; PREEDY, V. R. *et al.* (ed.). **Polyphenols:** Mechanisms of Action in Human Health and Disease (Second Edition). Academic Press, 2018. p. 19-32.

ENARI, T. M.; MIKOLA, J.; LINKO, M. Restriction of proteolysis in mashing by using a mixture of barley and malt. **Journal of the Institute of Brewing**, v. 70, n. 5, p. 405-410, 1964.

ENEVOLDSEN, B. S.; SCHMIDT, F. Dextrins in brewing, Studies on the Singly-Branched and Multiply-Branched Dextrins in Brewing. **Journal of the Institute of Brewing**, v. 80, n. 6, p. 520-533, 1974.

ENGAN, S. Some Changes in beer flavour during ageing. **Journal of the Institute of Brewing**, v. 75, n. 4, p. 371-376, 1969.

ENGEL, K. H.; TRESSL, R. Identification of new sulfur-containing volatiles in yellow passionfruit (Passiflora edulis f. flavicarpa). **Journal of Agricultural and Food Chemistry**, v. 39, n. 12, p. 2249-2252, 1991.

EVANS, D. E.; SHEEHAN, M. C. Don't be fobbed off: The substance of beer foam – A review. **Journal of the American Society of Brewing Chemists**, v. 60, n. 2, p. 47-57, 2002.

EVERS, A. D.; BLAKENEY, A. B.; O'BRIEN, L. **Cereal structure and composition**. Disponível em: http://hdl.handle.net/2123/2261. Acesso em: 12 mar. 2021.

EYRES, G.; DUFOUR, J.-P. 22 - Hop Essential Oil: Analysis, Chemical Composition and Odor Characteristics. *In*: PREEDY, V. R. (ed.). **Beer in Health and Disease Prevention**. San Diego: Academic Press, 2009. p. 239-254.

EYRES, G.; MARRIOTT, P.; DUFOUR, J.-P. Comparison of Odor-Active Compounds in the Spicy Fraction of Hop (Humulus lupulus L.) Essential Oil from Four Different Varieties §. **Journal of agricultural and food chemistry**, v. 55, p. 6252-6261, 2007.

EßLINGER, H. M. **Handbook of brewing:** processes, technology, markets. John Wiley & Sons, 2009. 3527623493.

FEDEROFF, H.; ECCLESHALL, T.; MARMUR, J. Carbon catabolite repression of maltase synthesis in Saccharomyces carlsbergensis. **Journal of bacteriology**, v. 156, n. 1, p. 301-307, 1983.

FERK, F.; MISIK, M.; NERSESYAN, A.; PICHLER, C. *et al.* Impact of xanthohumol (a prenylated flavonoid from hops) on DNA stability and other health-related biochemical parameters: Results of human intervention trials. **Molecular nutrition & food research**, v. 60, 2016.

FERNANDES, P.; SANTOS, A.; BRANDAO, R. L.; FERNANDES, A. **Avaliação pós-transcricional do gene FLO1 no processo de floculação de Saccharomyces cerevisiae**. 2018. Dissertação (Mestrado em Biotecnologia) – Universidade Federal do Espírito Santo, 2018.

FERNANDEZ, J. L.; SIMPSON, W. Aspects of the resistance of lactic acid bacteria to hop bitter acids. **Journal of applied bacteriology**, v. 75, n. 4, p. 315-319, 1993.

FILHO, V. B. **É muita água na cerveja**. 2019. Disponível em: https://www.ana.gov.br/noticias-antigas/a-muita-a-gua-na-cerveja.2019-03-15.6149061964. Acesso em: 6 jul. 2020.

FLIKWEERT, M. T.; VAN DER ZANDEN, L.; JANSSEN, W. M. T. M.; YDE STEENSMA, H. *et al.* Pyruvate decarboxylase: an indispensable enzyme for growth of Saccharomyces cerevisiae on glucose. **Yeast**, v. 12, n. 3, p. 247-257, 1996.

FOX, G. Chemical Composition in Barley Grains and Malt Quality. *In*: Zhang G., Li C. **(ed.) Genetics and Improvement of Barley Malt Quality.** Advanced Topics in Science and Technology in China, Berlin, Heidelberg: Springer, 2010. p. 63-98.

FRITSCH, H.; SCHIEBERLE, P. Identification Based on Quantitative Measurements and Aroma Recombination of the Character Impact Odorants in a Bavarian Pilsner-type Beer. **Journal of agricultural and food chemistry**, v. 53, p. 7544-7551, 2005.

GAINES, R. L.; BECHTEL, D. B.; POMERANZ, Y. A microscopic study on the development of a layer in barley that causes hull-caryopsis adherence. **Cereal Chemistry**, v. 62, n. 1, p. 35-40, 1985.

GAY-LUSSAC, J. **Extrait d'un mémoire sur la Fermentation**, 1810. p. 245-259.

GEIGER, E.; PIENDL, A. Technological factors in the formation of acetaldehyde during fermentation. **Tech Q Mast Brew Assoc Am**, v. 13, n. 1, p. 51-63, 1976.

GEORG-KRAEMER, J. E.; MUNDSTOCK, E. C.; CAVALLI-MOLINA, S. Developmental Expression of Amylases During Barley Malting. **Journal of Cereal Science**, v. 33, n. 3, p. 279-288, 2001.

GERHÄUSER, C. Broad spectrum antiinfective potential of xanthohumol from hop (Humulus lupulus L.) in comparison with activities of other hop constituents and xanthohumol metabolites. **Molecular nutrition & food research**, v. 49, p. 827-831, 2005a.

GERHÄUSER, C. Gerhauser C. Beer constituents as potential cancer chemopreventive agents. Eur J Cancer 41, 1941-1954. **European journal of cancer**, Oxford, England, 1990, v. 41, p. 1941-1954, 2005b.

GERHÄUSER, C.; ALT, A.; HEISS, E.; GAMAL-ELDEEN, A. *et al.* Cancer chemopreventive activity of Xanthohumol, a natural product derived from hop. **Molecular cancer therapeutics**, v. 1, p. 959-969, 2002.

GIBSON, B. R.; BOULTON, C. A.; BOX, W. G.; GRAHAM, N. S. *et al.* Amino acid uptake and yeast gene transcription during industrial brewery fermentation. **Journal of the American Society of Brewing Chemists**, v. 67, n. 3, p. 157-165, 2009.

GIBSON, B. R.; STORGÅRDS, E.; KROGERUS, K.; VIDGREN, V. Comparative physiology and fermentation performance of Saaz and Frohberg lager yeast strains and the parental species Saccharomyces eubayanus. **Yeast**, v. 30, n. 7, p. 255-266, 2013.

GIBSON, T.; AL QALLA, H.; MCCLEARY, B. An improved enzymic method for the measurement of starch damage in wheat flour. **Journal of Cereal Science**, v. 15, n. 1, p. 15-27, 1992.

GIJS, L.; PERPETE, P.; TIMMERMANS, A.; COLLIN, S. 3-Methylthiopropionaldehyde as precursor of dimethyl trisulfide in aged beers. **Journal of agricultural and food chemistry**, v. 48, n. 12, p. 6196-6199, 2000.

GOIRIS, K.; JASKULA-GOIRIS, B.; SYRYN, E.; VAN OPSTAELE, F. *et al.* The flavoring potential of hop polyphenols in beer. **Journal of the American Society of Brewing Chemists**, v. 72, n. 2, p. 135-142, 2014.

GOODE, D. L.; ARENDT, E. K. 3 - Developments in the supply of adjunct materials for brewing. *In*: BAMFORTH, C. W. (ed.). **Brewing**: Woodhead Publishing, 2006. p. 30-67.

GRAHAM, R.; SKURRAY, G.; CAIGER, P. Nutritional studies on yeasts during batch and continuous fermentation. I. Changes in vitamin concentrations. **Journal of the Institute of Brewing**, v. 76, n. 4, p. 366-371, 1970.

GROS, J.; NIZET, S.; COLLIN, S. Occurrence of Odorant Polyfunctional Thiols in the Super Alpha Tomahawk Hop Cultivar. Comparison with the Thiol-rich

Nelson Sauvin Bitter Variety. **Journal of agricultural and food chemistry**, v. 59, p. 8853-8865, 2011.

GROVER, C. Rise and Fall of US Barley. **The Drunk Alchemist**, 2014. Disponível em: http://drunkalchemist.blogspot.com/2014/05/rise-and-fall-of-us-barley.html. Acesso em: 17 jan. 2021.

GUIDO, L. F. Sulfites in beer: reviewing regulation, analysis and role. **Scientia Agricola**, v. 73, n. 2, p. 189-197, 2016.

HAEFLIGER, O.; JECKELMANN, N. Stripping of aroma compounds during beer fermentation monitored in real-time using an automatic cryotrapping sampling system and fast gas chromatography/mass spectrometry. **Analytical Methods**, v. 5, p. 4409-4418, 2013.

HALEY, J.; PEPPARD, T. L. Differences in utilisation of the essential oil of hops during the production of dry-hopped and late hopped beers. **Journal of the Institute of Brewing**, v. 89, n. 2, p. 87-91, 1983.

HARWOOD, M.; DANIELEWSKA-NIKIEL, B.; BORZELLECA, J. F.; FLAMM, G. W. *et al.* A critical review of the data related to the safety of quercetin and lack of evidence of in vivo toxicity, including lack of genotoxic/carcinogenic properties. **Food and Chemical Toxicology**, v. 45, n. 11, p. 2179-2205, 2007.

HASHIMOTO, N. Oxidation of higher alcohols by melanoidins in beer. **Journal of the Institute of Brewing**, v. 78, n. 1, p. 43-51, 1972.

HASHIMOTO, N.; ESHIMA, T. Oxidative degradation of isohumulones in relation to flavour stability of beer. **Journal of the Institute of Brewing**, v. 85, n. 3, p. 136-140, 1979.

HASHIMOTO, N.; KUROIWA, Y. Proposed pathways for the formation of volatile aldehydes during storage of bottled beer. Proceedings. **Annual meeting** - American Society of Brewing Chemists, v. 33, n. 3, p. 104-111, 1975.

HASHIMOTO, T.; MARUHASHI, T.; YAMAGUCHI, Y.; HIDA, Y. *et al.* **The effect on fermentation by-products of the amino acids in wort**, 2012.

HAZELWOOD, L. A.; DARAN, J.-M.; VAN MARIS, A. J.; PRONK, J. T. *et al.* The Ehrlich pathway for fusel alcohol production: a century of research on Saccharomyces cerevisiae metabolism. **Applied and environmental microbiology**, v. 74, n. 8, p. 2259-2266, 2008.

HE, Y.; DONG, J.; YIN, H.; ZHAO, Y. et al. Wort composition and its impact on the flavour-active higher alcohol and ester formation of beer–a review. **Journal of the Institute of Brewing**, v. 120, n. 3, p. 157-163, 2014.

HELIN, T. R. M.; SLAUGHTER, J. C. Minimum requeriments for zinc and manganese in brewer's wort. **Journal of the Institute of Brewing**, v. 83, n. 1, p. 17-19, 1977.

HILL, A. E.; STEWART, G. G. Free amino nitrogen in brewing. **Fermentation**, v. 5, n. 1, p. 22, 2019.

HIRALAL, L.; OLANIRAN, A. O.; PILLAY, B. Aroma-active ester profile of ale beer produced under different fermentation and nutritional conditions. **Journal of Bioscience and Bioengineering**, v. 117, n. 1, p. 57-64, 2014.

HOFTE, A. J. P.; VAN DER HOEVEN, R. A. M.; FUNG, S. Y.; VERPOORTE, R. et al. Characterization of Hop Acids by Liquid Chromatography with Negative Electrospray Ionization Mass Spectrometry. **Journal of the American Society of Brewing Chemists**, v. 56, n. 3, p. 118-122, 1998.

HOLT, S.; MIKS, M. H.; DE CARVALHO, B. T.; FOULQUIÉ-MORENO, M. R. et al. The molecular biology of fruity and floral aromas in beer and other alcoholic beverages. **FEMS Microbiology Reviews**, v. 43, n. 3, p. 193-222, 2018.

HORNINK, G.; GALEMBECK, G. **Glossário cervejeiro:** da cultura à ciência, Alfenas: Editora Universidade Federal Alfenas, 2019.

HOUGH, J.; BRIGGS, D.; STEVENS, R.; YOUNG, T. Chemistry of wort boiling and hop extraction. **Malting and Brewing Science**, Springer, p. 456-498, 1982.

HOUGH, J.; HUDSON, J. Influence of yeast strain on loss of bittering material during fermentation. **Journal of the Institute of Brewing**, v. 67, n. 3, p. 241-243, 1961.

HOUGH, J.; MADDOX, I. Yeast autolysis. **Process Biochem**, v. 5, n. 5, p. 50-52, 1970.

HU, Z.; HE, B.; MA, L.; SUN, Y. et al. Recent advances in ergosterol biosynthesis and regulation mechanisms in Saccharomyces cerevisiae. **Indian journal of microbiology**, v. 57, n. 3, p. 270-277, 2017.

HULL, G. Olive oil addition to yeast as an alternative to wort aeration. **Technical quarterly** – Master Brewers Association of the Americas, v. 45, n. 1, p. 17, 2008.

HUMIA, B. V.; SANTOS, K. S.; BARBOSA, A. M.; SAWATA, M. et al. Beer molecules and its sensory and biological properties: a review. **Molecules**, v. 24, n. 8, p. 1568, 2019.

HUVAERE, K.; ANDERSEN, M. L.; OLSEN, K.; SKIBSTED, L. H. *et al*. Radicaloid-type oxidative decomposition of beer bittering agents revealed. **Chemistry – A European Journal**, v. 9, n. 19, p. 4693-4699, 2003.

HYDE, W. R.; BROOKES, P. A. Malt quality in relation to beer quality. **Journal of the Institute of Brewing**, v. 84, n. 3, p. 167-174, 1978.

HYSERT, D. W.; MORRISON, N. M. Sulfate Metabolism during Fermentation. **Journal of the American Society of Brewing Chemists**, v. 34, n. 1, p. 25-31, 1976.

INGLEDEW, W. Utilisation of wort carbohydrates and nitrogen by Saccharomyces cerevisiae. **Master Brewers Association Technical Quarterly**, v. 12, p. 146-150, 1975.

INOUE, T.; KASHIHARA, T. The importance of indices related to nitrogen metabolism in fermentation control. **Technical quarterly-Master Brewers Association of the Americas**, v. 32, n. 2, p. 109-113, 1995.

INOUE, T.; MASUYAMA, K.; YAMAMOTO, Y.; OKADA, K. Mechanism of diacetyl formation in beer. Part. 1 Presence of material X and its chemistry. **Rep. Res. Lab. Kirin Brew. Co. Ltd**, v. 11, p. 13-16, 1968.

INTELMANN, D.; HASELEU, G.; DUNKEL, A.; LAGEMANN, A. *et al*. Comprehensive sensomics analysis of hop-derived bitter compounds during storage of beer. **Journal of agricultural and food chemistry**, v. 59, n. 5, p. 1939-1953, 2011.

INUI, T.; TSUCHIYA, F.; ISHIMARU, M.; OKA, K. *et al*. Different Beers with Different Hops. Relevant Compounds for Their Aroma Characteristics. **Journal of Agricultural and Food Chemistry**, v. 61, n. 20, p. 4758-4764, 2013.

IRWIN, A.; BORDELEAU, L.; BARKER, R. Model studies and flavor threshold determination of 3-methyl-2-butene-1-thiol in beer. **Journal of the American Society of Brewing Chemists**, v. 51, n. 1, p. 1-3, 1993.

IZYDORCZYK, M.; BILIADERIS, C.; BUSHUK, W. Physical Properties of Water-Soluble Pentosans from Different Wheat Varieties. **Cereal Chem.**, v. 68, 1991.

JAKOBSEN, M.; THORNE, R. Oxygen requirements of brewing strains of Saccharomyces uvarum (carlsbergensis) – bottom fermentation yeast. **Journal of the Institute of Brewing**, v. 86, n. 6, p. 284-287, 1980.

JIANG, W.; ZHAO, S.; XU, L.; LU, Y. *et al*. The inhibitory effects of xanthohumol, a prenylated chalcone derived from hops, on cell growth and tumorigenesis in human pancreatic cancer. **Biomedicine & Pharmacotherapy**, v. 73, p. 40-47, 2015.

JIN, Y.-L.; SPEERS, R. A. Effect of environmental conditions on the flocculation of Saccharomyces cerevisiae. **Journal of the American Society of brewing chemists**, v. 58, n. 3, p. 108-116, 2000.

JONES, M.; PIERCE, J. Absorption of amino acids from wort by yeasts. **Journal of the Institute of Brewing**, v. 70, n. 4, p. 307-315, 1964.

KAMMHUBER, K.; SEIGNER, L.; LUTZ, A.; COELHAN, M. **Analytical and sensorial characterization of the new Hueller Special Flavor Hops**. Leuven, Belgium: International Society for Horticultural Science (ISHS), 2019. p. 129-134. Disponível em: https://doi.org/10.17660/ActaHortic.2019.1236.17. Acesso em: 17 jan. 2021.

KANAUCHI, M.; ISHIKURA, W.; BAMFORTH, C. W. β-Glucans and Pentosans and their Degradation Products in Commercial Beers. **Journal of the Institute of Brewing**, v. 117, n. 1, p. 120-124, 2011.

KANEDA, H.; KANO, Y.; KOSHINO, S.; OHYA-NISHIGUCHI, H. Behavior and role of iron ions in beer deterioration. **Journal of Agricultural and Food Chemistry**, v. 40, n. 11, p. 2102-2107, 1992.

KANEDA, H.; KANO, Y.; OSAWA, T.; KAWAKISHI, S. *et al.* The role of free radicals in beer oxidation. **Journal of the American Society of Brewing Chemists**, v. 47, n. 2, p. 49-53, 1989.

KANEDA, H.; KOBAYASHI, N.; FURUSHO, S.; SAHARA, H. *et al.* Reducing activity and flavor stability of beer. **Technical Quarterly-Master Brewers Association of the Americas**, v. 32, n. 2, p. 90-94, 1995.

KANEDA, H.; KOBAYASHI, N.; TAKASHIO, M.; TAMAKI, T. *et al.* Beer staling mechanism. **Technical Quarterly-Master Brewers Association of the Americas**, v. 36, p. 41-48, 1999.

KANEDA, H.; TAKASHIO, M.; OSAWA, T.; KAWAKISHI, S. *et al.* Behavior of sulfites during fermentation and storage of beer. **Journal of the American Society of Brewing Chemists**, v. 54, n. 2, p. 115-120, 1996.

KANKOLONGO CIBAKA, M.-L.; DECOURRIÈRE, L.; LORENZO-ALONSO, C.-J.; BODART, E. *et al.* 3-Sulfanyl-4-methylpentan-1-ol in Dry-Hopped Beers: First Evidence of Glutathione S-Conjugates in Hop (Humulus lupulus L.). **Journal of Agricultural and Food Chemistry**, v. 64, n. 45, p. 8572-8582, 2016.

KARABÍN, M.; HUDCOVÁ, T.; JELÍNEK, L.; DOSTÁLEK, P. Biologically Active Compounds from Hops and Prospects for Their Use. **Comprehensive Reviews in Food Science and Food Safety**, v. 15, n. 3, p. 542-567, 2016.

KELLY, D. E.; LAMB, D. C.; KELLY, S. L. Genome-wide generation of yeast gene deletion strains. **Comparative and functional genomics**, v. 2, n. 4, p. 236-242, 2001.

KIM, J.-G.; YOUSEF, A. E.; DAVE, S. Application of Ozone for Enhancing the Microbiological Safety and Quality of Foods: A Review. **Journal of Food Protection**, v. 62, n. 9, p. 1071-1087, 1999.

KING, A.; DICKINSON, J. Biotransformation of hop aroma terpenoids by ale and lager yeasts. **FEMS yeast research**, v. 3, p. 53-62, 2003.

KING, B. M.; DUINEVELD, C. Changes in bitterness as beer ages naturally. **Food Quality and Preference**, v. 10, n. 4-5, p. 315-324, 1999.

KISHIMOTO, T.; KOBAYASHI, M.; YAKO, N.; IIDA, A. *et al.* Comparison of 4-Mercapto-4-methylpentan-2-one Contents in Hop Cultivars from Different Growing Regions. **Journal of agricultural and food chemistry**, v. 56, p. 1051-1057, 2008.

KISHIMOTO, T.; WANIKAWA, A.; KAGAMI, N.; KAWATSURA, K. Analysis of Hop-Derived Terpenoids in Beer and Evaluation of Their Behavior Using the Stir Bar–Sorptive Extraction Method with GC-MS. **Journal of agricultural and food chemistry**, v. 53, p. 4701-4707, 2005.

KISHIMOTO, T.; WANIKAWA, A.; KONO, K.; SHIBATA, K. Comparison of the Odor-Active Compounds in Unhopped Beer and Beers Hopped with Different Hop Varieties. **Journal of Agricultural and Food Chemistry**, v. 54, n. 23, p. 8855-8861, 2006.

KOBAYASHI, M.; SHIMIZU, H.; SHIOYA, S. Beer volatile compounds and their application to low-malt beer fermentation. **Journal of bioscience and bioengineering**, v. 106, n. 4, p. 317-323, 2008.

KOBAYASHI, N.; KANEDA, H.; KANO, Y.; KOSHINO, S. Behavior of lipid hydroperoxides during mashing. **Journal of the American Society of Brewing Chemists**, v. 52, n. 4, p. 141-145, 1994.

KOCH, W.; HEIM, G. Hormone in Hopfen und Bier. **Brauwissenschaft**, v. 8, n. 152, 1953.

KODAMA, Y.; KIELLAND-BRANDT, M. C.; HANSEN, J. Lager brewing yeast. **Comparative genomics**, Springer, p. 145-164, 2006.

KOETTER, U.; BIENDL, M. Hops (*Humu*lus lupulus): A Review of its Historic and Medicinal Uses. **The Journal of the American Botanical Council**, n. 87, p. 44-57, 2010.

KOWAKA, K.; FUKUOKA, Y.; KAWASAKI, H.; ASANO, K. **True value of aroma hops in brewing**, v. 19, p. 71-78, 1983.

KUNZ, T.; LEE, E.-J.; SEEWALD, T.; SCHIWEK, V. *et al.* **Reducing Properties of Fermentable and Nonfermentable Carbohydrates in Beverages and Brewing Process**, v. 71, n. 3, p. 124-130, 2011.

KUNZE, W.; PRATT, S.; MANGER, H. J. **Technology Brewing and Malting**. 3. ed. Berlin: VLB, 2004.

KURIYAMA, H.; UMEDA, I.; KOBAYASHI, H. Role of cations in the flocculation of Saccharomyces cerevisiae and discrimination of the corresponding proteins. **Canadian Journal of Microbiology**, v. 37, n. 5, p. 397-403, 1991.

KURODA, H.; FURUSHO, S.; MAEBA, H.; TAKASHIO, M. Characterization of factors involved in the production of 2 (E)-nonenal during mashing. **Bioscience, biotechnology, and biochemistry**, v. 67, n. 4, p. 691-697, 2003.

KUROIWA, Y.; HASHIMOTO, H. Studies on hops with reference to their role in the evolution of sunstruck flavor of beer. **Rep. Res. Lab. Kirin Brew. Co. Ltd**, v. 4, p. 35-40, 1961.

KUROIWA, Y.; HASHIMOTO, N.; HASHIMOTO, H.; KOKUBO, E. *et al.* **Factors essential for the evolution of sunstruck flavor**. Taylor & Francis, 1963. p. 181-193.

KÜHBECK, F.; DICKEL, T.; KROTTENTHALER, M.; BACK, W. *et al.* Effects of mashing parameters on mash β-glucan, FAN and soluble extract levels. **Journal of the Institute of Brewing**, v. 111, n. 3, p. 316-327, 2005.

KŁÓSEK, M.; MERTAS, A.; KRÓL, W.; JAWORSKA, D. *et al.* Tumor Necrosis Factor-Related Apoptosis-Inducing Ligand-Induced Apoptosis in Prostate Cancer Cells after Treatment with Xanthohumol – A Natural Compound Present in Humulus lupulus L. **International journal of molecular sciences**, v. 17, n. 6, p. 837, 2016.

LAGUNAS, R. Sugar transport in Saccharomyces cerevisiae. **FEMS microbiology reviews**, v. 10, n. 3-4, p. 229-242, 1993.

LAHIRI, S.; BASU, A.; SENGUPTA, S.; BANERJEE, S. *et al.* Purification and characterization of a trehalase–invertase enzyme with dual activity from Candida utilis. **Archives of biochemistry and biophysics**, v. 522, n. 2, p. 90-99, 2012.

LAM, K. C.; FOSTER, R. T.; DEINZER, M. L. Aging of hops and their contribution to beer flavor. **Journal of Agricultural and Food Chemistry**, v. 34, n. 4, p. 763-770, 1986.

LANGENAEKEN, N. A.; DE SCHEPPER, C. F.; DE SCHUTTER, D. P.; COURTIN, C. M. Carbohydrate content and structure during malting and brewing: a mass balance study. **Journal of the Institute of Brewing**, v. 126, n. 3, p. 253-262, 2020.

LASANTA, C.; DURÁN-GUERRERO, E.; DÍAZ, A. B.; CASTRO, R. Influence of fermentation temperature and yeast type on the chemical and sensory profile of handcrafted beers. **Journal of the Science of Food and Agriculture**, v. 101, n. 3, p. 1174-1181, 2021.

LEEMANS, C.; DUPIRE, S.; MACRON, J. Relation between wort DMSO and DMS concentration in beer. **Proc Eur Brew Conv Congr**, Oslo, p. 709-716, 1993.

LEI, H.; LI, H.; MO, F.; ZHENG, L. *et al.* Effects of Lys and His supplementations on the regulation of nitrogen metabolism in lager yeast. **Applied microbiology and biotechnology**, v. 97, n. 20, p. 8913-8921, 2013.

LEI, H.; ZHENG, L.; WANG, C.; ZHAO, H. *et al.* Effects of worts treated with proteases on the assimilation of free amino acids and fermentation performance of lager yeast. **International journal of food microbiology**, v. 161, n. 2, p. 76-83, 2013.

LEIPER, K. A.; STEWART, G. G.; MCKEOWN, I. P. Beer polypeptides and silica gel part II. polypeptides involved in foam formation. **Journal of the Institute of Brewing**, v. 109, n. 1, p. 73-79, 2003.

LENTZ, M. The Impact of Simple Phenolic Compounds on Beer Aroma and Flavor. **Fermentation**, v. 4, n. 1, p. 20, 2018.

LERMUSIEAU, G.; BULENS, M.; COLLIN, S. Use of GC–Olfactometry to Identify the Hop Aromatic Compounds in Beer. **Journal of Agricultural and Food Chemistry**, v. 49, n. 8, p. 3867-3874, 2001.

LERMUSIEAU, G.; COLLIN, S. Volatile Sulfur Compounds in Hops and Residual Concentrations in Beer - A Review. **Journal of the American Society of Brewing Chemists**, v. 61, p. 109-113, 2004.

LERMUSIEAU, G.; LIÉGEOIS, C.; COLLIN, S. Reducing power of hop cultivars and beer ageing. **Food chemistry**, v. 72, n. 4, p. 413-418, 2001.

LERMUSIEAU, G.; NOËL, S.; LIÉGEOIS, C.; COLLIN, S. Nonoxidative mechanism for development of trans-2-nonenal in beer. **Journal of the American Society of Brewing Chemists**, v. 57, n. 1, p. 29-33, 1999.

LI, H.-J.; DEINZER, M. L. Structural identification and distribution of proanthocyanidins in 13 different hops. **Journal of agricultural and food chemistry**, v. 54, n. 11, p. 4048-4056, 2006.

LI, L.; DU; ZHENG, X. Non-Starch Polysaccharides in Wheat Beers and Barley Malt beers: A Comparative Study. **Foods**, v. 9, p. 131, 2020.

LIPKE, P. N.; OVALLE, R. Cell wall architecture in yeast: new structure and new challenges. **Journal of bacteriology**, v. 180, n. 15, p. 3735-3740, 1998.

LIU, M.; HANSEN, P.; GENZHU, W.; QIU, L. et al. Pharmacological Profile of Xanthohumol, a Prenylated Flavonoid from Hops (Humulus lupulus). **Molecules (Basel, Switzerland)**, v. 20, p. 754-779, 2015.

LIÉGEOIS, C.; MEURENS, N.; BADOT, C.; COLLIN, S. Release of deuterated (E)-2-nonenal during beer aging from labeled precursors synthesized before boiling. **Journal of agricultural and food chemistry**, v. 50, n. 26, p. 7634-7638, 2002.

LUCERO, P.; HERWEIJER, M.; LAGUNAS, R. Catabolite inactivation of the yeast maltose transporter is due to proteolysis. **FEBS letters**, v. 333, n. 1-2, p. 165-168, 1993.

LUESCHER, S.; URMANN, C.; BUTTERWECK, V. Effect of Hops Derived Prenylated Phenols on TNF-α Induced Barrier Dysfunction in Intestinal Epithelial Cells. **Journal of Natural Products**, v. 80, 2017.

LYNESS, C. A.; STEELE, G. M.; STEWART, G. G. Investigating ester metabolism: characterization of the ATF1 gene in Saccharomyces cerevisiae. **Journal of the American Society of Brewing Chemists**, v. 55, n. 4, p. 141-146, 1997.

MACGREGOR, A.; BAZIN, S.; MACRI, L.; BABB, J. Modelling the contribution of alpha-amylase, beta-amylase and limit dextrinase to starch degradation during mashing. **Journal of Cereal Science**, v. 29, n. 2, p. 161-169, 1999.

MACGREGOR, A. W.; BAZIN, S. L.; IZYDORCZYK, M. S. Gelatinisation Characteristics and Enzyme Susceptibility of Different Types of Barley Starch in the Temperature Range 48–72°C1. **Journal of the Institute of Brewing**, v. 108, n. 1, p. 43-47, 2002.

MACHADO, J. C.; FARIA, M. A.; FERREIRA, I. M. P. L. V. O. 10 - Hops: New Perspectives for an Old Beer Ingredient. *In*: GRUMEZESCU, A. M.; HOLBAN, A. M. (ed.). **Natural Beverages**. Academic Press, 2019. p. 267-301.

MACLEOD, L.; EVANS, E. Malting. **Reference Module in Food Science**, Elsevier, 2016.

MACWILLIAM, I. Wort composition – A review. **Journal of the Institute of Brewing**, v. 74, n. 1, p. 38-54, 1968.

MADIGAN, D.; PEREZ, A.; CLEMENTS, M. Furanic aldehyde analysis by HPLC as a method to determine heat-induced flavor damage to beer. **Journal of the American Society of Brewing Chemists**, v. 56, n. 4, p. 146-151, 1998.

MADIGAN, M. T.; MARTINKO, J. M.; BENDER, K. S.; BUCKLEY, D. H. *et al.* **Microbiologia de Brock**. 14. ed. Artmed Editora, 2016.

MAGALHÃES DE ARRUDA, M.; PENTEADO DE FREITAS, N.; TEODORO LIMA CUNHA, M. **Cultivo de lúpulo no Brasil:** Dificuldades a serem vencidas. Botucatu/SP, 2019. Disponível em: http://lupulo.fca.unesp.br/lupulo/OCS/index.php/SIMLUP/ENBRALUPULO2019/paper/viewFile/87/52. Acesso em: 13 jan. 2021.

MAGALHÃES, F.; VIDGREN, V.; RUOHONEN, L.; GIBSON, B. Maltose and maltotriose utilisation by group I strains of the hybrid lager yeast Saccharomyces pastorianus. **FEMS Yeast Research**, v. 16, n. 5, 2016.

MAGALHÃES, P. J.; CARVALHO, D. O.; CRUZ, J. M.; GUIDO, L. F. *et al.* Fundamentals and health benefits of xanthohumol, a natural product derived from hops and beer. **Natural product communications**, v. 4, n. 5, 2009.

MALINA, C.; LARSSON, C.; NIELSEN, J. Yeast mitochondria: an overview of mitochondrial biology and the potential of mitochondrial systems biology. **FEMS Yeast Research**, v. 18, n. 5, 2018.

MALOWICKI, M.; SHELLHAMMER, T. H. Isomerization and Degradation Kinetics of Hop (Humulus lupulus) Acids in a Model Wort-Boiling System. **Journal of agricultural and food chemistry**, v. 53, p. 4434-4439, 2005.

MARCON, A. **Avaliação do mosto fermentativo de leveduras provenientes de cervejarias e otimização do processo de autólise industrial**. 2018. Dissertação (Mestrado em Química) – Departamento de Química, Universidade Federal de São Carlos, São Carlos/SP, 2018. Disponível em: https://repositorio.ufscar.br/handle/ufscar/10924.

MARTINEZ-GOMEZ, A.; CABALLERO, I.; BLANCO, C. A. Phenols and Melanoidins as Natural Antioxidants in Beer. Structure, Reactivity and Antioxidant Activity. **Biomolecules**, v. 10, n. 3, p. 400, 2020.

MASSARDI, M. M.; MASSINI, R. M. M.; SILVA, D. D. J. Caracterização química do bagaço de malte e avaliação do seu potencial para obtenção de produtos de valor agregado. **The Journal of Engineering and Exact Sciences**, v. 6, n. 1, p. 0083-0091, 2020.

MASSCHELEIN, C. A. The biochemistry of maturation. **Journal of the Institute of Brewing**, v. 92, n. 3, p. 213-219, 1986.

MASY, C.; KOCKEROLS, M.; MESTDAGH, M. Calcium activity versus calcium threshold as the key factor in the induction of yeast flocculation in smulated industrial fermentations. **Canadian Journal of Microbiology**, v. 37, p. 295-303, 2011.

MAULE, A.; THOMAS, P. Strains of yeast lethal to brewery yeasts. **Journal of the Institute of Brewing**, v. 79, n. 2, p. 137-141, 1973.

MCLAUGHLIN, I. R.; LEDERER, C.; SHELLHAMMER, T. H. Bitterness-modifying properties of hop polyphenols extracted from spent hop material. **Journal of the American Society of Brewing Chemists**, v. 66, n. 3, p. 174-183, 2008.

MCMURROUGH, I.; DELCOUR, J. Wort polyphenols. **Ferment**, v. 7, n. 3, p. 175-182, 1994.

MCMURROUGH, I.; HENNIGAN, G. P.; LOUGHREY, M. J. Contents of simple, polymeric and complexed flavanols in worts and beers and their relationship to haze formation. **Journal of the Institute of Brewing**, v. 89, n. 1, p. 15-23, 1983.

MCMURROUGH, I.; MADIGAN, D.; KELLY, R. J.; SMYTH, M. R. The role of flavanoid polyphenols in beer stability. **Journal of the American Society of Brewing Chemists**, v. 54, n. 3, p. 141-148, 1996.

MEILGAARD, M. Flavor and threshold of beer volatiles. **Technical Quarterly, Master Brewers Association of America**, v. 11, p. 87-89, 1974.

MEILGAARD, M. C. Flavor chemistry of beer. II. Flavor and threshold of 239 aroma volatiles. **Tech. Quart. Master. Brew. Assoc. Am.**, v. 12, p. 151-168, 1975.

MENESES, F. J.; JIRANEK, V. Expression patterns of genes and enzymes involved in sugar catabolism in industrial Saccharomyces cerevisiae strains displaying novel fermentation characteristics. **Journal of the Institute of Brewing**, v. 108, n. 3, p. 322-335, 2002.

MEYER, S. T. O uso de cloro na desinfecção de águas, a formação de trihalometanos e os riscos potenciais à saúde pública. **Cadernos de Saúde Pública**, v. 10, p. 99-110, 1994.

MIEDANER, H. Wort boiling today – old and new aspects. **Journal of the Institute of Brewing**, v. 92, n. 4, p. 330-335, 1986.

MIKI, B.; POON, N. H.; JAMES, A. P.; SELIGY, V. L. Possible mechanism for flocculation interactions governed by gene FLO1 in Saccharomyces cerevisiae. **Journal of Bacteriology**, v. 150, n. 2, p. 878-889, 1982.

MIKYŠKA, A.; HRABAK, M.; HAŠKOVÁ, D.; ŠROGL, J. The role of malt and hop polyphenols in beer quality, flavour and haze stability. **Journal of the Institute of Brewing**, v. 108, n. 1, p. 78-85, 2002.

MILLER, K. J.; BOX, W. G.; JENKINS, D. M.; BOULTON, C. A. *et al.* Does generation number matter? The impact of repitching on wort utilization. **Journal of the American Society of Brewing Chemists**, v. 71, n. 4, p. 233-241, 2013.

MILLIGAN, S.; KALITA, J.; HEYERICK, A.; RONG, H. *et al.* Identification of a Potent Phytoestrogen in Hops (Humulus lupulus L.) and Beer. **The Journal of clinical endocrinology and metabolism**, v. 84, p. 2249-2252, 1999.

MINISTÉRIO DA AGRICULTURA, P. E. A. INSTRUÇÃO NORMATIVA Nº 65, DE 10 DE DEZEMBRO DE 2019. **Diário Oficial da União**, Brasil, 11/12/2019.

MOIR, M. Hops – A Millennium Review. **Journal of the American Society of Brewing Chemists**, v. 58, n. 4, p. 131-146, 2000.

MONTEGHIRFO, S.; TOSETTI, F.; AMBROSINI, C.; STIGLIANI, S. *et al.* Antileukemia effects of xanthohumol in Bcr/Abl-transformed cells involve nuclear factor-kappaB and p53 modulation. **Molecular cancer therapeutics**, v. 7, p. 2692-2702, 2008.

MOONJAI, N.; VERSTREPEN, K.; SHEN, H.-Y.; DERDELINCKX, G. *et al.* Uptake of linoleic acid by cropped brewer's yeast and its incorporation in cellular lipid fractions. **Journal of the American Society of Brewing Chemists**, v. 61, n. 3, p. 161-168, 2003.

MOSHER, M.; TRANTHAM, K. **Brewing science:** A multidisciplinary approach. Springer, 2017.

MUSSATTO, S. I.; DRAGONE, G.; ROBERTO, I. C. Brewers' spent grain: generation, characteristics and potential applications. **Journal of Cereal Science**, v. 43, n. 1, p. 1-14, 2006.

MUXEL, A. A. **A química da cor da cerveja.** 2016. Disponível em: https://amuxel.paginas.ufsc.br/files/2016/10/A-Qu%C3%ADmica-da-cor-da-cerveja_3.pdf. Acesso em: 9 jun. 2020.

MUXEL, A. A. **Descomplicando a bioquímica da cerveja.** 2019. Disponível em: https://amuxel.paginas.ufsc.br/files/2019/05/A-Bioqu%C3%ADmica-da-Cerveja.pdf. Acesso em: 15 ago. 2020.

MUXEL, A. A.; CAMARGO, M. A.; NEVES, A. **Síntese, caracterização e estudos de reatividade de novos compostos de coordenação de lantânio e térbio**: relevância como hidrolases sintéticas. 2014.

NAKATANI, K.; TAKAHASHI, T.; NAGAMI, K.; KUMADA, J. Kinetic study of vicinal diketones in brewing. II. Theoretical aspects for the formation of total vicinal diketones. **Technical quarterly-Master Brewers Association of the Americas (USA)**, 1984.

NANCE, M.; SETZER, W. Volatile components of aroma hops (Humulus lupulus L.) commonly used in beer brewing. **Journal of Brewing and Distilling**, v. 2, p. 16-22, 2011.

NAUMOV, G. I.; NAUMOVA, E. S.; KORHOLA, M. P. Chromosomal polymorphism of MEL genes in some populations of Saccharomyces cerevisiae. **FEMS microbiology letters**, v. 127, n. 1-2, p. 41-45, 1995.

NEIMAN, A. M. Ascospore formation in the yeast Saccharomyces cerevisiae. **Microbiology and Molecular Biology Reviews**, v. 69, n. 4, p. 565-584, 2005.

NEPA, N. D. E. E. P. E. A. **Tabela Brasileira de Composição de Alimentos – TACO**. 4. ed. rev. e ampl. Campinas: BookEditora, 2011.

NEUBAUER, O.; FROMHERZ, K. Über den Abbau der Aminosäuren bei der Hefegärung. **Hoppe-Seyler's Zeitschrift für physiologische Chemie**, v. 70, n. 4-5, p. 326-350, 1910.

NEVEN, H.; DELVAUX, F.; DERDELINCKX, G. Flavor evolution of top fermented beers. **MBAA Technical Quarterly**, v. 34, n. 2, p. 115-118, 1997.

NOEL, S.; METAIS, N.; BONTE, S.; BODART, E. *et al.* The use of oxygen 18 in appraising the impact of oxidation process during beer storage. **Journal of the Institute of Brewing**, v. 105, n. 5, p. 269-274, 1999.

O'CONNOR-COX, E.; LODOLO, E.; AXCELL, B. Mitochondrial relevance to yeast fermentative performance: a review. **Journal of the Institute of Brewing**, v. 102, n. 1, p. 19-25, 1996.

OLADOKUN, O.; TARREGA, A.; JAMES, S.; SMART, K. *et al.* The impact of hop bitter acid and polyphenol profiles on the perceived bitterness of beer. **Food Chemistry**, v. 205, p. 212-220, 2016.

OLANIRAN, A.; HIRALAL, L.; MOKOENA, M.; PILLAY, B. Flavour-active volatile compounds in beer: production, regulation and control. **Journal of the Institute of Brewing**, v. 123, 2017.

OLKKU, J.; KOTAVIITA, E.; SALMENKALLIO-MARTTILA, M.; SWEINS, H. *et al.* Connection between Structure and Quality of Barley Husk. **Journal of the American Society of Brewing Chemists**, v. 63, n. 1, p. 17-22, 2005.

ONO, M.; KAKUDO, Y.; YAMAMOTO, Y.; NAGAMI, K. *et al.* Simultaneous analysis of hop bittering components by high-performance liquid chromatography and its application to the practical brewing. **Journal of the American Society of Brewing Chemists**, v. 43, n. 3, p. 136-144, 1985.

OPSTAELE, F.; PRAET, T.; AERTS, G.; COOMAN, L. Characterization of Novel Single-Variety Oxygenated Sesquiterpenoid Hop Oil Fractions via Headspace Solid-Phase Microextraction and Gas Chromatography-Mass Spectrometry/Olfactometry. **Journal of agricultural and food chemistry**, v. 61, 2013.

OSHITA, K.; KUBOTA, M.; UCHIDA, M.; ONO, M. **Clarification of the relationship between fusel alcohol formation and amino acid assimilation by brewing yeast using ^1^3C-labeled amino acid.** Oxford: Oxford University Press, 1995. p. 387-394. Disponível em: https://www.tib.eu/de/suchen/id/BLCP%3ACN011596745.

PALMER, G. H. **Cereal science and technology**. Aberdeen University Press, 1989.

PALMER, J.; KAMINSKI, C. **Water:** A comprehensive guide for brewers. Brewers publications, 2013.

PALMER, J. J. **How to brew:** everything you need to know to brew great beer every time. Brewers Publications, 2017.

PARKER, D. K. 6 - Beer: production, sensory characteristics and sensory analysis. *In*: PIGGOTT, J. (ed.). **Alcoholic Beverages**. Woodhead Publishing, 2012. p. 133-158.

PASTEUR, L. **Mémoire sur la fermentation alcoolique**. Mallet-Bachelier, 1860.

PEACOCK, V. E. The Value of Linalool in Modeling Hop Aroma in Beer. **Master Brewers Association of the Americas Technical Quarterly**, v. 47, n. 4, p. 29-32, 2010.

PEDDIE, H. A. Ester formation in brewery fermentations. **Journal of the Institute of Brewing**, v. 96, n. 5, p. 327-331, 1990.

PELEG, H.; GACON, K.; SCHLICH, P.; NOBLE, A. C. Bitterness and astringency of flavan-3-ol monomers, dimers and trimers. **Journal of the Science of Food and Agriculture**, v. 79, n. 8, p. 1123-1128, 1999.

PERPETE, P.; COLLIN, S. Contribution of 3-methylthiopropionaldehyde to the worty flavor of alcohol-free beers. **Journal of agricultural and food chemistry**, v. 47, n. 6, p. 2374-2378, 1999.

PERROCHEAU, L.; ROGNIAUX, H.; BOIVIN, P.; MARION, D. Probing heat-stable water-soluble proteins from barley to malt and beer. **Proteomics**, v. 5, n. 11, p. 2849-2858, 2005.

PEUMANS, W. J.; BARRE, A.; HAO, Q.; ROUGÉ, P. *et al*. Higher plants developed structurally different motifs to recognize foreign glycans. **Trends in Glycoscience and Glycotechnology**, v. 12, n. 64, p. 83-101, 2000.

PHIARAIS, B.; ARENDT, E. Malting and brewing with gluten-free cereals. **Gluten-free Cereal Products and Beverages**, p. 347-372, 2008.

PICKERELL, A. The influence of free alpha-amino nitrogen in sorghum beer fermentations. **Journal of the Institute of Brewing**, v. 92, n. 6, p. 568-571, 1986.

PIENDL, A.; BIENDL, M. Physiological significance of polyphenols and hop bitters in beer. **Brauwelt International**, v. 18, n. 4, p. 310-317, 2000.

PINGULI, L.; CANI, X.; MALOLLARI, I.; PREMTI, D. Advantages of using chlorine dioxide in brewing industry. **Zastita materijala**, v. 59, p. 507-513, 2018.

PINTO, M. B. C. **Isomerização de ácidos amargos de lúpulo cascade cultivado no Brasil e seu desempenho durante a fermentação da cerveja**. 2018. 82 f. Dissertação (Mestrado em Engenharia de Alimentos) – Faculdade de Engenharia de Alimentos, Universidade Estadual de Campinas, Campinas, SP. Disponível em: http://www.repositorio.unicamp.br/handle/REPOSIP/331335.

PIRES FILHO, I. C. **Resíduo seco de cervejaria na alimentação de frangos de corte de crescimento lento**. 2017. Dissertação (Mestrado em Zootecnia) – Centro de Ciências Agrárias, Universidade Estadual do Oeste do Paraná Marechal Cândido Rondon, Marechal Cândido Rondon. Disponível em: http://tede.unioeste.br/handle/tede/3190.

POSTMA, E.; VERDUYN, C.; SCHEFFERS, W. A.; VAN DIJKEN, J. P. Enzymic analysis of the crabtree effect in glucose-limited chemostat cultures of Saccharomyces cerevisiae. **Applied and environmental microbiology**, v. 55, n. 2, p. 468-477, 1989.

POWELL, C. D.; QUAIN, D. E.; SMART, K. A. The impact of brewing yeast cell age on fermentation performance, attenuation and flocculation. **FEMS Yeast Research**, v. 3, n. 2, p. 149-157, 2003.

PROCOPIO, S.; KRAUSE, D.; HOFMANN, T.; BECKER, T. Significant amino acids in aroma compound profiling during yeast fermentation analyzed by PLS regression. **LWT-Food Science and Technology**, v. 51, n. 2, p. 423-432, 2013.

PUGH, T.; MAURER, J.; PRINGLE, A. The impact of wort nitrogen limitation on yeast fermentation performance and diacetyl. Discussion. **Technical quarterly-Master Brewers Association of the Americas**, v. 34, n. 3, p. 185-189, 1997.

QIN, F.; JOHANSEN, A.; MUSSATTO, S. Evaluation of different pretreatment strategies for protein extraction from brewer's spent grains. **Industrial Crops and Products**, v. 125, p. 443-453, 2018.

QUAIN, D. **A metabolic function for higher alcohol production in yeast**. Oxford: Oxford University Press, 1985. p. 307-314.

QUAIN, D.; TUBB, R. The importance of glycogen in brewing yeasts. **Technical Quarterly Master Brewers Association of America**, v. 19, n. 1, p. 29-33, 1982.

QUIRRENBACH, H. R.; KANUMFRE, F.; ROSSO, N. D.; CARVALHO FILHO, M. A. Comportamento do ácido fítico na presença de Fe(II) e Fe(III). **Food Science and Technology**, v. 29, p. 24-32, 2009.

REIFENBERGER, E.; BOLES, E.; CIRIACY, M. Kinetic characterization of individual hexose transporters of Saccharomyces cerevisiae and their relation to the triggering mechanisms of glucose repression. **European journal of biochemistry**, v. 245, n. 2, p. 324-333, 1997.

REMIZE, F.; ANDRIEU, E.; DEQUIN, S. Engineering of the pyruvate dehydrogenase bypass inSaccharomyces cerevisiae: role of the cytosolic Mg2+ and mitochondrial K+ acetaldehyde dehydrogenases Ald6p and Ald4p in acetate formation during alcoholic fermentation. **Applied and environmental microbiology**, v. 66, n. 8, p. 3151-3159, 2000.

RETTBERG, N.; BIENDL, M.; GARBE, L. Hop Aroma and Hoppy Beer Flavor: Chemical Backgrounds and Analytical Tools – A Review. **Journal of the American Society of Brewing Chemists**, v. 76, p. 1-20, 2018.

ROBARDS, A. W. Plasmodesmata in Higher Plants. *In*: GUNNING, B. E. S.; ROBARDS, A. W. (ed.). **Intercellular Communication in Plants:** Studies on Plasmodesmata. Berlin, Heidelberg: Springer Berlin Heidelberg, 1976. p. 15-57.

ROBERTS, M. T.; DUFOUR, J.-P.; LEWIS, A. C. Application of comprehensive multidimensional gas chromatography combined with time-of-flight mass spectrometry (GC×GC-TOFMS) for high resolution analysis of hop essential oil. **Journal of Separation Science**, v. 27, n. 5-6, p. 473-478, 2004.

RODRIGUES, F.; CALDEIRA, M.; CÂMARA, J. D. S. Development of a dynamic headspace solid-phase microextraction procedure coupled to GC–qMSD for evaluation the chemical profile in alcoholic beverages. **Analytica Chimica Acta**, v. 609, n. 1, p. 82-104, 2008.

ROSA, N. A.; AFONSO, J. C. A química da cerveja. **Revista Química Nova.** São Paulo, v. 37, p. 98-105, 2015.

SABMILLER, W. Water footprinting: identifying & addressing water risks in the value chain. **SABMiller**, Woking, UK, and WWF-UK, Goldalming, UK, 2009. Disponível em: https://www.waterfootprint.org/media/downloads/SABMiller--WWF-2009-waterfootprintingreport.pdf. Acesso em: 26 fev. 2021.

SAERENS, S.; DELVAUX, F.; VERSTREPEN, K.; VAN DIJCK, P. *et al.* Parameters affecting ethyl ester production by Saccharomyces cerevisiae during fermentation. **Applied and environmental microbiology**, v. 74, n. 2, p. 454-461, 2008.

SAERENS, S.; VERBELEN, P.; VANBENEDEN, N.; THEVELEIN, J. *et al.* Monitoring the influence of high-gravity brewing and fermentation temperature on flavour formation by analysis of gene expression levels in brewing yeast. **Applied microbiology and biotechnology**, v. 80, n. 6, p. 1039-1051, 2008.

SAKAMOTO, K.; KONINGS, W. Beer Spoilage bacteria and hop resistance. **International journal of food microbiology**, v. 89, p. 105-124, 2004.

SALOMÃO, K. **Ambev no Brasil gasta menos água para produzir cerveja**. 2016. Disponível em: https://exame.com/negocios/ambev-no-brasil-gasta-menos-agua-para-produzir-cerveja/. Acesso em: 6 jul. 2020.

SAMUELS, J. S.; SHASHIDHARAMURTHY, R.; RAYALAM, S. Novel anti-obesity effects of beer hops compound xanthohumol: role of AMPK signaling pathway. **Nutrition & metabolism**, v. 15, n. 1, p. 1-11, 2018.

SANTOS, J.; CARNEIRO, J.; GUIDO, L.; ALMEIDA, P. *et al.* Determination of E-2-nonenal by high-performance liquid chromatography with UV detection: Assay for the evaluation of beer ageing. **Journal of Chromatography A**, v. 985, n. 1-2, p. 395-402, 2003.

SATO, M.; MORIMOTO, H.; OOHASHI, T. Increase of intracellular proteinase activities in extinct cells of Saccharomyces cerevisiae. **Agricultural and biological chemistry**, v. 51, n. 9, p. 2609-2610, 1987.

SAÚDE, M. D. **Portaria de Consolidação N°5.** 2017. p. 205-222. Disponível em: https://portalarquivos2.saude.gov.br/images/pdf/2018/marco/29/PRC-5-Portaria-de-Consolida----o-n---5--de-28-de-setembro-de-2017.pdf. Acesso em: 25 fev. 2021.

SCHEUREN, H.; SOMMER, K.; DILLENBURGER, M. Explanation for the increase in free dimethyl sulphide during mashing. **Journal of the Institute of Brewing**, v. 121, n. 3, p. 418-420, 2015.

SCHIEBERLE, P.; KOMAREK, D. Changes in key aroma compounds during natural beer aging. **Freshness and Shelf Life of Foods**, v. 836, p. 70-79, 2003.

SCHISLER, D.; RUOCCO, J.; MABEE, M. Wort trub content and its effects on fermentation and beer flavor. **Journal of the American Society of Brewing Chemists**, v. 40, n. 2, p. 57-61, 1982.

SCHWARZ, P.; STANLEY, P.; SOLBERG, S. Activity of lipase during mashing. **Journal of the American Society of Brewing Chemists**, v. 60, n. 3, p. 107-109, 2002.

SCIENCES, P. **Mechanism of Action**. 2021. Disponível em: https://www.pharmacologicalsciences.us/pharmaceutical-chemistry/mechanism-of-action.html. Acesso em: 24 fev. 2021.

SEATON, J.; SUGGETT, A.; MOIR, M. **Role of sulphur compounds in beer flavour**. Nurnberg [West Germany]: Brauwelt-Verlag, 1982.

SHARP, D.; STEENSELS, J.; SHELLHAMMER, T. H. The effect of hopping regime, cultivar and β -glucosidase activity on monoterpene alcohol concentrations in wort and beer. **Journal of the Institute of Brewing**, v. 123, 2017.

SHARPE, F. R.; LAWS, D. R. J. THE ESSENTIAL OIL OF HOPS A REVIEW. **Journal of the Institute of Brewing**, v. 87, n. 2, p. 96-107, 1981.

SHELLHAMMER, T. **The Oxford Companion to Beer definition of humulene**. Disponível em: https://beerandbrewing.com/dictionary/Rfckwe4MaC/. Acesso em: 21 abr. 2020.

SHELLHAMMER, T. **Humulene**. Oxford: Oxford University Press, 2013.

SHEWRY, P. **Barley**: Chemistry and Technology. St. Paul, Minnesota, USA: American Association of Cereal Chemists, 1993.

SHEWRY, P. R.; ULLRICH, S. E. **Barley:** Chemistry and Technology. 2. ed. Elsevier Science, 2014.

SIEBERT, K.; BLUM, P.; WISK, T.; STENROOS, L. *et al.* The effect of trub on fermentation. **Technical quarterly-Master Brewers Association of the Americas (USA)**, v. 23, n. 2, p. 37-43, 1986.

SIEBERT, K. J. Modeling the flavor thresholds of organic acids in beer as a function of their molecular properties. **Food quality and preference**, v. 10, n. 2, p. 129-137, 1999.

SILVA, C. T. D. **Caracterizações Químicas dos primeiros cultivares de lúpulo (Humulus lupulus L.) produzidos no Brasil**. 2019. Dissertação (Mestrado em Agroquímica) - Centro de ciências exatas, naturais e da saúde, Universidade Federal do Espirito Santo, Alegre, ES, 2019.

SILVA, F.; FERREIRA, I. M. P. L. V. O.; TEIXEIRA, N. Polipeptídeos e proteínas com influência na qualidade da espuma da cerveja e métodos analíticos utilizados no seu estudo. **Química Nova**, v. 29, p. 1326-1331, 2006.

SIMPSON, W. Cambridge Prize Lecture – Studies on the sensitivity of lactic acid bacteria to hop bitter acids. **Journal of the Institute of Brewing**, v. 99, 1993.

SIMPSON, W.; SMITH, A. R. W. Factors affecting antibacterial activity of hop compounds and their derivates. **The Journal of applied bacteriology**, v. 72, p. 327-334, 1992.

SIMPSON, W. J. Ionization behaviour of hop compounds and hop-derived compounds. **Journal of the Institute of Brewing. Institute of Brewing (Great Britain)**, v. 99, n. 4, p. 317-326, 1993.

SINGH, N.; SINGH, J.; KAUR, L.; SINGH SODHI, N. et al. Morphological, thermal and rheological properties of starches from different botanical sources. **Food Chemistry**, v. 81, n. 2, p. 219-231, 2003.

SKERRITT, J.; JANES, P. Disulphide-bonded 'gel protein'aggregates in barley: quality-related differences in composition and reductive dissociation. **Journal of Cereal Science**, v. 16, n. 3, p. 219-235, 1992.

SLAUGHTER, J.C. Biochemistry and physiology of yeast growth. In: PRIEST F.G.; CAMPBELL I. (org.). **Brewing Microbiology**. Springer, Boston, MA, 2003. p. 19-66.

SMART, K. **Brewing yeast fermentation performance**. John Wiley & Sons, 2008.

SOARES DA COSTA, M.; GONCALVES, C.; FERREIRA, A.; IBSEN, C. et al. Further insights into the role of methional and phenylacetaldehyde in lager beer flavor stability. **Journal of agricultural and food chemistry**, v. 52, n. 26, p. 7911-7917, 2004.

SOBOTKA, J. The Efficiency of Water Treatment and Disinfection by Means of Ultraviolet Radiation. **Water Science and Technology**, v. 27, n. 3-4, p. 343-346, 1993.

SPETSIG, L. O.; STENINGER, M. HULUPONES, A NEW GROUP OF HOP BITTER SUBSTANCES. **Journal of the Institute of Brewing**, v. 66, n. 5, p. 413-417, 1960.

SPOSITO, M.; ISMAEL, R.; MORAIS DE ALCÂNTARA BARBOSA, C.; TAGLIAFERRO, A. **A Cultura do Lúpulo**.Série Produtor Rural, Piracicaba, v. 68, 2019.

STASSI, P.; RICE, J.; MUNROE, J.; CHICOYE, E. Use of CO2 evolution rate for the study and control of fermentation. **MBAA Tech. Q.**, v. 24, p. 44-50, 1987.

STENROOS, L. **The effects of time, temperature, and air on various finished beer components**. Taylor & Francis, 1973. p. 50-56.

STERN, M.; CICLITIRA, P.; ECKERT, R.; FEIGHERY, C. et al. Analysis and clinical effect of gluten in coeliac disease. **European journal of gastroenterology & hepatology**, v. 13, p. 741-747, 2001.

STEVENS, J. F.; TAYLOR, A. W.; CLAWSON, J. E.; DEINZER, M. L. Fate of xanthohumol and related prenylflavonoids from hops to beer. **Journal of Agricultural and Food Chemistry**, v. 47, n. 6, p. 2421-2428, 1999.

STEVENS, J. F.; TAYLOR, A. W.; DEINZER, M. L. Quantitative analysis of xanthohumol and related prenylflavonoids in hops and beer by liquid chromatography–tandem mass spectrometry. **Journal of Chromatography A**, v. 832, n. 1, p. 97-107, 1999.

STEWART, D.; FREEMAN, G.; EVANS, E. Development and assessment of a small-scale wort filtration test for the prediction of beer filtration efficiency. **Journal of the Institute of Brewing**, v. 106, n. 6, p. 361-366, 2000.

STEWART, G.; RUSSELL, I. **Brewer's Yeast:** An Introduction to Brewing Science and Technology. Series III. London: The Institute of Brewing, 1998. p. 41-46.

STEWART, G.; ZHENG, X.; RUSSELL, I. **Wort sugar uptake and metabolism-the influence of genetic and environmental factors**. Oxford: Oxford University Press, 1995. p. 403-403.

STEWART, G. G. The chemistry of beer instability. **Journal of chemical education**, v. 81, n. 7, p. 963, 2004.

STEWART, G. G. The Structure and Function of the Yeast Cell Wall, Plasma Membrane and Periplasm. **Brewing and Distilling Yeasts**, Cham, Springer International Publishing, p. 55-75, 2017.

STEWART, G. G.; HILL, A. E.; RUSSELL, I. 125th Anniversary Review: Developments in brewing and distilling yeast strains. **Journal of the Institute of Brewing**, v. 119, n. 4, p. 202-220, 2013.

STEWART, G. G. E.; PRIEST, F. G. E. **Handbook of Brewing, Second Edition**. 2. ed. CRC Press, 2006.

STRATFORD, M. Yeast flocculation: calcium specificity. **Yeast**, v. 5, n. 6, p. 487-496, 1989.

STRATFORD, M. Yeast flocculation: a new perspective. **Advances in microbial physiology**, v. 33, Elsevier, p. 1-71, 1992.

SUZUKI, K.; SAMI, M.; KADOKURA, H.; NAKAJIMA, H. *et al.* Biochemical characterization of horA-independent hop resistance mechanism in Lactobacillus brevis. **International journal of food microbiology**, v. 76, n. 3, p. 223-230, 2002.

SZLAVKO, C. M. The influence of wort glucose level on the formation of aromatic higher alcohols. **Journal of the Institute of Brewing**, v. 80, n. 6, p. 534-539, 1974.

SÄGESSER, M.; DEINZER, M. HPLC-Ion Spray-Tandem Mass Spectrometry of Flavonol Glycosides in Hops. **Journal of the American Society of Brewing Chemists**, v. 54, n. 3, p. 129-134, 1996.

TAGASGIRA, M.; WATANABE, M.; UEMITSU, N. Antioxidative Activity of Hop Bitter Acids and Their Analogues. **Bioscience, Biotechnology, and Biochemistry**, v. 59, n. 4, p. 740-742, 1995.

TAKEMURA, H.; KAWASAKI, Y.; OGANE, O.; IMAI, T. et al. **The influence of hop storage conditions on the quality of aroma and bitterness in beer**. Fachverlag Hans Carl Nürnberg, 2007. p. 1-11.

TAKOI, K.; DEGUEIL, M.; SHINKARUK, S.; THIBON, C. et al. Identification and characteristics of new volatile thiols derived from the hop (Humulus luplus L.) cultivar Nelson Sauvin (dagger). **Journal of agricultural and food chemistry**, v. 57, n. 6, p. 2493-2502, 2009.

TAKOI, K.; ITOGA, Y.; KOIE, K.; KOSUGI, T. et al. The Contribution of Geraniol Metabolism to the Citrus Flavour of Beer: Synergy of Geraniol and β-Citronellol Under Coexistence with Excess Linalool. **Journal of the Institute of Brewing**, v. 116, p. 251-260, 2010.

TAKOI, K.; KOIE, K.; ITOGA, Y.; KATAYAMA, Y. et al. Biotransformation of Hop-Derived Monoterpene Alcohols by Lager Yeast and Their Contribution to the Flavor of Hopped Beer. **Journal of agricultural and food chemistry**, v. 58, p. 5050-5058, 2010.

TAXIS, C.; KELLER, P.; KAVAGIOU, Z.; JENSEN, L. J. et al. Spore number control and breeding in Saccharomyces cerevisiae: a key role for a self-organizing system. **The Journal of cell biology**, v. 171, n. 4, p. 627-640, 2005.

TAYLOR, D. How water composition affects the taste of beer. **Brewing and Distillation International**, v. 11, p. 35-37, 1981.

TAYLOR, D. The importance of pH control during brewing. **Technical quarterly--Master Brewers Association of the Americas (USA)**, v. 27, n. 4, p. 131-136, 1990.

TAYLOR, J. R. N. FERMENTED FOODS | Beverages from Sorghum and Millet. In: CABALLERO, B. (ed.). **Encyclopedia of Food Sciences and Nutrition (Second Edition)**. Oxford: Academic Press, 2003. p. 2352-2359.

TAYLOR, J. R. N.; DLAMINI, B. C.; KRUGER, J. 125th Anniversary Review: The science of the tropical cereals sorghum, maize and rice in relation to lager beer brewing. **Journal of the Institute of Brewing**, v. 119, n. 1-2, p. 1-14, 2013.

TAYLOR, R.; KIRSOP, B. Occurrence of a killer strain of Saccharomyces cerevisiae in a batch fermentation plant. **Journal of the Institute of Brewing**, v. 85, n. 6, p. 325-325, 1979.

TENNEY, R. Ozone generation and use in the brewery. **Brew. Dig**, v. 48, p. 64-66, 1973.

TIGHE, R.; CICLITIRA, P. J. Molecular biology of coeliac disease. **Archives of disease in childhood**, v. 73, n. 3, p. 189-191, 1995.

TING, P. L.; RYDER, D. S. The Bitter, Twisted Truth of the Hop: 50 Years of Hop Chemistry. **Journal of the American Society of Brewing Chemists**, v. 75, n. 3, p. 161-180, 2017.

TOMINAGA, T.; DUBOURDIEU, D. Identification of Cysteinylated Aroma Precursors of Certain Volatile Thiols in Passion Fruit Juice. **Journal of agricultural and food chemistry**, v. 48, p. 2874-2876, 2000.

UCHIDA, M.; ONO, M. Improvement for oxidative flavor stability of beer – Role of OH-radical in beer oxidation. **Journal of the American Society of Brewing Chemists**, v. 54, n. 4, p. 198-204, 1996.

USDA. **United States Department of Agriculture, FoodData Central, Nutrients of beer.** 2019. Disponível em: https://fdc.nal.usda.gov/fdc-app.html#/food-details/168746/nutrients. Acesso em: 4 jun. 2020.

USDA. **United States Department of Agriculture, Foreign Agricultural Service**. 2020a. Disponível em: https://apps.fas.usda.gov/psdonline/app/index.html#/app/downloads. Acesso em: 6 jun. 2020.

USDA. **United States Department of Agriculture, Foreign Agricultural Service**. 2020b. Disponível em: https://apps.fas.usda.gov/psdonline/app/index.html#/app/downloads. Acesso em: 4 jun. 2020.

VAN CLEEMPUT, M.; CATTOOR, K.; BOSSCHER, K.; HAEGEMAN, G. *et al.* Hop (Humulus lupulus)-Derived Bitter Acids as Multipotent Bioactive Compounds. **Journal of natural products**, v. 72, p. 1220-1230, 2009.

VAN DER REST, M.; KAMMINGA, A. H.; NAKANO, A.; ANRAKU, Y. *et al.* The plasma membrane of Saccharomyces cerevisiae: structure, function, and biogenesis. **Microbiological reviews**, v. 59, n. 2, p. 304-322, 1995.

VAN HAMERSVELD, E.; VAN DER LANS, R.; LUYBEN, K. Quantification of brewers' yeast flocculation in a stirred tank: Effect of physical parameters on flocculation. **Biotechnology and bioengineering**, v. 56, n. 2, p. 190-200, 1997.

VAN URK, H. **Transient responses of yeasts to glucose excess**. 1991. Technische Universiteit Delft. Disponível em: http://resolver.tudelft.nl/uuid:55a6c0d3-c2e-6-40d9-9050-1b052fa4c838. Acesso em: 4 jun. 2020.

VANBENEDEN, N.; GILS, F.; DELVAUX, F.; DELVAUX, F. R. Formation of 4-vinyl and 4-ethyl derivatives from hydroxycinnamic acids: Occurrence of volatile phenolic flavour compounds in beer and distribution of Pad1-activity among brewing yeasts. **Food chemistry**, v. 107, n. 1, p. 221-230, 2008.

VANDERHAEGEN, B.; DELVAUX, F.; DAENEN, L.; VERACHTERT, H. *et al.* Aging characteristics of different beer types. **Food chemistry**, v. 103, n. 2, p. 404-412, 2007.

VANDERHAEGEN, B.; NEVEN, H.; VERACHTERT, H.; DERDELINCKX, G. The chemistry of beer aging – a critical review. **Food Chemistry**, v. 95, n. 3, p. 357-381, 2006.

VEELDERS, M.; BRÜCKNER, S.; OTT, D.; UNVERZAGT, C. *et al.* Structural basis of flocculin-mediated social behavior in yeast. **Proceedings of the National Academy of Sciences**, v. 107, n. 52, p. 22511-22516, 2010.

VERBELEN, P.; DEKONINCK, T.; SAERENS, S.; VAN MULDERS, S. *et al.* Impact of pitching rate on yeast fermentation performance and beer flavour. **Applied microbiology and biotechnology**, v. 82, n. 1, p. 155-167, 2009.

VERMEULEN, C.; LEJEUNE, I.; TRAN, T. T. H.; COLLIN, S. Occurrence of Polyfunctional Thiols in Fresh Lager Beers. **Journal of Agricultural and Food Chemistry**, v. 54, n. 14, p. 5061-5068, 2006.

VERSTREPEN, K. J.; DERDELINCKX, G.; DELVAUX, F. R. Esters in beer-part 1: The fermentation process: more than ethanol formation. **Cerevisia**, v. 28, n. 3, p. 41-49, 2003.

VERSTREPEN, K. J.; ISERENTANT, D.; MALCORPS, P.; DERDELINCKX, G. *et al.* Glucose and sucrose: hazardous fast-food for industrial yeast? **Trends in biotechnology**, v. 22, n. 10, p. 531-537, 2004.

VIDGREN, V.; KANKAINEN, M.; LONDESBOROUGH, J.; RUOHONEN, L. Identification of regulatory elements in the AGT1 promoter of ale and lager strains of brewer's yeast. **Yeast**, v. 28, n. 8, p. 579-594, 2011.

VIDGREN, V.; LONDESBOROUGH, J. 125th anniversary review: yeast flocculation and sedimentation in brewing. **Journal of the Institute of Brewing**, v. 117, n. 4, p. 475-487, 2011.

VIËTOR, R.; VORAGEN, A.; ANGELINO, S. Composition of non-starch polysaccharides in wort and spent grain from brewing trials with malt from a good malting quality barley and a feed barley. **Journal of the Institute of Brewing**, v. 99, n. 3, p. 243-248, 1993.

VORAGEN, A. G. J.; SCHOLS, H. A.; MARIJS, J.; ROMBOUTS, F. M. *et al.* NON-STARCH POLYSACCHARIDES FROM BARLEY: STRUCTURAL FEATURES AND BREAKDOWN DURING MALTING. **Journal of the Institute of Brewing**, v. 93, n. 3, p. 202-208, 1987.

VU, T.; LE, V. Biochemical studies on the immobilization of the enzyme invertase (EC. 3.2. 1.26) in alginate gel and its kinetics. **ASEAN Food journal**, v. 15, n. 1, p. 73-78, 2008.

WALKER, G.; DE NICOLA, R.; ANTHONY, S.; LEARMONTH, R. **Yeast-metal interactions:** impact on brewing and distilling fermentations. Leishman Associates, 2006.

WALKER, G. M. Metals in yeast fermentation processes. **Advances in applied microbiology**, v. 54, p. 197-230, 2004.

WALTHER, A.; HESSELBART, A.; WENDLAND, J. Genome sequence of Saccharomyces carlsbergensis, the world's first pure culture lager yeast. **G3:** Genes, Genomes, Genetics, v. 4, n. 5, p. 783-793, 2014.

WANNENMACHER, J.; GASTL, M.; BECKER, T. Phenolic Substances in Beer: Structural Diversity, Reactive Potential and Relevance for Brewing Process and Beer Quality. **Comprehensive Reviews in Food Science and Food Safety**, v. 17, 2018.

WENWEN, Y.; TAO, K.; GIDLEY, M. J.; FOX, G. P. *et al.* Molecular brewing: Molecular structural effects involved in barley malting and mashing. **Carbohydrate Polymers**, v. 206, p. 583-592, 2019.

WHITBY, G. Ultraviolet light and brewing. **Technical quarterly.** Master Brewers Association of the Americas (USA), 1987.

WHITE, C.; ZAINASHEFF, J. **Yeast:** the practical guide to beer fermentation. Brewers Publications, 2010.

WHITE, F. H.; WAINWRIGHT, T. THE MEASUREMENT OF DIMETHYL SULPHIDE PRECURSOR IN MALTS, ADJUNCTS, WORTS AND BEERS. **Journal of the Institute of Brewing**, v. 82, n. 1, p. 46-48, 1976.

WHITEAR, A. **Factors affecting beer stability**. Nurnberg [West Germany]: Brauwelt-Verlag, 1982.

WIESIOLER, C. C. **Alterações fisiológicas em Saccharomyces cerevisiae submetida a campo eletromagnético estático**. Dissertação (Mestrado em Ciências Biológicas) – Programa de Pós-Graduação em Ciências Biológicas, Universidade Federal de Pernambuco, Recife, 2007.

WIJEWICKREME, A. N.; KITTS, D. D. Metal chelating and antioxidant activity of model Maillard reaction products. **Process-induced chemical changes in food**, Springer, p. 245-254, 1998.

WILKINSON, S.; SMART, K. A.; COOK, D. J. A Comparison of Dilute Acid- and Alkali-Catalyzed Hydrothermal Pretreatments for Bioethanol Production from Brewers' Spent Grains. **Journal of the American Society of Brewing Chemists**, v. 72, n. 2, p. 143-153, 2014.

WILLAERT, R. The beer brewing process: Wort production and beer fermentation. **Handbook of food products manufacturing**. Y.H. Hui, v. 2, 2007. p. 443-506.

WORKMAN, W. E.; DAY, D. F. Purification and properties of the β-fructofuranosidase from Kluyveromyces fragilis. **FEBS letters**, v. 160, n. 1-2, p. 16-20, 1983.

WRAY, E. Chapter 7 - Common faults in beer. *In*: SMART, C. (ed.). **The Craft Brewing Handbook**. Woodhead Publishing, 2020. p. 217-246.

WYEASTLAB. **Oxygenation/ Aeration**. 2020. Disponível em: https://wyeastlab.com/oxygenation. Acesso em: 24 ago. 2020.

YAKIMA CHIEF, H. **Yakima Chief Hops Varieties**. 2020. Disponível em: https://shop.yakimachief.com/media/wysiwyg/Yakima_Chief_Hops_Varieties.pdf. Acesso em: 25 jun. 2020.

YANG, G.; SCHWARZ, P. B. Activity of lipoxygenase isoenzymes during malting and mashing. **Journal of the American Society of Brewing Chemists**, v. 53, n. 2, p. 45-49, 1995.

YASUI, T.; TAGUCHI, H.; OKAMOTO, T. A specific oligonucleotide primer for the rapid detection of Lactobacillus lindneri by polymerase chain reaction. **Canadian Journal of Microbiology**, v. 43, n. 2, p. 157-163, 1997.

ZANOLI, P.; ZAVATTI, M. Pharmacognostic and pharmacological profile of Humulus lupulus L. **Journal of Ethnopharmacology**, v. 116, n. 3, p. 383-396, 2008.

ZENEBON, O.; PASCUET, N. S. Análise sensorial. **Métodos físico-químicos para análise de alimentos**. 4. ed. São Paulo, 2008. cap. VI, p. 279-320.

ZHANG, Y.-Q.; GAMARRA, S.; GARCIA-EFFRON, G.; PARK, S. *et al.* Requirement for ergosterol in V-ATPase function underlies antifungal activity of azole drugs. **PLoS Pathog**, v. 6, n. 6, p. e1000939, 2010.

ZHAO, C. The impact of water quality on beer fermentation. **International Conference on New Technology of Agricultural**, 2011. p. 643-645.

ZHU, L.; MA, T.; LI, Y.; LI, Q. Permeability analysis of high-adjunct-ratio spent grain layer in the high-gravity wort separation process. **Process Biochemistry**, v. 50, n. 5, p. 846-852, 2015.

ZIEGLER, P. CerealBeta-Amylases. **Journal of Cereal Science**, v. 29, n. 3, p. 195-204, 1999.

ZINSER, E.; SPERKA-GOTTLIEB, C.; FASCH, E.-V.; KOHLWEIN, S. D. *et al.* Phospholipid synthesis and lipid composition of subcellular membranes in the unicellular eukaryote Saccharomyces cerevisiae. **Journal of bacteriology**, v. 173, n. 6, p. 2026-2034, 1991.

ŠAVEL, J.; KOŠÍN, P.; BROŽ, A. Anaerobic and aerobic beer aging. **Czech Journal of Food Sciences**, v. 28, n. 1, p. 18-26, 2010.

ŠILHÁNKOVÁ, L. Yeast mutants excreting vitamin B1 and their use in the production of thiamine rich beers. **Journal of the Institute of Brewing**, v. 91, n. 2, p. 78-81, 1985.

APÊNDICE I

AÇÚCAR INVERTIDO

A sacarose é uma molécula quiral e a sua solução tem propriedade de girar a luz polarizada. Quando a luz polarizada atravessa uma solução contendo sacarose faz com que o plano dessa luz gire para a direita (sentido horário), ou seja, a sacarose é uma molécula dextrogira (D-sacarose). Ao sofrer um processo de hidrólise, a sacarose (dissacarídeo) pode ser dividida em seus monossacarídeos constituintes, glicose e frutose. A Figura A1 mostra a reação esquemática de hidrólise da sacarose.

Figura A1 – Reação esquemática da hidrólise da sacarose

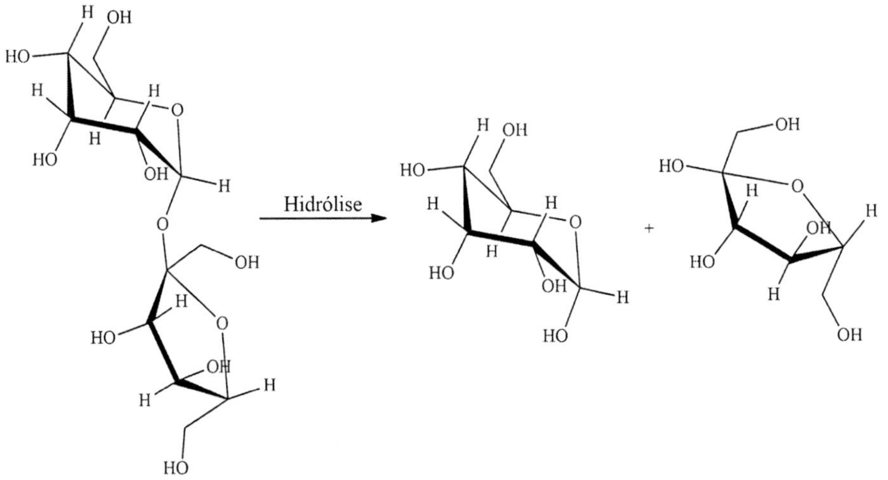

Sacarose → Hidrólise → Glicose + Frutose

Fonte: o autor

A hidrólise da sacarose em meio ácido produz uma mistura equimolar de glicose e frutose, conhecida como "açúcar invertido", devido ao fato de que a frutose tem capacidade de girar o plano da luz polarizada para a esquerda (levogira) num ângulo de -92°, que é muito maior quando comparada à glicose (+52°), assim a solução resultante terá o plano da luz polarizada desviada em sentido contrário (ou invertido) ao da solução original de sacarose (+66°), recebendo então a denominação de "açúcar invertido". Essa inversão de polaridade óptica é um bom indicador da quebra da sacarose durante a produção do açúcar invertido.

O açúcar invertido pode ser utilizado como adjunto líquido na produção de cerveja (ver seção 1.3.2), mas também é comumente utilizado como *"priming"* (tradução direta: preparação) por cervejeiros caseiros como uma fonte de açúcar fermentável no momento de engarrafar a cerveja para provocar uma fermentação desse açúcar adicional na cerveja engarrafada, gerando CO_2 e, consequentemente, carbonatando o líquido.

APÊNDICE II

FORMAÇÃO DE ESPÉCIES REATIVAS DE OXIGÊNIO (EROS)

A cerveja em contato com o oxigênio, O_2, pode ter seu sabor rapidamente degradado, indicando que esse elemento deve dar início a reações muito importantes que contribuem principalmente para o envelhecimento da cerveja. Um dos primeiros trabalhos sobre a importância das EROs nesse processo de envelhecimento foi desenvolvido por Bamforth e Parsons (BAMFORTH; PARSONS, 1985), e nos últimos anos, com o avanço das técnicas de análises, foi-se desvendando os mecanismos das reações que produzem as espécies reativas de oxigênio (EROs) no meio, bem como o efeito dessas espécies em moléculas orgânicas que compõem a cerveja. A Figura A2 mostra o mecanismo de formação de EROs na cerveja.

Figura A2 – Reações de produção de espécies reativas de oxigênio (EROs) na cerveja

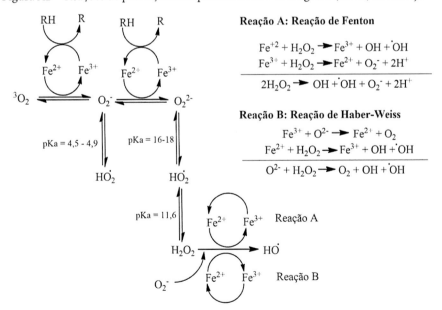

Fonte: adaptado de Kaneda *et al.* (1999)

O oxigênio no estado fundamental (oxigênio tripleto, $^3O_2$) é bastante estável e não reage facilmente com moléculas orgânicas. Na presença do íon ferro no estado de oxidação 2+, Fe^{2+} (ou também, íon ferroso) na cerveja, o oxigênio pode capturar um elétron e formar o ânion superóxido (O_2^-) e Fe^{3+}. Os íons cobre possuem o mesmo comportamento, em que o Cu^+ é oxidado em Cu^{2+}, gerando o ânion superóxido em solução (KANEDA; KOBAYASHI; TAKASHIO et al., 1999). Ainda, é citado na literatura que os íons Cu^+/Cu^{2+} e Fe^{2+}/Fe^{3+} façam parte de um sistema de oxidação de função mista no qual polifenóis, açúcares, isohumulonas e álcoois possam atuar como doadores de elétrons (KANEDA; KANO; KOSHINO et al., 1992; VANDERHAEGEN; NEVEN et al., 2006).

Uma vez formado o ânion superóxido, este pode ser protonado para formar o radical peridroxil ($HO_2 \cdot$), que possui uma reatividade muito superior. O pKa dessa reação é 4,8, o que significa que, no pH da cerveja, a maioria do superóxido estará na sua forma radicalar mais reativa (peridroxil). O ânion superóxido também pode ser reduzido por Fe^{2+} ou Cu^+ ao ânion peróxido, O_2^{2-}. Na cerveja, esse ânion é prontamente protonado para peróxido de hidrogênio (H_2O_2) (VANDERHAEGEN; NEVEN; VERACHTERT et al., 2006).

A partir do peróxido de hidrogênio (H_2O_2) ou do ânion superóxido (O_2^-), pode ser produzida, por reações induzidas por metais como a reação de Fenton (reação A) e Haber-Weiss (reação B), uma das espécies mais reativas que já foram identificadas na cerveja, o radical hidroxila, $\cdot OH$.

A ordem de reatividade das EROs aumenta de acordo com seu potencial de redução (ânion superóxido <radical peridroxil <radical hidroxila). É bem sabido que a concentração de radicais livres na cerveja durante o seu envelhecimento aumenta com o aumento das concentrações de íons ferro e/ou cobre, com o aumento das concentrações de oxigênio ou com temperaturas mais altas de armazenamento (KANEDA; KANO; KOSHINO et al., 1992; KANEDA; KANO; OSAWA et al., 1989). Além disso, os radicais livres nem sempre são gerados logo após o início do processo de envelhecimento, mas podem ser formados após um período de tempo definido, chamado de "tempo de atraso" da geração de radicais livres (UCHIDA; ONO, 1996; VANDERHAEGEN; NEVEN; VERACHTERT et al., 2006). Esse tempo de atraso parece estar relacionado com a atividade antioxidante endógena da cerveja e pode ser usado como uma ferramenta objetiva para sua avaliação. Alguns desse compostos antioxidantes foram abordados na seção 11.6.

ÍNDICE REMISSIVO

"burtonização" 90
"hop storage index" (HSI) 83
"hotbreak" 12, 190, 192, 196, 209, 215, 222
"light-struck" ou *"skunk flavor"* 84, 345
"mash-out" 179, 181, 185, 187
"trub" 13, 192, 216, 222, 223, 243, 244, 246
"whirlpool" 60, 223, 224

2

2,3-butanodiona 157, 158
2,3-pentanodiona 13, 157-159, 235, 251-253, 276, 277

A

absorção da maltotriose 122
ABV (do inglês: alcohol by volume) 266
acetaldeído 13, 139, 140, 156, 157, 256, 276, 288, 289
acetoína 158, 252, 253
acetolactato 143
ácidos orgânicos na cerveja 269
adição de azeite de oliva 136
Adjuntos 6, 9, 17, 46-50, 92, 93, 136, 142, 147, 153, 167, 193, 197, 200, 205, 210, 246, 272
aeração do mosto 13, 136, 167, 170, 224, 246

água cervejeira 10, 87, 89, 90, 95, 99, 105, 107, 112, 114, 170, 171, 189, 197, 212, 214, 219, 224, 281
água de Burton 90
água utilizada na produção de cerveja 87, 88, 96
Ajustes da água cervejeira 10, 112
álcoois superiores 11, 14, 142, 144, 148-153, 194, 235, 243, 267, 268, 289, 297-299
aldeídos da cerveja 275
amargor da cerveja 57, 188, 192, 280
amido 9, 11, 22-26, 28, 33, 35, 47, 48, 50, 171, 174, 178-181, 186, 245, 264, 309
amilopectina 23-25, 174
amilose 23-25, 174
aminoácidos do mosto 143, 145, 158, 203, 204
arabinoxilanos 28
autólise em leveduras 258

B

bactérias Gram-negativas 82
bactérias gram-positivas 60, 80
bagaço do malte 31, 182, 183, 211

C

camada de aleuroma 9, 20-22, 33
camada de aleurona 21, 22

caráter "nobre" de aroma 68

carboidratos fermentáveis 199, 220, 235, 241, 245, 249, 251, 264

carboidratos fermentáveis residuais presentes na cerveja 264

carboidratos não fermentáveis 49, 199, 200, 264

casca 19, 20, 29-33, 40, 47, 182, 263

cevada (Hordeum vulgare) 9, 18

cevada dística 19

cevada hexástica 19

cevada silvestre (Hordeum spontaneum) 18

classificação taxonômica da S. cerevisiae 120

coagulação de proteínas 192, 193

composição do mosto 49, 103, 150, 153, 154, 171, 192, 193, 197, 198, 219, 237, 246

Composição química do lúpulo 9, 55

compostos de enxofre 9, 11-14, 61, 70, 71, 148, 153, 203, 212-214, 254, 277, 278, 282, 294

compostos de enxofre contidos no mosto 212

compostos fenólicos 9, 11, 14, 19, 71, 72, 77, 160, 161, 207, 264, 271-273, 285, 286

compostos fenólicos do lúpulo 71, 72

compostos fenólicos voláteis 11, 77, 160, 161, 272, 273

compostos nitrogenados 13, 49, 136, 141, 142, 194, 196, 202, 258, 262, 264, 292

compostos nitrogenados presentes na cerveja 262

concentração de inóculo 13, 228, 233, 241

conteúdo calórico da cerveja 284

D

decloração da água 113

degradação das proteínas 175, 203, 204, 286

desmineralizadores ou deionizadores 110

dextrinases limite 21, 25, 174

diacetil 13, 42, 80, 143, 156-159, 162, 203, 235, 236, 241, 251-254, 276, 277

diagrama de Dalgliesh 286, 287

dicetonas vicinais 156-159, 235, 251-253, 258, 276, 277

dióxido de carbono 14, 111, 112, 122, 198, 249, 269

DMS 9, 44-46, 70, 153-156, 178, 194, 195, 213, 255, 256, 279, 280, 320

dosagem das leveduras 227

dulçor residual 99, 181, 281

E

efeito Crabtree 118, 130, 139

embrião 9, 19-22, 26, 29, 30, 33, 35

endosperma amiláceo 9, 20-24, 26-29, 35, 47, 170, 264

epóxidos de humuleno 65, 68, 69

equilíbrio entre o cloreto e sulfato 98

ergosterol 127, 130, 133-135, 310, 315, 339

escala EBC 37

escala SRM 36, 37

espécies tamponantes 104

estabilidade coloidal 50, 102, 175, 192, 193, 207, 208, 285

ésteres na cerveja 153, 273

ésteres voláteis 152, 294, 295

etanol (ou álcool etílico) 266

F

Fatores que afetam a fermentação 13, 237

fermentação arrastada 162, 245, 288

fermentação lager 123, 232, 233

fervura do mosto 6, 12, 32, 45, 47, 49, 56, 60, 63, 64, 78, 80, 103, 106, 187-192, 194-196, 206, 209, 211-213, 215, 222, 255, 262, 276, 282, 290, 293, 300

filtragem do mosto 12, 146, 170, 182

filtro de carvão ativado 111

filtro de polipropileno 108

filtro prensa 12, 170, 183, 186, 187, 210

flavan-3-óis 10, 74, 75, 208, 209

flavonóis do lúpulo 72

floculação da levedura 103, 146, 162, 244, 250

Fonte de íons na cerveja 10, 91

fotodecomposição de iso-humulonas 84

fração oxigenada do óleo essencial do lúpulo 65

Fusarium 30

G

gelatinização do amido 25, 47

geraniol 63, 65-68, 269, 283, 334

glicerol 118, 148, 264, 269

graus Lovibond 36

H

hidrocarbonetos no óleo do lúpulo 61

hordeínas 26, 27

humulonas 55, 56, 59, 188-191, 280

I

IBU (Unidades Internacionais de Amargor, do inglês "International Bitterness Units") 188

íon cobre 101

Íons Ca^{2+} 103-106, 146, 163, 215

íons cálcio 22, 96, 102-106, 163, 214

íons cloreto 95, 98

íons de magnésio 95

íons ferro 10, 93, 97, 108, 109, 146, 297

íons H^+ 81, 96, 104-106, 110, 195

íons inorgânicos 49, 94, 96, 100, 104, 108, 124

íons potássio 95

íons sódio 95, 98, 99

íons sulfato 154, 254, 255

iso-humulonas 10, 84, 85, 188-190, 280

isoxanthohumol 78, 79

K

kaempferol 72, 73, 207

L

levedura ale 13, 122, 231, 236

levedura *Saccharomyces cerevisiae* 117

leveduras ale 120-123, 150, 162, 204, 231, 236, 273

leveduras lager 121-123, 126, 144, 150, 155, 161, 237

linalol 63, 65-68, 269, 283

lipídios da cerveja 263

lipídios do mosto 154, 210, 211

lúpulo (*Humulus lupulus Linnaeus*) 51

lupulona 58

M

maior produtor de lúpulo 52

malte "verde" 35, 36, 38, 42, 44, 45

malte de cevada 9, 17, 22, 26, 29, 32-34, 46, 47, 49, 50, 117, 136, 142, 147, 197, 201, 205, 206, 219

malteação (ou maltagem) 33

Maltes especiais 37, 38, 40, 300

manoproteínas 103, 125, 126, 258

maturação 6, 12, 13, 60, 61, 103, 158, 170, 192, 209, 217, 222, 235, 236, 242, 249-258, 263, 278, 285

melanoidinas 41, 178, 193-195, 297, 299-301

membrana celular da levedura 128, 133, 154

método de decocção 12, 176-178

métodos de infusão 176, 179

micotoxinas 30, 31

moagem do malte 11, 170

N

nitrogênio amino livre (FAN) 49, 105, 106, 141, 142, 150, 153, 155, 159, 175, 197, 204, 206)

O

óleos essenciais contendo enxofre 70, 214

óleos essenciais de lúpulo 60, 62, 283

óleos essenciais do lúpulo 61, 62, 66, 68, 69, 269, 282

osmose reversa 10, 109, 110

oxalato 103, 104, 215

óxido de cariofileno 64, 65, 68, 69

oxigênio dissolvido no mosto 107, 135, 221, 226, 227, 234, 243

ozônio (O3) 109, 115

P

parede celular da levedura 125, 126, 163, 192, 244

parede celular do endosperma 28, 29, 272

pericarpo 9, 20, 30, 32, 33
permeases 143
POF+ ("phenolic off-flavor" positivo) 160
polifenóis do malte 207, 269
Preferência na absorção de carboidratos 11, 136
proantocianidinas 74, 75, 208
processo de malteação 33, 34
processos de degradação enzimáticos 6, 11, 105, 171, 204
produção de etanol 31, 135, 140, 235produção de mosto 6, 103, 167, 211, 246
prolina 26, 143, 144
proteínas da cevada 26

Q

qualidade da água 88, 107
quercitina 73, 207

R

radicais livres 73, 75, 290, 297, 299, 300
rafinose 121, 122
reação de caramelização 42
reação de isomerização 56, 57, 280
reação de Maillard 39-41, 43, 175, 178, 187, 193, 194, 213
reinóculo 221, 236, 238
resfriamento do mosto 13, 202, 209, 213, 215, 223, 226, 286
resinas "macias". 55

resinas duras 78, 280
resinas moles 280

S

S. carlsbergensis 120, 121, 232
S. pastorianus 120, 121, 155, 231
S. uvarum 120, 121, 155, 231
S-metilmetionina (SMM) 44, 154, 194, 213

T

taninos condensados 74, 75, 208, 209
temperatura de gelatinização 47, 179
teste de iodo 174
tina de mostura 171, 176, 177, 182
tinas de clarificação 183
tras-2-nonenal (t2N) 290
tratamento de água 107, 113, 116

V

vitaminas hidrossolúveis 216
vitaminas lipossolúveis 216

X

xanthohumol 78, 79, 311-313, 316, 319, 321, 322, 324, 330, 333

α

α-ácidos 9, 51, 55-59, 80, 106, 190, 191, 280, 293
α-amilase1

α-humuleno 62, 64

β

β-ácidos 9, 55, 58-60, 80, 83, 280, 293
β-amilas 25, 26, 174, 177, 179-181, 198
β-cariofileno 62, 64, 65
β-mirceno 61-64